应用型本科财务管理、会计学专业精品系列规划教材

审 计

主 编 成凤艳 秦桂莲 秦佳佟

北京理工大学出版社
BEIJING INSTITUTE OF TECHNOLOGY PRESS

内 容 简 介

本教材内容分为审计基本原理和审计实务两部分，因为审计靠证据说话，审计工作的过程就是找证据的过程，所以，审计基本原理部分围绕着如何收集、分析、评价和记录证据构建知识框架，审计目标是收集证据的方向，审计程序是证据收集的方法，审计工作底稿是记录所收集的证据，审计计划、风险评估、风险应对、审计抽样是如何又快又好地收集证据，职业道德是收集证据时应遵循的职业行为，等等，这些既是后面学习审计实务的前提和基础，也为学生的未来可持续发展奠定基础。在审计实务部分，本教材以上市公司财务报表审计为例，按照业务循环法来选取、整合教学内容，具体分为销售与收款循环审计、采购与付款循环审计、生产与存货循环审计、投资和筹资循环审计、货币资金审计等部分进行教学，每个业务循环又着重介绍有关交易循环的特征和财务报表项目的审计目标、内部控制、控制测试和实质性程序。

版权专有　侵权必究

图书在版编目（CIP）数据

审计/成凤艳，秦桂莲，秦佳佟主编 . —北京：北京理工大学出版社，2017.4 （2017.5 重印）

ISBN 978 - 7 - 5682 - 3728 - 4

Ⅰ.①审…　Ⅱ.①成…　②秦…　③秦…　Ⅲ.①审计学 - 高等学校 - 教材　Ⅳ. ①F239.0

中国版本图书馆 CIP 数据核字（2017）第 034732 号

出版发行 /	北京理工大学出版社有限责任公司	
社　　址 /	北京市海淀区中关村南大街 5 号	
邮　　编 /	100081	
电　　话 /	(010) 68914775 （总编室）	
	(010) 82562903 （教材售后服务热线）	
	(010) 68948351 （其他图书服务热线）	
网　　址 /	http：//www. bitpress. com. cn	
经　　销 /	全国各地新华书店	
印　　刷 /	三河市天利华印刷装订有限公司	
开　　本 /	787 毫米 ×1092 毫米　1/16	
印　　张 /	20	责任编辑 / 王俊洁
字　　数 /	477 千字	文案编辑 / 王俊洁
版　　次 /	2017 年 4 月第 1 版　2017 年 5 月第 2 次印刷	责任校对 / 周瑞红
定　　价 /	43.80 元	责任印制 / 李志强

图书出现印装质量问题，请拨打售后服务热线，本社负责调换

前 言

随着经济全球化的不断发展，企业经营风险增加、市场竞争加剧，致使审计环境发生了重大变化，相应的审计理论与实务也发生了很大变化，对审计人员的执业素质、职业道德也有了更高的要求。

作为社会监督体系的重要内容，审计在保护投资者、债权人和社会公众利益，维护市场繁荣、稳定等方面发挥了十分重要的作用。审计学作为会计学专业的主干课程，着重培养能够适应不断变化的会计环境、熟悉审计理论与实务的复合型人才。因此，建立体系科学、内容与时俱进、切合实践的审计学教程，既是当前经济发展与会计改革的要求，也是培养高素质会计人才的需要。

本教材共包括十九个章节，其中第一章至第六章讲述审计基本原理，第七、八章为审计测试流程部分，第九章至第十二章为各类交易和账户余额的审计，第十三章至第十六章讲述对审计特殊事项的考虑，第十八、十九章为完成审计工作与出具审计报告部分。

本书由辽宁科技学院管理学院的成凤艳教授、秦桂莲教授、秦佳佟老师编写完成，具体分工为：第一章至第三章、第十二章至第十五章由成凤艳教授编写，第四章至第七章、第十七章、第十八章由秦桂莲教授编写，第八章至第十一章、第十六章、第十九章由秦佳佟老师编写。

由于时间仓促及水平有限，本书难免存在不妥及疏漏之处，感谢各位老师和学界同仁对本书所提的建议。

编 者

目 录

第一部分 审计基本原理

第一章　审计概述 ……………………………………………………………（ 3 ）
　第一节　审计的概念与保证程度 …………………………………………（ 3 ）
　第二节　审计要素 …………………………………………………………（ 5 ）
　第三节　审计目标 …………………………………………………………（ 10 ）
　第四节　审计基本要求 ……………………………………………………（ 15 ）
　第五节　审计风险 …………………………………………………………（ 19 ）
　第六节　审计过程 …………………………………………………………（ 22 ）
第二章　审计计划 ……………………………………………………………（ 25 ）
　第一节　初步业务活动 ……………………………………………………（ 25 ）
　第二节　总体审计策略和具体审计计划 …………………………………（ 30 ）
　第三节　重要性 ……………………………………………………………（ 35 ）
　附录　　总体审计策略参考格式 …………………………………………（ 42 ）
第三章　审计证据 ……………………………………………………………（ 46 ）
　第一节　审计证据的性质 …………………………………………………（ 46 ）
　第二节　审计程序 …………………………………………………………（ 52 ）
　第三节　函证 ………………………………………………………………（ 54 ）
　第四节　分析程序 …………………………………………………………（ 65 ）
第四章　审计抽样 ……………………………………………………………（ 71 ）
　第一节　审计抽样的基本概念 ……………………………………………（ 71 ）

审 计

第二节　审计抽样的基本原理和步骤 ………………………………… （74）

第三节　审计抽样在控制测试中的应用 ……………………………… （82）

第四节　审计抽样在细节测试中的运用 ……………………………… （90）

第五章　信息技术对审计的影响 ……………………………………… （93）

第一节　信息技术中的一般控制和应用控制测试 …………………… （93）

第二节　信息技术对审计过程的影响 ………………………………… （96）

第三节　不同信息技术环境下的问题 ………………………………… （98）

第六章　审计工作底稿 ………………………………………………… （101）

第一节　审计工作底稿概述 …………………………………………… （101）

第二节　审计工作底稿的格式、要素和范围 ………………………… （103）

第三节　审计工作底稿的归档 ………………………………………… （106）

第二部分　审计测试流程

第七章　风险评估 ……………………………………………………… （111）

第一节　风险识别和评估概述 ………………………………………… （111）

第二节　风险评估程序、信息来源以及项目组内部的讨论 ………… （112）

第三节　了解被审计单位及其环境 …………………………………… （116）

第四节　了解被审计单位的内部控制 ………………………………… （121）

第五节　评估重大错报风险 …………………………………………… （131）

第八章　风险应对 ……………………………………………………… （136）

第一节　针对财务报表层次重大错报风险的总体应对措施 ………… （136）

第二节　针对认定层次重大错报风险的进一步审计程序 …………… （138）

第三节　控制测试 ……………………………………………………… （142）

第四节　实质性程序 …………………………………………………… （148）

第三部分　各类交易和账户余额的审计

第九章　销售与收款循环的审计 ……………………………………… （153）

第一节　销售与收款循环的特点 ……………………………………… （154）

第二节　销售与收款循环的内部控制和控制测试 …………………… （159）

第三节　销售与收款循环的实质性程序 ……………………………… （168）

第十章　采购与付款循环的审计 ……………………………………… （182）

第一节　采购与付款循环的特点 ……………………………………… （182）

第二节　采购与付款循环的内部控制和控制测试 ………………………………………（186）
　第三节　采购与付款循环的实质性程序 …………………………………………………（195）

第十一章　生产与存货循环的审计 …………………………………………………………（201）
　第一节　生产与存货循环的特点 …………………………………………………………（201）
　第二节　生产与存货循环的内部控制和控制测试 ………………………………………（203）
　第三节　生产与存货循环的实质性程序 …………………………………………………（208）

第十二章　货币资金审计 ……………………………………………………………………（215）
　第一节　货币资金审计概述 ………………………………………………………………（215）
　第二节　库存现金审计 ……………………………………………………………………（218）
　第三节　银行存款和其他货币资金审计 …………………………………………………（221）

第四部分　对特殊事项的考虑

第十三章　对舞弊和法律法规的考虑 ………………………………………………………（229）
　第一节　财务报表审计中与舞弊相关的责任 ……………………………………………（229）
　第二节　财务报表审计中对法律法规的考虑 ……………………………………………（241）

第十四章　审计沟通 …………………………………………………………………………（247）
　第一节　注册会计师与治理层的沟通 ……………………………………………………（247）
　第二节　前任注册会计师和后任注册会计师的沟通 ……………………………………（253）

第十五章　注册会计师利用他人的工作 ……………………………………………………（258）
　第一节　利用内部审计工作 ………………………………………………………………（258）
　第二节　利用专家的工作 …………………………………………………………………（261）

第十六章　对集团财务报表审计的特殊考虑 ………………………………………………（264）
　第一节　与集团财务报表审计有关的概念 ………………………………………………（264）
　第二节　集团财务报表审计中的责任设定和注册会计师的目标 ………………………（265）
　第三节　集团审计业务的承接与保持 ……………………………………………………（266）
　第四节　了解集团及其环境、集团组成部分及其环境 …………………………………（267）
　第五节　了解组成部分注册会计师 ………………………………………………………（268）
　第六节　重要性 ……………………………………………………………………………（269）
　第七节　针对评估的风险采取的应对措施 ………………………………………………（270）
　第八节　评价审计证据的充分性和适当性 ………………………………………………（271）

审计

第十七章　其他特殊项目的审计 ·············· (272)

第一节　会计估计的审计 ·············· (272)

第二节　持续经营假设的审计 ·············· (273)

第三节　期初余额的审计 ·············· (274)

第五部分　完成审计工作与出具审计报告

第十八章　完成审计工作 ·············· (279)

第一节　完成审计工作概述 ·············· (279)

第二节　期后事项 ·············· (281)

第三节　书面声明 ·············· (284)

第十九章　审计报告 ·············· (287)

第一节　审计报告概述 ·············· (287)

第二节　审计意见的形成和审计报告的类型 ·············· (288)

第三节　审计报告的基本内容 ·············· (291)

第四节　非标准审计报告 ·············· (295)

第五节　比较信息 ·············· (299)

第六节　含有已审计财务报表的文件中的其他信息 ·············· (303)

参考文献 ·············· (309)

第一部分
审计基本原理

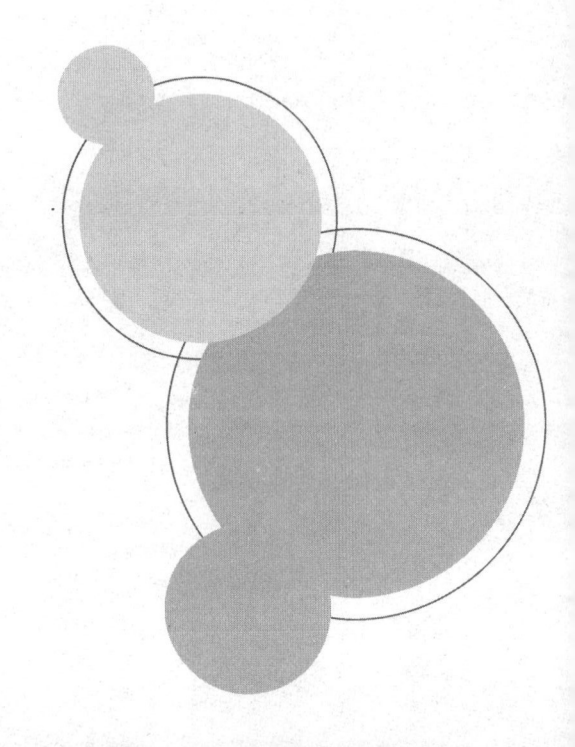

第一章

审计概述

第一节 审计的概念与保证程度

一、审计的定义

财务报表审计是注册会计师的传统核心业务。财务报表审计是指注册会计师对财务报表是否存在重大错报提供合理保证,以积极的方式提出意见,增强除管理层之外的预期使用者对财务报表信赖的程度。

上述定义可以从以下几个方面加以理解:

(一) 审计的用户是财务报表的预期使用者

即审计可以用来有效满足财务报表预期使用者的需求。

(二) 审计的目的是改善财务报表的质量或内涵,增强预期使用者对财务报表的信赖程度

即以合理保证的方式提高财务报表的可信度,而不涉及为如何利用信息提供建议。

(三) 合理保证是一种高水平保证

当注册会计师获取充分、适当的审计证据,将审计风险降至可接受的低水平时,就获取了合理保证。由于审计存在固有限制,注册会计师据以得出结论和形成审计意见的大多数审计证据是说服性而非结论性的,因此,审计只能提供合理保证,不能提供绝对保证。

(四) 审计的基础是独立性和专业性

审计通常由具备专业胜任能力和独立性的注册会计师来执行,注册会计师应当独立于被审计单位和预期使用者。

(五) 审计的最终产品是审计报告

注册会计师针对财务报表是否在所有重大方面按照财务报告编制基础编制并实现公允反

映发表审计意见，并以审计报告的形式予以传达。注册会计师按照审计准则和相关职业道德要求执行审计工作，能够形成这样的意见。

二、合理保证与有限保证

注册会计师执行的业务分为鉴证业务和相关服务两类。鉴证业务是指注册会计师对鉴证对象信息提出结论，以增强除责任方之外的预期使用者对鉴证对象信息信任程度的业务，包括审计、审阅和其他鉴证业务。相关服务包括税务代理、代编财务信息、对财务信息执行商定程序。

鉴证业务的保证程度分为合理保证和有限保证。审计属于合理保证的鉴证业务，注册会计师将审计业务风险降至审计业务环境下可接受的低水平，以此作为以积极方式提出审计意见的基础。在财务报表审计中，要求注册会计师将审计风险降至可接受的低水平，对审计后的财务报表提供高水平保证（合理保证），在审计报告中对财务报表采用积极方式提出结论。审阅属于有限保证的鉴证业务，注册会计师将审阅业务风险降至审阅业务环境下可接受的水平，以此作为以消极方式提出审阅结论的基础。在财务报表审阅中，要求注册会计师将审阅风险降至审阅业务环境下可接受的水平（高于财务报表审计中可接受的低水平），对审阅后的财务报表提供低于高水平的保证（有限保证），在审阅报告中对财务报表采用消极方式提出结论。

表1-1列示了合理保证与有限保证的区别。

表1-1 合理保证与有限保证的区别

业务类型区别	合理保证 （财务报表审计）	有限保证 （财务报表审阅）
目标	在可接受的低审计风险下，以积极方式对财务报表整体发表审计意见，提供高水平的保证	在可接受的审阅风险下，以消极方式对财务报表整体发表审阅意见，提供有意义水平的保证。 该保证水平低于审计业务的保证水平
证据收集程序	通过一个不断修正的、系统化的执业过程，获取充分、适当的证据，证据收集程序包括检查记录或文件、检查有形资产、观察、询问、函证、重新计算、重新执行、分析程序等	通过一个不断修正的、系统化的执业过程，获取充分、适当的证据，证据收集程序受到有意识的限制，主要采用询问和分析程序获取证据
所需证据数量	较多	较少
检查风险	较低	较高
财务报表的可信性	较高	较低
提出结论的方式	以积极方式提出结论。例如："我们认为，ABC公司财务报表在所有重大方面按照企业会计准则和《××会计制度》的规定编制，公允反映了ABC公司20×1年12月31日的财务状况以及20×1年度的经营成果和现金流量"	以消极方式提出结论。例如："根据我们的审阅，我们没有注意到任何事项使我们相信ABC公司财务报表没有按照企业会计准则和《××会计制度》的规定编制，未能在所有重大方面公允反映被审阅单位的财务状况、经营成果和现金流量"

第二节 审计要素

审计旨在增进某一鉴证对象信息的可信性。注册会计师通过收集充分、适当的证据来评价财务报表是否在所有重大方面符合会计准则，并出具审计报告，从而提高财务报表的可信性。因此，审计要素包括审计业务的三方关系、财务报表（鉴证对象信息）、财务报表编制基础（标准）、审计证据和审计报告。

一、审计业务的三方关系

三方关系人分别是注册会计师、被审计单位管理层（责任方）、财务报表预期使用者。

注册会计师对由被审计单位管理层负责的财务报表发表审计意见，以增强除管理层之外的预期使用者对财务报表的信赖程度。由于财务报表是由被审计单位管理层负责的，因此，注册会计师的审计意见主要是向除管理层之外的预期使用者提供的。在某些情况下，管理层和预期使用者可能来自同一企业，但并不意味着两者就是同一方。例如，某公司同时设有董事会和监事会，监事会需要对董事会和管理层负责编制的财务报表进行监督。

由于审计意见有利于提高财务报表的可信性，有可能对管理层有用，因此，在这种情况下，管理层也会成为预期使用者之一，但不是唯一的预期使用者。例如，管理层是审计报告的预期使用者之一，但同时预期使用者还包括企业的股东、债权人、监管机构等。因此，是否存在三方关系，是判断某项业务是否属于审计业务或其他鉴证业务的重要标准之一。如果某项业务不存在除责任方之外的其他预期使用者，那么，该业务不构成一项审计业务或其他鉴证业务。

（一）注册会计师

注册会计师是指取得注册会计师证书并在会计师事务所执业的人员，通常是指项目合伙人或项目组其他成员，有时也指其所在的会计师事务所。

按照审计准则的规定对财务报表发表审计意见是注册会计师的责任。为履行这一职责，注册会计师应当遵守相关职业道德要求，按照审计准则的规定计划和实施审计工作，获取充分、适当的审计证据，并根据获取的审计证据得出合理的审计结论，发表恰当的审计意见。

注册会计师通过签署审计报告确认其责任。

如果审计业务涉及的特殊知识和技能超出了注册会计师的能力，注册会计师可以让专家协助执行审计业务。在这种情况下，注册会计师应当确信包括专家在内的项目组整体已具备执行该项审计业务所需的知识和技能，并充分参与该项审计业务和了解专家所承担的工作。

（二）被审计单位管理层（责任方）

责任方是指对财务报表负责的组织或人员，即被审计单位管理层。管理层是指对被审计单位经营活动的执行负有经营管理责任的人员。在某些被审计单位，管理层包括部分或全部的治理层成员，如治理层中负有经营管理责任的人员，或参与日常经营管理的业主（以下简称业主兼经理）。

治理层是指对被审计单位战略方向以及管理层履行经营管理责任负有监督责任的人员或组织。治理层的责任包括监督财务报告过程。在某些被审计单位，治理层可能包括管理层，如治理层中负有经营管理责任的人员或业主兼经理。

与管理层和治理层责任相关的执行审计工作的前提（以下简称执行审计工作的前提），是指管理层和治理层（如适用）认可并理解其应当承担下列责任，这些责任构成注册会计师按照审计准则的规定执行审计工作的基础：

（1）按照适用的财务报告编制基础编制财务报表，并使其实现公允反映（如适用）；

（2）设计、执行和维护必要的内部控制，以使财务报表不存在由于舞弊或错误导致的重大错报；

（3）向注册会计师提供必要的工作条件，包括允许注册会计师接触与编制财务报表相关的所有信息（如记录、文件和其他事项），向注册会计师提供审计所需的其他信息，允许注册会计师在获取审计证据时不受限制地接触其认为必要的内部人员和其他相关人员。

财务报表审计并不减轻管理层或治理层的责任。财务报表编制和财务报表审计是财务信息生成链条上的不同环节，两者各司其职。法律法规要求管理层和治理层对编制财务报表承担责任，有利于从源头上保证财务信息质量。同时，在某些方面，注册会计师与管理层和治理层之间可能存在信息不对称的情况。管理层和治理层作为内部人员，对企业的情况更为了解，更能作出适合企业特点的会计处理决策和判断，因此，管理层和治理层理应对编制财务报表承担完全责任。尽管在审计过程中，注册会计师可能向管理层和治理层提出调整建议，甚至在不违反独立性的前提下为管理层编制财务报表提供协助，但管理层仍然对编制财务报表承担责任，并通过签署财务报表确认这一责任。如果财务报表存在重大错报，而注册会计师通过审计没有能够发现，也不能因为财务报表已经被注册会计师审计这一事实而减轻管理层和治理层对财务报表的责任。

（三）预期使用者

预期使用者是指预期使用审计报告和财务报表的组织或人员。如果审计业务服务于特定的使用者或具有特殊目的，注册会计师可以很容易地识别预期使用者。例如，企业向银行贷款，银行要求企业提供一份反映财务状况的财务报表，那么，银行就是该审计报告的预期使用者。

注册会计师可能无法识别使用审计报告的所有组织和人员，尤其在各种可能的预期使用者对财务报表（鉴证对象信息）存在不同的利益需求时。此时，预期使用者主要是指那些与财务报表（鉴证对象信息）有重要和共同利益的主要利益相关者，例如，在上市公司财务报表审计中，预期使用者主要是指上市公司的股东。注册会计师应当根据法律法规的规定或与委托人签订的协议识别预期使用者。

审计报告的收件人应当尽可能地明确为所有的预期使用者，但在实务中往往很难做到这一点。原因很简单，有时审计报告并不向某些特定组织或人员提供，但这些组织或人员也有可能使用审计报告。例如，注册会计师为上市公司提供财务报表审计服务，其审计报告的收件人为"××股份有限公司全体股东",但除了股东之外,公司债权人、证券监管机构等显然也是预期使用者。

二、财务报表(鉴证对象信息)

鉴证对象是否适当,是注册会计师能否将一项业务作为审计业务或其他鉴证业务予以承接的前提条件。

(一)适当的鉴证对象应当同时具备的条件

(1)鉴证对象可以识别;

(2)不同的组织或人员对鉴证对象按照既定标准进行评价或计量的结果合理一致;

(3)注册会计师能够收集与鉴证对象有关的信息,获取充分、适当的证据,以支持其提出适当的鉴证结论。

在财务报表审计中,鉴证对象是历史的财务状况、经营业绩和现金流量,鉴证对象信息即财务报表。财务报表是指依据某一财务报告编制基础对被审计单位历史财务信息作出的结构性表述,包括相关附注,旨在反映某一时点的经济资源或义务或者某一时期经济资源或义务的变化。相关附注通常包括重要会计政策概要和其他解释性信息。财务报表通常是指整套财务报表,有时也指单一财务报表。整套财务报表的构成应当根据适用的财务报告编制基础的规定确定。

(二)管理层和治理层(如适用)在编制财务报表时需要注意的问题

(1)根据相关法律法规的规定确定适用的财务报告编制基础;

(2)根据适用的财务报告编制基础编制财务报表;

(3)在财务报表中对适用的财务报告编制基础作出恰当的说明。

编制财务报表要求管理层根据适用的财务报告编制基础作出合理的会计估计,选择和运用恰当的会计政策。

(三)财务报表可以按照某一财务报告编制基础编制,旨在满足的需求

(1)广大财务报表使用者共同的财务信息需求(即通用目的财务报表的目标);

(2)财务报表特定使用者的财务信息需求(即特殊目的财务报表的目标)。

(四)适用的财务报告编制基础的规定也决定了整套财务报表的构成

就许多财务报告编制基础而言,财务报表旨在提供有关被审计单位财务状况、经营成果和现金流量的信息。对这些财务报告编制基础,整套财务报表通常包括资产负债表、利润表、现金流量表、所有者权益(或股东权益)变动表和相关附注。对另外一些财务报告编制基础,单一财务报表和相关附注也可能构成整套财务报表。

(1)资产负债表;

(2)利润表或经营状况表;

(3)留存收益表;

(4)现金流量表;

(5)不包括所有者权益的资产和负债表;

(6)所有者权益变动表;

（7）收入和费用表；

（8）产品线经营状况表。

三、财务报表编制基础（标准）

标准是指用于评价或计量鉴证对象的基准，当涉及列报时，还包括列报的基准。标准是审计业务和其他鉴证业务中不可或缺的一项要素。运用职业判断对鉴证对象作出评价或计量，离不开适当的标准。如果没有适当的标准提供指引，任何个人的解释甚至误解都可能对结论产生影响，这样一来，结论必然缺乏可信性。也就是说，标准是对所要发表意见的鉴证对象进行"度量"的"尺子"，责任方和注册会计师可以根据这把"尺子对鉴证对象进行度量"。

注册会计师在运用职业判断对鉴证对象作出合理一致的评价或计量时，需要有适当的标准。

（一）适当的标准应当具备的所有特征

1. 相关性

相关的标准有助于得出结论，便于预期使用者作出决策。

2. 完整性

完整的标准不应忽略业务环境中可能影响得出结论的相关因素，当涉及列报时，还包括列报的基准。

3. 可靠性

可靠的标准能够使能力相近的注册会计师在相似的业务环境中，对鉴证对象作出合理一致的评价或计量。

4. 中立性

中立的标准有助于得出无偏向的结论。

5. 可理解性

可理解的标准有助于得出清晰、易于理解、不会产生重大歧义的结论。注册会计师基于自身的预期、判断和个人经验对鉴证对象进行的评价和计量，不构成适当的标准。

在财务报表审计中，财务报告编制基础就是标准。适用的财务报告编制基础，是指法律法规要求采用的财务报告编制基础；或者管理层和治理层（如适用）在编制财务报表时，就被审计单位性质和财务报表目标而言，采用的可接受的财务报告编制基础。

（二）财务报告编制基础分为通用目的编制基础和特殊目的编制基础

通用目的编制基础，是指旨在满足广大财务报表使用者共同的财务信息需求的财务报告编制基础，主要是指会计准则和会计制度。

特殊目的编制基础，是指旨在满足财务报表特定使用者对财务信息需求的财务报告编制基础，包括计税核算基础、监管机构的报告要求和合同的约定等。

四、审计证据

注册会计师对财务报表提供合理保证是建立在获取充分、适当证据的基础上的。审计证据，是指注册会计师为了得出审计结论和形成审计意见而使用的必要信息。

审计证据在性质上具有累积性，主要是在审计过程中通过实施审计程序获取的。然而，审计证据还可能包括从其他来源获取的信息，如以前审计中获取的信息（前提是注册会计师已确定自上次审计后是否已发生变化，这些变化可能影响这些信息对本期审计的相关性）或会计师事务所接受与保持客户或业务时实施质量控制程序获取的信息。除从被审计单位内部其他来源和外部来源获取的信息外，会计记录也是重要的审计证据来源。同样，被审计单位雇用或聘请的专家编制的信息也可以作为审计证据。审计证据既包括支持和佐证管理层认定的信息，也包括与这些认定相矛盾的信息。在某些情况下，信息的缺乏（如管理层拒绝提供注册会计师要求的声明）本身也构成审计证据，可以被注册会计师利用。在形成审计意见的过程中，注册会计师的大部分工作是获取和评价审计证据。

审计证据的充分性和适当性相互关联。充分性是对审计证据数量的衡量。注册会计师需要获取的审计证据的数量受其对重大错报风险评估的影响（评估的重大错报风险越高，需要的审计证据可能越多），并受审计证据质量的影响（审计证据质量越高，需要的审计证据可能越少）。然而，注册会计师仅靠获取更多的审计证据，可能无法弥补其质量上的缺陷。审计证据的适当性是对审计证据质量的衡量，即审计证据在支持审计意见所依据的结论方面具有的相关性和可靠性。审计证据的可靠性受其来源和性质的影响，并取决于获取审计证据的具体环境。

由于不同来源或不同性质的证据可以证明同一项认定，注册会计师可以考虑获取证据的成本与所获取信息有用性之间的关系，但不应仅以获取证据的困难和成本为由减少不可替代的程序。在评价证据的充分性和适当性以支持鉴证报告时，注册会计师应当运用职业判断，并保持职业怀疑态度。

五、审计报告

注册会计师应当针对财务报表（鉴证对象信息）在所有重大方面是否符合适当的财务报表编制基础（标准），以书面报告的形式发表能够提供合理保证程度的意见。

如果对财务报表发表无保留意见，除非法律法规另有规定，注册会计师应当在审计意见中使用"财务报表在所有重大方面按照［适用的财务报告编制基础（如企业会计准则等）］编制，公允反映了……"的措辞。

如果存在下列情形之一时，注册会计师应当对财务报表清楚地发表恰当的非无保留意见：

（1）根据获取的审计证据，得出财务报表整体存在重大错报的结论；

（2）无法获取充分、适当的审计证据，不能得出财务报表整体不存在重大错报的结论。

除审计准则规定的注册会计师对财务报表出具审计报告的责任外，相关法律法规可能对注册会计师设定了其他报告责任。如果注册会计师在对财务报表出具的审计报告中履行了其他报告责任，应当在审计报告中将其单独作为一部分，并以"按照相关法律法规的要求报告的事项"为标题。

第三节　审计目标

一、审计的总体目标

（一）在执行财务报表审计工作时，注册会计师的总体目标

（1）对财务报表整体是否不存在由于舞弊或错误导致的重大错报获取合理保证，使得注册会计师能够对财务报表是否在所有重大方面按照适用的财务报告编制基础编制发表审计意见；

（2）按照审计准则的规定，根据审计结果对财务报表出具审计报告，并与管理层和治理层沟通。在任何情况下，如果不能获取合理保证，并且在审计报告中发表保留意见，也不足以实现向预期使用者报告的目的，注册会计师应当按照审计准则的规定出具无法表示意见的审计报告，或者在法律法规允许的情况下终止审计业务或解除业务约定。

注册会计师是否按照审计准则的规定执行了审计工作，取决于注册会计师在具体情况下实施的审计程序，由此获取的审计证据的充分性和适当性，以及根据总体目标和对审计证据的评价结果而出具审计报告的恰当性。

审计准则作为一个整体，为注册会计师执行审计工作以实现总体目标提供了标准。审计准则规范了注册会计师的一般责任以及在具体方面履行这些责任时的进一步考虑。每项审计准则都明确了规范的内容、适用的范围和生效的日期。在执行审计工作时，除遵守审计准则外，注册会计师可能还需要遵守其他法律法规的规定。

每项审计准则通常包括总则、定义、目标、要求（在审计准则中，对注册会计师提出的要求以"应当"来表述）和附则。总则提供了与理解审计准则相关的背景资料。每项审计准则还配有应用指南。每项审计准则及应用指南中的所有内容都与理解该项准则中表述的目标和恰当应用该准则的要求相关。应用指南对审计准则的要求提供了进一步解释，并为如何执行这些要求提供了指引。应用指南提供了审计准则所涉及事项的背景资料，更为清楚地解释审计准则要求的确切含义或所针对的情形，并举例说明适合具体情况的程序。应用指南本身并不对注册会计师提出要求，但与恰当执行审计准则对注册会计师提出的要求是相关的。

（二）审计准则的总则的说明事项

（1）审计准则的目的和范围，包括与其他审计准则的关系；

（2）审计准则涉及的审计事项；

（3）就审计准则涉及的审计事项，注册会计师和其他人员各自的责任；

（4）审计准则制定的背景。

审计准则以"定义"为标题单设一章，用来说明审计准则中某些术语的含义。提供这些定义有助于保持审计准则应用和理解的一致性，而非旨在超越法律法规为其他目的对相关术语给出定义。

（三）每项审计准则规定目标的作用

每项审计准则均包含一个或多个目标，这些目标将审计准则的要求与注册会计师的总体目标联系起来。每项审计准则规定目标的作用在于，使注册会计师关注每项审计准则预期实现的结果。这些目标足够具体，可以帮助注册会计师：

（1）理解所需完成的工作，以及在必要时为完成这些工作使用的恰当手段；

（2）确定在具体的审计业务下是否需要完成更多的工作以实现目标。注册会计师需要将每项审计准则规定的目标与总体目标联系起来进行理解。

注册会计师需要考虑运用"目标"决定是否需要实施追加的审计程序。审计准则的要求，旨在使注册会计师能够实现审计准则规定的目标，进而实现注册会计师的总体目标。因此，注册会计师恰当执行审计准则的要求，预期会为其实现目标提供充分的基础。然而，由于各项审计业务的具体情况存在很大差异，并且审计准则不可能预想到所有的情况，注册会计师有责任确定必要的审计程序，以满足准则的要求和实现目标。针对某项业务的具体情况，可能存在一些特定事项，需要注册会计师实施审计准则要求之外的审计程序，以实现审计准则规定的目标。

（四）注册会计师可以采取的其他的措施

在注册会计师的总体目标下，注册会计师需要运用审计准则规定的目标以评价是否已获取充分、适当的审计证据。如果根据评价的结果认为没有获取充分、适当的审计证据，那么注册会计师可以采取下列一项或多项措施：

（1）评价通过遵守其他审计准则是否已经获取或将会获取进一步的相关审计证据；

（2）在执行一项或多项审计准则的要求时，扩大审计工作的范围；

（3）实施注册会计师根据具体情况认为必要的其他程序。如果上述措施在具体情况下均不可行或无法实施，注册会计师将无法获取充分、适当的审计证据。在这种情况下，审计准则要求注册会计师确定对审计报告或完成该项业务的能力的影响。

二、认定

（一）认定的含义

认定，是指管理层在财务报表中作出的明确或隐含的表达，注册会计师将其用于考虑可能发生的不同类型的潜在错报。认定与审计目标密切相关，注册会计师的基本职责就是确定被审计单位管理层对其财务报表的认定是否恰当。注册会计师了解了认定，就很容易确定每个项目的具体审计目标。通过考虑可能发生的不同类型的潜在错报，注册会计师运用认定评估风险，并据此设计审计程序，以应对评估的风险。

当管理层声明财务报表已按照适用的财务报告编制基础编制，在所有重大方面作出公允反映时，就意味着管理层对财务报表各组成要素的确认、计量、列报以及相关的披露作出了认定。管理层在财务报表上的认定有些是明确表达的，有些则是隐含表达的。

1. 管理层在资产负债表中列报存货及其金额，意味着作出了明确的认定

（1）记录的存货是存在的；

（2）存货以恰当的金额包括在财务报表中，与之相关的计价或分摊调整已恰当记录。

2. 管理层也作出一些隐含的认定

（1）所有应当记录的存货均已记录；

（2）记录的存货都由被审计单位拥有。

对于管理层对财务报表各组成要素作出的认定，注册会计师的审计工作就是要确定管理层的认定是否恰当。

（二）与审计期间各类交易和事项相关的认定

注册会计师对在审计期间的各类交易和事项运用的认定通常分为下列类别：

1. 发生

记录的交易或事项已发生，且与被审计单位有关。

2. 完整性

所有应当记录的交易和事项均已记录。

3. 准确性

与交易和事项有关的金额及其他数据已恰当记录。

4. 截止

交易和事项已记录于正确的会计期间。

5. 分类

交易和事项已记录于恰当的账户。

（三）与期末账户余额相关的认定

注册会计师对期末账户余额运用的认定通常分为下列类别：

1. 存在

记录的资产、负债和所有者权益是存在的。

2. 权利和义务

记录的资产由被审计单位拥有或控制，记录的负债是被审计单位应当履行的偿还义务。

3. 完整性

所有应当记录的资产、负债和所有者权益均已记录。

4. 计价和分摊

资产、负债和所有者权益以恰当的金额包括在财务报表中，与之相关的计价或分摊调整已恰当记录。

（四）与列报和披露相关的认定

各类交易和账户余额的认定正确只是为列报正确打下了必要的基础，财务报表还可能因被审计单位误解有关列报的规定或舞弊等而产生错报。另外，还可能因被审计单位没有遵守一些专门的披露要求而导致财务报表错报。因此，即使注册会计师审计了各类交易和账户余额的认定，实现了各类交易和账户余额的具体审计目标，也不意味着获取了足以对财务报表发表审计意见的充分、适当的审计证据。注册会计师还应当对各类交易、账户余额及相关事项在财务报表中列报的正确性实施审计。

基于此，注册会计师对列报和披露运用的认定通常分为下列类别：

1. 发生以及权利和义务

披露的交易、事项和其他情况已发生，且与被审计单位有关。

2. 完整性

所有应当包括在财务报表中的披露均已包括。

3. 分类和可理解性

财务信息已被恰当地列报和描述，且披露内容表述清楚。

4. 准确性和计价

财务信息和其他信息已公允披露，且金额恰当。

注册会计师可以按照上述分类运用认定，也可按其他方式表述认定，但应涵盖上述所有方面。例如，注册会计师可以选择将有关交易和事项的认定与有关账户余额的认定综合运用。又如，当发生和完整性认定包含了对交易是否记录于正确会计期间的恰当考虑时，就可能不存在与交易和事项截止相关的单独认定。

三、具体审计目标

注册会计师了解认定后，就很容易确定每个项目的具体审计目标，并以此作为评估重大错报风险以及设计和实施进一步审计程序的基础。

（一）与所审计期间各类交易和事项相关的审计目标

1. 发生

由发生认定推导的审计目标是确认已记录的交易是真实的。例如，如果没有发生销售交易，但在销售日记账中记录了一笔销售，则违反了该目标。

发生认定所要解决的问题是管理层是否把那些不曾发生的项目列入财务报表，它主要与对财务报表的组成要素被高估有关。

2. 完整性

由完整性认定推导的审计目标是确认已发生的交易确实已经记录。例如，如果发生了销售交易，但没有在销售明细账和总账中记录，则违反了该目标。

发生和完整性两者强调的是相反的关注点。发生目标针对潜在的高估，而完整性目标则针对漏记交易（低估）。

3. 准确性

由准确性认定推导出的审计目标是确认已记录的交易是按正确金额反映的。例如，如果在销售交易中，发出商品的数量与账单上的数量不符，或是开账单时使用了错误的销售价格，或是账单中的乘积或加总有误，或是在销售明细账中记录了错误的金额，则违反了该目标。

准确性与发生、完整性之间存在区别。例如，若已记录的销售交易是不应当记录的（如发出的商品是寄销商品），则即使发票金额是准确计算的，仍违反了发生目标。再如，若已入账的销售交易是对正确发出商品的记录，但金额计算错误，则违反了准确性目标，没有违反发生目标。在完整性与准确性之间也存在同样的关系。

4. 截止

由截止认定推导出的审计目标是确认接近于资产负债表日的交易记录于恰当的期间。例如，如果本期交易推到下期，或下期交易提到本期，均违反了截止目标。

5. 分类

由分类认定推导出的审计目标是确认被审计单位记录的交易经过适当分类。例如，如果将现销记录为赊销，将出售经营性固定资产所得的收入记录为营业收入，则导致交易分类的错误，违反了分类的目标。

（二）与期末账户余额相关的审计目标

1. 存在

由存在认定推导的审计目标是确认记录的金额确实存在。例如，如果不存在某顾客的应收账款，在应收账款明细表中却列入了对该顾客的应收账款，则违反了存在目标。

2. 权利和义务

由权利和义务认定推导的审计目标是确认资产归属于被审计单位，负债属于被审计单位的义务。例如，将他人寄售商品列入被审计单位的存货中，违反了权利目标；将不属于被审计单位的债务记入账内，违反了义务目标。

3. 完整性

由完整性认定推导的审计目标是确认已存在的金额均已记录。例如，如果存在某顾客的应收账款，而应收账款明细表中却没有列入，则违反了完整性目标。

4. 计价和分摊

资产、负债和所有者权益以恰当的金额包括在财务报表中，与之相关的计价或分摊调整已恰当记录。

（三）与列报和披露相关的审计目标

1. 发生以及权利和义务

将没有发生的交易、事项，或与被审计单位无关的交易和事项包括在财务报表中，则违反该目标。例如，复核董事会会议记录中是否记载了固定资产抵押等事项，询问管理层固定资产是否被抵押，就是对列报的权利认定的运用。如果被审计单位拥有被抵押的固定资产，则需要将其在财务报表中列报，并说明与之相关的权利受到限制。

2. 完整性

如果应当披露的事项没有包括在财务报表中，则违反了该目标。例如，检查关联方和关联交易，以验证其在财务报表中是否得到充分披露，就是对列报的完整性认定的运用。

3. 分类和可理解性

财务信息已被恰当地列报和描述，且披露内容表述清楚。例如，检查存货的主要类别是否已披露，是否将一年内到期的长期负债列为流动负债，就是对列报的分类和可理解性认定的运用。

4. 准确性和计价

财务信息和其他信息已公允披露，且金额恰当。例如，检查财务报表附注是否分别对原材料、在产品和产成品等存货成本核算方法做了恰当说明，即是对列报的准确性和计价认定的运用。

通过上面的介绍可知，认定是确定具体审计目标的基础。注册会计师通常将认定转化为能够通过审计程序予以实现的审计目标。针对财务报表每一项目所表现出的各项认定，注册会计师相应地确定一项或多项审计目标,然后通过执行一系列审计程序获取充分、适当的审计证据以实现审计目标。认定、审计目标和审计程序之间的关系举例如表1-2所示。

表1-2 认定、审计目标和审计程序之间的关系举例

认定	审计目标	审计程序
存在	资产负债表列示的存货存在	实施存货监盘程序
完整性	销售收入包括了所有已发货的交易	检查发货单和销售发票的编号以及销售明细账
准确性	应收账款反映的销售业务是否基于正确的价格和数量,计算是否准确	比较价格清单与发票上的价格、发货单与销售订购单上的数量是否一致,重新计算发票上的金额
截止	销售业务记录在恰当的期间	比较上一年度最后几天和下一年度最初几天的发货单日期与记账日期
权利和义务	资产负债表中的固定资产确实为公司拥有	查阅所有权证书、购货合同、结算单和保险单
计价和分摊	以净值记录应收款项	检查应收账款账龄分析表、评估计提的坏账准备是否充足

第四节 审计基本要求

一、遵守审计准则

审计准则是衡量注册会计师执行财务报表审计业务的权威性标准,涵盖从接受业务委托到出具审计报告的整个过程,注册会计师在执业过程中应当遵守审计准则的要求。《中华人民共和国注册会计师法》第21条规定,注册会计师执行审计业务,必须按照执业准则、规则确定的工作程序出具报告。第35条规定,中国注册会计师协会依法拟订注册会计师执业准则、规则,报国务院财政部门批准后施行。

二、遵守职业道德守则

注册会计师受到与财务报表审计相关的职业道德要求(包括与独立性相关的要求)的约束。相关的职业道德要求通常是指中国注册会计师职业道德守则(以下简称职业道德守则)中与财务报表审计相关的规定。

《中国注册会计师职业道德守则第1号——职业道德基本原则》和《中国注册会计师职业道德守则第2号——职业道德概念框架》规定了与注册会计师执行财务报表审计相关的职业道德基本原则,并提供了应用这些原则的概念框架。根据职业道德守则,注册会计师应当遵循的基本原则包括以下几点:

(1)诚信;
(2)独立性;

（3）客观和公正；

（4）专业胜任能力和应有的关注；

（5）保密；

（6）良好职业行为。

《中国注册会计师职业道德守则第 3 号——提供专业服务的具体要求》和《中国注册会计师职业道德守则第 4 号——审计和审阅业务对独立性的要求》说明了注册会计师执行审计和审阅业务时如何在具体情形下应用概念框架。

就审计业务而言，注册会计师应当独立于被审计单位才是符合公众利益的，因此，职业道德守则对独立性作出要求。职业道德守则规定，独立性包括实质上的独立性和形式上的独立性。注册会计师独立于被审计单位，能够使其形成发表适当审计意见的能力，使其在发表审计意见时免受不当影响。独立性能够增强注册会计师诚信行事、保持客观和公正以及职业怀疑的能力。

《质量控制准则第 5101 号——会计师事务所对执行财务报表审计和审阅、其他鉴证和相关服务业务实施的质量控制》规定了会计师事务所建立和保持有关审计业务的质量控制制度的责任，同时规定了会计师事务所应当制定政策和程序，以合理保证会计师事务所及其人员遵守相关职业道德要求（包括与独立性相关的要求）的责任。

《中国注册会计师审计准则第 1121 号——对财务报表审计实施的质量控制》规定了项目合伙人与相关职业道德要求有关的责任。这些责任包括：通过观察和必要的询问，对项目组成员违反相关职业道德要求的迹象保持警觉；如果注意到项目组成员违反相关职业道德要求，确定采取适当的措施；就适用于遵守审计业务的独立性要求形成结论。该准则还规定，在实施适用于审计业务的质量控制程序时，项目组可以依赖会计师事务所质量控制制度，除非会计师事务所或者其他机构或人员提供的信息表明其不可信赖。

三、保持职业怀疑

（一）职业怀疑的含义

在计划和实施审计工作时，注册会计师应当保持职业怀疑，认识到可能存在导致财务报表发生重大错报的情形。职业怀疑，是指注册会计师执行审计业务的一种态度，包括采取质疑的思维方式，对可能表明由于舞弊或错误导致错报的情况保持警觉，以及对审计证据进行审慎评价。职业怀疑应当从下面几个方面理解：

1. 职业怀疑在本质上要求秉持一种质疑的理念

这种理念促使注册会计师在考虑获取的相关信息和得出结论时采取质疑的思维方式。在这种理念下，注册会计师应当具有批判和质疑的精神，摒弃"存在即合理"的逻辑思维，寻求事物的真实情况。同时，职业怀疑与客观和公正、独立性两项职业道德基本原则密切相关。保持独立性可以增强注册会计师在审计中保持客观和公正、职业怀疑的能力。

2. 职业怀疑要求对引起疑虑的情形保持警觉

这些情形包括但不限于以下几种情况：

（1）相互矛盾的审计证据；

（2）引起对文件记录、对询问的答复的可靠性产生怀疑的信息；

(3) 表明可能存在舞弊的情况；
(4) 表明需要实施除审计准则规定外的其他审计程序的情形。

3. 职业怀疑要求审慎评价审计证据

审计证据包括支持和印证管理层认定的信息，也包括与管理层认定相互矛盾的信息。审慎评价审计证据是指质疑相互矛盾的审计证据的可靠性。在怀疑信息的可靠性或存在舞弊迹象时（例如，在审计过程中识别出的情况使注册会计师认为文件可能是伪造的或文件中的某些信息已被篡改），注册会计师需要作出进一步调查，并确定需要修改哪些审计程序或实施哪些追加的审计程序。应当指出的是，虽然注册会计师需要在审计成本与信息的可靠性之间进行权衡，但是，审计中的困难、时间或成本等事项本身，不能作为省略不可替代的审计程序或满足于说服力不足的审计证据的理由。

4. 职业怀疑要求客观评价管理层和治理层

由于管理层和治理层为实现预期利润或趋势结果而承受内部或外部压力，即使以前正直、诚信的管理层和治理层，也可能发生变化。因此，注册会计师不应依赖以往对管理层和治理层诚信形成的判断。即使注册会计师认为管理层和治理层是正直、诚实的，也不能降低保持职业怀疑的要求，不允许在获取合理保证的过程中满足于说服力不足的审计证据。

职业怀疑是注册会计师综合技能不可或缺的一部分，是保证审计质量的关键要素。保持职业怀疑有助于注册会计师恰当运用职业判断，提高审计程序设计及执行的有效性，降低审计风险。

（二）在审计过程中，保持职业怀疑的作用

(1) 在识别和评估重大错报风险时，保持职业怀疑有助于注册会计师设计恰当的风险评估程序，有针对性地了解被审计单位及其环境；有助于使注册会计师对引起疑虑的情形保持警觉，充分考虑错报发生的可能性和重大程度，有效识别和评估重大错报风险。

(2) 在设计和实施进一步审计程序以应对重大错报风险时，保持职业怀疑有助于注册会计师针对评估出的重大错报风险，恰当设计进一步审计程序的性质、时间安排和范围，降低选取不适当的审计程序的风险；有助于注册会计师对已获取的审计证据表明可能存在未识别的重大错报风险的情形保持警觉，并作出进一步调查。

(3) 在评价审计证据时，保持职业怀疑有助于注册会计师评价是否已获取充分、适当的审计证据以及是否还需执行更多的工作；有助于注册会计师审慎评价审计证据，纠正仅获取最容易获取的审计证据，忽视存在相互矛盾的审计证据的偏向。

(4) 保持职业怀疑对于注册会计师发现舞弊、防止审计失败至关重要。其原因是：舞弊可能是精心策划、蓄意实施并予以隐瞒的，只有保持充分的职业怀疑，注册会计师才能对舞弊风险因素保持警觉，进而有效地评估舞弊导致的重大错报风险。保持职业怀疑，有助于注册会计师认识到存在由于舞弊导致的重大错报的可能性，不会受到以前对管理层、治理层正直和诚信形成的判断的影响；使注册会计师对获取的信息和审计证据是否表明可能存在由于舞弊导致的重大错报风险始终保持警惕；使注册会计师在认为文件可能是伪造的或文件中的某些条款可能已被篡改时，作出进一步调查。

四、合理运用职业判断

（一）职业判断的含义

职业判断，是指在审计准则、财务报告编制基础和职业道德要求的框架下，注册会计师综合运用相关知识、技能和经验，作出适合审计业务具体情况、有根据的行动决策。

职业判断是注册会计师行业的精髓。从本质上讲，无论是财务报表的编制，还是注册会计师审计，都是由一系列判断行为构成的。职业判断对于适当地执行审计工作是必不可少的，如果没有运用职业判断，将相关知识和经验灵活运用于具体事实和情况，仅靠机械地执行审计程序，注册会计师将无法理解审计准则、财务报告编制基础和相关职业道德要求，难以在整个审计过程中作出有依据的决策。

职业判断涉及注册会计师执业的各个环节。一方面，职业判断贯穿于注册会计师执业的始终，从决定是否接受业务委托，到出具业务报告，注册会计师都需要作出职业判断；另一方面，职业判断涉及注册会计师执业中的各类决策，包括与具体会计处理相关的决策、与审计程序相关的决策以及与遵守职业道德要求相关的决策。

（二）职业判断的作用

职业判断对于作出下列决策尤为重要：

（1）确定重要性，识别和评估重大错报风险；

（2）为满足审计准则的要求和收集审计证据的需要，确定所需实施的审计程序的性质、时间安排和范围；

（3）为实现审计准则规定的目标和注册会计师的总体目标，评价是否已获取充分、适当的审计证据以及是否还需执行更多的工作；

（4）评价管理层在运用适用的财务报告编制基础时作出的判断；

（5）根据已获取的审计证据得出结论，如评价管理层在编制财务报表时作出的会计估计的合理性；

（6）运用职业道德概念框架识别、评估和应对对职业道德基本原则不利的影响。

注册会计师职业判断需要在相关法律法规、职业标准的框架下作出，并以具体事实和情况为依据。如果有关决策不被该业务的具体事实和情况所支持或者缺乏充分、适当的审计证据，职业判断并不能作为不恰当决策的理由。

（三）注册会计师职业判断的决策过程

通常可划分为下列五个步骤：

（1）确定职业判断的问题和目标；

（2）收集和评价相关信息；

（3）识别可能采取的解决方案；

（4）评价可供选择的方案；

（5）得出职业判断结论并作出书面记录。

（四）注册会计师的特征

注册会计师是职业判断的主体，职业判断能力是注册会计师胜任能力的核心。通常来

说,注册会计师具有下列特征,才可能有助于提高职业判断质量:

(1)丰富的知识、经验和良好的专业技能;

(2)独立、客观和公正;

(3)保持适当的职业怀疑。

(五)衡量职业判断质量可以基于的标准:

(1)准确性或意见一致性,即职业判断结论与特定标准或客观事实的相符程度,或者不同职业判断主体针对同一职业判断问题所作判断彼此认同的程度。

(2)决策一贯性和稳定性,即同一注册会计师针对同一项目的不同判断问题,所作出的判断之间是否符合应有的内在逻辑,以及同一注册会计师针对相同的职业判断问题,在不同时点所作出的判断是否结论相同或相似。

(3)可辩护性,即注册会计师是否能够证明自己的工作的正确,通常,理由的充分性、思维的逻辑性和程序的合规性是可辩护性的基础。

(六)注册会计师需要对职业判断作出适当的书面记录

对下列事项进行书面记录,有利于提高职业判断的可辩护性:

(1)对职业判断问题和目标的描述;

(2)解决职业判断相关问题的思路;

(3)收集到的相关信息;

(4)得出的结论以及得出结论的理由;

(5)就决策结论与被审计单位进行沟通的方式和时间。

为此,审计准则要求注册会计师编制的审计工作底稿,应当使未曾接触该项审计工作的有经验的专业人士了解在对重大事项得出结论时作出的重大职业判断。

第五节 审计风险

审计风险,是指当财务报表存在重大错报时,注册会计师发表不恰当审计意见的可能性。审计风险是一个与审计过程相关的技术术语,并不是指注册会计师执行业务的法律后果,如因诉讼、负面宣传或其他与财务报表审计相关的事项而导致损失的可能性。

审计风险取决于重大错报风险和检查风险。

一、重大错报风险

重大错报风险是指财务报表在审计前存在重大错报的可能性。重大错报风险与被审计单位的风险相关,且独立于财务报表审计而存在。在设计审计程序以确定财务报表整体是否存在重大错报时,注册会计师应当从财务报表层次和各类交易、账户余额和披露认定层次方面考虑重大错报风险。《中国注册会计师审计准则第1211号——通过了解被审计单位及其环境识别和评估重大错报风险》对注册会计师如何评估财务报表层次和认定层次的重大错报风险提出了详细的要求。

(一)两个层次的重大错报风险

财务报表层次重大错报风险与财务报表整体存在广泛联系,可能影响多项认定。此类风险通常与控制环境有关，但也可能与其他因素有关，如经济萧条。此类风险难以界定于某类交易、账户余额和披露的具体认定；相反，此类风险增大了任何数目的不同认定发生重大错报的可能性，注册会计师应考虑由舞弊引起的特别风险。

注册会计师同时考虑各类交易、账户余额和披露认定层次的重大错报风险，考虑的结果直接有助于注册会计师确定认定层次上实施的进一步审计程序的性质、时间安排和范围。注册会计师在各类交易、账户余额和披露认定层次获取审计证据，以便能够在审计工作完成时，以可接受的低审计风险水平对财务报表整体发表审计意见。《中国注册会计师审计准则第 1231 号——针对评估的重大错报风险采取的应对措施》对注册会计师如何应对评估的两个层次重大错报风险，提出了详细的要求。

（二）固有风险和控制风险

认定层次的重大错报风险又可以进一步细分为固有风险和控制风险。

1. 固有风险

这是指在考虑相关的内部控制之前，某类交易、账户余额或披露的某一认定易于发生错报（该错报单独或连同其他错报可能是重大的）的可能性。

某些类别的交易、账户余额和披露及其认定，固有风险较高。例如，复杂的计算比简单计算更可能出错；受重大计量不确定性影响的会计估计发生错报的可能性较大。产生经营风险的外部因素也可能影响固有风险，例如，技术进步可能导致某项产品陈旧，进而导致存货易于发生高估错报（计价认定）。被审计单位及其环境中的某些因素还可能与多个甚至所有类别的交易、账户余额和披露有关，进而影响多个认定的固有风险。这些因素包括维持经营的流动资金匮乏、被审计单位处于夕阳行业等。

2. 控制风险

这是指某类交易、账户余额或披露的某一认定发生错报，该错报单独或连同其他错报是重大的，但没有被内部控制及时防止或发现并纠正的可能性。控制风险取决于与财务报表编制有关的内部控制的设计和运行的有效性。由于控制的固有局限性，某种程度的控制风险始终存在。

需要特别说明的是，由于固有风险和控制风险不可分割地交织在一起，有时无法单独进行评估，本教材通常不再单独提到固有风险和控制风险，而只是将这两者合并称为"重大错报风险"。但这并不意味着注册会计师不可以单独对固有风险和控制风险进行评估。相反，注册会计师既可以对两者进行单独评估，也可以对两者进行合并评估。具体采用的评估方法取决于会计师事务所偏好的审计技术和方法及实务上的考虑。

二、检查风险

检查风险是指如果存在某一错报，该错报单独或连同其他错报可能是重大的，注册会计师为将审计风险降至可接受的低水平而实施程序后没有发现这种错报的风险。

检查风险取决于审计程序设计的合理性和执行的有效性。由于注册会计师通常并不对所有的交易、账户余额和披露进行检查，以及其他原因，检查风险不可能降低为零。

其他原因包括注册会计师可能选择了不恰当的审计程序、审计过程执行不当，或者错误解读了审计结论。这些因素可以通过适当计划、在项目组成员之间进行恰当的职责分配、保持职业怀疑态度以及监督、指导和复核项目组成员执行的审计工作得以解决。

三、检查风险与重大错报风险的反向关系

在既定的审计风险水平下，可接受的检查风险水平与认定层次重大错报风险的评估结果呈反向关系。评估的重大错报风险越高，可接受的检查风险越低；评估的重大错报风险越低，可接受的检查风险就越高。检查风险与重大错报风险的反向关系用数学模型表示如下：

$$审计风险 = 重大错报风险 \times 检查风险$$

这个模型也就是审计风险模型。假设针对某一认定，注册会计师将可接受的审计风险水平设定为5%，注册会计师实施风险评估程序后将重大错报风险评估为25%，则根据这一模型，可接受的检查风险为20%。当然，实务中，注册会计师不一定用绝对数量表达这些风险水平，而是选用"高""中""低"等文字进行定性描述。

注册会计师应当合理设计审计程序的性质、时间安排和范围，并有效执行审计程序，以控制检查风险。上例中，注册会计师根据确定的可接受检查风险（20%），设计审计程序的性质、时间安排和范围。审计计划在很大程度上围绕确定审计程序的性质、时间安排和范围而展开。

四、审计的固有限制

注册会计师不可能将审计风险降至零，因此不能对财务报表不存在由于舞弊或错误导致的重大错报获取绝对保证。这是由于审计存在固有限制，导致注册会计师据以得出结论和形成审计意见的大多数审计证据是说服性而非结论性的。审计的固有限制源于财务报告的性质、审计程序的性质、在合理的时间内以合理的成本完成审计的需要。

（一）财务报告的性质

管理层编制财务报表，需要根据被审计单位的事实和情况运用适用的财务报告编制基础的规定，在这一过程中需要作出判断。此外，许多财务报表项目涉及主观决策、评估或一定程度的不确定性，并且可能存在一系列可接受的解释或判断。因此，某些财务报表项目的金额本身就存在一定的变动幅度，这种变动幅度不能通过实施追加的审计程序来消除。例如，某些会计估计通常如此。即便如此，审计准则要求注册会计师特别考虑在适用的财务报告编制基础下会计估计是否合理、相关披露是否充分、会计实务的质量是否良好（包括管理层判断是否可能存在偏向）。

（二）审计程序的性质

注册会计师获取审计证据的能力受到实务和法律上的限制。

（1）管理层或其他人员可能有意或无意地不提供与财务报表编制相关的或注册会计师要求的全部信息。因此，即使实施了旨在保证获取所有相关信息的审计程序，注册会计师也不能保证信息的完整性；

（2）舞弊可能涉及精心策划和蓄意实施以进行隐瞒。因此，用以收集审计证据的审计程序可能对于发现舞弊是无效的。例如，舞弊导致的错报涉及串通伪造文件，使得注册会计师误以为有效的证据实际上是无效的。注册会计师没有接受文件真伪鉴定方面的培训，不应

被期望成为鉴定文件真伪的专家；

（3）审计不是对涉嫌违法行为的官方调查。因此，注册会计师没有被授予特定的法律权力（如搜查权），而这种权力对调查是必要的。

（三）财务报告的及时性和成本效益的权衡

审计中的困难、时间或成本等事项本身，不能作为注册会计师省略不可替代的审计程序或满足于说服力不足的审计证据的正当理由。制定适当的审计计划有助于保证执行审计工作需要的充分的时间和资源。尽管如此，信息的相关性及其价值会随着时间的推移而降低，所以需在信息的可靠性和成本之间进行权衡。这在某些财务报告编制基础中得到认可。要求注册会计师处理所有可能存在的信息是不切实际的，基于信息存在错误或舞弊，除非能够提供反证的假设而竭尽可能地追查每一个事项，但这也是不切实际的。正是因为认识到这一点，财务报表使用者的期望是，注册会计师在合理的时间内以合理的成本对财务报表形成审计意见。为了在合理的时间内以合理的成本对财务报表形成审计意见，注册会计师有必要做到以下几点：

（1）计划审计工作，以使审计工作以有效的方式得到执行；

（2）将审计资源投向最可能存在重大错报风险的领域，并相应地在其他领域减少审计资源；

（3）运用测试和其他方法检查总体中存在的错报。

由于审计的固有限制，即使按照审计准则的规定适当地计划和执行审计工作，也不可避免地存在财务报表的某些重大错报可能未被发现的风险。相应地，完成审计工作后，发现由于舞弊或错误导致的财务报表重大错报，其本身并不表明注册会计师没有按照审计准则的规定执行审计工作。尽管如此，审计的固有限制并不能作为注册会计师满足于说服力不足的审计证据的理由。注册会计师是否按照审计准则的规定执行了审计工作，取决于注册会计师在具体情况下实施的审计程序，由此获取的审计证据的充分性和适当性，以及根据总体目标和对审计证据的评价结果而出具审计报告的恰当性。

第六节　审计过程

风险导向审计模式要求注册会计师在审计过程中，以重大错报风险的识别、评估和应对作为工作主线。相应地，审计过程大致可分为以下几个阶段。

一、接受业务委托

会计师事务所应当按照执业准则的规定，谨慎决策是否接受或保持某客户关系和具体的审计业务。在接受新客户的业务前，或决定是否保持现有业务或考虑接受现有客户的新业务时，会计师事务所应当执行有关客户接受与保持的程序，以获取如下信息：

（1）考虑客户的诚信，没有信息表明客户缺乏诚信；

（2）具有执行业务必要的素质、专业胜任能力、时间和资源；

（3）能够遵守相关职业道德要求。

会计师事务所执行客户接受与保持的程序的目的，旨在识别和评估会计师事务所面临的风险。例如，如果注册会计师发现潜在客户正面临财务困难，或者发现现有客户曾作出虚假陈述，那么可以认为接受或保持该客户的风险非常高，甚至是不可接受的。会计师事务所除考虑客户的风险外，还需要考虑自身执行业务的能力，如当工作需要时能否获得合适的具有相应资格的员工，能否获得专业化协助，是否存在任何利益冲突，能否对客户保持独立性等。

注册会计师需要作出的最重要的决策之一就是接受和保持客户。一项低质量的决策会导致不能准确确定计酬的时间或未被支付的费用，增加项目合伙人和员工的额外压力，使会计师事务所声誉遭受损失，或者涉及潜在的诉讼。

一旦决定接受业务委托，注册会计师应当与客户就审计约定条款达成一致意见。对于连续审计，注册会计师应当根据具体情况确定是否需要修改业务约定条款，以及是否需要提醒客户注意现有的业务约定书。

审计业务约定书的详细内容，将在本教材第二章介绍。

二、计划审计工作

计划审计工作十分重要。如果没有恰当的审计计划，不仅无法获取充分、适当的审计证据，影响审计目标的实现，而且会浪费有限的审计资源，影响审计工作的效率。因此，对于任何一项审计业务，注册会计师在执行具体审计程序之前，都必须根据具体情况制定科学、合理的计划，使审计业务以有效的方式得到执行。一般来说，计划审计工作主要包括以下几点：

（1）在本期审计业务开始时开展的初步业务活动；
（2）制定总体审计策略；
（3）制定具体审计计划等。需要指出的是，计划审计工作不是审计业务的一个孤立阶段，而是一个持续的、不断修正的过程，贯穿于整个审计过程的始终。

计划审计工作的详细内容，将在本教材第二章介绍。

三、识别和评估重大错报风险

审计准则规定，注册会计师必须实施风险评估程序，以此作为评估财务报表层次和认定层次重大错报风险的基础。风险评估程序是指注册会计师为了解被审计单位及其环境，以识别和评估财务报表层次和认定层次的重大错报风险（无论该错报是由于舞弊还是错误导致）而实施的审计程序。

风险评估程序是必要程序，了解被审计单位及其环境为注册会计师在许多关键环节作出职业判断提供了重要基础。了解被审计单位及其环境实际上是一个连续和动态地收集、更新与分析信息的过程，贯穿于整个审计过程的始终。一般来说，实施风险评估程序的主要工作包括下面两点内容：

（1）了解被审计单位及其环境；
（2）识别和评估财务报表层次以及各类交易、账户余额和披露认定层次的重大错报风险，包括确定需要特别考虑的重大错报风险（即特别风险）以及仅通过实施实质性程序无法应对的重大错报风险等。

审　计

风险评估程序的详细内容，将在本教材第七章介绍。同时，本教材第九章至第十二章将介绍对各业务循环内部控制的了解。

四、应对重大错报风险

注册会计师实施风险评估程序本身并不足以为发表审计意见提供充分、适当的审计证据，还应当实施进一步的审计程序，包括实施控制测试（必要时或决定测试时）和实质性程序。因此，注册会计师在评估财务报表重大错报风险后，应当运用职业判断，针对评估的财务报表层次重大错报风险确定总体应对措施，并针对评估的认定层次重大错报风险设计和实施进一步的审计程序，以将审计风险降至可接受的低水平。

有关应对重大错报风险的内容，将在本教材第八章介绍。同时，本教材第九章至第十二章介绍对各业务循环的控制测试和实质性程序。第四章"审计抽样"对控制测试和实质性程序的范围展开讨论。

五、编制审计报告

注册会计师在完成进一步的审计程序后，还应当按照有关审计准则的规定做好审计完成阶段的工作，并根据所获取的审计证据，合理运用职业判断，形成适当的审计意见。

第十八章、第十九章将对完成审计工作和编制审计报告展开讨论。

第二章

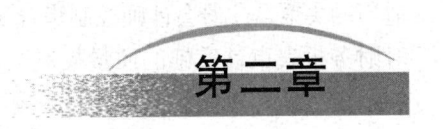

审 计 计 划

凡事预则立、不预则废，审计工作也不例外。计划审计工作对于注册会计师顺利完成审计工作和控制审计风险具有非常重要的意义。合理的审计计划有助于注册会计师关注重点审计领域、及时发现和解决潜在问题并恰当地组织和管理审计工作，以使审计工作更加有效。同时，充分的审计计划可以帮助注册会计师对项目组成员进行恰当分工和指导监督，并复核其工作，还有助于协调其他注册会计师和专家的工作。计划审计工作是一项持续的过程，注册会计师通常在前一期审计工作结束后即开始开展本期的审计计划工作，并直到本期审计工作结束为止。在计划审计工作时，注册会计师需要开展初步业务活动、制定总体审计策略和具体审计计划。在此过程中，需要作出很多关键决策，包括确定可接受的审计风险水平和重要性、配置项目人员等。

第一节　初步业务活动

一、初步业务活动的目的和内容

（一）初步业务活动的目的

在本期审计业务开始时，注册会计师需要开展初步业务活动，以实现以下三个主要目的：
(1) 具备执行业务所需的独立性和能力；
(2) 不存在因管理层诚信问题而可能影响注册会计师保持该项业务的意愿的事项；
(3) 与被审计单位之间不存在对业务约定条款的误解。

（二）初步业务活动的内容

注册会计师应当开展下列初步业务活动：
(1) 针对保持客户关系和具体审计业务实施相应的质量控制程序；
(2) 评价遵守相关职业道德要求的情况；

（3）就审计业务约定条款达成一致意见。

针对保持客户关系和具体审计业务实施质量控制程序，并且根据实施相应程序的结果作出适当的决策是注册会计师控制审计风险的重要环节。《中国注册会计师审计准则第 1121 号——对财务报表审计实施的质量控制》及《质量控制准则第 5101 号——会计师事务所对执行财务报表审计和审阅、其他鉴证和相关服务业务实施的质量控制》含有与客户关系和具体业务的接受与保持相关的要求，注册会计师应当按照其规定开展初步业务活动。

评价遵守相关职业道德要求的情况也是一项非常重要的初步业务活动。质量控制准则含有包括独立性在内的有关职业道德要求，注册会计师应当按照其规定执行。虽然保持客户关系及具体审计业务和评价职业道德的工作贯穿审计业务的全过程，但是这两项活动需要安排在其他审计工作之前，以确保注册会计师已具备执行业务所需要的独立性和专业胜任能力，且不存在因管理层诚信问题而影响注册会计师保持该项业务的意愿等情况。在连续审计的业务中，这些初步业务活动通常是在上期审计工作结束后不久或将要结束时就已经开始了。

在作出接受或保持客户关系及具体审计业务的决策后，注册会计师应当按照规定，在审计业务开始前，与被审计单位就审计业务约定条款达成一致意见，签订或修改审计业务约定书，以避免双方对审计业务的理解产生分歧。

二、审计的前提条件

1. 财务报告编制基础

承接鉴证业务的条件之一是《中国注册会计师鉴证业务基本准则》中提及的标准适当，且能够为预期使用者获取。标准是指用于评价或计量鉴证对象的基准，当涉及列报时，还包括列报与披露的基准。适当的标准使注册会计师能够运用职业判断对鉴证对象作出合理一致的评价或计量。就审计准则而言，适用的财务报告编制基础为注册会计师提供了用以审计财务报表（包括公允反映，如相关）的标准。如果不存在可接受的财务报告编制基础，管理层就不具有编制财务报表的恰当基础，注册会计师也不具有对财务报表进行审计的适当标准。

1）确定财务报告编制基础的可接受性

在确定编制财务报表所采用的财务报告编制基础的可接受性时，注册会计师需要考虑下列相关因素：

（1）被审计单位的性质（例如，被审计单位是商业企业、公共部门实体还是非营利组织）；

（2）财务报表的目的（例如，编制财务报表是用于满足广大财务报表使用者共同的财务信息需求，还是用于满足财务报表特定使用者的财务信息需求）；

（3）财务报表的性质（例如，财务报表是整套财务报表还是单一财务报表）；

（4）法律法规是否规定了适用的财务报告编制基础。

按照某一财务报告编制基础编制，旨在满足广大财务报表使用者共同的财务信息需求的财务报表，称为通用目的的财务报表。按照特殊目的的编制基础编制的财务报表，称为特殊目的财务报表，旨在满足财务报表特定使用者的财务信息需求。对于特殊目的财务报表，预期财务报表使用者对财务信息的需求,决定适用的财务报告编制基础。《中国注册会计师审计准则第1601号——对按照特殊目的编制基础编制的财务报表审计的特殊考虑》规范了如何确定旨在满足财务报表特定使用者对财务信息需求的财务报告编制基础的可接受性。

2)通用目的编制基础

如果财务报告准则由经授权或获得认可的准则制定机构制定和发布,供某类实体使用,只要这些机构遵循一套既定和透明的程序(包括认真研究和仔细考虑广大利益相关者的观点),则认为财务报告准则对于这类实体编制通用目的的财务报表是可接受的。这些财务报告准则主要有:国际会计准则理事会发布的国际财务报告准则、国际公共部门会计准则理事会发布的国际公共部门会计准则和某一国家或地区经授权或获得认可的准则制定机构,在遵循一套既定和透明的程序的基础上发布的会计准则。

在规范通用目的财务报表编制的法律法规中,这些财务报告准则通常被界定为适用的财务报告编制基础。

3)法律法规规定的财务报告编制基础

法律法规可能为某类实体规定了在编制通用目的的财务报表时采用的财务报告编制基础。通常情况下,注册会计师认为这种财务报告编制基础对这类实体编制通用目的的财务报表是可接受的,除非有迹象表明不可接受。

2. 就管理层的责任达成一致意见

按照审计准则的规定执行审计工作的前提是管理层已认可并理解其承担的责任。审计准则并不超越法律法规对这些责任的规定。然而,独立审计的理念要求注册会计师不对财务报表的编制或被审计单位的相关内部控制承担责任,并要求注册会计师合理预期能够获取审计所需要的信息(在管理层能够提供或获取的信息范围内)。因此,管理层认可并理解其责任,这一前提对执行独立审计工作是至关重要的。

1)按照适用的财务报告编制基础编制财务报表,并使其实现公允反映(如适用)

大多数财务报告编制基础包括与财务报表列报相关的要求,对于这些财务报告编制基础,在提到"按照适用的财务报告编制基础编制财务报表"时,编制包括列报对实现公允列报的报告目标非常重要,因而在与管理层达成一致意见后,在执行审计工作的前提中,需要特别提及公允列报,或需要特别提及管理层负有确保财务报表根据财务报告编制基础编制并使其实现公允反映的责任。

2)设计、执行和维护必要的内部控制,以使财务报表不存在由于舞弊或错误导致的重大错报

由于内部控制的固有限制,无论其如何有效,也只能合理保证被审计单位实现其财务报告目标。注册会计师按照审计准则的规定执行的独立审计工作,不能代替管理层维护编制财务报表所需要的内部控制。因此,注册会计师需要就管理层认可并理解其与内部控制有关的责任与管理层达成共识。

3)向注册会计师提供必要的工作条件

包括允许注册会计师接触与编制财务报表相关的所有信息(如记录、文件和其他事项),向注册会计师提供审计所需要的其他信息,允许注册会计师在获取审计证据时不受限制地接触其认为必要的内部人员和其他相关人员。

3. 确认的形式

按照《中国注册会计师审计准则第 1341 号——书面声明》的规定，注册会计师应当要求管理层就其已履行的某些责任提供书面声明。因此，注册会计师需要获取针对管理层责任的书面声明、其他审计准则要求的书面声明以及在必要时需要获取用于支持其他审计证据（用以支持财务报表或者一项或多项具体认定）的书面声明。注册会计师需要使管理层意识到这一点。

如果管理层不认可其责任，或不同意提供书面声明，注册会计师将不能获取充分、适当的审计证据。在这种情况下，注册会计师承接此类审计业务是不恰当的，除非法律法规另有规定。如果法律法规要求承接此类审计业务，注册会计师可能需要向管理层解释这种情况的重要性及其对审计报告的影响。

三、审计业务约定书

审计业务约定书是指会计师事务所与被审计单位签订的，用以记录和确认审计业务的委托与受托关系、审计目标和范围、双方的责任以及报告的格式等事项的书面协议。会计师事务所承接任何审计业务，都应与被审计单位签订审计业务约定书。

（一）审计业务约定书的基本内容

审计业务约定书的具体内容和格式可能因被审计单位的不同而不同，但应当包括以下主要内容：

（1）财务报表审计的目标与范围；

（2）注册会计师的责任；

（3）管理层的责任；

（4）指出用于编制财务报表所适用的财务报告编制基础；

（5）提及注册会计师拟出具的审计报告的预期形式和内容，以及对在特定情况下出具的审计报告可能不同于预期形式和内容的说明。

（二）审计业务约定书的特殊考虑

1. 考虑特定需要

如果情况需要，注册会计师还应当考虑在审计业务约定书中列明下列内容：

（1）详细说明审计工作的范围，包括提及适用的法律法规、审计准则，以及注册会计师协会发布的职业道德守则和其他公告；

（2）对审计业务结果的其他沟通形式；

（3）说明由于审计和内部控制的固有限制，即使审计工作按照审计准则的规定得到恰当的执行，仍不可避免地存在某些重大错报未被发现的风险；

（4）计划和执行审计工作的安排，包括审计项目组的构成；

（5）管理层确认将提供书面声明；

（6）管理层同意向注册会计师及时提供财务报表草稿和其他所有附带信息，以使注册会计师能够按照预定的时间表完成审计工作；

（7）管理层同意告知注册会计师在审计报告日至财务报表报出日之间注意到的可能影

响财务报表的事实；

（8）收费的计算基础和收费安排；

（9）管理层确认收到审计业务约定书并同意其中的条款；

（10）在某些方面对利用其他注册会计师和专家工作的安排；

（11）对审计涉及的内部审计人员和被审计单位其他员工工作的安排；

（12）在首次审计的情况下，与前任注册会计师（如存在）沟通的安排；

（13）说明对注册会计师责任可能存在的限制；

（14）注册会计师与被审计单位之间需要达成进一步协议的事项；

（15）向其他机构或人员提供审计工作底稿的义务。

2. 组成部分的审计

如果母公司的注册会计师同时也是组成部分注册会计师，需要考虑下列因素，决定是否向组成部分单独致送审计业务约定书。

（1）组成部分注册会计师的委托人；

（2）是否对组成部分单独出具审计报告；

（3）与审计委托相关的法律法规的规定；

（4）母公司占组成部分的所有权份额；

（5）组成部分管理层相对于母公司的独立程度。

3. 连续审计

对于连续审计，注册会计师应当根据具体情况评估是否需要对审计业务约定条款作出修改，以及是否需要提醒被审计单位注意现有的条款。

注册会计师可以决定不在每期都致送新的审计业务约定书或其他书面协议。然而，下列因素可能导致注册会计师修改审计业务约定条款或提醒被审计单位注意现有的业务约定条款。

（1）有迹象表明被审计单位误解审计目标和范围；

（2）需要修改约定条款或增加特别条款；

（3）被审计单位高级管理人员近期发生变动；

（4）被审计单位所有权发生重大变动；

（5）被审计单位业务的性质或规模发生重大变化；

（6）法律法规的规定发生变化；

（7）编制财务报表采用的财务报告编制基础发生变更；

（8）其他报告要求发生变化。

4. 审计业务约定条款的变更

1）变更审计业务约定条款的要求

在完成审计业务前，如果被审计单位或委托人要求将审计业务变更为保证程度较低的业务，注册会计师应当确定是否存在合理理由予以变更。

下列原因可能导致被审计单位要求变更业务：

（1）环境变化对审计服务的需求产生影响，对原来要求的审计业务的性质存在误解；

（2）无论是管理层施加的还是其他情况引起的审计范围受到限制。

审 计

上述各项通常被认为是变更业务的合理理由，但如果有迹象表明该变更要求与错误的、不完整的或者不能令人满意的信息有关，注册会计师不应认为该变更是合理的。

如果没有合理的理由，注册会计师不应同意变更业务。如果注册会计师不同意变更审计业务约定条款，而管理层又不允许继续执行原审计业务，注册会计师应当在适用的法律法规允许的情况下，解除审计业务约定；确定是否有约定义务或其他义务向治理层、所有者或监管机构等报告该事项。

2）变更为审阅业务或相关服务业务的要求

在同意将审计业务变更为审阅业务或相关服务业务前，接受委托按照审计准则执行审计工作的注册会计师，除考虑上述第1条中提及的事项外，还需要评估变更业务对法律责任或业务约定的影响。

如果注册会计师认为将审计业务变更为审阅业务或相关服务业务具有合理理由，截至变更日已执行的审计工作可能与变更后的业务相关，相应地，注册会计师需要执行的工作和出具的报告会适用于变更后的业务。为避免引起报告使用者的误解，对相关服务业务出具的报告不应提及原审计业务和在原审计业务中已执行的程序。只有将审计业务变更为执行商定程序业务，注册会计师才可在报告中提及已执行的程序。

第二节　总体审计策略和具体审计计划

审计计划分为总体审计策略和具体审计计划两个层次。图2-1列示了计划审计工作的两个层次。注册会计师应当针对总体策略中所识别的不同事项，制定具体审计计划，并考虑通过有效利用审计资源以实现审计目标。值得注意的是，虽然制定总体审计策略的过程通常在具体审计计划之前，但是两项计划具有内在的紧密联系，对其中一项的决定可能会影响甚至改变对另外一项的决定。例如，注册会计师在了解被审计单位及其环境的过程中，注意到被审计单位对主要业务的处理依赖复杂的自动化信息系统，因此计算机信息系统的可靠性及有效性对其经营、管理、决策以及编制可靠的财务报告具有重大影响。对此，注册会计师可能会在具体审计计划中制定相应的审计程序，并相应调整总体审计策略的内容，作出利用信息风险管理专家的工作的决定。

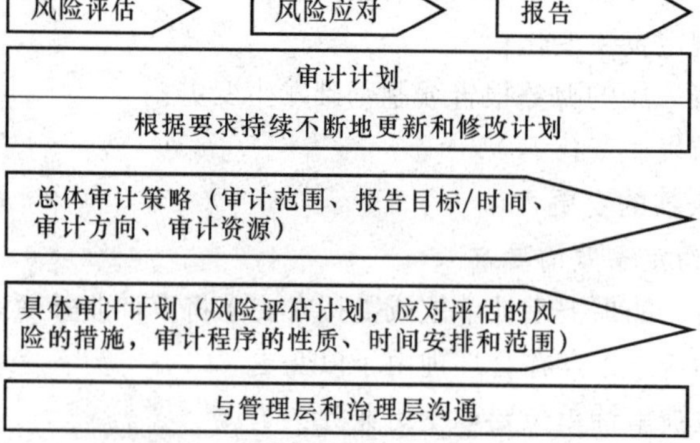

图2-1　审计计划的两个层次

· 30 ·

一、总体审计策略

注册会计师应当为审计工作制定总体审计策略。总体审计策略用以确定审计范围、时间安排和方向，并指导具体审计计划的制定。在制定总体审计策略时，应当考虑以下主要事项：

（一）审计范围

在确定审计范围时，需要考虑下列具体事项：

（1）编制拟审计的财务信息所依据的财务报告编制基础，包括是否需要将财务信息调整至按照其他财务报告编制基础编制；

（2）特定行业的报告要求，如某些行业监管机构要求提交的报告；

（3）预期审计工作涵盖的范围，包括应涵盖的组成部分的数量及所在地点；

（4）母公司和集团组成部分之间存在控制关系的性质，以确定如何编制合并财务报表；

（5）由组成部分注册会计师审计组成部分的范围；

（6）拟审计的经营分部的性质，包括是否需要具备专门知识；

（7）外币折算，包括外币交易的会计处理、外币财务报表的折算和相关信息的披露；

（8）除为合并目的执行的审计工作之外，对个别财务报表进行法定审计的需求；

（9）内部审计工作的可获得性及注册会计师拟信赖内部审计工作的程度；

（10）被审计单位使用服务机构的情况，以及注册会计师如何取得有关服务机构内部控制设计和运行有效性的证据；

（11）对利用在以前审计工作中获取的审计证据（如获取的与风险评估程序和控制测试相关的审计证据）的预期；

（12）信息技术对审计程序的影响，包括数据的可获得性和对使用计算机辅助审计技术的预期；

（13）协调审计工作与中期财务信息审阅的预期涵盖范围和时间安排，以及中期审阅所获取的信息对审计工作的影响；

（14）与被审计单位人员的时间协调和相关数据的可获得性。

（二）报告目标、时间安排及所需沟通的性质

为计划报告目标、时间安排和所需沟通的性质，需要考虑下列事项：

（1）被审计单位对外报告的时间表，包括中间阶段和最终阶段；

（2）与管理层和治理层举行会谈，讨论审计工作的性质、时间安排和范围；

（3）与管理层和治理层讨论注册会计师拟出具的报告的类型和时间安排以及沟通的其他事项（口头或书面沟通），包括审计报告、管理建议书和向治理层通报的其他事项；

（4）与管理层讨论预期就整个审计业务中审计工作的进展进行的沟通；

（5）与组成部分注册会计师沟通拟出具的报告的类型和时间安排，以及与组成部分审计相关的其他事项；

（6）项目组成员之间沟通的预期性质和时间安排，包括项目组会议的性质和时间安排，以及复核已执行工作的时间安排；

（7）预期是否需要和第三方进行其他沟通，包括与审计相关的法定或约定的报告责任。

（三）审计方向

总体审计策略的制定应当包括考虑影响审计业务的重要因素，以确定项目组工作方向，包括确定适当的重要性水平，初步识别可能存在较高的重大错报风险的领域，初步识别重要的组成部分和账户余额，评价是否需要针对内部控制的有效性获取审计证据，识别被审计单位、所处行业、财务报告要求及其他相关方面最近发生的重大变化等。

在确定审计方向时，注册会计师需要考虑下列事项：

（1）在重要性方面。具体包括以下几项：

① 为计划目的确定重要性；

② 为组成部分确定重要性且与组成部分的注册会计师沟通；

③ 在审计过程中重新考虑重要性；

④ 识别重要的组成部分和账户余额。

（2）重大错报风险较高的审计领域。

（3）评估的财务报表层次的重大错报风险对指导、监督及复核的影响。

（4）项目组人员的选择（在必要时包括项目质量控制复核人员）和分工，包括向重大错报风险较高的审计领域分派具备适当经验的人员。

（5）项目预算，包括考虑为重大错报风险可能较高的审计领域分配适当的工作时间。

（6）如何向项目组成员强调在收集和评价审计证据过程中保持职业怀疑的必要性。

（7）以往审计中对内部控制运行有效性进行评价的结果，包括所识别的控制缺陷的性质及应对措施。

（8）管理层重视设计和实施健全的内部控制的相关证据，包括这些内部控制得以适当记录的证据。

（9）业务交易量规模，以基于审计效率的考虑确定是否依赖内部控制。

（10）对内部控制重要性的重视程度。

（11）影响被审计单位经营的重大发展变化，包括信息技术和业务流程的变化，关键管理人员的变化，以及收购、兼并和分立。

（12）重大的行业发展情况，如行业法规变化和新的报告规定。

（13）会计准则及会计制度的变化。

（14）其他重大变化，如影响被审计单位的法律环境的变化。

（四）审计资源

注册会计师应当在总体审计策略中清楚地说明审计资源的规划和调配，包括确定执行审计业务所必需的审计资源的性质、时间安排和范围。

（1）向具体审计领域调配的资源，包括向高风险领域分派有适当经验的项目组成员，就复杂的问题利用专家工作等；

（2）向具体审计领域分配资源的多少，包括分派到重要地点进行存货监盘的项目组成员的人数，在集团审计中复核组成部分注册会计师工作的范围，向高风险领域分配的审计时间预算等；

（3）何时调配这些资源，包括是在期中审计阶段还是在关键的截止日期调配资源等；

(4) 如何管理、指导、监督这些资源，包括预期何时召开项目组预备会和总结会，预期项目合伙人和经理如何进行复核，是否需要实施项目质量控制复核等。

总体审计策略格式参见附录。

二、具体审计计划

注册会计师应当为审计工作制定具体审计计划。具体审计计划比总体审计策略更加详细，其内容包括为获取充分、适当的审计证据以将审计风险降至可接受的低水平，项目组成员拟实施的审计程序的性质、时间安排和范围。可以说，为获取充分、适当的审计证据，而确定审计程序的性质、时间安排和范围的决策是具体审计计划的核心。具体审计计划应当包括风险评估程序、计划实施的进一步审计程序和其他审计程序。

（一）风险评估程序

具体审计计划应当包括按照《中国注册会计师审计准则第1211号——通过了解被审计单位及其环境识别和评估重大错报风险》的规定，为了充分识别和评估财务报表重大错报风险，注册会计师计划实施的风险评估程序的性质、时间安排和范围。

（二）计划实施的进一步审计程序

具体审计计划应当包括按照《中国注册会计师审计准则第1231号——针对评估的重大错报风险采取的应对措施》的规定，针对评估的认定层次的重大错报风险，注册会计师计划实施的进一步审计程序的性质、时间安排和范围。进一步审计程序包括控制测试和实质性程序。

需要强调的是，随着审计工作的推进，对审计程序的计划会一步步深入，并贯穿于整个审计过程。例如，计划风险评估程序通常在审计开始阶段进行，计划进一步审计程序则需要依据风险评估程序的结果进行。因此，为达到制定具体审计计划的要求，注册会计师需要完成风险评估程序，识别和评估重大错报风险，并针对评估的认定层次的重大错报风险，计划实施进一步审计程序的性质、时间安排和范围。

通常，注册会计师计划的进一步审计程序可以分为进一步审计程序的总体方案和拟实施的具体审计程序（包括进一步审计程序的具体性质、时间安排和范围）两个层次。

进一步审计程序的总体方案主要是指注册会计师针对各类交易、账户余额和披露决定采用的总体方案（包括实质性方案和综合性方案）。

具体审计程序则是对进一步审计程序的总体方案的延伸和细化，它通常包括控制测试和实质性程序的性质、时间安排和范围。在实务中，注册会计师通常单独制定一套包括这些具体程序的"进一步审计程序表"，待具体实施审计程序时，注册会计师将基于所计划的具体审计程序，进一步记录所实施的审计程序及结果，并最终形成有关进一步审计程序的审计工作底稿。

另外，完整、详细的进一步审计程序的计划包括对各类交易、账户余额和披露实施的具体审计程序的性质、时间安排和范围，包括抽取的样本量等。在实务中，注册会计师可以统筹安排进一步审计程序的先后顺序，如果对某类交易、账户余额或披露已经作出计划，则可以安排先行开展工作，与此同时，再制定其他交易、账户余额和披露的进一步审计程序。

（三）计划其他审计程序

具体审计计划应当包括根据审计准则的规定，注册会计师针对审计业务需要实施的其他

审计

审计程序。计划的其他审计程序可以包括上述进一步程序的计划中没有涵盖的、根据其他审计准则的要求注册会计师应当执行的既定程序。

在审计计划阶段，除了按照《中国注册会计师审计准则第 1211 号——通过了解被审计单位及其环境识别和评估重大错报风险》进行计划工作，注册会计师还需要兼顾其他准则中规定的、针对特定项目在审计计划阶段应执行的程序及记录要求。例如，《中国注册会计师审计准则第 1141 号——财务报表审计中与舞弊相关的责任》、《中国注册会计师审计准则第 1324 号——持续经营》、《中国注册会计师审计准则第 1142 号——财务报表审计中对法律法规的考虑》及《中国注册会计师审计准则第 1323 号——关联方》等准则中对注册会计师针对这些特定项目在审计计划阶段应当执行的程序及其记录作出了规定。当然，由于被审计单位所处行业、环境各不相同，特别项目可能也有所不同。例如，有些企业可能涉及环境事项、电子商务等，在实务中，注册会计师应根据被审计单位的具体情况，确定特定项目并执行相应的审计程序。

三、审计过程中对计划的更改

计划审计工作并非审计业务的一个孤立阶段，而是一个持续的、不断修正的过程，贯穿于整个审计业务的始终。由于未预期事项、条件的变化或在实施审计程序中获取的审计证据等原因，在审计过程中，注册会计师应当在必要时对总体审计策略和具体审计计划作出更新和修改。

审计过程可以分为不同阶段，通常前面阶段的工作结果会对后面阶段的工作计划产生一定的影响，而后面阶段的工作过程中又可能发现需要对已制定的相关计划进行相应的更新和修改。通常来讲，这些更新和修改可能涉及比较重要的事项。例如，对重要性水平的修改，对某类交易、账户余额和披露的重大错报风险的评估和进一步审计程序（包括总体方案和拟实施的具体审计程序）的更新和修改等。一旦计划被更新和修改，审计工作也就应当进行相应的修正。

例如，如果在制定审计计划时，注册会计师基于对材料采购交易的相关控制的设计和执行获取的审计证据，认为相关控制设计合理并得以执行，因此未将其评价为高风险领域并且计划执行控制测试。但是在执行控制测试时获得的审计证据与审计计划阶段获得的审计证据相矛盾，注册会计师认为该类交易的控制没有得到有效执行，此时，注册会计师可能需要修正对该类交易的风险评估，并基于修正的评估风险修改计划的审计方案。

如果注册会计师在审计过程中对总体审计策略或具体审计计划作出重大修改，应当在审计工作底稿中记录作出的重大修改及其理由。

四、指导、监督与复核

注册会计师应当制订计划，确定对项目组成员的指导、监督以及对其工作进行复核的性质、时间安排和范围。项目组成员的指导、监督以及对其工作进行复核的性质、时间安排和范围主要取决于下列因素：

（1）被审计单位的规模和复杂程度；

（2）审计领域；

(3) 评估的重大错报风险；
(4) 执行审计工作的项目组成员的专业素质和胜任能力。

注册会计师应在评估重大错报风险的基础上，计划对项目组成员工作的指导、监督与复核的性质、时间安排和范围。当评估的重大错报风险增加时，注册会计师通常会扩大指导与监督的范围，增强指导与监督的及时性，执行更详细的复核工作。在计划复核的性质、时间安排和范围时，注册会计师还应考虑单个项目组成员的专业素质和胜任能力。

第三节 重 要 性

一、重要性含义

（一）财务报告编制基础通常从编制和列报财务报表的角度阐释重要性概念

财务报告编制基础可能以不同的术语解释重要性，但通常而言，重要性概念可从下面几个方面进行理解：

（1）如果合理预期错报（包括漏报）单独或汇总起来可能影响财务报表使用者依据财务报表作出的经济决策，则通常认为错报是重大的；

（2）对重要性的判断是根据具体环境作出的，并受错报的金额或性质的影响，或受两者共同作用的影响；

（3）判断某事项对财务报表使用者是否重大，是在考虑财务报表使用者整体对共同的财务信息需求的基础上作出的。由于不同财务报表使用者对财务信息的需求可能差异很大，因此不考虑错报对个别财务报表使用者可能产生的影响。

在审计开始时，就必须对重大错报的规模和性质作出一个判断，包括确定财务报表整体的重要性和特定交易类别、账户余额和披露的重要性水平。当错报金额高于整体重要性水平时，就很可能对使用者根据财务报表作出的经济决策产生影响。

（二）注册会计师使用整体重要性水平（将财务报表作为整体）的目的

（1）决定风险评估程序的性质、时间安排和范围；
（2）识别和评估重大错报风险；
（3）确定进一步审计程序的性质、时间安排和范围。

在整个业务过程中，随着审计工作的进展，注册会计师应当根据所获得的新信息更新重要性。在形成审计结论阶段，要使用整体重要性水平和为了特定交易类别、账户余额和披露而确定的较低金额的重要性水平来评价已识别的错报对财务报表的影响和对审计报告中审计意见的影响。

二、重要性水平的确定

在计划审计工作时，注册会计师应当确定一个合理的重要性水平，以发现在金额上重大的错报。注册会计师在确定计划的重要性水平时，需要考虑对被审计单位及其环境的了解、审计的目标、财务报表各项目的性质及其相互关系、财务报表各项目的金额及其波动幅度。

（一）财务报表整体的重要性

由于财务报表审计的目标是注册会计师通过执行审计工作对财务报表发表审计意见，因此，注册会计师应当考虑财务报表整体的重要性。只有这样，才能得出财务报表是否公允反映的结论。注册会计师在制定总体审计策略时，应当确定财务报表整体的重要性。

确定多大错报会影响到财务报表使用者所做的决策，这是注册会计师运用职业判断的结果。

很多注册会计师根据所在会计师事务所的惯例及自己的经验考虑重要性。

1. 选定基准要考虑的因素

确定重要性需要运用职业判断。通常先选定一个基准，再乘以某一百分比作为财务报表整体的重要性。在选择基准时，需要考虑的因素如下：

（1）财务报表要素（如资产、负债、所有者权益、收入和费用）；

（2）是否存在特定会计主体的财务报表使用者特别关注的项目（如为了评价财务业绩，使用者可能更关注利润、收入或净资产）；

（3）被审计单位的性质、所处的生命周期阶段以及所处行业和经济环境；

（4）被审计单位的所有权结构和融资方式（例如，如果被审计单位仅通过债务而非权益进行融资，财务报表使用者可能更关注资产及资产的索偿权，而非被审计单位的收益）；

（5）基准的相对波动性。常用的基准如表 2 - 1 所示。

2. 选取适当的基准

适当的基准取决于被审计单位的具体情况，包括各类报告收益（如税前利润、营业收入、毛利和费用总额），以及所有者权益或净资产。对于以营利为目的的实体，通常以经常性业务的税前利润作为基准。如果经常性业务的税前利润不稳定，选用其他基准可能更加合适，如毛利或营业收入。就选定的基准而言，相关的财务数据通常包括前期财务成果和财务状况、本期最新的财务成果和财务状况、本期的预算和预测结果。当然，本期最新的财务成果和财务状况、本期的预算和预测结果需要根据被审计单位情况的重大变化（如重大的企业并购）和被审计单位所处行业和经济环境情况的相关变化等作出调整。例如，当按照经常性业务的税前利润的一定百分比确定被审计单位财务报表整体的重要性时，如果被审计单位本年度税前利润因情况变化出现意外增加或减少，注册会计师可能认为按照近几年经常性业务的平均税前利润确定财务报表整体的重要性更加合适。

表 2 - 1　常用的基准

被审计单位的情况	可能选择的基准
1. 企业的盈利水平保持稳定	经常性业务的税前利润
2. 企业近年来经营状况大幅度波动，盈利和亏损交替发生，或者由正常盈利变为微利或微亏，或者本年度税前利润因情况变化而出现意外增加或减少	过去 3 ~ 5 年经常性业务的平均税前利润或亏损（取绝对值），或其他基准，例如营业收入
3. 企业为新设企业，处于开办期，尚未开始经营，目前正在建造厂房及购买机器设备	总资产

续表

被审计单位的情况	可能选择的基准
4. 企业是新兴行业，目前侧重于抢占市场份额、扩大企业知名度和影响力	营业收入
5. 开放式基金，致力于优化投资组合、提高基金净值、为基金持有人创造投资价值	净资产
6. 国际企业集团设立的研发中心，主要为集团下属各企业提供研发服务；并以成本加成的方式向相关企业收取费用	成本与营业费用总额
7. 公益性质的基金会	捐赠收入或捐赠支出总额

在通常情况下，对于以营利为目的的企业，利润可能是大多数财务报表使用者最为关注的财务指标，因此，注册会计师可能考虑选取经常性业务的税前利润作为基准。但是在某些情况下，例如企业处于微利或微亏状态时，采用经常性业务的税前利润为基准确定重要性，可能影响审计的效率和效果。注册会计师可以考虑采用以下方法确定基准：

(1) 如果微利或微亏状态是由宏观经济环境的波动或企业自身经营的周期性所导致的，可以考虑采用过去 3~5 年经常性业务的平均税前利润作为基准；

(2) 采用财务报表使用者关注的其他财务指标作为基准，如营业收入、总资产等。

注册会计师要注意的是，如果被审计单位的经营规模较上年度没有重大变化，通常使用替代性基准确定的重要性不宜超过上年度的重要性。

注册会计师为被审计单位选择的基准在各年度中通常会保持稳定，但是并非必须保持一贯不变。注册会计师可以根据经济形势、行业状况和被审计单位具体情况的变化对采用的基准作出调整。例如，被审计单位处在新设立阶段时，注册会计师可能采用总资产作为基准，被审计单位处在成长期时，注册会计师可能采用营业收入作为基准；被审计单位进入经营成熟期后，注册会计师可能采用经常性业务的税前利润作为基准。

3. 为选定的基准确定百分比需要运用职业判断

百分比和选定的基准之间存在一定的联系，如经常性业务的税前利润对应的百分比通常比营业收入对应的百分比要高。例如，对以营利为目的的制造行业实体，注册会计师可能认为经常性业务的税前利润的 5% 是适当的；而对非营利组织，注册会计师可能认为总收入或费用总额的 1% 是适当的。百分比无论是高一些还是低一些，只要符合具体情况，都是适当的。

在确定百分比时，除了考虑被审计单位是否为上市公司或公众利益实体外，其他因素也会影响注册会计师对百分比的选择，这些因素包括但不限于以下情况：

(1) 财务报表使用者的范围；

(2) 被审计单位是否由集团内部关联方提供融资或是否有大额对外融资（如债券或银行贷款）；

(3) 财务报表使用者是否对基准数据特别敏感（如抱着特殊目的财务报表的使用者）。

注册会计师在确定重要性水平时，不需考虑与具体项目计量相关的固有不确定性。例如，财务报表含有高度不确定性的大额估计，注册会计师并不会因此而确定一个比不含有该估计的财务报表更高或更低的财务报表整体重要性。

（二）特定类别交易、账户余额或披露的重要性水平

根据被审计单位的特定情况，下列因素可能表明存在一个或多个特定类别的交易、账户余额或披露，其发生的错报金额虽然低于财务报表整体的重要性，但合理预期将影响财务报表使用者依据财务报表作出的经济决策：

（1）法律法规或适用的财务报告编制基础是否影响财务报表使用者对特定项目（如关联方交易、管理层和治理层的薪酬）计量或披露的预期；

（2）与被审计单位所处行业相关的关键性披露（如制药企业的研究与开发成本）；

（3）财务报表使用者是否特别关注财务报表中单独披露的业务的特定方面（如新收购的业务）。

在根据被审计单位的特定情况考虑是否存在上述交易、账户余额或披露时，了解治理层和管理层的看法和预期通常是有用的。

（三）实际执行的重要性

1. 实际执行的重要的含义

实际执行的重要性，是指注册会计师确定的低于财务报表整体重要性的一个或多个金额，旨在将未更正和未发现错报的汇总数超过财务报表整体的重要性的可能性降至适当的低水平。如果适用，实际执行的重要性还指注册会计师确定的低于特定类别的交易、账户余额或披露的重要性水平的一个或多个金额。

仅为发现单项重大的错报而计划审计工作，将忽视这样一个事实，即单项非重大错报的汇总数可能导致财务报表出现重大错报，更不用说还没有考虑可能存在的未发现错报。确定财务报表整体的实际执行的重要性（根据定义可能是一个或多个金额），旨在将财务报表中未更正和未发现错报的汇总数超过财务报表整体的重要性的可能性降至适当的低水平。

与确定特定类别的交易、账户余额或披露的重要性水平相关的实际执行的重要性，旨在将这些交易、账户余额或披露中未更正与未发现错报的汇总数超过这些交易、账户余额或披露的重要性水平的可能性降至适当的低水平。

2. 确定实际执行的重要性需考虑的问题

（1）确定实际执行的重要性并非简单机械地计算，需要注册会计师运用职业判断，并考虑下列因素的影响：

① 对被审计单位的了解（这些了解在实施风险评估程序的过程中得到更新）；

② 前期审计工作中识别出的错报的性质和范围；

③ 根据前期识别出的错报对本期错报作出的预期。

通常而言，实际执行的重要性通常为财务报表整体重要性的50%~75%。

（2）如果存在下列情况，注册会计师可能考虑选择较低的百分比来确定实际执行的重要性：

① 首次接受委托的审计项目；

② 连续审计项目，以前年度审计调整较多；

③ 项目总体风险较高，例如处于高风险行业、管理层能力欠缺、面临较大市场竞争压力或业绩压力等；

④ 存在或预期存在值得关注的内部控制缺陷。

(3) 如果存在下列情况，注册会计师可能考虑选择较高的百分比来确定实际执行的重要性：

① 连续审计项目，以前年度审计调整较少；

② 项目总体风险为低到中等，例如处于非高风险行业、管理层有足够能力、面临较低的业绩压力等；

③ 以前期间的审计经验表明内部控制运行有效。

审计准则要求注册会计师确定低于财务报表整体重要性的一个或多个金额作为实际执行的重要性，注册会计师无须通过将财务报表整体的重要性平均分配或按比例分配至各个报表项目的方法来确定实际执行的重要性，而是根据对报表项目的风险评估结果，确定如何确定一个或多个实际执行的重要性。例如，根据以前期间的审计经验和本期审计计划阶段的风险评估结果，注册会计师认为可以以财务报表整体重要性的 75% 作为大多数报表项目的实际执行的重要性；与营业收入项目相关的内部控制存在控制缺陷，而且以前年度审计中存在审计调整，因此考虑以财务报表整体重要性的 50% 作为营业收入项目的实际执行的重要性，从而有针对性地对高风险领域执行更多的审计工作。

(四) 审计过程中修改的重要性

由于存在下列原因，注册会计师可能需要修改财务报表整体的重要性和特定类别的交易、账户余额或披露的重要性水平（如适用）：

(1) 审计过程中情况发生重大变化（如决定处置被审计单位的一个重要组成部分）；

(2) 获取新信息；

(3) 通过实施进一步审计程序，注册会计师对被审计单位及其经营所了解的情况发生变化。例如，注册会计师在审计过程中发现，实际财务成果与最初确定财务报表整体的重要性时使用的预期本期财务成果相比存在着很大差异，则需要修改重要性。

(五) 在审计中运用实际执行的重要性

实际执行的重要性在审计中的作用主要体现在以下两个方面：

1. 注册会计师在计划审计工作时可以根据实际执行的重要性确定需要对哪些类型的交易、账户余额和披露实施进一步审计程序

即通常选取金额超过实际执行的重要性的财务报表项目，因为这些财务报表项目有可能导致财务报表出现重大错报。但是，这并不代表注册会计师可以对所有金额低于实际执行的重要性的财务报表项目不实施进一步审计程序，这主要出于以下考虑：

(1) 单个金额低于实际执行的重要性的财务报表项目汇总起来可能金额重大（可能远远超过财务报表整体的重要性），注册会计师需要考虑汇总后的潜在错报风险；

(2) 对于存在低估风险的财务报表项目，不能仅仅因为其金额低于实际执行的重要性而不实施进一步审计程序；

(3) 对于识别出存在舞弊风险的财务报表项目，不能因为其金额低于实际执行的重要性而不实施进一步审计程序。

2. 运用实际执行的重要性确定进一步审计程序的性质、时间安排和范围

例如，在实施实质性分析程序时，注册会计师确定的已记录金额与预期值之间的可接受差异额通常不超过实际执行的重要性；在运用审计抽样实施细节测试时，注册会计师可以将可容忍错报的金额设定为等于或低于实际执行的重要性。

三、错报

（一）错报的定义

错报，是指某一财务报表项目的金额、分类、列报或披露，与按照适用的财务报告编制基础应当列示的金额、分类、列报或披露之间存在的差异；或根据注册会计师的判断，为使财务报表在所有重大方面实现公允反映，需要对金额、分类、列报或披露作出的必要调整。错报可能是由于错误或舞弊导致的。

错报可能由下列事项导致：

（1）收集或处理用以编制财务报表的数据时出现错误；

（2）遗漏某项金额或披露；

（3）由于疏忽或明显误解有关事实导致作出不正确的会计估计；

（4）注册会计师认为管理层对会计估计作出不合理的判断或对会计政策作出不恰当的选择和运用。

（二）累积识别出的错报

注册会计师可能将低于某一金额的错报界定为明显微小的错报，对这类错报不需要累积，因为注册会计师认为这些错报的汇总数明显不会对财务报表产生重大影响。"明显微小"不等同于"不重大"。明显微小错报的金额的数量级，与按照《中国注册会计师审计准则第1221号——计划和执行审计工作时的重要性》确定的重要性的数量级相比，是完全不同的（明显微小错报的数量级更小）。这些明显微小的错报，无论单独或者汇总起来看，无论从规模、性质或其发生的环境来看都是明显微不足道的。如果不确定一个或多个错报是否明显微小，就不能认为这些错报是明显微小的。

注册会计师需要在制定审计策略和审计计划时，确定一个明显微小错报的临界值，低于该临界值的错报视为明显微小的错报，可以不累积。《中国注册会计师审计准则第1251号——评价审计过程中识别的错报》第16条规定，注册会计师应当在审计工作底稿中记录设定的某一金额，低于该金额的错报视为明显微小。确定该临界值需要注册会计师运用职业判断。

1. 在确定明显微小错报的临界值时，注册会计师可能考虑的因素

（1）以前年度审计中识别出的错报（包括已更正和未更正错报）的数量和金额；

（2）重大错报风险的评估结果；

（3）被审计单位治理层和管理层对注册会计师与其沟通错报的期望；

（4）被审计单位的财务指标是否勉强达到监管机构的要求或投资者的期望。

注册会计师对上述因素的考虑，实际上是在确定审计过程中对错报的过滤程度。注册会计师的目标是要确保不累积的错报（即低于临界值的错报）连同累积的未更正错报不会汇总成为重大错报。如果注册会计师预期被审计单位存在数量较多、金额较小的错报，可能考虑采用较低的临界值，以避免大量低于临界值的错报积少成多，构成重大错报。如果注册会计师预期被审计单位错报数量较少，则可能采用较高的临界值。

注册会计师可能将明显微小错报的临界值确定为财务报表整体重要性的3%~5%，也可能低一些或高一些，但通常不超过财务报表整体重要性的10%，除非注册会计师认为有必要单独为重分类错报确定一个更高的临界值。如果注册会计师不确定一个或多个错报是否明显微小，就不能认为这些错报是明显微小的。

2. 错报类别

为了帮助注册会计师评价审计过程中累积的错报的影响以及与管理层和治理层沟通错报事项，将错报区分为事实错报、判断错报和推断错报可能是有用的。

1）事实错报

事实错报是毋庸置疑的错报。这类错报产生于被审计单位收集和处理数据的错误，对事实的忽略或误解，或故意舞弊行为。例如，注册会计师在审计测试中发现购入存货的实际价值为15 000元，但账面记录的金额却为10 000元。因此，存货和应付账款分别被低估了5 000元，这里被低估的5 000元就是已识别的对事实的具体错报。

2）判断错报

这是指由于注册会计师认为管理层对会计估计作出不合理的判断或不恰当地选择和运用会计政策而导致的差异。这类错报产生于两种情况：

（1）管理层和注册会计师对会计估计值的判断差异，例如，由于包含在财务报表中的管理层作出的估计值超出了注册会计师确定的一个合理范围，导致出现判断差异。

（2）管理层和注册会计师对选择和运用会计政策的判断差异，由于注册会计师认为管理层选用会计政策造成错报，而管理层却认为选用会计政策适当，导致出现判断差异。

3）推断错报

注册会计师对总体存在的错报作出的最佳估计数，涉及根据在审计样本中识别出的错报来推断总体的错报。推断错报通常是指通过测试样本估计出的总体的错报减去在测试中发现的已经识别的具体错报。例如，应收账款年末余额为2 000万元，注册会计师测试样本发现样本金额有100万元的高估，高估部分为样本账面金额的20%，据此注册会计师推断总体的错报金额为400万元（2 000×20%），那么上述100万元就是已识别的具体错报，其余300万元即推断误差。

（三）对审计过程识别出的错报的考虑

错报可能不会孤立发生，一项错报的发生还可能表明存在其他错报。例如，注册会计师识别出由于内部控制失效而导致的错报，或被审计单位广泛运用不恰当的假设或评估方法而导致的错报，均可能表明还存在其他错报。

抽样风险和非抽样风险可能导致某些错报未被发现。审计过程中累积错报的汇总数接近按照《中国注册会计师审计准则第1221号——计划和执行审计工作时的重要性》的规定确定的重要性，则表明存在比可接受的低风险水平更大的风险，即可能未被发现的错报连同审计过程中累积错报的汇总数，可能超过重要性。

注册会计师可能要求管理层检查某类交易、账户余额或披露，以使管理层了解注册会计

审 计

师识别出的错报产生的原因，并要求管理层采取措施以确定这些交易、账户余额或披露实际发生错报的金额，以及对财务报表作出适当的调整。例如，在从审计样本中识别出的错报推断总体错报时，注册会计师可能提出这种要求。

附录 总体审计策略参考格式

总体审计策略参考格式如表2-2所示。

表2-2 总体审计策略参考格式

审计工作	时间
1. 制定总体审计策略	
2. 制定具体审计计划	
3. 执行存货监盘	
被审计单位： 项目：总体审计策略 编制： 日期：	索引号： 财务报表截止日/期间： 复核： 日期：

一、审计范围

审计范围如表2-3所示。

表2-3 审计范围

报告要求	
适用的财务报告编制基础（包括是否需要将财务信息按照其他财务报告编制基础进行转换）	
适用的审计准则	
与财务报告相关的行业特别规定	例如：监管机构发布的有关信息披露的法规、特定行业主管部门发布的与财务报告相关的法规等
由组成部分注册会计师审计的组成部分的范围	

二、审计时间安排

（一）报告时间要求

报告时间要求如表2-4所示。

表 2-4　报告时间要求

审计工作	时间
1. 提交审计报告草稿	
2. 签署正式审计报告	
3. 公布已审计报表和审计报告	

（二）执行审计工作的时间安排

（三）沟通的时间安排

沟通的时间安排如表 2-5 所示。

表 2-5　沟通的时间安排

沟通	时间
与管理层的沟通	
与治理层的沟通	
项目组会议（包括预备会和总结会）	
与注册会计师专家的沟通	
与组成部分注册会计师的沟通	
与前任注册会计师的沟通	

三、影响审计业务的重要因素

（一）重要性

重要性如表 2-6 所示。

表 2-6　重要性

重要性	索引号
财务报表整体重要性	
特定类别的交易、账户余额或披露的一个或多个重要性水平（如适用）	
实际执行的重要性	
明显微小错报的临界值	

（二）可能存在较高重大错报风险的领域

可能存在较高重大错报风险的领域如表 2-7 所示。

表 2-7 可能存在较高重大错报风险的领域

可能存在较高重大错报风险的领域	索引号

（三）识别重要组成部分

（四）识别重要的交易、账户余额和披露

四、人员安排

（一）项目组主要成员

项目组主要成员如表 2-8 所示。

表 2-8 项目组主要成员

姓名	职级	主要职责

注：在分配职责时可以根据被审计单位的不同情况按会计科目划分，或按交易类别划分。

（二）质量控制复核人员

质量控制复核法如表 2-9 所示。

表 2-9 质量控制复核人员

姓名	职级	主要职责

五、对专家或其他第三方工作的利用

（一）对专家工作的利用

对专家工作的利用如表 2-10 所示。

表 2-10 对专家工作的利用

主要报表项目	专家名称	主要职责及工作范围	索引号

(二) 对内部审计工作的利用。

对内部审计工作的利用如表 2-11 所示。

表 2-11　对内部审计工作的利用

主要流程/报表项目	拟利用的内部审计工作	索引号

(三) 对组成部分注册会计师工作的利用。

对组成部分注册会计师工作的利用如表 2-12 所示。

表 2-12　对组成部分注册会计师工作的利用

组成部分注册会计师名称	利用其工作范围及程度	索引号

(四) 对被审计单位使用服务机构的考虑。

对被审计单位使用服务机构的考虑如表 2-13 所示。

表 2-13　对被审计单位使用服务机构的考虑

主要报表项目	服务机构名称	服务机构提供的相关服务及其注册会计师出具的审计报告意见及日期（如有）	索引号

(五) 其他事项

第三章

审 计 证 据

注册会计师应当获取充分、适当的审计证据，以得出合理的审计结论，作为形成审计意见的基础。因此，注册会计师需要确定什么构成审计证据、如何获取审计证据、如何确定已收集的证据是否充分适当、收集的审计证据如何支持审计意见。上述内容构成了注册会计师审计工作的基本要求。

第一节　审计证据的性质

一、审计证据的含义

审计证据是指注册会计师为了得出审计结论、形成审计意见而使用的所有信息。审计证据包括构成财务报表基础的会计记录所含有的信息和其他信息。证据是一个适用性较广的概念，不仅注册会计师执行审计工作需要证据，科学家和律师也需要证据。在科学实验中，科学家获取证据，以得出关于某项理论的结论；在法律案件中，法官需要根据严密确凿的证据，以提出审判结论；同样，注册会计师也必须在每项审计工作中获取充分、适当的审计证据，以满足发表审计意见的要求。

（一）会计记录中含有的信息

依据会计记录编制财务报表是被审计单位管理层的责任，注册会计师应当测试会计记录以获取审计证据。会计记录主要包括原始凭证、记账凭证、总分类账和明细分类账，未在记账凭证中反映的对财务报表的其他调整，以及支持成本分配、计算、调节和披露的手工计算表和电子数据表。上述会计记录是编制财务报表的基础，构成注册会计师执行财务报表审计业务所需获取的审计证据的重要部分。这些会计记录通常是电子数据，因而要求注册会计师对内部控制予以充分关注，以获取这些记录的真实性、准确性和完整性。进一步说，电子形式的会计记录可能只在特定时间获取，如果不存在备份文件，特定期间之后有可能无法再获

· 46 ·

取这些记录。

会计记录取决于相关交易的性质,它既包括被审计单位内部生成的手工或电子形式的凭证,也包括从与被审计单位进行交易的其他企业收到的凭证。除此之外,会计记录还可能包括以下内容:

(1) 销售发运单和发票、顾客对账单以及顾客的汇款通知单;
(2) 附有验货单的订购单、购货发票和对账单;
(3) 考勤卡和其他工时记录、工薪单、个别支付记录和人事档案;
(4) 支票存根、电子转移支付记录(EFTS)、银行存款单和银行对账单;
(5) 合同记录,例如,租赁合同和分期付款销售协议;
(6) 记账凭证;
(7) 分类账账户调节表。

将这些会计记录作为审计证据时,其来源和被审计单位内部控制的相关强度(对内部生成的证据而言)都会影响注册会计师对这些原始凭证的信赖程度。

(二) 其他信息

会计记录中含有的信息本身并不足以提供充分的审计证据作为注册会计师对财务报表发表审计意见的基础,注册会计师还应当获取用作审计证据的其他信息。可用作审计证据的其他信息包括注册会计师从被审计单位内部或外部获取的会计记录以外的信息,如被审计单位会议记录、内部控制手册、询证函的回函、分析师的报告、与竞争者的比较数据等;通过询问、观察和检查等审计程序获取的信息,如通过检查存货获取的证据等;以及自身编制或获取的可以通过合理推断得出结论的信息,如注册会计师编制的各种计算表、分析表等。

财务报表依据的会计记录中包含的信息和其他信息共同构成了审计证据,两者缺一不可。如果没有前者,审计工作将无法进行;如果没有后者,可能无法识别重大错报风险。只有将两者结合在一起,才能将审计风险降至可接受的低水平,为注册会计师发表审计意见提供合理基础。

必要审计证据的性质与范围取决于注册会计师对何种证据与实现审计目标相关作出的职业判断。这种判断受到重要性评估水平、与特定认定相关的审计风险、总体规模以及影响账户余额的各类经常性或非经常性交易的影响。

注册会计师要获取不同来源和不同性质的审计证据,不过,审计证据很少是绝对的,从性质上来看,反而是说服性的,并能佐证会计记录中所记录信息的合理性。因此,在确定报表公允表达时,注册会计师最终评价的正是这种累计的审计证据。注册会计师将不同来源和不同性质的审计证据综合起来考虑,这样能够反映出结果的一致性,从而佐证会计记录中记录的信息。如果审计证据不一致,而且这种不一致可能是重大的,注册会计师应当扩大审计程序的范围,直到不一致得到解决,并针对账户余额或各类交易获得必要保证。

二、审计证据的充分性与适当性

注册会计师应当保持职业怀疑态度,运用职业判断,评价审计证据的充分性和适当性。

（一）审计证据的充分性

审计证据的充分性是对审计证据数量的衡量，主要与注册会计师确定的样本量有关。例如，对某个审计项目实施某一选定的审计程序，从 200 个样本项目中获得的证据要比从 100 个样本项目中获得的证据更充分。获取的审计证据应当充分，足以将与每个重要认定相关的审计风险限制在可接受的水平。

注册会计师需要获取的审计证据的数量受其对重大错报风险评估的影响（评估的重大错报风险越高，需要的审计证据可能越多），并受审计证据质量的影响（审计证据质量越高，需要的审计证据可能越少）。然而，注册会计师仅靠获取更多的审计证据可能无法弥补其质量上的缺陷。

（二）审计证据的适当性

审计证据的适当性，是对审计证据质量的衡量，即审计证据在支持审计意见所依据的结论方面具有的相关性和可靠性。相关性和可靠性是审计证据适当性的核心内容，只有相关且可靠的审计证据才是高质量的。

1. 审计证据的相关性

相关性，是指用作审计证据的信息与审计程序的目的和所考虑的相关认定之间的逻辑联系。用作审计证据的信息的相关性可能受测试方向的影响。例如，如果某审计程序的目的是测试应付账款的计价高估，则测试已记录的应付账款可能是相关的审计程序。如果某审计程序的目的是测试应付账款的计价低估，则测试已记录的应付账款不是相关的审计程序，相关的审计程序可能是测试期后支出、未支付发票、供应商结算单以及发票未到的收货报告单等。

特定的审计程序可能只为某些认定提供相关的审计证据，而与其他认定无关。例如，检查期后应收账款收回的记录和文件可以提供有关存在和计价的审计证据，但未必提供与截止测试相关的审计证据。类似的，有关某一特定认定（如存货的存在认定）的审计证据，不能替代与其他认定（如该存货的计价认定）相关的审计证据。但另一方面，不同来源或不同性质的审计证据可能与同一认定相关。

控制测试旨在评价内部控制在防止或发现并纠正认定层次重大错报方面的运行有效性。设计控制测试以获取相关审计证据，包括识别一些显示控制运行的情况（特征或属性），以及显示控制未恰当运行的偏差情况。然后，注册会计师可以测试这些情况是否存在。

实质性程序旨在发现认定层次重大错报，包括细节测试和实质性分析程序。设计实质性程序包括识别与测试目的相关的情况，这些情况构成相关认定的错报。

2. 审计证据的可靠性

审计证据的可靠性是指证据的可信程度。例如，注册会计师亲自检查存货所获得的证据，就比被审计单位管理层提供给注册会计师的存货数据更可靠。

审计证据的可靠性受其来源和性质的影响，并取决于获取审计证据的具体环境。注册会计师在判断审计证据的可靠性时，通常会考虑下列原则：

1）从外部独立来源获取的审计证据比从其他来源获取的审计证据更可靠

从外部独立来源获取的审计证据未经被审计单位有关职员之手，从而减少了伪造、更改凭证或业务记录的可能性，因而其证明力最强。此类证据如银行询证函回函、应收账款询证函回函、保险公司等机构出具的证明等。相反，从其他来源获取的审计证据，由于证据提供者与被审计单位存在经济或行政关系等原因，其可靠性应受到质疑。此类证据如被审计单位内部的会计记录、会议记录等。

2）内部控制有效时内部生成的审计证据比内部控制薄弱时内部生成的审计证据更可靠

如果被审计单位有着健全的内部控制且在日常管理中得到一贯的执行，会计记录的可信赖程度将会增加。如果被审计单位的内部控制薄弱，甚至不存在任何内部控制，被审计单位内部凭证记录的可靠性就大为降低。例如，如果与销售业务相关的内部控制有效，注册会计师就能从销售发票和发货单中取得比内部控制不健全时更加可靠的审计证据。

3）直接获取的审计证据比间接获取或推论得出的审计证据更可靠

例如，注册会计师观察某项内部控制的运行得到的证据比询问被审计单位某项内部控制的运行得到的证据更可靠。间接获取的证据有被涂改及伪造的可能性，降低了可信赖程度。推论得出证据，其主观性较强，人为因素较多，可信赖程度也受到影响。

4）以文件、记录形式（无论是纸质、电子还是其他介质）存在的审计证据比口头形式的审计证据更可靠

例如，会议的同步书面记录比对讨论事项事后的口头表述更可靠。口头证据本身并不足以证明事实的真相，仅仅提供了一些重要线索，为进一步调查确认所用。如注册会计师在对应收账款进行账龄分析后，可以向应收账款负责人询问逾期应收账款收回的可能性。如果该负责人的意见与注册会计师自行估计的坏账损失基本一致，则这一口头证据就可成为证实注册会计师对有关坏账损失判断的重要证据。但在一般情况下，口头证据往往需要得到其他相应证据的支持。

5）从原件获取的审计证据比从传真件或复印件获取的审计证据更可靠

注册会计师可审查原件是否有被涂改或伪造的迹象，排除伪证，提高证据的可信赖程度。而传真件或复印件容易是篡改或伪造的结果，可靠性较低。

注册会计师在按照上述原则评价审计证据的可靠性时，还应当注意可能出现的重要例外情况。例如，审计证据虽然是从独立的外部来源获得，但如果该证据是由不知情者或不具备资格者提供，审计证据也可能是不可靠的。同样，如果注册会计师不具备评价证据的专业能力，那么即使是直接获取的证据，也可能不可靠。

3. 充分性和适当性之间的关系

充分性和适当性是审计证据的两个重要特征，两者缺一不可，只有充分且适当的审计证据才是有证明力的。

注册会计师需要获取的审计证据的数量也受审计证据质量的影响。审计证据质量越高，需要的审计证据数量可能越少。也就是说，审计证据的适当性会影响审计证据的充分性。例如，被审计单位内部控制健全时生成的审计证据更可靠，注册会计师只需获取适量的审计证据，就可以为发表审计意见提供合理的基础。

需要注意的是，尽管审计证据的充分性和适当性相关，但如果审计证据的质量存在缺陷，那么注册会计师仅靠获取更多的审计证据可能无法弥补其质量上的缺陷。例如，注册会计师应当获取与销售收入完整性相关的证据，实际获取到的却是有关销售收入真实性的证

据，审计证据与完整性目标不相关，即使获取的证据再多，也证明不了收入的完整性。同样的，如果注册会计师获取的证据不可靠，那么证据数量再多，也难以起到证明作用。

4. 评价充分性和适当性时的特殊考虑

1) 对文件记录可靠性的考虑

审计工作通常不涉及鉴定文件记录的真伪，注册会计师也不是鉴定文件记录真伪的专家，但应当考虑用作审计证据的信息的可靠性，并考虑与这些信息生成和维护相关控制的有效性。

如果在审计过程中识别出的情况使其认为文件记录可能是伪造的，或文件记录中的某些条款已发生变动，注册会计师应当作出进一步调查，包括直接向第三方询证，或考虑利用专家的工作以评价文件记录的真伪。例如，如发现某银行询证函回函有伪造或篡改的迹象，注册会计师应当作进一步的调查，并考虑是否存在舞弊的可能性。必要时，应当通过适当方式聘请专家予以鉴定。

2) 使用被审计单位生成信息时的考虑

注册会计师为获取可靠的审计证据，实施审计程序时使用的被审计单位生成的信息需要足够完整和准确。例如，通过用标准价格乘以销售量来对收入进行审计时，其有效性受到价格信息准确性和销售量数据完整性和准确性的影响。类似的，如果注册会计师打算测试总体（如付款）是否具备某一特性（如授权），若选取测试项目的总体不完整，则测试结果可能不太可靠。

如果针对这类信息的完整性和准确性获取审计证据是所实施审计程序本身不可分割的组成部分，则可以与对这些信息实施的审计程序同时进行。在其他情况下，通过测试针对生成和维护这些信息的控制，注册会计师也可以获得关于这些信息准确性和完整性的审计证据。

然而，在某些情况下，注册会计师可能确定有必要实施追加的审计程序。

在某些情况下，注册会计师可能打算将被审计单位生成的信息用于其他审计目的。例如，注册会计师可能打算将被审计单位的业绩评价用于分析程序，或利用被审计单位用于监控活动的信息，如内部审计报告等。在这种情况下，获取的审计证据的适当性受到该信息对于审计目的而言是否足够精确和详细的影响。例如，管理层的业绩评价对于发现重大错报可能不够精确。

3) 证据相互矛盾时的考虑

如果针对某项认定从不同来源获取的审计证据或获取的不同性质的审计证据能够相互印证，与该项认定相关的审计证据则具有更强的说服力。例如，注册会计师通过检查委托加工协议发现被审计单位有委托加工材料，且委托加工材料占存货比重较大，经发函询证后证实委托加工材料确实存在。委托加工协议和询证函回函这两个不同来源的审计证据互相印证，证明委托加工材料真实存在。

如果从不同来源获取的审计证据或获取的不同性质的审计证据不一致，表明某项审计证据可能不可靠，注册会计师应当追加必要的审计程序。上例中，如果注册会计师发函询证后证实委托加工材料已加工完成并返回被审计单位，委托加工协议和询证函回函这两个不同来源的证据不一致，委托加工材料是否真实存在受到质疑。这时，注册会计师应追加审计程序，确认委托加工材料收回后是否未入库或被审计单位收回后予以销售而未入账。

4）获取审计证据时对成本的考虑

注册会计师可以考虑获取审计证据的成本与所获取信息的有用性之间的关系，但不应以获取审计证据的困难和成本为由减少不可替代的审计程序。

在保证获取充分、适当的审计证据的前提下，控制审计成本也是会计师事务所增强竞争能力和获利能力所必需的。但为了保证得出的审计结论、形成的审计意见是恰当的，注册会计师不应将获取审计证据的成本高低和难易程度作为减少不可替代的审计程序的理由。例如，在某些情况下，存货监盘是证实存货存在认定的不可替代的审计程序，注册会计师在审计中不得以检查成本高和难以实施为由而不执行该程序。

三、审计证据的种类

审计实务中，审计证据的种类繁多，其外在形式、取得方式、取得途径、证明力的强弱等方面均有不同。对审计证据进行合理、科学的分类，有利于有效地搜集、恰当地使用和评价审计证据。

1. 按证据外在形式分类

根据审计证据的外在具体形态，可以将其划分为实物证据、书面证据、口头证据、环境证据。

1）实物证据

实物证据是指通过实际观察或有形资产检查所取得的、用以确定某些实物资产是否确实存在的证据。例如，库存现金的数额可以通过有形资产检查加以验证，各种存货和固定资产可以通过有形资产检查的方式证明其是否确实存在。实物证据通常是证明实物资产是否存在的非常有说服力的证据，但实物资产的存在并不能完全证实被审计单位对其拥有所有权。

2）书面证据

书面证据是注册会计师所获取的各种以书面文件为形式的一类证据。它包括与审计有关的各种原始凭证、会计记录（记账凭证、会计账簿和明细表）、会议记录和文件、合同、通知书等。在审计过程中，注册会计师往往要大量地获取和利用书面证据，因此书面证据是审计证据的主要组成部分，也可称为基本证据。

3）口头证据

口头证据是被审计单位职员或其他有关人员对注册会计师的提问进行口头答复所形成的一类证据。通常在审计过程中，注册会计师会向被审计单位的有关人员询问会计记录、文件的存放地点，采用特别会计政策和方法的理由等。对于这些问题的口头答复，就构成了口头证据。一般而言，口头证据本身并不足以证明事情的真相，但注册会计师往往可以通过口头证据发掘出一些重要的线索，从而有利于对某些需审核的情况做进一步的调查，以搜集到更为可靠的证据。

4）环境证据

环境证据是指对被审计单位产生影响的各种环境事实。具体而言，它包括以下几种：

（1）有关行业和宏观经济的运行情况。

宏观经济的运行和有关政策的变动直接关系到企业的生存和发展，获取相关的证据将有助于注册会计师对被审计单位的财务报表重大错报风险的评估，有利于进一步的审计工作。

（2）有关内部控制情况。

如果被审计单位有着良好的内部控制，就可增强其会计资料的可信赖程度。内部控制越健全、越严密，所需的其他各类审计证据就越少，否则，注册会计师就必须获取较大数量的其他审计证据。

（3）被审计单位管理人员的素质。

被审计单位管理人员的素质越高，其所提供的证据发生差错的可能性就越小。例如，当被审计单位管理人员的素质较高时，其会计记录就不容易发生错误。因此，会计人员的素质对会计资料的可靠性会产生影响。

2. 按证据支持审计结论程度分类

根据获取的证据对审计结论的支持程度，可以将审计证据分为直接证据和间接证据。

1）直接证据

直接证据是指与被证实项目及具体审计项目直接有关的证据。例如，通过函证的方式验证应收账款余额是否正确，所获取的证据可以直接说明报表项目中应收账款余额是否正确，该证据属于直接证据。

2）间接证据

间接证据是指与被证实项目及具体审计项目无直接关系的证据。例如，上述环境证据就是间接证据，无法直接说明某一报表项目是否正确。

第二节 审计程序

一、审计程序的作用

注册会计师面临的主要决策之一，就是通过实施审计程序，获取充分适当的审计证据，以满足对财务报表发表意见的需要。受到成本的约束，注册会计师不可能检查和评价所有可能获取的证据，因此对审计证据充分性、适当性的判断是非常重要的。注册会计师利用审计程序获取审计证据涉及以下四个方面的决策：

（1）选用何种审计程序；

（2）对选定的审计程序，应当选取多大的样本规模；

（3）应当从总体中选取哪些项目；

（4）何时执行这些程序。

审计程序是指注册会计师在审计过程中的某个时间，对将要获取的某类审计证据如何进行收集的详细指令。在设计审计程序时，注册会计师通常使用规范的措辞或术语，以使审计人员能够准确地理解和执行。例如，注册会计师为了验证 Y 公司 2008 年 12 月 31 日存在应收账款，取得 Y 公司编制的应收账款明细账，对应收账款进行函证。

注册会计师在选定了审计程序后，确定的样本规模可能在所测试的总体范围内随机变化。假定应收账款明细账合计有 500 家客户，注册会计师对应收账款明细账中 300 家客户进行函证。

·52·

在确定样本规模之后，注册会计师应当确定测试总体中的哪个或哪些项目。例如，注册会计师对应收账款明细账中余额较大的前 200 家客户进行函证，其余客户按一定规律抽取函证。抽取方法是从第 10 家客户开始，每隔 20 家抽取一家。

注册会计师执行函证程序的时间可选择在资产负债表日（2008 年 12 月 31 日）后任意时间，但通常受审计完成时间、审计证据的有效性和审计项目组人力充足性的影响。

二、审计程序的种类

在审计过程中，注册会计师可根据需要单独或综合运用以下审计程序，以获取充分、适当的审计证据。

（一）检查

检查是指注册会计师对被审计单位内部或外部生成的，以纸质、电子或其他介质形式存在的记录和文件进行审查，或对资产进行实物审查。检查记录或文件可以提供可靠程度不同的审计证据，审计证据的可靠性取决于记录或文件的性质和来源，而在检查内部记录或文件时，其可靠性则取决于生成该记录或文件的内部控制的有效性。

某些文件是表明一项资产存在的直接审计证据，如构成金融工具的股票或债券，但检查此类文件并不一定能提供有关所有权或计价的审计证据。此外，检查已执行的合同可以提供与被审计单位运用会计政策（如收入确认）相关的审计证据。

检查有形资产可为其存在提供可靠的审计证据，但不一定能够为认定权利和义务或计价等提供可靠的审计证据。对个别存货项目进行的检查，可与存货监盘一同实施。

（二）观察

观察是指注册会计师查看相关人员正在从事的活动或实施的程序。例如，注册会计师对被审计单位人员执行的存货盘点或控制活动进行观察。观察可以提供执行有关过程或程序的审计证据，但观察所提供的审计证据仅限于观察发生的时点，而且被观察人员的行为可能因被观察而受到影响，这也会使观察提供的审计证据受到限制。

（三）询问

询问是指注册会计师以书面或口头方式，向被审计单位内部或外部的知情人员获取财务信息和非财务信息，并对答复进行评价的过程。作为其他审计程序的补充，询问广泛应用于整个审计过程中。

知情人员对询问的答复可能为注册会计师提供尚未获悉的信息或佐证证据。另外，对询问的答复也可能提供与注册会计师已获取的其他信息存在重大差异的信息，例如，关于被审计单位管理层凌驾于控制层之上的可能性的信息。在某些情况下，对询问的答复为注册会计师修改审计程序或实施追加的审计程序提供了基础。

尽管对通过询问获取的审计证据予以佐证通常特别重要，但在询问管理层意图时，获取的支持管理层意图的信息可能是有限的。在这种情况下，了解管理层过去所声称意图的实现情况、选择某项特别措施时声称的原因以及实施某项具体措施的能力，可以为佐证通过询问获取的证据提供相关信息。

针对某些事项，注册会计师可能认为有必要向管理层和治理层（如适用）获取书面声

审 计

明，以证实对口头询问的答复。

（四）函证

函证，是指注册会计师直接从第三方（被询证者）获取书面答复以作为审计证据的过程，书面答复可以采用纸质、电子或其他介质等形式。当针对的是与特定账户余额及其项目相关的认定时，函证常常是相关的程序。但是，函证不必仅仅局限于账户余额。例如，注册会计师可能要求对被审计单位与第三方之间的协议和交易条款进行函证。注册会计师可能在询证函中询问协议是否作过修改，如果作过修改，要求被询证者提供相关的详细信息。此外，函证程序还可以用于获取不存在某些情况的审计证据，如不存在可能影响被审计单位收入确认的"背后协议"。

（五）重新计算

重新计算是指注册会计师对记录或文件中的数据计算的准确性进行核对。重新计算可通过手工方式或电子方式进行。

（六）重新执行

重新执行是指注册会计师独立执行原本作为被审计单位内部控制组成部分的程序或控制。

（七）分析程序

分析程序，是指注册会计师通过分析不同财务数据之间以及财务数据与非财务数据之间的内在关系，对财务信息作出评价。分析程序还包括在必要时对识别出的、与其他相关信息不一致或与预期值差异重大的波动或关系进行调查。

第三节 函 证

一、函证决策

注册会计师应当确定是否有必要实施函证，以获取认定层次的充分、适当的证据。在作出决策时，注册会计师应当考虑以下三个因素：

（一）评估的认定层次重大错报风险

1. 评估的认定层次重大错报风险水平越高，注册会计师对通过实质性程序获取的审计证据的相关性和可靠性的要求越高

因此，随着评估的认定层次重大错报风险的增高，注册会计师就要设计实质性程序，以获取更加相关和可靠的审计证据，或者更具说明力的审计证据。在这种情况下，函证程序的运用对于提供充分、适当的审计证据可能是有效的。

2. 评估的认定层次重大错报风险水平越低，注册会计师需要从实质性程序中获取的审计证据的相关性和可靠性的要求越低

例如，被审计单位可能有一笔正在按照商定还款计划时间表偿还的银行借款，假设注册会计师在以前年度已对其条款进行了函证。如果注册会计师实施的其他工作（包括必要时

· 54 ·

进行的控制测试）表明借款的条款没有改变，并且这些工作使得未偿还借款余额发生重大错报风险被评估为低水平时，注册会计师实施的实质性程序可能只限于测试还款的详细情况，而不必再次向债权人直接函证这笔借款的余额和条款。

3. 如果认为某项风险属于特别风险，注册会计师需要考虑是否通过函证特定事项以降低检查风险

例如，与简单的交易相比，异常或复杂的交易可能导致更高的错报风险。如果被审计单位从事了异常的或复杂的、容易导致较高重大错报风险的交易，除检查被审计单位持有的文件凭证外，注册会计师可能还需考虑是否向交易对方函证交易的真实性和详细条款。

（二）函证程序针对的认定

函证可以为某些认定提供审计证据，但是对不同的认定，函证的证明力是不同的。在函证应收账款时，函证可能为存在、权利和义务认定提供相关可靠的审计证据，但是不能为计价与分摊认定（应收账款涉及的坏账准备计提）提供证据。

对特定认定，函证的相关性受注册会计师选择函证信息的影响。例如，在审计应付账款完整性认定时，注册会计师需要获取没有重大未记录负债的证据。相应地，向被审计单位主要供应商函证，即使记录显示应付金额为零，但相对于选择大金额的应付账款进行函证，这在检查未记录负债方面也通常更有效。

（三）实施除函证以外的其他审计程序

针对同一项认定可以从不同来源获取审计证据或获取不同性质的审计证据。

这里的其他审计程序是指除函证程序以外的其他审计程序。注册会计师应当考虑被审计单位的经营环境、内部控制的有效性、账户或交易的性质、被询证者处理询证函的习惯做法及回函的可能性等，以确定函证的内容、范围、时间和方式。例如，如果被审计单位的应收账款存在有关的内部控制，且其设计良好并能有效运行，注册会计师可适当减少函证的样本量。

除上述三个因素外，注册会计师还可以考虑下列因素，以确定是否选择函证程序作为实质性程序：

1. 被询证者对函证事项的了解

如果被询证者对所函证的信息具有必要的了解，其提供的回复可靠性更高。

2. 预期被询证者回复询证函的能力或意愿

例如，在下列情况下，被询证者可能不会回复，也可能只是随意回复或可能试图限制对其回复的依赖程度：

（1）被询证者可能不愿承担回复询证函的责任；
（2）被询证者可能认为回复询证函成本太高或消耗太多时间；
（3）被询证者可能对因回复询证函而可能承担的法律责任有所担心；
（4）被询证者可能以不同币种核算交易；
（5）回复询证函不是被询证者日常经营的重要部分。

3. 预期被询证者的客观性

如果被询证者是被审计单位的关联方，则其回复的可靠性会降低。

审 计

二、函证的内容

(一)函证的对象

1. 银行存款、借款及与金融机构往来的其他重要信息

注册会计师应当对银行存款(包括零余额账户和在本期内注销的账户)、借款及与金融机构往来的其他重要信息实施函证程序,除非有充分证据表明某一银行存款、借款及与金融机构往来的其他重要信息对财务报表不重要且与之相关的重大错报风险很低。如果不对这些项目实施函证程序,注册会计师应当在审计工作底稿中说明理由。

2. 应收账款

注册会计师应当对应收账款实施函证程序,除非有充分证据表明应收账款对财务报表不重要,或函证很可能无效。如果认为函证很可能无效,注册会计师应当实施替代审计程序,获取相关、可靠的审计证据。如果不对应收账款函证,注册会计师应当在审计工作底稿中说明理由。

3. 函证的其他内容

注册会计师可以根据具体情况和实际需要对下列内容(包括但并不限于)实施函证:

(1)交易性金融资产;

(2)应收票据;

(3)其他应收款;

(4)预付账款;

(5)由其他单位代为保管、加工或销售的存货;

(6)长期股权投资;

可见,函证通常适用于账户余额及其组成部分(如应收账款明细账),但是不一定限于这些项目。例如,为确认合同条款是否发生变动及变动细节,注册会计师可以函证被审计单位与第三方签订的合同条款。注册会计师还可向第三方函证是否存在影响被审计单位收入确认的背后协议或某项重大交易的细节。

(二)函证程序实施的范围

如果采用审计抽样的方式确定函证程序的范围,无论采用统计抽样方法还是非统计抽样方法,选取的样本都应当足以代表总体。根据对被审计单位的了解、评估的重大错报风险以及所测试总体的特征等,注册会计师可以确定从总体中选取特定项目进行测试。选取的特定项目可能包括以下几项:

(1)金额较大的项目;

(2)账龄较长的项目;

(3)交易频繁但期末余额较小的项目;

(4)重大关联方交易;

(5)重大或异常的交易;

(6)可能存在争议、舞弊或错误的交易。

(三)函证的时间

注册会计师通常以资产负债表日为截止日,在资产负债表日后适当时间内实施函证。如

· 56 ·

果重大错报风险评估为低水平，注册会计师可选择资产负债表日前适当日期为截止日实施函证，并对所函证项目自该截止日起至资产负债表日止发生的变动实施实质性程序。

根据评估的重大错报风险，注册会计师可能会决定函证非期末的某一日的账户余额，例如，当审计工作将在资产负债表日之后很短的时间内完成时，可能会这么做。对于各类在年末之前完成的工作，注册会计师应当考虑是否有必要针对剩余期间获取进一步的审计证据。《中国注册会计师审计准则第 1231 号——针对评估的重大错报风险采取的应对措施》针对期中实施审计程序提供了进一步的指引。

以应收账款为例，注册会计师通常在资产负债表日后某一天函证资产负债表日的应收账款余额。如果在资产负债表日前对应收账户余额实施函证程序，注册会计师应当针对询证函指明的截止日期与资产负债表日之间实施进一步的实质性程序，或将实质性程序和控制测试结合使用，以将期中测试得出的结论合理延伸至期末。实质性程序包括测试该期间发生的影响应收账款余额的交易或实施分析程序等。控制测试包括测试销售交易、收款交易及与应收账款冲销有关的内部控制的有效性等。

（四）管理层要求不实施函证时的处理

当被审计单位管理层要求对拟函证的某些账户余额或其他信息不实施函证时，注册会计师应当考虑该项要求是否合理，并获取审计证据予以支持。如果认为管理层的要求合理，注册会计师应当实施替代审计程序，以获取与这些账户余额或其他信息相关的充分、适当的审计证据。如果认为管理层的要求不合理，且被其阻挠而无法实施函证，注册会计师应当视为审计范围受到限制，并考虑对审计报告可能产生的影响。

分析管理层要求不实施函证的原因时，注册会计师应当保持职业怀疑态度，并考虑以下因素：

（1）管理层是否诚信；
（2）是否可能存在重大的舞弊或错误；
（3）替代审计程序能否提供与这些账户余额或其他信息相关的充分、适当的审计证据。

如果认为管理层的要求可能显示存在舞弊，注册会计师应当遵循《中国注册会计师审计准则第 1141 号——财务报表审计中与舞弊相关的责任》的有关规定。

三、询证函的设计

（一）设计询证函的总体要求

注册会计师应当根据特定审计目标设计询证函。询证函的设计服从于审计目标的需要。通常，在针对账户余额的存在认定获取审计证据时，注册会计师应当在询证函中列明相关信息，要求对方核对确认。但在针对账户余额的完整性认定获取审计证据时，注册会计师则需要改变询证函的设计内容或者采用其他审计程序。

例如，在函证应收账款时，询证函中不列出账户余额，而是要求被询证者提供余额信息，这样才能发现应收账款低估错报。再如，在对应付账款的完整性获取审计证据时，根据被审计单位的供货商明细表向被审计单位的主要供货商发出询证函，就比从应付账款明细表中选择询证对象更容易发现未入账的负债。

（二）设计询证函需要考虑的因素

在设计询证函时，注册会计师应当考虑所审计的认定以及可能影响函证可靠性的因素。可能影响函证可靠性的因素主要包括以下几点：

1. 函证的方式

函证的方式有两种：积极式函证和消极式函证。不同的函证方式，其提供审计证据的可靠性不同。

2. 以往审计或类似业务的经验

在判断实施函证程序的可靠性时，注册会计师通常会考虑来自以前年度审计或类似审计业务的经验，包括回函率、以前年度审计中发现的错报以及回函所提供信息的准确程度等。当注册会计师根据以往经验认为，即使询证函设计恰当，回函率仍很低，应考虑从其他途径获取审计证据。

3. 拟函证信息的性质

信息的性质是指信息的内容和特点。注册会计师应当了解被审计单位与第三方之间交易的实质，以确定哪些信息需要进行函证。例如，对那些非常规合同或交易，注册会计师不仅应对账户余额或交易金额作出函证，还应当考虑对交易或合同的条款实施函证，以确定是否存在重大口头协议，客户是否有自由退货的权利，付款方式是否有特殊安排等。

4. 选择被询证者的适当性

注册会计师应当向对所询证信息知情的第三方发送询证函。

（1）对短期投资和长期投资，注册会计师通常向股票、债券专门保管或登记机构发函询证或向接受投资的一方发函询证；

（2）对应收票据，通常向出票人或承兑人发函询证；

（3）对其他应收款，向形成其他应收款的有关方发函询证；

（4）对预付账款、应付账款，通常向供货单位发函询证；

（5）对委托贷款，通常向有关的金融机构发函询证；

（6）对预收账款，通常向购货单位发函询证；

（7）对保证、抵押或质押，通常向有关金融机构发函询证；

（8）对或有事项，通常向律师等发函询证；

（9）对重大或异常的交易，通常向有关的交易方发函询证。

函证所提供的审计证据的可靠性还受到被询证者的能力、独立性、客观性、回函者是否有权回函等因素的影响。注册会计师在设计询证函、评价函证结果以及确定是否需要实施其他审计程序时，应当考虑回函者的能力、知识、动机、回函意愿等方面的信息或有关回函者是否能够保持客观和公正的信息。当存在重大、异常、在期末前发生的、对财务报表产生重大影响的交易，而被询证者在经济上依赖于被审计单位时，注册会计师应当考虑被询证者可能被驱使提供不正确的回函。

5. 被询证者易于回函的信息类型

询证函所函证信息是否便于被询证者回答，影响到回函率和所获取审计证据的性质。例如，某些被询证者的信息系统可能便于对形成账户余额的每笔交易进行函证，而不是对账户余额本身进行函证。此外，被询证者可能并不总是能够证实特定类型的信息，例如应收账款余额，但是却可能证实余额当中的单笔发票的余额。

询证函通常应当包含被审计单位管理层的授权，授权被询证者向注册会计师提供有关信息。对获得被审计单位管理层授权的询证函，被询证者可能更愿意回函，在某些情况下，如果没有获得授权，被询证者甚至不能够回函。

（三）积极与消极的函证方式

注册会计师可采用积极或消极的函证方式实施函证，也可将两种方式结合使用。

1. 积极的函证方式

如果采用积极的函证方式，注册会计师应当要求被询证者在所有情况下必须回函，确认询证函所列示信息是否正确，或填列询证函要求的信息。

积极的函证方式又分为两种：一种是在询证函中列明拟函证的账户余额或其他信息，要求被询证者确认所函证的款项是否正确。通常认为，对这种询证函的回复能够提供可靠的审计证据。但是，其缺点是被询证者可能对所列示信息根本不加以验证就予以回函确认。注册会计师通常难以发觉是否发生了这种情形。为了避免这种风险，注册会计师可以采用另外一种询证函，即在询证函中不列明账户余额或其他信息，而要求被询证者填写有关信息或提供进一步的信息。由于这种询证函要求被询证者作出更多的努力，可能会导致回函率降低，进而导致注册会计师执行更多的替代程序。

在采用积极的函证方式时，只有注册会计师收到回函，才能为财务报表认定提供审计证据。注册会计师没有收到回函，可能是由于被询证者根本不存在，或是由于被询证者没有收到询证函，也可能是由于询证者没有理会询证函，因此，无法证明所函证信息是否正确。

2. 消极的函证方式

如果采用消极的函证方式，注册会计师只要求被询证者仅在不同意询证函列示信息的情况下才予以回函。对消极式询证函而言，未收到回函并不能明确表明预期的被询证者已经收到询证函或已经核实了询证函中包含的信息的准确性。因此，未收到消极式询证函的回函提供的审计证据，远不如积极式询证函的回函提供的审计证据有说服力。如果询证函中的信息对被询证者不利，则被询证者更有可能回函，表示其不同意；相反，如果询证函中的信息对被询证者有利，则回函的可能性就会相对较小。例如，被审计单位的供应商如果认为询证函低估了被审计单位的应付账款余额，则其更有可能回函；如果高估了该余额，则回函的可能性很小。因此，注册会计师在考虑这些余额是否可能被低估时，向供应商发出消极式询证函可能是有用的程序，但是，利用这种程序收集该余额被高估的证据就未必有效。

当同时存在下列情况时，注册会计师可考虑采用消极的函证方式：

（1）重大错报风险评估为低水平；

（2）涉及大量余额较小的账户；

（3）预期不存在大量的错误；

（4）没有理由相信被询证者不认真对待函证。

3. 两种方式的结合使用

在实务中，注册会计师也可将这两种方式结合使用。以应收账款为例，当应收账款的余额是由少量的大额应收账款和大量的小额应收账款构成时，注册会计师可以对所有的或抽取的大额应收账款样本项目采用积极的函证方式，而对抽取的小额应收账款样本项目采用消极的函证方式。

四、函证的实施与评价

（一）对函证过程的控制

注册会计师应当对函证的全过程保持控制。

1. 询函证发出前的控制措施

询证函经被审计单位盖章后，应当由注册会计师直接发出。

为使函证程序能有效地实施，在询证函发出前，注册会计师需要恰当地设计询证函，并对询证函上的各项资料进行充分核对，注意事项可能包括以下几项：

（1）询证函中填列的需要被询证者确认的信息是否与被审计单位账簿中的有关记录保持一致。对于银行存款的函证，需要银行确认的信息是否与银行对账单等保持一致；

（2）考虑选择的被询证者是否适当，包括被询证者对被函证信息是否知情、是否具有客观性、是否拥有回函的授权等；

（3）是否已在询证函中正确填列被询证者直接向注册会计师回函的地址；

（4）是否已将部分或全部被询证者的名称、地址与被审计单位有关记录进行核对，以确保询证函中的名称、地址等内容的准确性。可以执行的程序包括但不限于以下几种：

① 通过拨打公共查询电话核实被询证者的名称和地址；

② 通过被询证者的网站或其他公开网站核对被询证者的名称和地址；

③ 将被询证者的名称和地址信息与被审计单位持有的相关合同等文件核对；

④ 对于供应商或客户，可以将被询证者的名称、地址与被审计单位收到或开具的增值税专用发票中的对方单位名称、地址进行核对。

2. 通过不同方式发出询证函时的控制措施

根据注册会计师对舞弊风险的判断，以及被询证者的地址和性质、以往回函情况、回函截止日期等因素，询证函的发出和收回可以采用邮寄、跟函、电子（包括传真、电子邮件、直接访问网站等）等方式。

1）通过邮寄方式发出询证函时采取的控制措施

为避免询证函被拦截、篡改等舞弊风险，在邮寄询证函时，注册会计师可以在核实由被审计单位提供的被询证者的联系方式后，不使用被审计单位本身的邮寄设施，而是独立寄发询证函（例如，直接在邮局投递）。

2）通过跟函的方式发出询证函时采取的控制措施

如果注册会计师认为跟函的方式（即注册会计师独自或在被审计单位员工的陪伴下亲自将询证函送至被询证者，在被询证者核对并确认回函后，亲自将回函带回的方式）能够获取可靠信息，可以采取该方式发送并收回询证函。如果被询证者同意注册会计师独自前往被询证者执行函证程序，注册会计师可以独自前往。如果注册会计师跟函时需有被审计单位员工陪伴，注册会计师需要在整个过程中保持对询证函的控制，同时，对被审计单位和被询证者之间串通舞弊的风险保持警觉。

在我国目前的实务操作中,由于被审计单位之间的商业惯例还比较认可印章原件,所以邮寄和跟函方式更为常见。

如果注册会计师根据具体情况选择通过电子方式发送询证函,在发函前可以基于对特定询证方式所存在风险的评估,考虑相应的控制措施。

(二) 积极式函证未收到回函时的处理

如果在合理的时间内没有收到询证函回函时,注册会计师应当考虑必要时再次向被询证者寄发询证函。

如果未能得到被询证者的回应,注册会计师应当实施替代审计程序。在某些情况下,注册会计师可能识别出认定层次重大错报风险,且取得积极式函证回函是获取充分、适当的审计证据的必要程序。这些情况可能包括以下几点:

(1) 可获取的佐证管理层认定的信息只能从被审计单位外部获得;

(2) 存在特定舞弊风险因素,例如,管理层凌驾于内部控制之上,员工和(或)管理层串通,使注册会计师不能信赖从被审计单位获取的审计证据。

如果注册会计师认为取得积极式函证回函是获取充分、适当的审计证据的必要程序,则替代程序不能提供注册会计师所需要的审计证据。在这种情况下,如果未获取回函,注册会计师应当确定其对审计工作和审计意见的影响。

(三) 评价审计证据的充分性和适当性时应考虑的因素

如果注册会计师认为取得积极式函证回函是获取充分、适当的审计证据的必要程序,则替代程序不能提供注册会计师所需要的审计证据。在这种情况下,如果未获取回函,注册会计师应当按照《中国注册会计师审计准则第1502号——在审计报告中发表非无保留意见》的规定,确定其对审计工作和审计意见的影响。

在某些情况下,注册会计师可能识别出认定层次重大错报风险,且取得积极式询证函回函是获取充分、适当的审计证据的必要程序。这些情况可能包括以下几种:

(1) 可获取的佐证管理层认定的信息只能从被审计单位外部获得;

(2) 存在特定舞弊风险因素,例如,管理层凌驾于内部控制之上,员工和(或)管理层串通,使注册会计师不能信赖从被审计单位获取的审计证据。

(四) 评价函证的可靠性

函证所获取的审计证据的可靠性主要取决于注册会计师设计询证函、实施函证程序和评价函证结果等程序的适当性。

1. 在评价函证的可靠性时,注册会计师应当考虑的因素

(1) 对询证函的设计、发出及收回的控制情况;

(2) 被询证者的胜任能力、独立性、授权回函情况、对函证项目的了解及其客观性;

(3) 被审计单位施加的限制或回函中的限制。

因此,如果可行的话,注册会计师应当努力确保询证函被送交给适当的人员。例如,如果要证实被审计单位的某项长期借款合同已经被终止,注册会计师应当直接向了解这笔终止长期贷款事项和有权提供这一信息的贷款方人员进行函证。

2. 收到回函后,根据不同情况,注册会计师可以分别实施以下程序,以验证回函的可靠性

在验证回函的可靠性时,注册会计师需要保持职业怀疑。

1）通过邮寄方式收到的回函

通过邮寄方式发出询证函并收到回函后，注册会计师可以验证以下信息：

（1）被询证者确认的询证函是否是原件，是否与注册会计师发出的询证函是同一份；

（2）回函是否由被询证者直接寄给注册会计师；

（3）寄给注册会计师的回邮信封或快递信封中记录的发件方名称、地址是否与询证函中记载的被询证者名称、地址一致；

（4）回邮信封上寄出方的邮戳显示发出城市或地区是否与被询证者的地址一致；

（5）被询证者加盖在询证函上的印章以及签名中显示的被询证者名称是否与询证函中记载的被询证者名称一致。在认为必要的情况下，注册会计师还可以进一步与被审计单位持有的其他文件进行核对或亲自前往被询证者进行核实等。

如果被询证者将回函寄至被审计单位，被审计单位将其转交注册会计师，该回函不能视为可靠的审计证据。在这种情况下，注册会计师可以要求被询证者直接书面回复。

2）通过跟函方式收到的回函

对于通过跟函方式获取的回函，注册会计师可以实施以下审计程序：

（1）了解被询证者处理函证的通常流程和处理人员；

（2）确认处理询证函人员的身份和处理询证函的权限，如索要名片、观察员工卡或姓名牌等；

（3）观察处理询证函的人员是否按照处理函证的正常流程认真处理询证函，例如，该人员是否在其计算机系统或相关记录中核对相关信息。

3）以电子形式收到的回函

对以电子形式收到的回函，由于回函者的身份及其授权情况很难确定，对回函的更改也难以发觉，因此可靠性存在风险。注册会计师和回函者采用一定的程序为电子形式的回函创造安全环境，可以降低该风险。如果注册会计师确信这种程序安全并得到适当控制，则会提高相关回函的可靠性。

电子函证程序涉及多种确认发件人身份的技术，如加密技术、电子数码签名技术、网页真实性认证程序。

当注册会计师存有疑虑时，可以与被询证者联系，以核实回函的来源及内容，例如，当被询证者通过电子邮件回函时，注册会计师可以通过电话联系被询证者，确定被询证者是否发送了回函。必要时，注册会计师可以要求被询证者提供回函原件。

4）对询证函的口头回复

只对询证函进行口头回复不是对注册会计师的直接书面回复，不符合函证的要求，因此，不能作为可靠的审计证据。在收到对询证函口头回复的情况下，注册会计师可以要求被询证者提供直接书面回复。如果仍未收到书面回函，注册会计师需要通过实施替代程序，寻找其他审计证据以支持口头回复中的信息。

3. 负责或限制条款的性质和实质

无论是采用纸质还是电子介质，被询证者的回函中都可能包括免责或其他限制条款。回函中存在免责或其他限制条款是影响外部函证可靠性的因素之一，但这种限制不一定使回函失去可靠性，注册会计师能否依赖回函信息以及依赖的程度如何，取决于免责或限制条款的性质和实质。

1) 对回函可靠性不产生影响的条款

回函中格式化的免责条款可能并不会影响所确认信息的可靠性，实务中常见的这种免责条款的例子包括以下几种：

（1）"提供的本信息仅出于礼貌，我方没有义务必须提供，我方不因此承担任何明示或暗示的责任、义务和担保"。

（2）"本回复仅用于审计目的，被询证方、其员工或代理人无任何责任，也不能免除注册会计师做其他询问或执行其他工作的责任"。

其他限制条款如果与所测试的认定无关，也不会导致回函失去可靠性。例如，当注册会计师的审计目标是投资是否存在，并使用函证来获取审计证据时，回函中针对投资价值的免责条款不会影响回函的可靠性。

2) 对回函可靠性产生影响的限制条款

一些限制条款可能会使注册会计师对回函中所包含信息的完整性、准确性或注册会计师能够信赖其所含信息的程度产生怀疑，实务中常见的此类限制条款的例子包括以下几种：

（1）"本信息是从电子数据库中取得，可能不包括被询证方所拥有的全部信息"。

（2）"本信息既不保证准确，也不保证是最新的，其他方可能会持有不同意见"。

如果限制条款使注册会计师将回函作为可靠审计证据的程度受到了限制，则注册会计师可能需要执行额外的或替代的审计程序。这些程序的性质和范围将取决于财务报表项目的性质、所测试的认定、限制条款的性质和实质，以及通过其他审计程序获取的相关证据等因素。如果注册会计师不能通过替代或额外的审计程序获取充分、适当的审计证据，注册会计师应当按照《中国注册会计师审计准则第1502号——在审计报告中发表非无保留意见》的规定，确定其对审计工作和审计意见的影响。

在特殊情况下，如果限制条款产生的影响难以确定，注册会计师可能认为要求被询证者澄清或寻求法律意见是适当的。

如果认为询证函回函不可靠，注册会计师应当评价其对评估的相关重大错报风险（包括舞弊风险），以及其他审计程序的性质、时间安排和范围的影响。例如，注册会计师可以通过直接打电话给被询证者等方式以验证回函的内容和来源。

需要特别注意的是，目前有些银行仍然没有严格执行实名开户的措施，企业有可能利用其员工或其他人的名义开具银行账户。在这种情况下，向银行寄发询证函并不能保证有关信息的完整性。另外，还有一些企业与银行或其他金融机构合谋，共同舞弊，提供虚假信息或其他证据，导致函证结果不可靠。因此，注册会计师应当在考虑舞弊可能导致的财务报表重大错报风险的基础上，适当选择函证的方式，谨慎分析和评价函证结果。

（五）对不符事项的处理

注册会计师应当调查不符事项，以确定是否表明存在错报。

询证函回函中指出的不符事项可能显示财务报表存在错报或潜在错报。当识别出错报时，注册会计师需要根据《中国注册会计师审计准则第1141号——财务报表审计中与舞弊相关的责任》的规定评价该错报是否表明存在舞弊。不符事项可以为注册会计师判断来自类似的被询证者回函的质量及类似账户回函质量提供依据。不符事项还可能显示被审计单位与财务报告相关的内部控制存在缺陷。

某些不符事项并不表明存在错报。例如，注册会计师可能认为询证函回函的差异是由于函证程序的时间安排、计量或书写错误造成的。

（六）实施函证时需要关注的舞弊风险迹象以及采取的应对措施

在函证过程中，注册会计师需要始终保持职业怀疑，对舞弊风险迹象保持警觉。

1. 注册会计师需要关注的舞弊风险迹象与函证程序有关的舞弊风险迹象的例子

（1）管理层不允许寄发询证函；

（2）管理层试图拦截、篡改询证函或回函，如坚持以特定的方式发送询证函；

（3）被询证者将回函寄至被审计单位，被审计单位将其转交注册会计师；

（4）注册会计师跟进访问被询证者，发现回函信息与被询证者记录不一致，例如，对银行的跟进访问表明提供给注册会计师的银行函证结果与银行的账面记录不一致；

（5）从私人电子信箱发送的回函；

（6）收到同一日期发回的、相同笔迹的多份回函；

（7）位于不同地址的多家被询证者的回函邮戳显示的发函地址相同；

（8）收到不同被询证者用快递寄回的回函，但快递的交寄人或发件人是同一个人或是被审计单位的员工；

（9）回函邮戳显示的发函地址与被审计单位记录的被询证者的地址不一致；

（10）不正常的回函率，例如，银行函证未回函；与以前年度相比，回函率异常偏高或回函率重大变动；向被审计单位债权人发送的询证函回函率很低；

（11）被询证者缺乏独立性，例如，被审计单位及其管理层能够对被询证者施加重大影响，以使其向注册会计师提供虚假或误导信息（如被审计单位是被询证者唯一或重要的客户或供应商）；被询证者既是被审计单位资产的保管人，又是资产的管理者。

2. 针对舞弊风险迹象，注册会计师可以采取的应对措施

（1）针对舞弊风险迹象，注册会计师根据具体情况可以实施审计程序；

（2）验证被询证者是否存在、是否与被审计单位之间缺乏独立性，其业务性质和规模是否与被询证者和被审计单位之间的交易记录相匹配；

（3）将与从其他来源得到的被询证者的地址（如与被审计单位签订的合同上签署的地址、网络上查询到的地址）相比较，验证寄出方地址的有效性；将被审计单位档案中有关被询证者的签名样本、公司公章与回函核对；

（4）要求与被询证者相关人员直接沟通讨论询证事项，考虑是否有必要前往被询证者工作地点以验证其是否存在；

（5）分别在中期和期末寄发询证函，并使用被审计单位账面记录和其他相关信息核对相关账户的期间变动；

（6）考虑从金融机构获得被审计单位的信用记录，加盖该金融机构公章，并与被审计单位会计记录相核对，以证实是否存在被审计单位没有记录的贷款、担保、开立银行承兑汇票、信用证、保函等事项。根据金融机构的要求，注册会计师获取信用记录时可以考虑由被审计单位人员陪同前往。在该过程中，注册会计师需要注意确认该信用记录没有被篡改。

第四节 分析程序

一、分析程序的目的

（一）分析程序的定义

分析程序，是指注册会计师通过分析不同财务数据之间以及财务数据与非财务数据之间的内在关系，对财务信息作出评价。分析程序还包括在必要时对识别出的、与其他相关信息不一致或与预期值差异重大的波动或关系进行调查。

（二）注册会计师实施分析程序的目的

1. 用作风险评估程序，以了解被审计单位及其环境

注册会计师实施风险评估程序的目的在于了解被审计单位及其环境并评估财务报表层次和认定层次的重大错报风险。在风险评估过程中使用分析程序也服务于这一目的。分析程序可以帮助注册会计师发现财务报表中的异常变化，或者预期发生而未发生的变化，识别存在潜在重大错报风险的领域。分析程序还可以帮助注册会计师发现财务状况或盈利能力发生变化的信息和征兆，识别那些表明被审计单位持续经营能力问题的事项。

2. 当使用分析程序比细节测试能更有效地将认定层次的检查风险降至可接受的水平时，分析程序可以用作实质性程序

在针对评估的重大错报风险实施进一步审计程序时，注册会计师可以将分析程序作为实质性程序的一种，单独或结合其他细节测试，收集充分、适当的审计证据。此时运用分析程序可以减少细节测试的工作量，节约审计成本，降低审计风险，使审计工作更有效率和效果。

3. 在审计结束或临近结束时对财务报表进行总体复核

在审计结束或临近结束时，注册会计师应当运用分析程序，在已收集的审计证据的基础上，对财务报表整体的合理性作最终把关，评价报表仍然存在重大错报风险而未被发现的可能性，考虑是否需要追加审计程序，以便为发表审计意见提供合理基础。

分析程序运用的不同目的，决定了分析程序运用的具体方法和特点。值得说明的是，注册会计师在风险评估阶段和审计结束时的总体复核阶段必须运用分析程序，在实施实质性程序阶段可选用分析程序。

二、用作风险评估程序

（一）总体要求

注册会计师在实施风险评估程序时，应当运用分析程序，以了解被审计单位及其环境。如前所述，在实施风险评估程序时，运用分析程序的目的是了解被审计单位及其环境并评估重大错报风险，注册会计师应当围绕这一目的运用分析程序。在这个阶段运用分析程序是强制要求。

审 计

（二）在风险评估程序中的具体运用

注册会计师在将分析程序用作风险评估程序时，应当遵守《中国注册会计师审计准则第1211号——通过了解被审计单位及其环境识别和评估重大错报风险》的相关规定。注册会计师可以将分析程序与询问、检查和观察程序结合运用，以获取对被审计单位及其环境的了解，识别和评估财务报表层次及具体认定层次的重大错报风险。

在运用分析程序时，注册会计师应重点关注关键的账户余额、趋势和财务比率关系等方面，对其形成一个合理的预期，并与被审计单位记录的金额、依据记录金额计算的比率或趋势相比较。如果分析程序的结果显示的比率、比例或趋势与注册会计师对被审计单位及其环境的了解不一致，并且被审计单位管理层无法提出合理的解释，或者无法取得相关的支持性文件证据，注册会计师应当考虑其是否表明被审计单位的财务报表存在重大错报风险。

例如，注册会计师根据对被审计单位及其环境的了解，得知本期在生产成本中占较大比重的原材料成本大幅上升。因此，注册会计师预期在销售收入未有较大变化的情况下，由于销售成本的上升，毛利率应相应下降。但是，注册会计师通过分析程序发现，本期与上期的毛利率变化不大。注册会计师可能据此认为销售成本或销售收入存在重大错报风险，应对其给予足够的关注。

需要注意的是，注册会计师无须在了解被审计单位及其环境的每一方面时都实施分析程序。例如，在对内部控制的了解中，注册会计师一般不会运用分析程序。

（三）风险评估过程中运用的分析程序的特点

风险评估程序中运用分析程序的主要目的在于识别那些可能表明财务报表存在重大错报风险的异常变化。因此，所使用的数据汇总性比较强，其对象主要是财务报表中账户余额及其相互之间的关系；所使用的分析程序通常包括对账户余额变化的分析，并辅之以趋势分析和比率分析。

与实质性分析程序相比，在风险评估过程中使用的分析程序所进行比较的性质、预期值的精确程度，以及所进行的分析和调查的范围都并不足以提供很高的保证水平。

三、用作实质性程序

（一）总体要求

注册会计师应当针对评估的认定层次重大错报风险设计和实施实质性程序。实质性程序包括对各类交易、账户余额和披露的细节测试以及实质性分析程序。

实质性分析程序是指用作实质性程序的分析程序，它与细节测试都可用于收集审计证据，以识别财务报表认定层次的重大错报风险。当使用分析程序比细节测试能更有效地将认定层次的检查风险降至可接受的水平时，注册会计师可以考虑单独或结合细节测试，运用实质性分析程序。实质性分析程序不仅仅是细节测试的一种补充，在某些审计领域，如果重大错报风险较低且数据之间具有稳定的预期关系，注册会计师可以单独使用实质性分析程序以获取充分、适当的审计证据。

尽管分析程序有特定的作用，但并未要求注册会计师在实施实质性程序时必须使用分析程序。这是因为针对认定层次的重大错报风险，注册会计师实施细节测试而不实施分析程序，同样可能实现实质性程序的目的。另外，分析程序有其运用的前提和基础，它并不适用于所有的财务报表认定。

需要强调的是，相对于细节测试而言，实质性分析程序能够达到的精确度可能受到种种限制，所提供的证据在很大程度上是间接证据，证明力相对较弱。从审计过程整体来看，注册会计师不能仅依赖实质性分析程序，而忽略对细节测试的运用。

在设计和实施实质性分析程序时，无论单独使用还是与细节测试结合使用，注册会计师都应当注意以下几点：

（1）考虑针对所涉及认定评估的重大错报风险和实施的细节测试（如有），确定特定实质性分析程序对这些认定的适用性；

（2）考虑可获得信息的来源、可比性、性质和相关性以及与信息编制相关的控制，评价在对已记录的金额或比率作出预期时使用数据的可靠性；

（3）对已记录的金额或比率作出预期，并评价预期值是否足够精确，以识别重大错报（包括单项重大的错报和单项虽不重大但连同其他错报可能导致财务报表产生重大错报的错报）；

（4）确定已记录金额与预期值之间可接受的，且无须按《中国注册会计师审计准则第1313号——分析程序》第7条的要求做进一步调查的差异额。

（二）确定实质性分析程序对特定认定的适用性

实质性分析程序通常更适用于在一段时期内存在预期关系的大量交易。分析程序的运用建立在这种预期的基础上，即数据之间的关系存在且在没有反证的情况下继续存在。然而，某一分析程序的适用性，取决于注册会计师评价该分析程序在发现某一错报单独或连同其他错报可能引起财务报表存在重大错报时的有效性。

在某些情况下，不复杂的预测模型也可以用于实施有效的分析程序。例如，如果被审计单位在某一会计期间对既定数量的员工支付固定工资，注册会计师可利用这一数据非常准确地估计出该期间的员工工资总额，从而获取有关该重要财务报表项目的审计证据，并降低对工资成本实施细节测试的必要性。一些广泛认同的行业比率（如不同类型零售企业的毛利率）通常可以有效地运用于实质性分析程序，为已记录金额的合理性提供支持性证据。

不同类型的分析程序提供不同程度的保证。例如，根据租金水平、公寓数量和空置率，可以测算出一幢公寓大楼的总租金收入。如果这些基础数据得到恰当的核实，上述分析程序能提供具有说服力的证据，从而可能无须利用细节测试再作进一步验证。相比之下，通过计算和比较毛利率，对于某项收入数据的确认，可以提供说服力相对较弱的审计证据，但如果结合实施其他审计程序，则可以提供有用的佐证。

对特定实质性分析程序适用性的确定，受到认定的性质和注册会计师对重大错报风险评估的影响。例如，如果针对销售订单处理的内部控制存在缺陷，对与应收账款相关的认定，注册会计师可能更多地依赖细节测试，而非实质性分析程序。

在针对同一认定实施细节测试时，特定的实质性分析程序也可能视为是适当的。例如，注册会计师在对应收账款余额的计价认定获取审计证据时，除了对期后收到的现金实施细节测试外，也可以对应收账款的账龄实施实质性分析程序，以确定账龄应收账款的可收回性。

（三）数据的可靠性

注册会计师对已记录的金额或比率作出预期时，需要采用内部数据或外部数据。

1. 来自被审计单位内部的数据

（1）前期数据，并根据当期的变化进行调整；

（2）当期的财务数据；

（3）预算或预测；

（4）非财务数据等。

2. 外部数据

（1）政府有关部门发布的信息，如通货膨胀率、利率、税率，有关部门确定的进出口配额等；

（2）行业监管者、贸易协会以及行业调查单位发布的信息，如行业平均增长率；

（3）经济预测组织，包括某些银行发布的预测消息，如某些行业的业绩指标等；

（4）公开出版的财务信息；

（5）证券交易所发布的信息等。

3. 数据的可靠性直接影响根据数据形成的预期值

数据的可靠性越高，预期的准确性也将越高，分析程序将更有效。注册会计师计划获取的保证水平越高，对数据可靠性的要求也就越高。

数据的可靠性受其来源和性质的影响，并取决于获取该数据的环境。因此，在确定数据的可靠性是否能够满足实质性分析程序的需要时，下列因素是相关的：

（1）可获得信息的来源。例如，从被审计单位以外的独立来源获取的信息可能更加可靠。

（2）可获得信息的可比性。例如，对于生产和销售特殊产品的被审计单位，可能需要对宽泛的行业数据进行补充，使其更具可比性。

（3）可获得信息的性质和相关性。例如，预算是否作为预期的结果，而不是作为将要达到的目标。

（4）与信息编制相关的控制，用以确保信息完整、准确和有效。例如，与预算的编制、复核和维护相关的控制。

当针对评估的风险实施实质性分析程序时，如果使用被审计单位编制的信息，注册会计师可能需要考虑测试与信息编制相关的控制（如有）的有效性。当这些控制有效时，注册会计师通常对该信息的可靠性更有信心，进而对分析程序的结果更有信心。对与非财务信息相关的控制运行有效性进行的测试，通常与对其他控制的测试结合在一起进行。例如，被审计单位在对销售发票建立控制的同时，也可能对销售数量的记录建立控制。在这些情况下，注册会计师可以把对两者的控制有效性测试结合在一起进行。或者，注册会计师可以考虑该信息是否需要经过测试。

上述测试的结果有助于注册会计师就该信息的准确性和完整性获取审计证据，以更好地判断分析程序使用的数据是否可靠。如果注册会计师通过测试获知与信息编制相关的控制运行有效，或信息在本期或前期经过审计，该信息的可靠性将更高。

（四）评价预期值的准确程度

准确程度是对预期值与真实值之间接近程度的度量，也称精确度。分析程序的有效性很大程度上取决于注册会计师形成的预期值的准确性。预期值的准确性越高，注册会计师通过分析程序获取的保证水平将越高。

在评价作出预期的准确程度是否足以在计划的保证水平上识别重大错报时，注册会计师应当考虑下列主要因素：

1. 对实质性分析程序的预期结果作出预测的准确性

例如，与各年度的研究开发和广告费用支出相比，注册会计师通常预期各期的毛利率更具有稳定性。

2. 信息可分解的程度

信息可分解的程度是指用于分析程序的信息的详细程度，如按月份或地区分部分解的数据。通常，数据的可分解程度越高，预期值的准确性越高，注册会计师将相应获取较高的保证水平。当被审计单位经营复杂或多元化时，分解程度高的详细数据更为重要。

3. 数据需要具体到哪个层次受被审计单位性质、规模、复杂程度及记录详细程度等因素的影响

如果被审计单位从事多个不同的行业，或者拥有非常重要的子公司，或者在多个地点进行经营活动，注册会计师可能需要考虑就每个重要的组成部分分别取得财务信息。但是，注册会计师也应当考虑分解程度高的数据的可靠性。例如，季度数据可能因为未经审计或相关控制相对较少，其可靠性将不如年度数据。

4. 财务和非财务信息的可获得性

在设计实质性分析程序时注册会计师应考虑是否可以获得财务信息（如预算和预测）以及非财务信息（如已生产已销售产品的数量），以有助于运用分析程序。

（五）已记录金额与预期值之间可接受的差异额

预期值只是一个估计数据，大多数情况下与已记录金额并不一致。为此，在设计和实施实质性分析程序时，注册会计师应当确定已记录金额与预期值之间可接受的差异额。注册会计师在确定已记录金额与预期值之间可接受的，且无须做进一步调查的差异额时，受重要性和计划的保证水平的影响。在确定该差异额时，注册会计师需要考虑一项错报单独或连同其他错报导致财务报表发生重大错报的可能性。

《中国注册会计师审计准则第1231号——针对评估的重大错报风险采取的应对措施》规定，注册会计师评估的风险越高，越需要获取有说服力的审计证据。因此，为了获取具有说服力的审计证据，当评估的风险增加时，可接受的、无须做进一步调查的差异额将会降低。

如果在期中实施实质性程序，并计划针对剩余期间实施实质性分析程序，注册会计师应当考虑实质性分析程序对特定认定的适用性、数据的可靠性、评价预期值的准确程度以及可接受的差异额，并评估这些因素如何影响针对剩余期间获取充分、适当的审计证据的能力。注册会计师还应考虑某类交易的期末累计发生额或账户末余额在金额、相对重要性及构成方面能否被合理预期。如果认为仅实施实质性分析程序不足以收集充分、适当的审计证据，注册会计师还应测试剩余期间相关控制运行的有效性或针对期末实施细节测试。

四、用于总体复核

(一) 总体要求

审计结束或临近结束时，注册会计师运用分析程序的目的是确定财务报表整体是否与其对被审计单位的了解一致，注册会计师应当围绕这一目的运用分析程序。

这时运用分析程序是强制要求，注册会计师在这个阶段应当运用分析程序。

(二) 总体复核阶段分析程序的特点

在总体复核阶段执行分析程序，所进行的比较和使用的手段与风险评估程序中使用的分析程序基本相同，但两者的目的不同。

在总体复核阶段实施的分析程序主要在于强调并解释财务报表项目自上个会计期间以来发生的重大变化，以证实财务报表中列报的所有信息与注册会计师对被审计单位及其环境的了解一致，与注册会计师取得的审计证据一致。因此，两者的主要差别在于实施分析程序的时间和重点不同，以及所取得的数据的数量和质量不同。另外，因为在总体复核阶段实施的分析程序并非为了对特定账户余额和披露提供实质性的保证水平，因此并不如实质性分析程序那样详细和具体，而往往集中在财务报表层次。

(三) 再评估重大错报风险

在运用分析程序进行总体复核时，如果识别出以前未识别的重大错报风险，注册会计师应当重新考虑对全部或部分各类交易、账户余额和披露评估的风险是否恰当，并在此基础上重新评价之前计划的审计程序是否充分，是否有必要追加审计程序。

第四章

审 计 抽 样

第一节　审计抽样的基本概念

企业规模的扩大和经营复杂程度的不断上升，使注册会计师对每一笔交易进行检查变得既不可行，也没有必要。为了在合理的时间内以合理的成本完成审计工作，审计抽样应运而生。审计抽样旨在帮助注册会计师确定实施审计程序的范围，以获取充分、适当的审计证据，得出合理的结论，作为形成审计意见的基础。本章讨论审计抽样方法。

一、审计抽样的含义

（一）审计抽样的定义

审计抽样（即抽样），是指注册会计师对具有审计相关性的总体中低于百分之百的项目实施审计程序，使所有抽样单元都有被选取的机会，为注册会计师针对整个总体得出结论提供合理基础。审计抽样能够使注册会计师获取与评价有关所选取项目某一特征的审计证据，以形成或有助于形成有关总体的结论。总体，是指注册会计师从中选取样本并期望据此得出结论的整个数据集合。

（二）审计抽样应当具备的三个基本特征

（1）对某类交易或账户余额中低于百分之百的项目实施审计程序；
（2）所有抽样单元都有被选取的机会；
（3）可以根据样本项目的测试结果推断出有关抽样总体的结论。

审计抽样并非在所有审计程序中都可使用。注册会计师拟实施的审计程序将对运用审计抽样产生重要影响。在风险评估程序、控制测试和实质性程序中，有些审计程序可以使用审计抽样，有些审计程序则不宜使用审计抽样。

风险评估程序通常不涉及审计抽样。如果注册会计师在了解控制的设计和确定控制是否得到执行的同时，计划和实施控制测试，则可能涉及审计抽样，但此时审计抽样仅适用于控制测试。

当控制的运行留下轨迹时，注册会计师可以考虑使用审计抽样实施控制测试。对于未留下运行轨迹的控制，注册会计师通常实施询问、观察等审计程序，以获取有关控制运行有效性的审计证据，此时不宜使用审计抽样。

实质性程序包括对各类交易、账户余额和披露的细节测试，以及实质性分析程序。在实施细节测试时，可以使用获取的审计证据，以验证有关财务报表金额的一项或多项认定（如应收账款的存在），或对某些金额作出独立估计（如陈旧存货的价值）。

在实施实质性分析程序时，注册会计师不宜使用审计抽样。

二、抽样风险和非抽样风险

在获取审计证据时，注册会计师应当运用职业判断，评估重大错报风险，并设计进一步审计程序，以确保将审计风险降至可接受的低水平。在使用审计抽样时，审计风险既可能受到抽样风险的影响，又可能受到非抽样风险的影响。

（一）抽样风险

抽样风险，是指注册会计师根据样本得出的结论，可能不同于如果对整个总体实施与样本相同的审计程序得出的结论的风险。抽样风险是由抽样引起的，与样本规模和抽样方法相关。

1. 控制测试中的抽样风险包括信赖过度风险和信赖不足风险

（1）信赖过度风险是指推断的控制有效性高于其实际有效性的风险，也可以说，尽管样本结果支持注册会计师计划信赖内部控制的程度，但实际偏差率不支持该信赖程度的风险。信赖过度风险与审计的效果有关。如果注册会计师评估的控制有效性高于其实际有效性，从而导致评估的重大错报风险水平偏低，注册会计师可能不适当地减少从实质性程序中获取的证据，因此审计的有效性下降。对于注册会计师而言，信赖过度风险更容易导致注册会计师发表不恰当的审计意见，因而更应予以关注。

（2）信赖不足风险是指推断的控制有效性低于其实际有效性的风险，也可以说，尽管样本结果不支持注册会计师计划信赖内部控制的程度，但实际偏差率支持该信赖程度的风险。信赖不足风险与审计的效率有关。当注册会计师评估的控制有效性低于其实际有效性时，评估的重大错报风险水平高于实际水平，注册会计师可能会增加不必要的实质性程序。在这种情况下，审计效率可能降低。

2. 在实施细节测试时，注册会计师也要关注两类抽样风险：误受风险和误拒风险

（1）误受风险是指注册会计师推断某一重大错报不存在而实际上存在的风险。如果账面金额实际上存在重大错报而注册会计师认为其不存在重大错报，注册会计师通常会停止对该账面金额继续进行测试，并根据样本结果得出账面金额无重大错报的结论。与信赖过度风险类似，误受风险影响审计效果，容易导致注册会计师发表不恰当的审计意见，因此注册会计师更应予以关注。

（2）误拒风险是指注册会计师推断某一重大错报存在而实际上不存在的风险。与信赖不足风险类似，误拒风险影响审计效率。如果账面金额不存在重大错报而注册会计师认为其存在重大错报，注册会计师会扩大细节测试的范围并考虑获取其他审计证据，最终注册会计师会得出恰当的结论。在这种情况下，审计效率可能降低。

也就是说，无论是在控制测试中还是在细节测试中，抽样风险都可以分为两种类型：一类是影响审计效果的抽样风险，包括控制测试中的信赖过度风险和细节测试中的误受风险；另一类是影响审计效率的抽样风险，包括控制测试中的信赖不足风险和细节测试中的误拒风险。

只要使用了审计抽样，抽样风险总会存在。在使用统计抽样时，注册会计师可以准确地计量和控制抽样风险。在使用非统计抽样时，注册会计师无法量化抽样风险，只能根据职业判断对其进行定性的评价和控制。抽样风险与样本规模反方向变动：样本规模越小，抽样风险越大；样本规模越大，抽样风险越小。无论是控制测试还是细节测试，注册会计师都可以通过扩大样本规模降低风险。如果对总体中的所有项目都实施检查，就不存在抽样风险，此时审计风险完全由非抽样风险产生。

（二）非抽样风险

非抽样风险，是指注册会计师由于任何与抽样风险无关的原因而得出错误结论的风险。注册会计师即使对某类交易或账户余额的所有项目实施审计程序，也可能仍未能发现重大错报或控制失效。在审计过程中，可能导致非抽样风险的原因包括下列几种情况：

1. 注册会计师选择的总体不适合于测试目标

例如，注册会计师在测试销售收入完整性认定时将主营业务收入日记账界定为总体。

2. 注册会计师未能适当地定义误差（包括控制偏差或错报），导致注册会计师未能发现样本中存在的偏差或错报

例如，注册会计师在测试现金支付授权控制的有效性时，未将签字人未得到适当授权的情况界定为控制偏差。

3. 注册会计师选择了不适于实现特定目标的审计程序

例如，注册会计师依赖应收账款函证来揭露未入账的应收账款。

4. 注册会计师未能适当地评价审计发现的情况

例如，注册会计师错误解读审计证据可能导致没有发现误差。注册会计师对所发现误差的重要性的判断有误，从而忽略了性质十分重要的误差，也可能导致得出不恰当的结论。

5. 其他原因

非抽样风险是由人为错误造成的，因而可以降低或防范。虽然注册会计师不能量化非抽样风险，但通过采取适当的质量控制政策和程序，对审计工作进行适当的指导、监督和复核，以及对注册会计师实务的适当改进，可以将非抽样风险降至可以接受的水平。注册会计师也可以通过仔细设计其审计程序，尽量降低非抽样风险。

三、统计抽样和非统计抽样

（一）统计抽样

注册会计师在运用审计抽样时，既可以使用统计抽样方法，也可以使用非统计抽样方法，这取决于注册会计师的职业判断。统计抽样，是指同时具备下列特征的抽样方法：

（1）随机选取样本项目；

（2）运用概率论评价样本结果，包括计量抽样风险。

（二）非统计抽样

不同时具备前款提及的两个特征的抽样方法为非统计抽样。一方面，即使注册会计师严格按照随机原则选取样本，如果没有对样本结果进行统计评估，就不能认为使用了统计抽样；另一方面，基于非随机选样的统计评估也是无效的。

注册会计师应当根据具体情况并运用职业判断，确定使用统计抽样还是非统计抽样方法，以最有效率地获取审计证据。注册会计师在统计抽样与非统计抽样方法之间进行选择时，主要考虑成本效益。统计抽样的优点在于能够客观地计量抽样风险，并通过调整样本规模精确地控制风险，这是与非统计抽样最重要的区别。另外，统计抽样还有助于注册会计师高效地设计样本，计量所获取证据的充分性，以及定量评价样本结果。但统计抽样又可能发生额外的成本。

（1）统计抽样需要特殊的专业技能，因此使用统计抽样需要增加额外的支出，对注册会计师进行培训。

（2）统计抽样要求单个样本项目符合统计要求，这些也可能需要支出额外的费用。非统计抽样如果设计适当，也能提供与统计抽样方法同样有效的结果。注册会计师使用非统计抽样时，也必须考虑抽样风险并将其降至可接受水平，但无法精确地测定抽样风险。

四、统计抽样方法

（一）属性抽样

属性抽样是一种用来对总体中某一事件发生率得出结论的统计抽样方法。属性抽样在审计中最常见的用途是测试某一设定控制的偏差率，以支持注册会计师评估的控制有效性。在属性抽样中，设定控制的每一次发生或偏离都被赋予同样的权重，而不管交易的金额大小。

（二）变量抽样

变量抽样是一种用来对总体金额得出结论的统计抽样方法。变量抽样通常要回答下列问题：金额是多少？或账户是否存在错报？变量抽样在审计中的主要用途是进行细节测试，以确定记录金额是否合理。

一般而言，属性抽样得出的结论与总体发生率有关，而变量抽样得出的结论与总体的金额有关。但有一个例外，即统计抽样中的概率比例规模抽样（PPS 抽样），却运用属性抽样的原理得出以金额表示的结论。

第二节 审计抽样的基本原理和步骤

注册会计师实施审计抽样的目标是，为得出有关抽样总体的结论提供合理的基础。注册会计师在控制测试和细节测试中实施审计抽样，主要分为三个阶段：第一阶段是样本设计阶段，旨在根据测试的目标和抽样总体，制定选取样本的计划；第二阶段是选取样本阶段，旨在按照适当的方法从抽样总体中选取所需的样本，并对其实施检查，以确定是否存在误差；

第三阶段是评价样本结果阶段，旨在根据对误差的性质和原因的分析，将样本结果推断至总体，形成对总体的结论。

一、样本设计阶段

在设计审计样本时，注册会计师应当考虑审计程序的目的和抽样总体的特征。也就是说，注册会计师首先应考虑拟实现的具体目标，并根据目标和总体的特点确定能够最好地实现该目标的审计程序组合，以及如何在实施审计程序时运用审计抽样。审计抽样中样本设计阶段的工作主要包括以下几个步骤：

（一）确定测试目标

审计抽样必须紧紧围绕审计测试的目标展开，因此确定测试目标是样本设计阶段的第一项工作。一般而言，控制测试是为了获取关于某项控制运行是否有效的证据，而细节测试的目的是确定某类交易或账户余额的金额是否正确，获取与存在的错报有关的证据。

（二）定义总体与抽样单元

1. 总体

在实施抽样之前，注册会计师必须仔细定义总体，确定抽样总体的范围。总体可以包括构成某类交易或账户余额的所有项目，也可以只包括某类交易或账户余额中的部分项目。例如，如果应收账款中没有单个重大项目，注册会计师直接对应收账款账面余额进行抽样，则总体包括构成应收账款期末余额的所有项目。如果注册会计师已使用选取特定项目的方法将应收账款中的单个重大项目挑选出来单独测试，只对剩余的应收账款余额进行抽样，则总体只包括构成应收账款期末余额的部分项目。

注册会计师应当确保总体的适当性和完整性。也就是说，注册会计师所定义的总体应具备下列两个特征：

1）适当性

注册会计师应确定总体适合于特定的审计目标，包括适合于测试的方向。例如，在控制测试中，如果要测试用以保证所有发运商品都已开单的控制是否有效运行，注册会计师从已开单的项目中抽取样本不能发现误差，因为该总体不包含那些已发运但未开单的项目。为发现这种误差，将所有已发运的项目作为总体通常比较适当。又如，在细节测试中，如果注册会计师的目标是测试应付账款的高估，总体可以定义为应付账款明细表。但在测试应付账款的低估时，将被审计单位的供货商对账单作为总体，就比将应付账款明细表作为总体更适当。后来支付的证明、未付款的发票、验收报告等也可以作为总体，它们都能提供低估应付账款的证据。

2）完整性

在实施审计抽样时，注册会计师需要实施审计程序，以获取有关总体的完整性的审计证据。注册会计师应当从总体项目内容和涉及时间等方面确定总体的完整性。例如，如果注册会计师从档案中选取付款证明，除非确信所有的付款证明都已归档，否则注册会计师不能对该期间的所有付款证明得出结论。又如，如果注册会计师对某一控制活动在财务报告期间是否有效运行得出结论，总体应包括来自整个报告期间的所有相关项目注册会计师通常从代表总体的实物中选取样本项目。例如，如果注册会计师将总体定义为特定日期的所有应收账款余额，代表总体的实物就是该日应收账款余额明细表。又如，如果总体是某一测试期间的销售收入，代表总体的实物就可能是记录在销售明细账中的销售交易，也可能是销售发票。由于注册会计师实际上是从该实物中选取样本，所有根据样本得出的结论，只与该实物有关。如果代表总体的实物和总体不一致，注册会计师可能对总体得出错误的结论。因此，注册会计师必须详细了解代表总体的实物，确定代表总体的实物是否包括整个总体。注册会计师通常通过加总或计算来完成这一工作。例如，注册会计师可将发票金额总数与已记入总账的销售收入金额总数进行核对。如果注册会计师将选择的实物和总体比较之后，认为代表总体的实物遗漏了应包含在最终评价中的总体项目，注册会计师应选择新的实物，或对被排除在实物之外的项目实施替代程序。

2. 定义抽样单元

抽样单元，是指构成总体的个体项目。抽样单元可能是实物项目（如支票簿上列示的支票信息，银行对账单上的贷方记录，销售发票或应收账款余额），也可能是货币单元。在定义抽样单元时，注册会计师应使其与审计测试目标保持一致。注册会计师在定义总体时，通常都指明了适当的抽样单元。

3. 分层

如果总体项目存在重大的变异性，注册会计师可以考虑将总体分层

分层，是指将总体划分为多个子总体的过程，每个子总体由一组具有相同特征（通常为货币金额）的抽样单元组成。分层可以降低每一层中项目的变异性，从而在抽样风险没有成比例增加的前提下减小样本规模，提高审计效率。注册会计师应当仔细界定子总体，以使每一抽样单元只能属于一个层。

在实施细节测试时，注册会计师通常根据金额对总体进行分层。这使注册会计师能够将更多审计资源投向金额较大的项目，而这些项目最有可能包含高估错报。

分层后的每层构成一个子总体且可以单独检查。对某一层中的样本项目实施审计程序的结果，只能用于推断构成该层的项目。如果注册会计师将某类交易或账户余额分成不同的层，需要对每层分别推断错报。在考虑错报对该类别的所有交易或账户余额的可能影响时，注册会计师需要综合考虑每层的推断错报。如果对整个总体得出结论，注册会计师应当考虑与构成整个总体的其他层有关的重大错报风险。例如，在对某一账户余额进行测试时，占总体数量20%的项目，其金额可能占该账户余额的90%。注册会计师只能根据该样本的结果推断至上述90%的金额。对于剩余10%的金额，注册会计师可以抽取另一个样本或使用其他收集审计证据的方法，单独得出结论，或者认为其不重要而不实施审计程序。

（三）定义误差构成条件

注册会计师必须事先准确定义构成误差的条件，否则，执行审计程序时就没有识别误差的标准。在控制测试中，误差是指控制偏差，注册会计师要仔细定义所要测试的控制及可能出现偏差的情况；在细节测试中，误差是指错报，注册会计师要确定哪些情况构成错报。

注册会计师定义误差构成条件时要考虑审计程序的目标。清楚地了解误差构成的条件，对于确保在界定误差时将且仅将所有与审计目标相关的条件包括在内至关重要。

（四）确定审计程序

注册会计师必须确定能够最好地实现测试目标的审计程序组合。例如，如果注册会计师的审计目标是通过测试某一阶段的适当授权，证实交易的有效性，审计程序就是检查特定人员已在某文件上签字以示授权的书面证据。注册会计师预计样本中每一张该文件上都有适当的签名。

二、选取样本阶段

（一）确定样本规模

1. 样本规模的含义

样本规模是指从总体中选取样本项目的数量。在审计抽样中，如果样本规模过小，就不能反映出审计对象总体的特征，注册会计师就无法获取充分的审计证据，其审计结论的可靠性就会大打折扣，甚至可能得出错误的审计结论。因此，注册会计师应当确定足够的样本规模，以将抽样风险降至可接受的低水平。相反，如果样本规模过大，则会增加审计工作量，造成不必要的时间和人力上的浪费，加大审计成本，降低审计效率，就会失去审计抽样的意义。

2. 影响样本规模的因素

1）可接受的抽样风险

可接受的抽样风险与样本规模成反比。注册会计师愿意接受的抽样风险越低，样本规模通常越大。反之，注册会计师愿意接受的抽样风险越高，样本规模越小。

2）可容忍误差

可容忍误差是指注册会计师在认为测试目标已实现的情况下准备接受的总体最大误差。

(1) 在控制测试中，它指可容忍偏差率

可容忍偏差率，是指注册会计师设定的偏离规定的内部控制程序的比率，注册会计师试图对总体中的实际偏差率不超过该比率获取适当水平的保证。换言之，可容忍偏差率是注册会计师能够接受的最大偏差数量；如果偏差超过这一数量，则减少或取消对内部控制程序的信赖。

(2) 在细节测试中，它指可容忍错报

可容忍错报，是指注册会计师设定的货币金额，注册会计师试图对总体中的实际错报不超过该货币金额获取适当水平的保证。实际上，可容忍错报是实际执行的重要性这个概念在特定抽样程序中的运用。可容忍错报可能等于或低于实际执行的重要性。

当保证程度一定时，注册会计师运用职业判断确定可容忍误差。可容忍误差越小，则为实现同样的保证程度所需的样本规模越大。

3）预计总体误差

预计总体误差是指注册会计师根据以前对被审计单位的经验或实施风险评估程序的结果而估计总体中可能存在的误差。预计总体误差越大，可容忍误差也应当越大；但预计总体误差不应超过可容忍误差。在既定的可容忍误差下，预计总体误差越大，表明审计风险越高，所需的样本规模越大。

4）总体变异性

总体变异性是指总体的某一特征（如金额）在各项目之间的差异程度。在控制测试中，注册会计师在确定样本规模时一般不考虑总体变异性。在细节测试中，注册会计师确定适当的样本规模时要考虑特征的变异性。总体项目的变异性越低，通常样本规模越小。注册会计师可以通过分层，将总体分为相对同质的组，以尽可能降低每一组中变异性的影响，从而减小样本规模。未分层总体具有高度变异性，其样本规模通常很大。最有效率的方法是根据预期会降低变异性的总体项目特征进行分层。在细节测试中分层的依据通常包括项目的账面金额，与项目处理有关的控制的性质，或与特定项目（如更可能包含错报的那部分总体项目）有关的特殊考虑等。分组后的每一组子总体被称为一层，每层分别独立选取样本。

5）总体规模

除非总体非常小，一般而言，总体规模对样本规模的影响几乎为零。注册会计师通常将抽样单元超过 5 000 个的总体视为大规模总体。对大规模总体而言，总体的实际容量对样本规模几乎没有影响。对小规模总体而言，审计抽样比其他选择测试项目的方法效率低。

使用统计抽样方法时，注册会计师必须对影响样本规模的因素进行量化，并利用根据统计公式开发的专门的计算机程序或专门的样本量表来确定样本规模。在非统计抽样中，注册会计师可以只对影响样本规模的因素进行定性的估计，并运用职业判断确定样本规模。

（二）选取样本

不管使用统计抽样还是非统计抽样，在选取样本项目时，注册会计师都应当使总体中的每个抽样单元都有被选取的机会。在统计抽样中，注册会计师选取样本项目时，每个抽样单元被选取的概率是已知的。在非统计抽样中，注册会计师根据判断选取样本项目。由于抽样的目的是为注册会计师得出有关总体的结论提供合理的基础，因此，注册会计师通过选择具有总体典型特征的样本项目，从而选出有代表性的样本以避免偏向是很重要的。选取样本的基本方法，包括使用随机数表或计算机辅助审计技术选样、系统选样和随意选样。

1. 使用随机数表或计算机辅助审计技术选样

使用随机数表或计算机辅助审计技术选样又称随机数选样。使用随机数选样需以总体中的每一项目都有不同的编号为前提。注册会计师可以使用计算机生成的随机数，如电子表格程序、随机数码生成程序、通用审计软件程序等计算机程序产生的随机数，也可以使用随机数表获得所需的随机数。

随机数是一组从长期来看出现概率相同的数码，且不会产生可识别的模式。随机数表也称乱数表，它是由随机生成的从 0~9 共 10 个数字所组成的数表，每个数字在表中出现的次数是大致相同的，它们出现在表中的顺序是随机的。

2. 系统选样

系统选样也称等距选样，是指按照相同的间隔从审计对象总体中等距离地选取样本的一种选样方法。采用系统选样法，首先要计算选样间距，确定选样起止，然后再根据间距按顺序选取样本。选样间距的计算公式如下：

$$选样间距 = 总体规模 \div 样本规模$$

例如，如果销售发票的总体范围是 652~3151，设定的样本量是 125，那么选样间距为

20〔(3 152 – 652)/125〕。注册会计师必须从 0 ~ 19 中选取一个随机数作为抽样起点。如果随机选择的数码是 9,那么第一个样本项目是发票号码为 661(652 + 9) 的那一张,其余的 124 个项目是 681(661 + 20),701(681 + 20),依此类推,直至第 3 141 号。

系统选样方法的主要优点是使用方便,比其他选样方法节省时间,并可用于无限总体。此外,使用这种方法时,对总体中的项目不需要编号,注册会计师只要简单数出每一个间距即可。但是,使用系统选样方法,要求总体必须是随机排列的,否则,容易发生较大的偏差,造成非随机的、不具代表性的样本。

如果测试项目的特征在总体内的分布具有某种规律性,则选择样本的代表性就可能较差。例如,应收账款明细表每页的记录均以账龄的长短按先后次序排列,则选中的 200 个样本可能多数是账龄相同的记录。

为克服系统选样法的这一缺点,可采用两种办法:一是增加随机起点的个数;二是在确定选样方法之前对总体特征的分布进行观察。如发现总体特征的分布呈随机分布,则采用系统选样法;否则,可考虑使用其他选样方法。

系统选样可以在非统计抽样中使用,在总体随机分布时也可适用于统计抽样。

3. 随意选样

在这种方法中,注册会计师选取样本不采用结构化的方法。尽管不使用结构化方法,注册会计师也要避免任何有意识的偏向或可预见性(如回避难以找到的项目,或总是选择或回避每页的第一个或最后一个项目),从而试图保证总体中的所有项目都有被选中的机会。在使用统计抽样时,运用随意选样是不恰当的。

上述三种基本方法均可选出代表性样本。但随机数选样和系统选样属于随机基础选样方法,即对总体的所有项目按随机规则选取样本,因而可以在统计抽样中使用,当然也可以在非统计抽样中使用。而随意选样虽然也可以选出代表性样本,但它属于非随机基础选样方法,因而不能在统计抽样中使用,只能在非统计抽样中使用。

(三) 对样本实施审计程序

注册会计师应当针对选取的每个项目,实施适合具体目的的审计程序。对选取的样本项目实施审计程序旨在发现并记录样本中存在的误差。

如果审计程序不适用于选取的项目,应当针对替代项目实施该审计程序。例如,如果在测试付款授权时选取了一张作废的支票,并确信支票已经按照适当程序作废因而不构成偏差,注册会计师需要适当选择一个替代项目进行检查。

三、评价样本结果阶段

(一) 分析样本误差

注册会计师应当调查识别出的所有偏差或错报的性质和原因,并评价其对审计程序的目的和审计的其他方面可能产生的影响。无论是统计抽样还是非统计抽样,对样本结果的定性评估和定量评估一样重要。即使样本的统计评价结果在可以接受的范围内,注册会计师也应对样本中的所有误差(包括控制测试中的控制偏差和细节测试中的金额错报)进行定性分析。

如果注册会计师发现许多误差具有相同的特征，如交易类型、地点、生产线或时期等具有相同特征，则应考虑该特征是不是引起误差的原因，是否存在其他尚未发现的具有相同特征的误差。此时，注册会计师应将具有该共同特征的全部项目划分为一层，并对层中的所有项目实施审计程序，以发现潜在的系统误差。同时，注册会计师仍需分析误差的性质和原因，考虑存在舞弊的可能性。如果将某一误差视为异常误差，注册会计师应当实施追加的审计程序，以高度确信该误差对总体误差不具有代表性。

在极其特殊的情况下，如果认为样本中发现的某项偏差或错报是异常误差，注册会计师应当对该项偏差或错报对总体不具有代表性获取高度保证。异常误差，是指对总体中的错报或偏差明显不具有代表性的错报或偏差。在获取这种高度保证时，注册会计师应当实施追加的审计程序，获取充分、适当的审计证据，以确定该项偏差或错报不影响总体的其余部分。

（二）推断总体误差

当实施控制测试时，注册会计师应当根据样本中发现的偏差率推断总体偏差率，并考虑这一结果对特定审计目标及审计的其他方面的影响。

当实施细节测试时，注册会计师应当根据样本中发现的错报金额推断总体错报金额，并考虑这一结果对特定审计目标及审计的其他方面的影响。

（三）形成审计结论

注册会计师应当评价样本结果，以确定对总体相关特征的评估是否得到证实或需要修正。

1. 在控制测试中的样本结果评价

在控制测试中，注册会计师应当将总体偏差率与可容忍偏差率比较，但必须考虑抽样风险。

1）统计抽样

在统计抽样中，通常使用表格或计算机程序计算抽样风险。用以评价抽样结果的大多数计算机程序都能根据样本规模、样本结果，计算在注册会计师确定的信赖过度风险条件下可能发生的偏差率上限的估计值。该偏差率上限的估计值即总体偏差率与抽样风险允许限度之和。

（1）如果估计的总体偏差率上限低于可容忍偏差率，则总体可以接受。这时注册会计师对总体得出结论，样本结果支持计划评估的控制有效性，从而支持计划的重大错报风险评估水平。

（2）如果估计的总体偏差率上限大于或等于可容忍偏差率，则总体不能接受。这时注册会计师对总体得出结论，样本结果不支持计划评估的控制有效性，从而不支持计划的重大错报风险评估水平。此时注册会计师应当修正重大错报风险评估水平，并增加实质性程序的数量。注册会计师也可以对影响重大错报风险评估水平的其他控制进行测试，以支持计划的重大错报风险评估水平。

（3）如果估计的总体偏差率上限低于但接近可容忍偏差率，注册会计师应当结合其他审计程序的结果，考虑是否接受总体，并考虑是否需要扩大测试范围，以进一步证实计划评估的控制有效性和重大错报风险水平。

2）非统计抽样

在非统计抽样中，抽样风险无法直接计量。注册会计师通常将样本偏差率（即估计的总体偏差率）与可容忍偏差率相比较，以判断总体是否可以接受。

（1）如果样本偏差率大于可容忍偏差率，则总体不能接受。

（2）如果样本偏差率低于总体的可容忍偏差率，注册会计师要考虑，即使总体实际偏差率高于可容忍偏差率时仍出现这种结果的风险。

（3）如果样本偏差率大大低于可容忍偏差率，注册会计师通常认为总体可以接受。

（4）如果样本偏差率虽然低于可容忍偏差率，但两者很接近，注册会计师通常认为总体实际偏差率高于可容忍偏差率的抽样风险很高，因而总体不可接受。

（5）如果样本偏差率与可容忍偏差率之间的差额不是很大，也不是很小，以至于不能认定总体是否可以接受时，注册会计师则要考虑扩大样本规模，以进一步收集证据。

2. 在细节测试中的样本结果评价

当实施细节测试时，注册会计师应当根据样本中发现的错报推断总体错报。注册会计师首先必须根据样本中发现的实际错报，要求被审计单位调整账面记录金额。将被审计单位已更正的错报，从推断的总体错报金额中减掉后，注册会计师应当将调整后的推断总体错报与该类交易或账户余额的可容忍错报相比较，但必须考虑抽样风险。如果推断错报高于确定样本规模时使用的预期错报，注册会计师可能认为，总体中实际错报超出可容忍错报的抽样风险是不可接受的。考虑其他审计程序的结果有助于注册会计师评估总体中实际错报超出可容忍错报的抽样风险，获取额外的审计证据，从而降低该风险。

1）统计抽样

在统计抽样中，注册会计师利用计算机程序或数学公式计算出总体错报上限，并将计算的总体错报上限与可容忍错报比较。计算的总体错报上限等于推断的总体错报（调整后）与抽样风险允许限度之和。

（1）如果计算的总体错报上限低于可容忍错报，则总体可以接受。这时注册会计师对总体得出结论，所测试的交易或账户余额不存在重大错报。

（2）如果计算的总体错报上限大于或等于可容忍错报，则总体不能接受。这时注册会计师对总体得出结论，所测试的交易或账户余额存在重大错报。在评价财务报表整体是否存在重大错报时，注册会计师应将该类交易或账户余额的错报与其他审计证据一起考虑。通常，注册会计师会建议被审计单位对错报进行调查，且在必要时调整账面记录。

2）非统计抽样

在非统计抽样中，运用其经验和职业判断评价抽样结果。

（1）如果调整后的总体错报大于可容忍错报，或虽小于可容忍错报但两者很接近，注册会计师通常得出总体实际错报大于可容忍错报的结论。也就是说，该类交易或账户余额存在重大错报，因而总体不能接受。如果对样本结果的评价显示，对总体相关特征的评估需要修正，注册会计师可以单独或综合采取下列措施：提请管理层对已识别的错报和存在更多错报的可能性进行调查，并在必要时予以调整；修改进一步审计程序的性质、时间安排和范围；考虑对审计报告的影响。

（2）如果调整后的总体错报远远小于可容忍错报，注册会计师可以得出总体实际错报小于可容忍错报的结论，即该类交易或账户余额不存在重大错报，因而总体可以接受。

（3）如果调整后的总体错报虽然小于可容忍错报，但两者之间的差距很接近（既不很小又不很大），注册会计师必须特别仔细地考虑，总体实际错报超过可容忍错报的风险是否能够接受，并考虑是否需要扩大细节测试的范围，以获取进一步的证据。

第三节 审计抽样在控制测试中的应用

在控制测试中应用审计抽样有两种方法：一种是发现抽样，这种方法在注册会计师预计控制高度有效时可以使用，以证实控制的有效性，在发现抽样中，注册会计师使用的预计总体偏差率是 0。在检查样本时，一旦发现一个偏差，就立即停止抽样。如果在样本中没有发现偏差，则可以得出总体偏差率可以接受的结论；另一种是估计抽样，用以估计被测试控制的偏差发生率，或控制未有效运行的频率。本节以第二种方法为主。

在控制测试中使用审计抽样可以分为样本设计阶段、选取样本阶段和评价样本结果阶段三个阶段。

一、样本设计阶段

（一）确定测试目标

注册会计师实施控制测试的目标是提供关于控制运行有效性的审计证据，以支持计划的重大错报风险评估水平。只有认为控制设计合理、能够防止或发现并纠正认定层次的重大错报时，注册会计师才有必要对控制运行的有效性实施测试。如果对控制运行有效性的定性评价可以分为最高、高、中和低四个层次，注册会计师只有在初步评估控制运行有效性在中等或以上水平时，才会实施控制测试。注册会计师必须首先针对某项认定详细了解控制目标和内部控制政策与程序之后，方可确定从哪些方面获取关于控制是否有效运行的审计证据。

（二）定义总体和抽样单元

1. 定义总体

在控制测试中，注册会计师必须考虑总体的同质性。同质性是指总体中的所有项目应该具有同样的特征。例如，如果被审计单位的出口和内销业务的处理方式不同，注册会计师应分别评价两种不同的控制情况，因而出现两个独立的总体。又如，虽然被审计单位的所有分支机构的经营可能都相同，但每个分支机构是由不同的人运行的。如果注册会计师对每个分支机构的内部控制和员工感兴趣，可以将每个分支机构作为一个独立的总体对待。另外，如果注册会计师关心的不是单个分支机构，而是被审计单位整体的经营，且各分支机构的控制具有足够的相同之处，就可以将被审计单位视为一个单独的总体。

注册会计师在界定总体时，应当确保总体的适当性和完整性。

（1）总体应适合于特定的审计目标。例如，要测试现金支付授权控制是否有效运行，如果从已得到授权的项目中抽取样本，注册会计师不能发现控制偏差，因为该总体不包含那些已支付但未得到授权的项目。因此在这种情况下，为发现未得到授权的现金支付，注册会计师应当将所有已支付现金的项目作为总体。

（2）注册会计师还应考虑总体的完整性，包括代表总体的实物的完整性。例如，如果注册会计师将总体定义为特定时期的所有现金支付，代表总体的实物就是该时期的所有现金支付单据。

2. 定义抽样单元

（1）注册会计师定义的抽样单元应与审计测试目标相适应。在控制测试中，注册会计师应根据被测试的控制定义抽样单元。抽样单元通常是能够提供控制运行证据的一份文件资料、一个记录或其中一行。例如，如果测试目标是确定付款是否得到授权，且设定的控制要求付款之前授权人在付款单据上签字，抽样单元可能被定义为每一张付款单据。如果一张付款单据包含了对几张发票的付款，且设定的控制要求每张发票分别得到授权，那么付款单据上与发票对应的一行就可能被定义为抽样单元。

（2）对抽样单元的定义过于宽泛可能导致缺乏效率。例如，如果注册会计师将发票作为抽样单元，就必须对发票上的所有项目进行测试。如果注册会计师将发票上的每一行作为抽样单元，则只需对被选取的行所代表的项目进行测试。如果定义抽样单元的两种方法都适合于测试目标，将每一行的项目作为抽样单元，可能效率更高。

本例中，注册会计师定义的抽样单元为现金支付单据上的每一行。

（三）定义偏差

在控制测试中，误差是指控制偏差。注册会计师应仔细定义所要测试的控制及可能出现偏差的情况。注册会计师应根据对内部控制的理解，确定哪些特征能够显示被测试控制的运行情况，然后据此定义误差构成条件。在评估控制运行的有效性时，注册会计师应当考虑其认为必要的所有环节。例如，设定的控制要求每笔支付都应附有发票、收据、验收报告和订购单等证明文件，且均盖上"已付"戳记。注册会计师认为盖上"已付"戳记的发票和验收报告足以显示控制的适当运行。在这种情况下，误差可能被定义为缺乏盖有"已付"戳记的发票和验收报告等证明文件的款项支付

在本例中，误差被定义为没有授权人签字的发票和验收报告等证明文件的现金支付。

（四）定义测试期间

注册会计师通常在期中实施控制测试。由于期中测试获取的证据只与控制截止期中测试时点的运行有关，注册会计师需要确定如何获取关于剩余期间的证据。

1. 将总体定义为整个被审计期间的交易

在设计控制测试的审计样本时，注册会计师通常将测试扩展至在剩余期间发生的交易，以获取额外的证据。在这些情况下，总体由整个被审计期间的交易组成。

1）初始测试

注册会计师可能将总体定义为包括整个被审计期间的交易，但在期中实施初始测试。在这种情况下，注册会计师可能估计总体中剩余期间将发生的交易的数量，并在期末审计时对所有发生在期中测试之后的被选取交易进行检查。例如，如果被审计单位在当年的前10个月开具了编号从1到10 000的发票，注册会计师可能估计，根据企业的经营周期，剩下两

个月中将开具 2 500 张发票；因此注册会计师在选取所需的样本时用 1 到 12 500 作为编号。在所选取的发票中，对编号小于或等于 10 000 的样本项目在期中审计时进行检查，剩余的样本项目将在期末审计时进行检查。

2）估计总体

在估计总体规模时，注册会计师可能考虑上年同期的实际情况、变化趋势以及经营性质等因素。

（1）在实务中，注册会计师可能高估剩余项目的数量。每年年底，如果部分被选取的编号对应的交易没有发生（由于实际发生的交易数量低于预计数量），可以用其他交易代替。考虑到这种可能性，注册会计师可能希望稍多选取一些项目，对多余的项目只在需要作为替代项目时才进行检查。

（2）注册会计师也可能低估剩余项目的数量。如果剩余项目的数量被低估，一些交易将没有被选取的机会，因此，样本不能代表注册会计师所定义的总体。在这种情况下，注册会计师可以重新定义总体，以将样本中未包含的项目排除在外。对未包含在重新定义总体中的项目，注册会计师可以实施替代程序，例如，将这些项目作为一个独立的样本进行测试，或对其进行百分之百的检查，或询问剩余期间的情况。注册会计师应判断各种替代程序的效率和效果，并据此选择适合于具体情况的方法。

在许多情况下，注册会计师可能不需等到被审计期间结束，就能得出关于控制的运行有效性是否支持其计划评估的重大错报风险水平的结论。在对选取的交易进行期中测试时，注册会计师发现的误差可能足以使其得出结论；即使在发生于期中测试以后的交易中未发现任何误差，控制也不能支持计划评估的重大错报风险水平。在这种情况下，注册会计师可能决定不将样本扩展至期中测试以后发生的交易，而是相应地修正计划的重大错报风险评估水平和实质性程序。

2. 将总体定义为从年初到期中测试日为止的交易

将整个被审计期间的所有交易包括在抽样总体中，通常效率不高，有时使用替代方法测试剩余期间的控制有效性，也许效率更高。在这种情况下，注册会计师将总体定义为从年初到期中测试日为止的交易，并在确定是否需要针对剩余期间获取额外证据以及获取哪些证据时考虑下列因素：

（1）所涉及的认定的重要性；

（2）期中进行测试的特定控制；

（3）自期中以来控制发生的任何变化；

（4）控制改变实质性程序的程度；

（5）期中实施控制测试的结果；

（6）剩余期间的长短；

（7）对剩余期间实施实质性程序所产生的，与控制的运行有关的证据。

注册会计师应当获取与控制在剩余期间发生的所有重大变化的性质和程度有关的证据，包括其人员的变化。如果发生了重大变化，注册会计师应修正其对内部控制的了解，并考虑对变化后的控制进行测试。或者，注册会计师也可以考虑对剩余期间实施实质性分析程序或细节测试。

二、选取样本阶段

(一) 确定样本规模

1. 影响样本规模的因素

在控制测试中影响样本规模的因素如下：

1) 可接受的信赖过度风险

在实施控制测试时，注册会计师主要关注抽样风险中的信赖过度风险。可接受的信赖过度风险与样本规模反向变动。控制测试中选取的样本旨在提供关于控制运行有效性的证据。由于控制测试是控制是否有效运行的主要证据来源，因此，可接受的信赖过度风险应确定在相对较低的水平上。在控制测试中，影响注册会计师可以接受的信赖过度风险的因素包括以下几个：

(1) 该控制所针对的风险的重要性；

(2) 控制环境的评估结果；

(3) 针对风险的控制程序的重要性；

(4) 证明该控制能够防止、发现和改正认定层次重大错报的审计证据的相关性和可靠性；

(5) 在与某认定有关的其他控制的测试中获取的证据的范围；

(6) 控制的叠加程度；

(7) 对控制的观察和询问所获得的答复可能不能准确反映该控制得以持续适当运行的风险。

通常，相对较低的水平在数量上是指5%、10%的信赖过度风险。注册会计师一般将信赖过度风险确定为10%，对特别重要的测试，则可以将信赖过度风险确定为5%。在实务中，注册会计师通常对所有控制测试确定一个统一的可接受信赖过度风险水平，然后对每一测试根据计划的重大错报风险评估水平和控制有效性分别确定其可容忍偏差率。

2) 可容忍偏差率

可容忍偏差率与样本规模反向变动。在确定可容忍偏差率时，注册会计师应考虑计划评估的控制有效性。计划评估的控制有效性越低，注册会计师确定的可容忍偏差率通常越高，所需的样本规模就越小。一个很高的可容忍偏差率通常意味着，控制的运行不会大大降低相关实质性程序的程度。在这种情况下，由于注册会计师预期控制运行的有效性很低，特定的控制测试可能不需进行；反之，如果注册会计师在评估认定层次重大错报风险时预期控制的运行是有效的，注册会计师必须实施控制测试。换言之，注册会计师在风险评估时越依赖控制运行的有效性，确定的可容忍偏差率越低，进行控制测试的范围越大，因而样本规模增加。

在实务中，注册会计师通常认为，当偏差率为3%、7%时，控制有效性的估计水平较高；可容忍偏差率最高为20%，偏差率超过20%时，由于估计控制运行无效，注册会计师不需进行控制测试。当估计控制运行有效时，如果注册会计师确定的可容忍偏差率较高，就被认为不恰当。

3）预计总体偏差率

对于控制测试，注册会计师在考虑总体特征时，需要根据对相关控制的了解或对总体中少量项目的检查来评估预期偏差率。注册会计师可以根据上年测试结果和控制环境等因素对预计总体偏差率进行评估。在考虑上年测试结果时，应考虑被审计单位内部控制和人员的变化。

在实务中，如果以前年度的审计结果无法取得或认为不可靠，注册会计师可以在抽样总体中选取一个较小的初始样本，以初始样本的偏差率作为预计总体偏差率的估计值。如果预期总体偏差率高得无法接受，意味着控制有效性很低，注册会计师通常决定不实施控制测试，而实施更多的实质性程序。

4）总体规模

实务中，如果现金支付业务数量很大，注册会计师可以认为总体规模对样本规模的影响可以忽略。

此外，控制运行的相关期间越长（年或季度），需要测试的样本越多，因为注册会计师需要对整个拟信赖期间控制的有效性获取证据。控制程序越复杂，测试的样本越多。样本规模还取决于所测试的控制的类型，通常对人工控制实施的测试要多过自动化控制，因为人工控制更容易发生错误和偶然的失败；而针对计算机系统的信息技术一般控制只要有效发挥作用，曾经测试过的自动化控制一般都能保持可靠运行。在确定被审计单位自动控制的测试范围时，如果支持其运行的信息技术一般控制有效，注册会计师测试一次应用程序控制便可能足以获得对控制有效运行的较高的保证水平。如果所测试的控制包含人工监督和参与（如偏差报告、分析、评估、数据输入、信息匹配等），则通常比自动控制需要测试更多的样本。在使用统计抽样时，注册会计师应当对影响样本规模的因素进行量化。

2. 确定样本规模

实施控制测试时，注册会计师可能使用统计抽样，也可能使用非统计抽样。在统计抽样中，注册会计师可以使用样本量表确定样本规模。

注册会计师根据可接受的信赖过度风险选择相应的抽样规模表，然后在预计总体偏差率栏找到适当的比率。接下来注册会计师确定与可容忍偏差率对应的列。可容忍偏差率所在列与预计总体偏差率所在行的交点就是所需的样本规模。本例中，如前所述，注册会计师确定的可接受信赖过度风险为10%，可容忍偏差率为7%，预计总体偏差率为1.75%。在信赖过度风险为10%时，在所使用的表4-1中，7%可容忍偏差率与75%预计总体偏差率的交叉处为55，即所需的样本规模为55。

表4-1 控制测试统计抽样样本规模——信赖过度风险10%（括号内是可接受的偏差数）

	可容忍偏差率										
0.00	114 (0)	76 (0)	57 (0)	45 (0)	38 (0)	32 (0)	28 (0)	25 (0)	22 (0)	巧 (0)	11 (0)
0.25	194 (1)	129 (1)	96 (0)	77 (1)	64 (1)	55 (1)	48 (0)	42 (1)	38 (1)	25 (1)	18 (1)
0.50	194 (1)	129 (1)	96 (1)	77 (1)	64 (0)	55 (1)	48 (1)	42 (1)	38 (1)	25 (1)	18 (1)

续表

	可容忍偏差率									
0.75	265 (2)	129 (0)	96 (1)	77 (1)	64 (1)	55 (1)	48 (1)	42 (1)	38 (0)	25 (0)	18 (1)
1.00		176 (2)	96 (1)	77 (1)	64 (1)	55 (1)	48 (1)	42 (1)	38 (0)	25 (1)	18 (1)
1.25		221 (3)	132 (2)	77 (0)	64 (1)	55 (1)	48 (1)	42 (1)	38 (1)	25 (1)	18 (1)
1.50			132 (2)	105 (2)	64 (1)	55 (1)	48 (1)	42 (1)	38 (1)	25 (1)	18 (1)
1.75			166 (3)	105 (2)	88 (2)	55 (1)	48 (0)	42 (1)	38 (1)	25 (1)	18 (1)
2.00			198 (4)	132 (3)	88 (2)	75 (2)	48 (1)	42 (1)	38 (0)	25 (1)	18 (0)
2.25				132 (3)	88 (2)	75 (2)	65 (2)	42 (2)	38 (2)	25 (1)	18 (1)
2.50				1328 (4)	110 (3)	75 (2)	65 (2)	58 (2)	38 (2)	25 (1)	18 (0)
2.75				209 (6)	132 (4)	94 (3)	65 (2)	58 (2)	52 (2)	25 (1)	18 (1)
3.00					132 (4)	94 (3)	65 (2)	58 (2)	52 (2)	25 (1)	18 (1)
3.25					133 (5)	113 (4)	82 (3)	58 (2)	52 (2)	25 (1)	18 (1)
3.50					194 (7)	113 (4)	82 (B)	73 (3)	52 (2)	25 (1)	18 (1)
3.75						131 (5)	98 (4)	73 (3)	52 (2)	25 (0)	18 (1)
4.00						149 (6)	98 (4)	73 (3)	65 (3)	25 (1)	18 (0)
5.00							160 (8)	182 (6)	78 (4)	34 (2)	18 (0)
6.00								182 (11)	116 (7)	43 (3)	25 (2)
7.00									199 (14)	52 (4)	25 (2)

注：空格部分表示样本规模太大，不符合成本效益原则。

（二）选取样本

在控制测试中使用统计抽样方法时，注册会计师必须在上节所述的使用随机数表或计算机辅助审计技术选样和系统选样中选择一种方法。原因在于，这两种方法能够产生随机样本，而其他选样方法虽然也可能提供代表性的样本，但却不是随机的。

（三）实施审计程序

在对选取的样本项目实施审计程序时可能出现以下几种情况：

1. 无效单据

注册会计师选取的样本中可能包含无效的项目。例如，在测试与被审计单位的收据（发票）有关的控制时，注册会计师可能将随机数与总体中收据的编号对应。但是，某一随机数对应的收据可能是无效的（比如空白收据）。如果注册会计师能够合理确信该收据的无效是正常的且不构成对设定控制的偏差，就要用另外的收据替代。而且，如果使用了随机选样，注册会计师要用一个替代的随机数与新的收据样本对应。

2. 未使用或不适用的单据

注册会计师对未使用或不适用单据的考虑与无效单据类似。例如，一组可能使用的收据号码中可能包含未使用的号码或有意遗漏的号码。如果注册会计师选择了一个未使用号码，就应合理确信该收据号码实际上代表一张未使用收据且不构成控制偏差，然后注册会计师用一个额外的收据号码替换该未使用的收据号码。有时选取的项目不适用于事先定义的偏差。例如，如果偏差被定义为没有验收报告支持的交易，选取的样本中包含的电话费可能没有相应的验收报告。如果合理确信该交易不适用且不构成控制偏差，注册会计师要用另一笔交易替代该项目，以测试相关的控制。

3. 对总体的估计出现错误

如果注册会计师使用随机数选样方法选取样本项目，在控制运行之前可能需要预估总体规模和编号范围。当注册会计师将总体定义为整个被审计期间的交易但计划在期中实施部分抽样程序时，这种情况最常发生。如果注册会计师高估了总体规模和编号范围，选取的样本中超出实际编号的所有数字都被视为未使用单据。在这种情况下，注册会计师要用额外的随机数代替这些数字，以确定对应的适当单据。

4. 在结束之前停止测试

有时注册会计师可能在对样本的第一部分进行测试时发现大量偏差。其结果是，注册会计师可能认为，即使在剩余样本中没有发现更多的偏差，样本的结果也不支持计划的重大错报风险评估水平。在这种情况下，注册会计师要重估重大错报风险并考虑是否有必要继续进行测试。

5. 无法对选取的项目实施检查

注册会计师应当针对选取的每个项目，实施适合于具体审计目标的审计程序。有时，被测试的控制只在部分样本单据上留下了运行证据。如果找不到该单据，或由于其他原因注册会计师无法对选取的项目实施检查，注册会计师可能无法使用替代程序测试控制是否适当运行。如果注册会计师无法对选取的项目实施计划的审计程序或适当的替代程序，就要考虑在评价样本时将该样本项目视为控制偏差。另外，注册会计师要考虑造成该限制的原因，以及该限制可能对其了解内部控制和评估重大错报风险产生的影响。

三、评价样本结果阶段

（一）分析偏差的性质和原因

除了评价偏差发生的频率之外，注册会计师还要对偏差进行定性分析，即分析偏差的性质和原因。

注册会计师对偏差的性质和原因的分析包括：是有意的还是无意的、是误解了规定还是粗心大意、是经常发生还是偶然发生、是系统的还是随机的、如果对偏差的分析表明是故意违背了既定的内部控制政策或程序，注册会计师应考虑存在重大舞弊的可能性，与错误相比，舞弊通常要求对其可能产生的影响进行更为广泛的考虑。

对被审计单位舞弊的考虑可以参见《中国注册会计师审计准则第 1141 号——财务报表审计中与舞弊相关的责任》及其应用指南。在这种情况下，注册会计师应当确定实施的控制测试能否提供适当的审计证据，是否需要增加控制测试，或是否需要使用实质性程序应对潜在的错报风险。

在控制测试考虑已识别的误差对财务报表的直接影响时，注册会计师应当注意，控制偏差并不一定导致财务报表中的金额错报。控制偏差虽然增加了金额错报的风险，但两者不是一一对应的关系。如果某项控制偏差更容易导致金额错报，该项控制偏差就更加重要。例如，与被审计单位没有定期对信用限额进行检查相比，如果被审计单位的销售发票出现错误，则注册会计师对后者的容忍度较低。这是因为，被审计单位即使没有对客户的信用限额进行定期检查，其销售收入和应收账款的账面金额也不一定发生错报；但如果销售发票出现错误，通常会导致被审计单位确认的销售收入和其他相关账户金额出现错报。

（二）计算总体偏差率

将样本中发现的偏差数量除以样本规模，就可以计算出样本偏差率。样本偏差率就是注册会计师对总体偏差率的最佳估计，因而在控制测试中无须另外推断总体偏差率，但注册会计师还必须考虑抽样风险。

（三）得出总体结论

注册会计师在统计抽样中通常使用公式、表格或计算机程序直接计算在确定的信赖过度风险水平下可能发生的偏差率上限，即估计的总体偏差率与抽样风险允许限度之和。

使用统计公式评价样本结果。假定本例中，注册会计师对 55 个项目实施了既定的审计程序，且未发现偏差，则在既定的可接受信赖过度风险下，根据样本结果计算总体最大偏差率如下：

$$总体偏差率上限 = 风险系数/样本量 = 2.3/55 = 4.18\%$$

其中，根据可接受的信赖过度风险 10%，且偏差数量为 0，在表 4-2 中可查得风险系数为 2.3。表 4-2 列示了在控制测试中常用的风险系数。

表 4-2 控制测试中常用的风险系数

样本中发现偏差的数量	信赖过度风险	
	5%	10%
0	3.0	2.3
1	4.8	3.9
2	6.3	5.3
3	7.8	6.7
4	9.2	8.0
5	10.5	9.3

这意味着，如果样本量为 55 且无一例偏差，总体实际偏差率超过 4.18% 的风险为 10%，即有 90% 的把握保证总体实际偏差率不超过 4.18%。由于注册会计师确定的可容忍偏差率为 7%，因此可以得出结论：总体的实际偏差率超过可容忍偏差率的风险很小，总体可以接受。也就是说，样本结果证实注册会计师对控制运行有效性的估计和评估的重大错报风险水平是适当的。

四、记录抽样程序

注册会计师应当记录所实施的审计程序，以形成审计工作底稿。在控制测试中使用审计抽样时，注册会计师通常记录下列内容：

（1）对所测试的设定控制的描述；

（2）抽样的目标，包括与重大错报风险评估的关系；

（3）对总体和抽样单元的定义，包括注册会计师如何考虑总体的完整性；

（4）对偏差的构成条件的定义；

（5）信赖过度风险、可容忍偏差率以及在抽样中使用的预计总体偏差率；

（6）确定样本规模的方法；

（7）选样方法；

（8）对如何实施抽样程序的描述，以及样本中发现的偏差清单；

（9）对样本的评价及总体结论摘要。

对样本的评价和总体结论摘要可能包含样本中发现的偏差数量、对注册会计师如何考虑抽样风险的解释以及关于样本结果是否支持计划的重大错报风险评估水平的结论。工作底稿中还可能记录偏差的性质、注册会计师对偏差的定性分析以及样本评价结果对其他审计程序的影响。

第四节　审计抽样在细节测试中的运用

细节测试旨在对各类交易、账户余额和披露的相关认定进行测试，尤其是对存在或发生、计价认定的测试。在细节测试中进行审计抽样，可能使用统计抽样，也可能使用非统计抽样。两种抽样方法的基本流程和主要步骤相同，但在部分环节所用的具体方法有所差别。

在细节测试中使用统计抽样。

统计抽样和非统计抽样的流程和步骤完全一样，只是在确定样本规模、选取样本和推断总体的具体方法上有所差别。注册会计师在细节测试中使用的统计抽样方法主要包括传统变量抽样和概率比例规模抽样法。两种统计抽样方法的区别主要体现在确定样本规模和推断总体两个方面。

一、传统变量抽样

传统变量抽样在确定样本规模时需要量化可接受的抽样风险、可容忍错报率、预计总体错报等影响因素，并代入专门的统计公式中计算所需的样本数量。根据推断总体的方法不同，传统变量抽样又可以分为三种具体的方法：均值估计抽样、差额估计抽样和比率估计抽样。

（一）均值估计抽样

均值估计抽样是指通过抽样审查确定样本的平均值，再根据样本平均值推断总体的平均值和总值的一种变量抽样方法。使用这种方法时，注册会计师先计算样本中所有项目审定金额的平均值，然后用这个样本平均值乘以总体规模，得出总体金额的估计值。总体估计金额和总体账面金额之间的差额就是推断的总体错报。

（二）差额估计抽样

差额估计抽样是以样本实际金额与账面金额的平均差额来估计总体实际金额与账面金额

的平均差额,然后再以这个平均差额乘以总体规模,从而求出总体的实际金额与账面金额的差额(即总体错报)的一种方法。

(三) 比率估计抽样

比率估计抽样是指以样本的实际金额与账面金额之间的比率关系来估计总体实际金额与账面金额之间的比率关系,然后再以这个比率去乘总体的账面金额,从而求出估计的总体实际金额的一种抽样方法。

如果未对总体进行分层,注册会计师通常不使用均值估计抽样,因为此时所需的样本规模可能太大,不符合成本效益原则。比率估计抽样和差额估计抽样都要求样本项目存在错报。如果样本项目的审定金额和账面金额之间没有差异,这两种方法使用的公式所隐含的机理就会导致错误的结论。如果注册会计师决定使用统计抽样,且预计只发现少量差异,就不应使用比率估计抽样和差额估计抽样,而考虑使用其他的替代方法,如均值估计抽样或 PPS 抽样。

注册会计师在使用传统变量抽样时,通常运用计算机程序确定样本规模,一般不需懂得这些方法所用的数学公式。注册会计师在确定样本规模时,要考虑可容忍错报率和误受风险,有时也需要考虑误拒风险。

二、概率比例规模抽样(Probability – Proportional – to – Size Sampling,简称 PPS 抽样)

细节测试中运用的两种统计抽样方法,即传统变量抽样和 PPS 抽样,都能为注册会计师实现审计目标提供充分的证据。但在有些情况下,PPS 抽样比传统变量抽样更实用。

(一) PPS 抽样的概念

PPS 抽样是一种运用属性抽样原理对货币金额而不是对发生率得出结论的统计抽样方法。PPS 抽样以货币单元作为抽样单元,有时也称为金额加权选样、货币单元抽样、累计货币金额抽样以及综合属性变量抽样等。在该方法下,总体中的每个货币单元被选中的机会相同,所以总体中某一项目被选中的概率等于该项目的金额与总体金额的比率。项目金额越大,被选中的概率就越大。但实际上注册会计师并不是对总体中的货币单元实施检查,而是对包含被选取货币单元的余额或交易实施检查。注册会计师检查的余额或交易称为逻辑单元或实物单元。

PPS 抽样有助于注册会计师将审计重点放在较大的余额或交易上。此抽样方法之所以得名,是因为总体中每一余额或交易被选取的概率与其账面金额(规模)成比例。

注册会计师进行 PPS 抽样必须满足以下两个条件:

(1) 总体的错报率很低(低于 10%),且总体规模在 2 000 以上。这是 PPS 抽样使用的泊松分布的要求。

(2) 总体中任一项目的错报不能超过该项目的账面金额。这就是说,如果某账户的账面金额是 100 元,其错报金额不能超过 100 元。

(二) PPS 抽样的优缺点

除了具备统计抽样的一般优点之外,PPS 抽样还具有一些特殊之处。了解 PPS 抽样的优点和不足，有助于注册会计师确定在测试中是否使用 PPS 抽样。

1. PPS 抽样的优点

（1）PPS 抽样一般比传统变量抽样更易于使用。由于 PPS 抽样以属性抽样原理为基础，注册会计师可以很方便地计算样本规模，手工或使用量表评价样本结果。样本的选取可以在计算机程序或计算器的协助下进行。

（2）PPS 抽样可以如同大海捞针一样发现极少量的大额错报，原因在于它通过将少量的大额实物单元拆成数量众多、金额很小的货币单元，从而赋予大额项目更多的机会被选入样本。

（3）PPS 抽样的样本规模无须考虑被审计金额的预计变异性。传统变量抽样的样本规模是在总体项目共有特征的变异性或标准差的基础上计算的。PPS 抽样在确定所需的样本规模时不需要直接考虑货币金额的标准差。

（4）PPS 抽样中项目被选取的概率与其货币金额大小成比例，因而生成的样本自动分层。如果使用传统变量抽样，注册会计师通常需要对总体进行分层，以减小样本规模。在PPS 抽样中，如果项目金额超过选样间距，PPS 系统选样将自动识别所有单个重大项目。

（5）如果注册会计师预计错报不存在或很小，PPS 抽样的样本规模通常比传统变量抽样方法更小。

（6）PPS 抽样的样本更容易设计，且可在能够获得完整的总体之前开始选取样本。

2. PPS 抽样的缺点

（1）PPS 抽样要求总体每一实物单元的错报金额不能超出其账面金额。

（2）在 PPS 抽样中，被低估的实物单元被选取的概率更低。PPS 抽样不适用于测试低估。如果注册会计师在 PPS 抽样的样本中发现低估，在评价样本时需要特别考虑。

（3）对零余额或负余额的选取需要在设计时特别考虑。例如，如果准备对应收账款进行抽样，注册会计师可能需要将贷方余额分离出去，作为一个单独的总体。如果检查零余额的项目对审计目标非常重要，注册会计师需要单独对其进行测试，因为零余额的项目在 PPS 抽样中不会被选取。

（4）当总体中错报数量增加时，PPS 抽样所需的样本规模也会增加。在这些情况下，PPS 抽样的样本规模可能大于传统变量抽样所需的规模。

（5）当发现错报时，如果风险水平一定，PPS 抽样在评价样本时可能高估抽样风险的影响，从而导致注册会计师更可能拒绝一个可接受的总体账面金额。

（6）在 PPS 抽样中注册会计师通常需要逐个累计总体金额。但如果相关的会计数据以电子形式储存，就不会额外增加大量的审计成本。

第五章

信息技术对审计的影响

第一节 信息技术中的一般控制和应用控制测试

一、信息技术一般控制审计

（一）信息技术一般控制的含义

信息技术一般控制是指为了保证信息系统的安全，对整个信息系统以及外部各种环境要素实施的、对所有的应用或控制模块具有普遍影响的控制措施。信息技术一般控制审计通常会对实现部分或全部财务报表认定作出间接贡献。在有些情况下，信息技术一般控制审计也可能对实现信息处理目标和财务报表认定作出直接贡献。这是因为有效的信息技术一般控制审计确保了应用系统控制和依赖计算机处理的自动会计程序得以持续有效地运行。当人工控制依赖系统生成的信息时，信息技术一般控制审计同样重要。如果注册会计师计划依赖自动应用控制、自动会计程序或依赖系统生成信息的控制，他们就需要对相关的信息技术一般控制审计进行验证。

注册会计师应清楚记录信息技术一般控制审计与关键的自动应用控制及接口、关键的自动会计程序、关键的人工控制所依赖的系统生成数据和报告，或生成手工日记账时使用系统生成的数据和报告的关系。

（二）信息技术一般控制的内容

信息技术一般控制审计包括程序开发、程序变更、程序和数据访问以及计算机运行四个方面。

1. 程序开发

程序开发领域的目标是确保系统的开发、配置和实施能够实现管理层的应用控制目标。

2. 程序变更

程序变更领域的目标是确保对程序和相关基础组件的变更是经过请求、授权、执行、测试和实施的，以达到管理层的应用控制目标。程序变更范围除包含代码类的常规变更，同时也需要关注配置类的变更以及紧急变更。

3. 程序和数据访问

程序和数据访问这一领域的目标是确保分配的访问程序和数据的权限是经过用户身份认证并经过授权的。程序和数据访问的子组件一般包括安全活动管理、安全管理、数据安全、操作系统安全、网络安全和物理安全。

4. 计算机运行

计算机运行这一领域的目标是确保业务系统根据管理层的控制目标完整准确地运行，确保运行问题被完整准确地识别并解决，以维护财务数据的完整性。

二、信息技术应用控制审计

信息技术应用控制一般要经过输入、处理及输出等环节。和人工控制类似，系统自动控制关注的要素包括完整性、准确性、存在和发生等。

（一）信息技术应用控制各要素的主要含义

1. 完整性

系统处理数据的完整性，例如各系统之间数据传输的完整性、销售订单的系统自动顺序编号、总账数据的完整性等。

2. 准确性

系统运算逻辑的准确性，例如金融机构利息计提逻辑的准确性、生产企业的物料成本运算逻辑的准确性、应收账款账龄的准确性等。

3. 存在和发生

信息系统相关的逻辑校验控制，例如限制检查、合理性检查、存在检查和格式检查等。部分业务操作的授权管理，例如入账审批管理的权限设定和授予、物料成本逻辑规则修改权限的设定和授予等。

针对系统自动控制的信息技术应用控制审计需要在理解业务流程的基础之上进行识别和定义。

（二）常见的系统自动控制以及信息技术应用控制审计的关注点

1. 系统自动生成报告

企业的业务或财务系统会定期或按需生成各类报告，例如账龄报告、贷款逾期报告、业务和财务数据核对差异报告等。信息技术应用控制审计包括对于这些报告的生成逻辑（包括完整性和准确性）的验证、异常报告跟进控制的审阅等。

2. 系统配置和科目映射

信息系统中包含了大量的自动校验控制和映射关系，包括数据完整性校验、录入合法性编辑检查、边界阈值设定、财务科目映射关系等。信息技术应用控制审计会对这些系统配置和映射关系的存在性和有效性进行验证。

3. 接口控制

接口控制包括各业务系统之间、业务和财务系统之间、企业内部系统和合作伙伴/交易对手/监管机构之间的接口数据传输。信息技术应用控制审计会对这些接口数据传输的完整性和准确性进行验证。

4. 访问和权限

企业内部各业务部门、财务部门、信息技术部门等均会根据各自的职责需要对信息系统进行访问，各部门、各团队甚至各岗位访问的权限均可能存在差异，因此在系统控制层面需要对这些权限进行明确的定义和部署，以保证适当的人员配备适当的访问权限。信息技术应用控制审计会对这些访问权限授予情况的合理性进行验证。

三、公司层面信息技术控制审计

除信息技术一般控制审计和应用控制审计外，目前国内外企业的管理层也越来越重视公司层面的信息技术控制审计管理。常见的公司层面信息技术控制审计包括但不限于以下几点：

（1）信息技术规划的制定；
（2）信息技术年度计划的制定；
（3）信息技术内部审计机制的建立；
（4）信息技术外包管理；
（5）信息技术预算管理。

目前审计机构针对公司层面信息技术控制审计往往会执行单独的审计，以评估企业信息技术的整体控制环境，来决定信息技术一般控制审计和应用控制审计的重点、风险等级、审计测试方法。

四、信息技术一般控制审计、应用控制审计与公司层面控制审计三者之间的关系

公司层面信息技术控制审计情况代表了该公司的信息技术控制的整体环境，包括该公司对于信息技术的重视程度和依赖程度、信息技术复杂性、对于外部信息技术资源的使用和管理情况、信息技术风险偏好等，这些要素会影响该公司的信息技术一般控制审计和信息技术应用控制审计的部署和落实。例如，如果某公司使用了较多的信息技术外部资源和服务，则可能会相应地提高外部用户管理和外连接口失效的风险，因此需要更多关注信息技术一般控制审计领域内的用户管理类控制，特别是外部用户管理机制，以及信息技术应用控制审计的外部系统接口管理机制等。

根据目前信息技术审计的业内最佳实践，注册会计师在执行信息技术一般控制审计和信息技术应用控制审计之前，会首先执行配套的公司层面信息技术控制审计，以了解公司的信息技术整体控制环境，并基于此识别出信息技术一般控制审计和信息技术应用控制审计的主要风险点以及审计重点。

应用控制是设计在计算机应用系统中的、有助于达到信息处理目标的控制。例如，许多应用系统中包含很多编辑，以检查确保录入数据的准确性。编辑检查可能包括格式检查（如日期格式或数字格式）、存在检查（如客户编码存在于客户主数据文档之中）或合理性检查（如最大支付金额）。如果录入数据的某一要素未通过编辑检查，那么系统可能拒绝录

入该数据或系统可能将该录入数据拖入系统生成的例外报告之中，留待后续跟进和处理。如果在带有关键的编辑检查功能的应用系统所依赖的计算机环境中发现了信息技术一般控制审计的缺陷，注册会计师可能就不能信赖上述编辑检查功能按设计发挥作用。例如，程序变更控制缺陷可能导致未授权人员对检查录入数据字段格式的编程逻辑进行修改，以至于系统接受不准确的录入数据。此外，与安全和访问权限相关的控制缺陷可能导致数据录入不恰当地绕过合理性检查，而该合理性检查原本应能使系统拒绝处理金额超过最大容差范围的支付。

因此，公司层面信息技术控制审计是公司信息技术的整体控制环境，决定了信息技术一般控制审计和信息技术应用控制审计的风险基调；信息技术一般控制审计是基础，信息技术一般控制审计的有效与否会直接关系到信息技术应用控制审计的有效性是否能够信任。

第二节　信息技术对审计过程的影响

一、信息技术审计范围的确定

被审计单位的流程和信息系统可能拥有各自不同的特点，因此注册会计师应按各自的特点制定审计计划中包含的信息技术审计内容；另外，如果注册会计师计划依赖自动控制或自动信息系统生成的信息，那么他们就需要适当扩大信息技术审计的范围。

基于此，注册会计师在确定审计策略时，需要结合被审计单位业务流程复杂度、信息系统复杂度、系统生成的交易数量和业务对于系统的依赖程度、信息和复杂计算的数量、信息技术环境规模和复杂度五个方面，对信息技术审计范围进行适当考虑。信息技术审计的范围与被审计单位在业务流程及信息系统相关方面的复杂度成正比，在具体评估其复杂度时，可以从以下几个方面予以考虑。

（一）评估业务流程的复杂度（比如销售流程、薪酬流程、采购流程等）

对业务流程复杂度的评估并不是一个纯粹客观的过程，而是需要注册会计师的职业判断。注册会计师可以通过考虑以下因素，对业务流程复杂度作出适当判断：

1. 某流程涉及过多的人员及部门，并且相关人员及部门之间的关系复杂且界限不清；
2. 某流程涉及大量操作及决策活动；
3. 某流程的数据处理过程涉及复杂的公式和大量的数据录入操作；
4. 某流程需要对信息进行手工处理；
5. 对系统生成的报告的依赖程度。

（二）评估信息系统的复杂度

与评估业务流程的复杂度相类似，对企业信息系统复杂度的评估也不是一个纯粹客观的过程，评估过程包含大量的职业判断，也受到所使用系统类型（如商业软件或自行研发系统）的影响。

具体来说，评估商业软件的复杂程度应当考虑系统的复杂程度、市场份额、系统实施和运行所需的参数设置范围以及定制化程度（对出厂标准配置的变更、变更类型，例如，是仅为报告形式的变更还是对数据处理方式的变更）。

· 96 ·

而对于自行研发系统复杂度的评估，应当考虑系统的复杂程度、距离上一次系统架构重大变更的时间、系统变更对财务系统的影响结果以及系统变更之后的系统运行情况及运行期间。

同时，还需要考虑系统生成的交易数量、信息和复杂计算的数量，包括以下几点：

（1）被审计单位是否存在大量交易数据，以至于用户无法识别并更正数据处理错误；

（2）数据是否通过网络传输，如 EDI；

（3）是否使用特殊系统，如电子商务系统。

（三）信息技术环境的规模和复杂度

评估信息技术环境的规模和复杂度，主要应当考虑产生财务数据的信息系统数量、信息系统接口以及数据传输方式、信息部门的结构与规模、网络规模、用户数量、外包及访问方式（例如本地登录或远程登录）。信息技术环境复杂并不一定意味着信息系统是复杂的，反之亦然。

在具体审计过程中，注册会计师除了考虑以上所提及的复杂度外，还需要充分考虑系统在实际应用中存在的问题，评价这些问题对审计范围的影响：

（1）管理层如何获知与信息技术相关的问题？

（2）系统功能中是否发现严重问题或不准确成分？如果是，是否存在可以绕过的程序（如自行修复程序等）？

（3）是否发生过信息系统运行出错、安全事件或对固定数据的修改等严重问题？如果是，管理层如何应对这些问题，以及管理层如何确保这些问题得到可靠解决？

（4）内部审计或其他报告中是否提出过与信息系统、数据环境或应用系统相关的问题？

（5）报告中提及的最普遍的系统问题是什么？

（6）是否存在由于业务操作不规范而需要经常在系统内数据库中直接进行数据信息更改的情况？

（7）信息系统用户的能力、操作和安全意识如何？

在对被审计单位的业务流程、信息系统和相关风险进行充分了解之后，注册会计师应判断被审计单位是否包含信息技术关键风险，并且实质性程序是否无法完全控制该风险。如果符合上述情况的描述，那么注册会计师应将信息技术审计内容纳入财务审计计划之中。此外，如果注册会计师计划依赖系统自动控制，或依赖以自动系统生成信息为基础的人工控制或业务流程审阅结果，那么注册会计师也同样需要对信息技术相关控制进行评估。

综上所述，在信息技术环境下，审计工作与对系统的依赖程度是直接关联的，注册会计师需要全面考虑其关联关系，从而可以准确定义相关的信息系统审计范围。

了解内部控制有助于注册会计师识别潜在错报的类型和影响重大错报风险的因素，以及设计进一步审计程序的性质、时间安排和范围。无论被审计单位运用信息技术的程度如何，注册会计师均需了解与审计相关的信息技术一般控制和应用控制。

二、一般控制审计对控制风险的影响

信息技术一般控制审计对应用控制审计的有效性具有普遍性影响。无效的一般控制审

增加了应用控制审计不能防止或发现并纠正认定层次重大错报的可能性，即使这些应用控制审计本身得到了有效设计。如果一般控制审计有效，注册会计师可以更多地信赖应用控制审计，测试这些控制的运行有效性，并将控制风险评估为低于"最高"水平。考虑到公司层面信息技术控制审计是公司的整体控制环境，决定了信息技术的风险基准，因此，注册会计师通常优先评估公司层面信息技术控制审计和信息技术一般控制审计的有效性。

三、IT 控制对控制风险和实质性程序的影响

在评估 IT 控制对控制风险和实质性程序的影响时，注册会计师需要将控制与具体的审计目标相联系，其一般原理将在本教材第二编"审计测试流程"中进一步阐述，在第三编"各类交易和账户余额的审计"中将演示这些原理在审计实务中如何具体运用。注册会计师首先针对每个具体的审计目标，了解和识别相关的控制与缺陷，在此基础上，对每个相关审计目标评估初步控制风险。但对于一般控制审计而言，由于其影响广泛，注册会计师通常不将控制与具体的审计目标相联系。

如果针对某一具体审计目标，注册会计师能够识别出有效的应用控制审计，在通过测试确定其运行有效后，注册会计师能够减少实质性程序。

第三节　不同信息技术环境下的问题

本节将在前述的公司层面信息技术控制审计的范畴内，重点讨论被审计单位运用网络、数据库管理系统、电子商务、信息技术职能外包安排等不同信息技术环境下的问题。

一、网络环境

很多企业可能使用局域网或互联网将各种类型的计算机、工作站、打印机、服务器等互相连接起来。在网络环境下，用于处理交易的应用软件和数据文件可能分布于不同位置但互相连接的计算机设备上，由此产生了与内部控制相关的问题，包括对分布于不同位置的服务器的安全、数据和信息的分布及同步、管理监督以及兼容性问题。

二、数据库管理系统

数据库管理系统（Database Management system）是一种操纵和管理数据库的大型软件，用于建立、使用和维护数据库，简称 DBMSO，它对数据库进行统一的管理和控制，以保证数据库的安全性和完整性。使用数据库管理系统能够实现不同应用软件之间的数据共享，减少数据冗余，改进对数据的控制，提高数据的决策支撑作用。

很多被审计单位使用 ERP 系统实现整个单位数据库系统的整合。ERP 是 Enterprise Resource Planning（企业资源计划）的简称。ERP 是针对物资资源管理（物流）、人力资源管理（人流）、财务资源管理（财流）、信息资源管理（信息流）集成一体化的企业管理软件。ERP 系统能够实现会计部门与业务部门的数据共享。当然，数据库管理系统也带来了与内部控制相关的问题，包括多重使用者能够访问和修改共享数据的风险。因此，需要实施严格的数据库管理和接触控制，以及数据安全备份制度。

三、电子商务系统

越来越多的被审计单位采用电子商务的方式进行交易。电子商务是指，在互联网开放的网络环境下，以信息技术为手段，买卖双方不谋面地进行各种商贸活动，实现消费者的网上购物、商户之间的网上交易和在线电子支付以及各种商务活动、交易活动、金融活动和相关的综合服务活动的一种新型的商业运营模式。在这种方式下，交易信息在网上传输，容易被拦截、篡改或不当获取，需要采取相应的安全控制。此外，被审计单位的会计信息系统可能与交易对方的系统相连接，产生了互相依赖的风险，即交易一方的风险部分取决于交易对手如何识别和管理其自身系统中的风险。

四、外包安排

被审计单位可能将全部或部分的信息技术职能外包给专门的应用软件服务提供商或云计算服务商等计算机服务机构。根据美国国家标准与技术研究院（MST）的定义，云计算是一种按使用量付费的模式，这种模式提供可用的、便捷的、按需的网络访问，进入可配置的计算资源共享池（资源包括网络、服务器、存储、应用软件、服务），这些资源能够被快速提供，只需投入很少的管理工作，或与服务供应商进行很少的交互。

如果服务机构提供的服务和对服务的控制，构成被审计单位与财务报告相关的信息系统（包括相关业务流程）的一部分，注册会计师应当参照《中国注册会计师审计准则第1241号——对被审计单位使用服务机构的考虑》的规定办理。

信息技术在企业中的应用并不改变注册会计师制定审计目标、进行风险评估和了解内部控制的原则性要求，审计准则和财务报告审计目标在所有情况下都适用。但是，注册会计师必须更深入了解企业的信息技术应用范围和性质，因为系统的设计和运行对审计风险的评价、业务流程和控制的了解、审计工作的执行以及需要收集的审计证据的性质都有直接的影响。归纳起来，信息技术对审计过程的影响主要体现在以下几个方面：

（一）对审计线索的影响

审计线索对审计来说极其重要。传统的手工会计系统、审计线索包括凭证、日记账、分类账和报表。注册会计师通过顺查和逆查的方法来审查记录，检查和确定其是否正确地反映了被审计单位的经济业务，检查企业的会计核算是否合理、合规。而在信息技术环境下，从业务数据的具体处理过程到报表的输出，都由计算机按照程序指令完成，数据均保存在磁性介质上，从而会影响到审计线索，如数据存储介质、存取方式以及处理程序等。

（二）对审计技术手段的影响

过去，注册会计师的审计都是手工进行的，但随着信息技术的广泛应用，若仍以手工方式进行审计，显然已经难以满足工作的需要，难以达到审计的目的。因此，注册会计师需要掌握相关信息技术，把信息技术当作一种有力的审计工具。

（三）对内部控制的影响

现代审计技术中，注册会计师会对被审计单位的内部控制进行审查与评价，以此作为制定审计方案和决定抽样范围的依据。

（四）对审计内容的影响

在信息化条件下，由于信息化的特点，审计内容发生了相应的变化，在信息化的会计系统中，各项会计事项都是由计算机按照程序进行自动处理的，信息系统的特点及固有风险决定了信息化环境下审计的内容，包括对信息化系统的处理和相关控制功能的审查。例如，在审计账龄分析表时，在信息技术环境下，我们必须考虑其数据的准确性以支持相关审计结论，因而需要对其基于系统的数据来源及处理过程进行考虑。

（五）对注册会计师的影响

信息技术在被审计单位的广泛应用要求注册会计师一定要具备相关信息技术方面的知识。因此，注册会计师要成为知识全面的复合型人才，他们不仅要有丰富的会计、审计、经济、法律、管理等方面的知识和技能，还需要熟悉信息系统的应用技术、结构和运行原理，有必要对信息化环境下的内部控制作出适当的评价。

因此，注册会计师必须对系统内的风险和控制都非常熟悉，然后对审计的策略、范围、方法和手段作出相应的调整，以获取充分、适当的审计证据，支持发表的审计意见。

第六章

审计工作底稿

第一节 审计工作底稿概述

一、审计工作底稿的含义

审计工作底稿，是指注册会计师对制定的审计计划、实施的审计程序、获取的相关审计证据以及得出的审计结论作出的记录。审计工作底稿是审计证据的载体，是注册会计师在审计过程中形成的审计工作记录和获取的资料。它形成于审计过程，也反映整个审计过程。

二、审计工作底稿的编制目的

（一）审计工作底稿在计划和执行审计工作中发挥着关键作用

它提供了审计工作实际执行情况的记录，是形成审计报告的基础。审计工作底稿也可用于质量控制复核、监督会计师事务所对审计准则的遵循情况以及第三方的检查等。在会计师事务所因执业质量而涉及诉讼或有关监管机构进行执业质量检查时，审计工作底稿能够提供证据，证明会计师事务所是否按照《中国注册会计师审计准则》（以下简称《审计准则》）的规定执行了审计工作。

（二）注册会计师及时编制审计工作底稿的目的

（1）提供充分、适当的记录，作为出具审计报告的基础；

（2）提供证据，证明注册会计师已按照审计准则和相关法律法规的规定计划和执行了审计工作。

除上述目的外，编制审计工作底稿还可以实现下列目的：

（1）有助于项目组计划和执行审计工作；

（2）有助于负责督导的项目组成员按照《中国注册会计师审计准则第1121号——对财

务报表审计实施的质量控制》的规定，履行指导、监督与复核审计工作的责任；

（3）便于项目组说明其执行审计工作的情况；

（4）保留对未来审计工作持续产生重大影响的事项的记录；

（5）便于会计师事务所按照《质量控制准则第 5101 号——会计师事务所对执行财务报表审计和审阅、其他鉴证和相关服务业务实施的质量控制》的规定，实施质量控制复核与检查；

（6）便于监管机构和注册会计师协会根据相关法律法规或其他相关要求，对会计师事务所实施执业质量检查。

三、审计工作底稿的编制要求

注册会计师编制的审计工作底稿，应当使未曾接触该项审计工作的有经验的专业人士清楚地了解：

有经验的专业人士，是指会计师事务所内部或外部的具有审计实务经验，并且对下列方面有合理了解的人士：

（1）按照审计准则和相关法律法规的规定实施的审计程序的性质、时间安排和范围；

（2）实施审计程序的结果和获取的审计证据；

（3）审计中遇到的重大事项和得出的结论，以及在得出结论时作出的重大职业判断。

（4）审计过程；

（5）审计准则和相关法律法规的规定；

（6）被审计单位所处的经营环境；

（7）与被审计单位所处行业相关的会计和审计问题。

四、审计工作底稿的性质

（一）审计工作底稿的存在形式

审计工作底稿可以以纸质、电子或其他介质形式存在。

随着信息技术的广泛运用，审计工作底稿的形式从传统的纸质形式扩展到电子或其他介质形式。但无论审计工作底稿以哪种形式存在，会计师事务所都应当针对审计工作底稿设计和实施适当的控制，以实现下列目的：

（1）使审计工作底稿清晰地显示其生成、修改及复核的时间和人员；

（2）在审计业务的所有阶段，尤其是在项目组成员共享信息或通过互联网将信息传递给其他人员时，保护信息的完整性和安全性；

（3）防止未经授权改动审计工作底稿；

（4）允许项目组和其他经授权的人员为适当履行职责而接触审计工作底稿。

为便于会计师事务所内部进行质量控制和外部执业质量检查或调查，以电子或其他介质形式存在的审计工作底稿，应与其他纸质形式的审计工作底稿一并归档，并应能通过打印等方式，转换成纸质形式的审计工作底稿。

在实务中，为便于复核，注册会计师可以将以电子或其他介质形式存在的审计工作底稿通过打印等方式，转换成纸质形式的审计工作底稿，并与其他纸质形式的审计工作底稿一并归档，同时，单独保存这些以电子或其他介质形式存在的审计工作底稿。

(二) 审计工作底稿通常包括的内容

审计工作底稿通常包括总体审计策略、具体审计计划、分析表、问题备忘录、重大事项概要、询证函回函和声明、核对表、有关重大事项的往来函件（包括电子邮件），注册会计师还可以将被审计单位文件记录的摘要或复印件（如重大的或特定的合同和协议）作为审计工作底稿的一部分。

此外，审计工作底稿通常还包括业务约定书、管理建议书、项目组内部或项目组与被审计单位举行的会议记录、与其他人士（如其他注册会计师、律师、专家等）的沟通文件及错报汇总表等。但是，审计工作底稿并不能代替被审计单位的会计记录。

第二节 审计工作底稿的格式、要素和范围

一、确定审计工作底稿的格式、要素和范围时应考虑的因素

在确定审计工作底稿的格式、要素和范围时，注册会计师应当考虑下列因素：

(一) 被审计单位的规模和复杂程度

通常来说，对大型被审计单位进行审计形成的审计工作底稿，通常比对小型被审计单位进行审计形成的审计工作底稿要多；对业务复杂的被审计单位进行审计形成的审计工作底稿，通常比对业务简单的被审计单位进行审计形成的审计工作底稿要多。

(二) 拟实施审计程序的性质

通常，不同的审计程序会使得注册会计师获取不同性质的审计证据，因此，注册会计师可能会编制不同的审计工作底稿。例如，注册会计师编制的有关函证程序的审计工作底稿（包括询证函及回函、有关不符事项的分析等）和存货监盘程序的审计工作底稿（包括盘点表、注册会计师对存货的测试记录等）在内容、格式及范围方面是不同的。

(三) 识别出的重大错报风险

识别和评估的重大错报风险水平的不同可能导致注册会计师实施的审计程序和获取的审计证据不尽相同。例如，如果注册会计师识别出应收账款存在较高的重大错报风险，而其他应收款的重大错报风险较低，则注册会计师可能对应收账款实施较多的审计程序并获取较多的审计证据，因而对测试应收账款的记录会比针对测试其他应收款记录的内容多且范围广。

(四) 已获取的审计证据的重要程度

注册会计师通过执行多项审计程序，可能会获取不同的审计证据，有些审计证据的相关性和可靠性较高，有些质量则较差，注册会计师可能区分不同的审计证据进行有选择性的记录，因此，审计证据的重要程度也会影响审计工作底稿的格式、内容和范围。

(五) 识别出的例外事项的性质和范围

有时注册会计师在执行审计程序时会发现例外事项，因此，可能导致审计工作底稿在格式、内容、范围方面的不同。例如，某个函证的回函表明存在不符事项，如果在实施恰当的

追查后发现该例外事项并未构成错报，注册会计师可能只在审计工作底稿中解释发生该例外事项的原因及影响；反之，如果该例外事项构成错报，注册会计师可能需要执行额外的审计程序并获取更多的审计证据，由此编制的审计工作底稿在内容和范围方面可能有很大不同。

（六）当从已执行审计工作或获取审计证据的记录中不易确定结论或结论的基础时，有记录结论或结论基础的必要性

在某些情况下，特别是在涉及复杂的事项时，注册会计师仅将已执行的审计工作或获取的审计证据记录下来，并不容易使其他有经验的注册会计师通过合理的分析，得出审计结论或结论的基础。此时注册会计师应当考虑是否需要进一步说明并记录得出结论的基础（即得出结论的过程）及该事项的结论。

（七）审计方法和使用的工具

审计方法和使用的工具可能影响审计工作底稿的格式、内容和范围。例如，如果使用计算机辅助审计技术对应收账款的账龄进行重新计算，通常可以针对总体进行测试，而采用人工方式重新计算时，则可能会针对样本进行测试，由此形成的审计工作底稿会在格式、内容和范围方面有所不同。

考虑以上因素有助于注册会计师确定审计工作底稿的格式、内容和范围是否恰当。注册会计师在考虑以上因素时需注意，根据不同情况确定审计工作底稿的格式、内容和范围，均是为达到审计准则中所述的编制审计工作底稿的目的，特别是提供证据的目的。例如，细节测试和实质性分析程序的审计工作底稿所记录的审计程序有所不同，但两类审计工作底稿都应当充分、适当地反映注册会计师执行的审计程序。

二、审计工作底稿的要素

（一）审计工作底稿包括的要素

通常，审计工作底稿包括下列全部或部分要素：

（1）审计工作底稿的标题；

（2）审计过程记录；

（3）审计结论；

（4）审计标识及其说明；

（5）索引号及编号；

（6）编制者姓名及编制日期；

（7）复核者姓名及复核日期。

（二）在记录审计过程时，应当特别注意的问题

1. 具体项目或事项的识别特征

在记录实施审计程序的性质、时间安排和范围时，注册会计师应当记录测试的具体项目或事项的识别特征。记录具体项目或事项的识别特征可以实现多种目的，例如，既能反映项目组履行职责的情况，也便于对例外事项或不符事项进行调查，以及对测试的项目或事项进行复核。

识别特征是指被测试的项目或事项表现出的征象或标志。识别特征因审计程序的性质

和测试的项目或事项不同而不同。对某一个具体项目或事项而言，其识别特征通常具有唯一性，这种特性可以使其他人员根据识别特征在总体中识别该项目或事项并重新执行该测试。

为帮助理解，以下列举部分审计程序中所测试的样本的识别特征：

（1）在对被审计单位生成的订购单进行细节测试时，注册会计师可以以订购单的日期和其唯一编号作为测试订购单的识别特征。

（2）对于需要选取或复核既定总体内一定金额以上的所有项目的审计程序，注册会计师可以记录实施程序的范围并指明该总体。

（3）对于需要系统化抽样的审计程序，注册会计师可能会通过记录样本的来源、抽样的起点及抽样间隔来识别已选取的样本。

（4）对于需要询问被审计单位中特定人员的审计程序，注册会计师可能会以询问的时间、被询问人的姓名及职位作为识别特征。

（5）对于观察程序，注册会计师可以以观察的对象或观察过程、相关被观察人员及其各自的责任、观察的地点和时间作为识别特征。

2. 重大事项及相关重大职业判断

注册会计师应当根据具体情况判断某一事项是否属于重大事项。重大事项通常包括以下几项：

（1）引起特别风险的事项；

（2）实施审计程序的结果，该结果表明财务信息可能存在重大错报，或需要修正以前对重大错报风险的评估和针对这些风险拟采取的应对措施；

（3）导致注册会计师难以实施必要审计程序的情形；

（4）导致出具非标准审计报告的事项。

注册会计师应当记录与管理层、治理层和其他人员对重大事项的讨论，包括所讨论的重大事项的性质以及讨论的时间、地点和参加人员。

有关重大事项的记录可能分散在审计工作底稿的不同部分。将这些分散在审计工作底稿中的有关重大事项的记录汇总在重大事项概要中，不仅可以帮助注册会计师集中考虑重大事项对审计工作的影响，还便于会计复核人员全面、快速地了解重大事项，从而提高复核工作的效率。对于大型、复杂的审计项目，重大事项概要的作用尤为重要。因此，注册会计师编制重大事项概要，有利于有效地复核和检查审计工作底稿，并评价重大事项的影响。

重大事项概要包括审计过程中识别的重大事项及其如何得到解决，或对其他支持性审计工作底稿的交叉索引。

注册会计师在执行审计工作和评价审计结果时运用职业判断的程度，是决定记录重大事项的审计工作底稿的格式、内容和范围的一项重要因素。在审计工作底稿中对重大职业判断进行记录，能够解释注册会计师得出的结论并提高职业判断的质量。这些记录对审计工作底稿的复核人员非常有帮助，同样也有助于执行以后期间审计的人员查阅具有持续重要性的事项（如根据实际结果对以前作出的会计估计进行复核）。

第三节 审计工作底稿的归档

《质量控制准则第5101号——会计师事务所对执行财务报表审计和审阅、其他鉴证和相关服务业务实施的质量控制》和《中国注册会计师审计准则第1131号——审计工作底稿》对审计工作底稿的归档作出了具体规定，涉及归档工作的性质和期限、审计工作底稿保管期限等方面。

一、审计工作底稿归档工作的性质

在出具审计报告前，注册会计师应完成所有必要的审计程序，取得充分、适当的审计证据并得出适当的审计结论。由此，在审计报告日后将审计工作底稿归整为最终审计档案是一项事务性的工作，不涉及实施新的审计程序或得出新的结论。

如果在归档期间对审计工作底稿作出的变动属于事务性的，注册会计师可以作出变动，主要包括以下几项：

（1）删除或废弃被取代的审计工作底稿；

（2）对审计工作底稿进行分类、整理和交叉索引；

（3）对审计档案归整工作的完成核对表签字认可；

（4）记录在审计报告日前获取的、与项目组相关成员进行讨论并达成一致意见的审计证据。

二、审计档案的结构

对每项具体审计业务，注册会计师应当将审计工作底稿归整为审计档案。

（一）典型的审计档案结构

1. 沟通和报告相关工作底稿

（1）审计报告和经审计的财务报表；

（2）与主审注册会计师的沟通和报告；

（3）与治理层的沟通和报告；

（4）与管理层的沟通和报告；

（5）管理建议书。

2. 审计完成阶段工作底稿

（1）审计工作完成情况核对表；

（2）管理层声明书原件；

（3）重大事项概要；

（4）错报汇总表；

（5）被审计单位财务报表和试算平衡表；

（6）有关列报的工作底稿（如现金流量表、关联方和关联交易的披露等）；

（7）财务报表所属期间的董事会会议纪要；

（8）总结会会议纪要。

3. 审计计划阶段工作底稿

（1）总体审计策略和具体审计计划；
（2）对内部审计职能的评价；
（3）对外部专家的评价；
（4）对服务机构的评价。

（二）被审计单位提交资料清单

1. 特定项目审计程序表

（1）舞弊；
（2）持续经营；
（3）对法律法规的考虑；
（4）关联方。

2. 进一步审计程序工作底稿

（1）有关控制测试工作底稿；
（2）有关实质性程序工作底稿（包括实质性分析程序和细节测试）。

三、审计工作底稿归档的期限

《质量控制准则第 5101 号——会计师事务所对执行财务报表审计和审阅、其他鉴证和相关服务业务实施的质量控制》要求会计师事务所制定有关及时完成最终业务档案归整工作的政策和程序。审计工作底稿的归档期限为完成审计报告日后的 60 天内。如果注册会计师未能完成审计业务，审计工作底稿的归档期限为审计业务中止后的 60 天内。

如果针对客户的同一财务信息执行不同的委托业务，出具两个或多个不同的报告，会计师事务所应当将其视为不同的业务，根据会计师事务所内部制定的政策和程序，在规定的归档期限内分别将审计工作底稿归整为最终审计档案。

无须多言，工作底稿归档期限的明确，部分原因是媒体大肆宣传法庭听证会期间暴露出来的安然公司注册会计师销毁审计工作底稿，以及注册会计师在完成审计工作并签署审计报告数月之后延迟对审计档案的归档而引起的。审计项目组成员可能转去开展其他审计项目，或可能已离开会计师事务所，未决事项无法及时跟进，因此，延迟归档可能导致审计档案不完整。只有当审计项目组执行后续财务年度的审计（对连续审计业务而言）时，才可能发现上期"已完成归档的审计档案"是不完整的。

四、审计工作底稿归档后的变动

在完成最终审计档案的归整工作后，注册会计师不应在规定的保存期限届满前删除或废弃任何性质的审计工作底稿。

（一）需要变动审计工作底稿的情形

注册会计师发现有必要修改现有审计工作底稿或增加新的审计工作底稿的情形主要有以下两种：

（1）注册会计师已实施了必要的审计程序，取得了充分、适当的审计证据并得出了恰当的审计结论，但审计工作底稿的记录不够充分。

（2）审计报告日后，发现例外情况要求注册会计师实施新的或追加审计程序，或导致注册会计师得出新的结论。例外情况主要是指审计报告日后发现与已审计财务信息相关，且在审计报告日已经存在的事实，该事实如果被注册会计师在审计报告日前获知，可能影响审计报告。例如，注册会计师在审计报告日后才获知法院在审计报告日前已对被审计单位的诉讼、索赔事项作出最终判决结果。

例外情况可能在审计报告日后发现，也可能在财务报表报出日后发现，注册会计师应当按照《中国注册会计师审计准则第1332号——期后事项》有关"财务报表报出后发现的事实"的相关规定，对例外事项实施新的或追加的审计程序。

（二）变动审计工作底稿时的记录要求

在完成最终审计档案的归整工作后，如果发现有必要修改现有审计工作底稿或增加新的审计工作底稿，无论修改或增加的性质如何，注册会计师均应当记录下列事项：

（1）修改或增加审计工作底稿的理由；

（2）修改或增加审计工作底稿的时间和人员，以及复核的时间和人员。

五、审计工作底稿的保存期限

会计师事务所应当自完成审计报告日起，对审计工作底稿至少保存10年。如果注册会计师未能完成审计业务，会计师事务所应当自审计业务中止日起，对审计工作底稿至少保存10年。

在完成最终审计档案的归整工作后，注册会计师不应在规定的保存期届满前删除或废弃任何性质的审计工作底稿。

第二部分
审计测试流程

第七章

风险评估

第一节 风险识别和评估概述

一、风险识别和评估的概念

在风险导向审计模式下,注册会计师以重大错报风险的识别、评估和应对为审计工作的主线,最终将审计风险控制在可接受的低水平。风险的识别和评估是审计风险控制流程的起点。

风险识别和评估,是指注册会计师通过实施风险评估程序,识别和评估财务报表层次和认定层次的重大错报风险。其中,风险识别是指找出财务报表层次和认定层次的重大错报风险;风险评估是指对重大错报发生的可能性和后果严重程度进行评估。

二、风险识别和评估的作用

《中国注册会计师审计准则第1211号——通过了解被审计单位及其环境识别和评估重大错报风险》作为专门规范风险评估的准则,规定注册会计师应当了解被审计单位及其环境,以充分识别和评估财务报表重大错报风险,设计和实施进一步审计程序。

(一)了解被审计单位及其环境是必要程序

特别是为注册会计师在下列关键环节作出职业判断提供重要基础:

(1)确定重要性水平,并随着审计工作的进程评估对重要性水平的判断是否仍然适当;

(2)考虑会计政策的选择和运用是否恰当,以及财务报表的列报是否适当;

(3)识别需要特别考虑的领域,包括关联方交易、管理层运用持续经营假设的合理性,或交易是否具有合理的商业目的等;

(4)确定在实施分析程序时所使用的预期值;

（5）设计和实施进一步审计程序，以将审计风险降至可接受的低水平；

（6）评价所获取审计证据的充分性和适当性。

（二）了解被审计单位及其环境是一个连续和动态的收集、更新与分析信息的过程，贯穿于整个审计过程的始终

注册会计师应当运用职业判断确定需要了解被审计单位及其环境的程度。

评价对被审计单位及其环境了解的程度是否恰当，关键是看注册会计师对被审计单位及其环境的了解是否足以识别和评估财务报表的重大错报风险。如果了解被审计单位及其环境获得的信息足以识别和评估财务报表的重大错报风险，设计和实施进一步审计程序，那么，了解的程度就是恰当的。当然，要求注册会计师对被审计单位及其环境了解的程度，要低于管理层为经营管理企业而对被审计单位及其环境需要了解的程度。

第二节　风险评估程序、信息来源以及项目组内部的讨论

一、风险评估程序和信息来源

注册会计师了解被审计单位及其环境，目的是识别和评估财务报表重大错报风险。为了解被审计单位及其环境而实施的程序称为"风险评估程序"。注册会计师应当依据实施这些程序所获取的信息，评估重大错报风险。

注册会计师应当实施下列风险评估程序，以了解被审计单位及其环境：

（1）询问管理层和被审计单位内部其他人员；

（2）分析程序；

（3）观察和检查。

注册会计师在审计过程中应当实施上述审计程序，但是在了解被审计单位及其环境的每一方面时无须实施上述所有程序。

（一）询问管理层和被审计单位内部其他人员

询问管理层和被审计单位内部其他人员是注册会计师了解被审计单位及其环境的一个重要信息来源。注册会计师可以考虑向管理层和财务负责人询问下列事项：

（1）管理层所关注的主要问题。如新的竞争对手、主要客户和供应商的流失、新的税收法规的实施以及经营目标或战略的变化等。

（2）被审计单位最近的财务状况、经营成果和现金流量。

（3）可能影响财务报告的交易和事项，或者目前发生的重大会计处理问题。如重大的并购事宜等。

（4）被审计单位发生的其他重要变化。如所有权结构、组织结构的变化以及内部控制的变化等。

注册会计师通过询问获取的大部分信息，来自管理层和负责财务报告的人员。注册会计师也可以通过询问被审计单位内部的其他不同层级的人员获取信息，或为识别重大错报风险提供不同的视角。

（1）直接询问治理层，可能有助于注册会计师了解编制财务报表的环境。

（2）直接询问内部审计人员，可能有助于注册会计师了解本年度针对被审计单位内部控制设计和运行有效性而实施的内部审计程序，以及管理层是否根据实施这些程序的结果采取了适当的应对措施。

（3）询问参与生成、处理或记录复杂或异常交易的员工，可能有助于注册会计师评价被审计单位选择和运用某项会计政策的恰当性。

（4）直接询问内部法律顾问，可能有助于注册会计师了解有关信息，如诉讼、遵守法律法规的情况、影响被审计单位的舞弊或舞弊嫌疑、产品保证、售后责任、与业务合作伙伴的安排（如合营企业）和合同条款的含义等。

（5）直接询问营销或销售人员，可能有助于注册会计师了解被审计单位营销策略的变化、销售趋势或与客户的合同安排。

（二）实施分析程序

分析程序是指注册会计师通过研究不同财务数据之间以及财务数据与非财务数据之间的内在关系，对财务信息作出评价。分析程序还包括调查识别出的、与其他相关信息不一致或与预期数据严重偏离的波动和关系。

分析程序既可用于风险评估程序和实质性程序，也可用于对财务报表的总体复核。注册会计师实施分析程序有助于识别异常的交易或事项，以及对财务报表和审计产生影响的金额、比率和趋势。在实施分析程序时，注册会计师应当预期可能存在的合理关系，并与被审计单位记录的金额、依据记录金额计算的比率或趋势相比较；如果发现异常或未预期到的关系，注册会计师应当在识别重大错报风险时考虑这些比较结果。

如果使用了高度汇总的数据，实施分析程序的结果可能仅初步显示财务报表存在重大错报，将分析程序的结果与识别重大错报风险时获取的其他信息一并考虑，可以帮助注册会计师了解并评价分析程序的结果。例如，被审计单位存在很多产品系列，各个产品系列的毛利率存在一定差异。对总体毛利率实施分析程序的结果可能仅初步显示销售成本存在重大错报，注册会计师需要实施更为详细的分析程序。例如，对每一产品系列进行毛利率分析，或者将总体毛利率分析的结果连同其他信息一并考虑。

（三）观察和检查

观察和检查程序可以支持对管理层和其他相关人员的询问结果，并可以提供有关被审计单位及其环境的信息，注册会计师应当实施下列观察和检查程序：

（1）观察被审计单位的经营活动。例如，观察被审计单位人员正在从事的生产活动和内部控制活动，增加注册会计师对被审计单位人员如何进行生产经营活动及实施内部控制的了解。

（2）检查文件、记录和内部控制手册。例如，检查被审计单位的经营计划、策略、章程，与其他单位签订的合同、协议，各业务流程操作指引和内部控制手册等，了解被审计单位组织结构和内部控制制度的建立健全情况。

（3）阅读由管理层和治理层编制的报告。例如，阅读被审计单位年度和中期财务报告，股东大会、董事会会议、高级管理层会议的会议记录或纪要，管理层的讨论和分析资料，对重要经营环节和外部因素的评价，被审计单位内部管理报告以及其他特殊目的的报告（如新投资项目的可行性分析报告）等，了解自上一期审计结束至本期审计期间被审计单位发生的重大事项。

（4）实地察看被审计单位的生产经营场所和厂房设备。通过现场访问和实地察看被审计单位的生产经营场所和厂房设备，可以帮助注册会计师了解被审计单位的性质及其经营活动。在实地察看被审计单位的厂房和办公场所的过程中，注册会计师有机会与被审计单位管理层和担任不同职责的员工进行交流，可以增强注册会计师对被审计单位的经营活动及其重大影响因素的了解。

（5）追踪交易在财务报告信息系统中的处理过程（穿行测试）。这是注册会计师了解被审计单位业务流程及其相关控制时经常使用的审计程序。通过追踪某笔或某几笔交易在业务流程中如何生成、记录、处理和报告，以及相关控制如何执行，注册会计师可以确定被审计单位的交易流程和相关控制是否与之前通过其他程序所获得的了解一致，并确定相关控制是否得到执行。

二、其他审计程序和信息来源

（一）其他审计程序

除了采用上述程序从被审计单位内部获取信息以外，如果根据职业判断认为从被审计单位外部获取的信息有助于识别重大错报风险，注册会计师应当实施其他审计程序以获取这些信息。例如，询问被审计单位聘请的外部法律顾问、专业评估师、投资顾问和财务顾问等。

阅读外部信息也可能有助于注册会计师了解被审计单位及其环境。外部信息包括证券分析师、银行、评级机构出具的有关被审计单位及其所处行业的经济或市场环境等状况的报告、贸易与经济方面的报纸期刊、法规或金融出版物，以及政府部门或民间组织发布的行业报告和统计数据等。

（二）其他信息来源

注册会计师应当考虑在客户接受或保持过程中获取的信息是否与识别重大错报风险相关。通常，对新的审计业务，注册会计师应在业务承接阶段对被审计单位及其环境有一个初步的了解，以确定是否承接该业务。而对连续审计业务，也应在每年的续约过程中对上年审计作总体评价，并更新对被审计单位的了解和风险评估结果，以确定是否续约。注册会计师还应当考虑向被审计单位提供其他服务（如执行中期财务报表审阅业务）所获得的经验是否有助于识别重大错报风险。

对于连续审计业务，如果拟利用以往与被审计单位交往的经验和以前审计中实施审计程序获取的信息，注册会计师应当确定被审计单位及其环境自以前审计后是否已发生变化，进而可能影响这些信息对本期审计的相关性。例如，通过前期审计获取的有关被审计单位组织结构、生产经营活动和内部控制的审计证据，以及有关以往的错报和错报是否得到及时更正的信息，可以帮助注册会计师评估本期财务报表的重大错报风险。但值得注意的是，被审计单位或其环境的变化可能导致此类信息在本期审计中已不具有相关性。例如，注册会计师前期已经了解了内部控制的设计和执行情况，但被审计单位及其环境可能在本期发生变化，导致内部控制也发生相应变化。在这种情况下，注册会计师需要实施询问和其他适当的审计程序（如穿行测试），以确定该变化是否可能影响此类信息在本期审计中的相关性。

根据审计准则的要求，注册会计师应当从六个方面了解被审计单位及其环境。需要说明的是，注册会计师无须在了解每个方面时都实施以上所有的风险评估程序。例如，在了解内部控制时通常不用分析程序。但是，对被审计单位及其环境进行了解的整个过程中，注册会计师通常会实施上述所有的风险评估程序。

三、项目组内部的讨论

项目组内部的讨论在所有业务阶段都非常必要，可以保证所有事项得到恰当的考虑。通过安排具有较多经验的成员（如项目合伙人）参与项目组内部的讨论，其他成员可以分享其见解和以往获取的被审计单位的经验。《中国注册会计师审计准则第1211号——通过了解被审计单位及其环境识别和评估重大错报风险》要求项目合伙人和项目组其他关键成员应当讨论被审计单位财务报表存在重大错报的可能性，以及如何根据被审计单位的具体情况运用适用的财务报告编制基础。项目合伙人应当确定向未参与讨论的项目组成员通报哪些事项。

（一）讨论的目标

项目组内部的讨论为项目组成员提供了交流信息和分享见解的机会。项目组通过讨论可以使成员更好地了解在各自负责的领域中，由于舞弊或错误导致财务报表重大错报的可能性，并了解各自实施审计程序的结果如何影响审计的其他方面，包括对确定进一步审计程序的性质、时间安排和范围的影响。

（二）讨论的内容

项目组应当讨论被审计单位面临的经营风险、财务报表容易发生错报的领域以及发生错报的方式，特别是由于舞弊导致重大错报的可能性。

讨论的内容和范围受项目组成员的职位、经验和所需要的信息的影响。

（三）参与讨论的人员

注册会计师应当运用职业判断确定项目组内部参与讨论的成员。项目组的关键成员应当参与讨论，如果项目组需要拥有信息技术或其他特殊技能的专家，这些专家也应参与讨论。参与讨论人员的范围受项目组成员的职责经验和信息需要的影响，例如，在跨地区审计中，每个重要地区项目组的关键成员都应该参加讨论，但不要求所有成员每次都参与项目组的讨论。

（四）讨论的时间和方式

项目组应当根据审计的具体情况，在整个审计过程中持续交换有关财务报表发生重大错报可能性的影响。

按照《中国注册会计师审计准则第1101号——注册会计师的总体目标和审计工作的基本要求》的规定，在计划和实施审计工作时，注册会计师应当保持职业怀疑，认识到可能存在导致财务报表发生重大错报的情形。项目组在讨论时应当强调在整个审计过程中保持职业怀疑，警惕可能发生重大错报的迹象，并对这些迹象进行严格追踪。通过讨论，项目组成员可以交流和分享在整个审计过程中获得的信息，包括可能对重大错报风险评估产生影响的信息或针对这些风险实施审计程序的信息。

审　　计

项目组还可以根据实际情况讨论其他重要事项。

第三节　了解被审计单位及其环境

一、总体要求

注册会计师应当从下列几个方面了解被审计单位及其环境：

（1）相关行业状况、法律环境和监管环境及其他外部因素；

（2）被审计单位的性质；

（3）被审计单位对会计政策的选择和运用；

（4）被审计单位的目标、战略以及可能导致重大错报风险的相关经营风险；

（5）对被审计单位财务业绩的衡量和评价；

（6）被审计单位的内部控制。

上述第（1）项是被审计单位的外部环境，第（2）（3）（4）项以及第（6）项是被审计单位的内部因素，第（5）项既有外部因素，也有内部因素。值得注意的是，被审计单位及其环境的各个方面可能会互相影响。

例如，被审计单位的行业状况、法律环境与监管环境以及其他外部因素可能影响到被审计单位的目标、战略以及相关经营风险，而被审计单位的性质、目标、战略、相关经营风险可能影响到被审计单位对会计政策的选择和运用，以及内部控制的设计和执行。因此，注册会计师在对被审计单位及其环境的各个方面进行了解和评估时，应当考虑各因素之间的相互关系。

注册会计师针对上述六个方面实施的风险评估程序的性质、时间安排和范围取决于审计业务的具体情况，如被审计单位的规模和复杂程度，以及注册会计师的相关审计经验，包括以前对被审计单位提供审计和相关服务的经验以及对类似行业、类似企业的审计经验。此外，识别被审计单位及其环境在上述各方面与以前期间相比发生的重大变化，对于充分了解被审计单位及其环境、识别和评估重大错报风险尤为重要。

（一）行业状况

了解行业状况有助于注册会计师识别与被审计单位所处行业有关的重大错报风险。

注册会计师应当了解被审计单位的行业状况，主要包括以下几项：

（1）所处行业的市场与竞争，包括市场需求、生产能力和价格竞争；

（2）生产经营的季节性和周期性；

（3）与被审计单位产品相关的生产技术；

（4）能源供应与成本；

（5）行业的关键指标和统计数据。

（二）法律环境与监管环境

1. 注册会计师了解法律环境与监管环境的主要原因

（1）某些法律法规或监管要求可能对被审计单位经营活动有重大影响，如不遵守，将导致停业等严重后果；

· 116 ·

（2）某些法律法规或监管要求（如环保法规等）规定了被审计单位某些方面的责任和义务；

（3）某些法律法规或监管要求决定了被审计单位需要遵循的行业惯例和核算要求。

2. 注册会计师应当了解的被审计单位所处的法律环境与监管环境的内容

（1）会计原则和行业特定惯例；

（2）受管制行业的法规框架；

（3）对被审计单位经营活动产生重大影响的法律法规，包括直接的监管活动；

（4）税收政策（关于企业所得税和其他税种的政策）；

（5）目前对被审计单位开展经营活动产生影响的政府政策，如货币政策（包括外汇管制）、财政政策、财政刺激措施（如政府援助项目）、关税或贸易限制政策等；

（6）影响行业和被审计单位经营活动的环保要求。

（三）其他外部因素

注册会计师应当了解影响被审计单位经营的其他外部因素，主要包括总体经济情况、利率、融资的可获得性、通货膨胀水平或币值变动等。

具体而言，注册会计师可能需要了解以下情况：

（1）当前的宏观经济状况以及未来的发展趋势如何？

（2）目前国内或本地区的经济状况（如增长率、通货膨胀率、失业率、利率等）怎样影响被审计单位的经营活动？

（3）被审计单位的经营活动是否受到汇率波动或全球市场力量的影响？

（四）了解的重点和程度

注册会计师对行业状况、法律环境与监管环境以及其他外部因素了解的范围和程度会因被审计单位所处行业、规模以及其他因素（如在市场中的地位）的不同而不同。

例如，对从事计算机硬件制造的被审计单位，注册会计师可能更关心市场和竞争以及技术进步的情况；对金融机构，注册会计师可能更关心宏观经济走势以及货币、财政等方面的宏观经济政策；对化工等产生污染的行业，注册会计师可能更关心相关环保法规。注册会计师应当考虑将了解的重点放在对被审计单位的经营活动可能产生重要影响的关键外部因素以及与前期相比发生的重大变化上。

注册会计师应当考虑被审计单位所在行业的业务性质或监管程度是否可能导致特定的重大错报风险，考虑项目组是否配备了具有相关知识和经验的成员。

例如，建筑行业长期合同涉及收入和成本的重大估计，可能导致重大错报风险；银行监管机构对商业银行的资本充足率有专门规定，不能满足这一监管要求的商业银行可能有操纵财务报表的动机和压力。

二、被审计单位的性质

（一）所有权结构

对被审计单位所有权结构的了解有助于注册会计师识别关联方关系并了解被审计单位的决策过程。注册会计师应当了解所有权结构以及所有者与其他人员或实体之间的关系，考虑关联方关系是否已经得到识别，以及关联方交易是否得到恰当核算。例如，注册会计师应当了解被审计单位是属于国有企业、外商投资企业、民营企业，还是属于其他类型的企业，还应当了解其直接控股母公司、间接控股母公司、最终控股母公司和其他股东的构成，以及所有者与其他人员或实体（如控股母公司控制的其他企业）之间的关系。注册会计师应当按照《中国注册会计师审计准则第1323号——关联方》的规定，了解被审计单位识别关联方的程序，获取被审计单位提供的所有关联方信息，并考虑关联方关系是否已经得到识别，关联方交易是否得到恰当记录和充分披露。

同时，注册会计师可能需要对其控股母公司（股东）的情况作进一步的了解，包括控股母公司的所有权性质、管理风格及其对被审计单位经营活动及财务报表可能产生的影响；控股母公司与被审计单位在资产、业务、人员、机构、财务等方面是否分开，是否存在占用资金等情况；控股母公司是否施加压力，要求被审计单位达到其设定的财务业绩目标。

（二）治理结构

良好的治理结构可以对被审计单位的经营和财务运作实施有效的监督，从而降低财务报表发生重大错报的风险。注册会计师应当了解被审计单位的治理结构。例如，董事会的构成情况、董事会内部是否有独立董事；治理结构中是否设有审计委员会或监事会及其运作情况。注册会计师应当考虑治理层是否能够在独立于管理层的情况下对被审计单位事务（包括财务报告）作出客观判断。

（三）组织结构

复杂的组织结构可能导致某些特定的重大错报风险。注册会计师应当了解被审计单位的组织结构，考虑复杂组织结构可能导致的重大错报风险，包括财务报表合并、商誉减值以及长期股权投资核算等问题。

例如，对于在多个地区拥有子公司、合营企业、联营企业或其他成员机构，或者存在多个业务分部和地区分部的被审计单位，不仅编制合并财务报表的难度增加，还存在其他可能导致重大错报风险的复杂事项，包括对于子公司、合营企业、联营企业和其他股权投资类别的判断及其会计处理等。

（四）经营活动

了解被审计单位经营活动有助于注册会计师识别预期在财务报表中反映的主要交易类别、重要账户余额和列报。注册会计师应当了解被审计单位的经营活动。主要包括以下几项：

（1）主营业务的性质。例如，主营业务是制造业还是商品批发与零售；是银行、保险还是其他金融服务；是公用事业、交通运输还是提供技术产品和服务等。

（2）与生产产品或提供劳务相关的市场信息。例如，主要客户和合同、付款条件、利润率、市场份额、竞争者、出口、定价政策、产品声誉、质量保证、营销策略和目标等。

（3）业务的开展情况。例如，业务分部的设立情况、产品和服务的交付、衰退或扩展的经营活动的详情等。

（4）联盟、合营与外包情况。

（5）从事电子商务的情况。例如，是否通过互联网销售产品和提供服务以及从事营销活动。

（五）投资活动

了解被审计单位投资活动有助于注册会计师关注被审计单位在经营策略和方向上的重大变化。注册会计师应当了解被审计单位的投资活动。主要包括以下几项：

（1）近期拟实施或已实施的并购活动与资产处置情况，包括业务重组或某些业务的终止。注册会计师应当了解并购活动如何与被审计单位目前的经营业务相协调，并考虑它们是否会引发进一步的经营风险。例如，被审计单位并购了一个新的业务部门，注册会计师需要了解管理层如何管理这一新业务，而新业务又如何与现有业务相结合，发挥协同优势，如何解决原有经营业务与新业务在信息系统、企业文化等各方面的不一致。

（2）证券投资、委托贷款的发生与处置。

（3）资本性投资活动，包括固定资产和无形资产投资、近期或计划发生的变动以及重大的资本承诺等。

（六）筹资活动

了解被审计单位筹资活动有助于注册会计师评估被审计单位在融资方面的压力，并进一步考虑被审计单位在可预见未来的持续经营能力。注册会计师应当了解被审计单位的筹资活动，主要包括以下几项：

（1）债务结构和相关条款，包括资产负债表外融资和租赁安排。例如，获得的信贷额度是否可以满足营运需要；得到的融资条件及利率是否与竞争对手相似，如不相似，原因何在；是否存在违反借款合同中限制性条款的情况；是否承受重大的汇率与利率风险。

（2）主要子公司和联营企业（无论是否处于合并范围内）的重要融资安排。

（3）实际受益方及关联方。例如，实际受益方是国内的还是国外的，其商业声誉和经验可能对被审计单位产生的影响。

（4）衍生金融工具的使用。例如，衍生金融工具是用于交易目的还是套期目的，以及运用的种类、范围和交易对手等。

三、被审计单位对会计政策的选择和运用

（一）重大和异常交易的会计处理方法

例如，本期发生的企业合并的会计处理方法。某些被审计单位可能存在与其所处行业相关的重大交易，例如，银行向客户发放贷款、证券公司对外投资、医药企业的研究与开发活动等。注册会计师应当考虑对重大的和不经常发生的交易的会计处理方法是否适当。

（二）在缺乏权威性标准或共识、有争议的或新兴领域采用重要会计政策产生的影响

在缺乏权威性标准或共识的领域，注册会计师应当关注被审计单位选用了哪些会计政策、为什么选用这些会计政策以及选用这些会计政策产生的影响。

（三）会计政策的变更

如果被审计单位变更了重要的会计政策，注册会计师应当考虑变更的原因及其适当性，即考虑以下两项内容：

审　　计

（1）会计政策变更是否是法律、行政法规或者适用的会计准则和相关会计制度要求的变更；

（2）会计政策变更是否能够提供更可靠、更相关的会计信息。除此之外，注册会计师还应当关注会计政策的变更是否得到恰当处理和充分披露。

四、被审计单位的目标、战略以及相关经营风险

（一）目标是企业经营活动的指针

企业管理层或治理层一般会根据企业经营面临的外部环境和内部各种因素，制定合理可行的经营目标。战略是管理层为实现经营目标采用的方法。为了实现某一既定的经营目标，企业可能有多个可行战略。例如，如果目标是在某一特定期间内进入一个新的市场，那么可行的战略可能包括收购该市场内的现有企业、与该市场内的其他企业合资经营或自行开发进入该市场。随着外部环境的变化，企业应对目标和战略作出相应的调整。

（二）相关经营风险

经营风险是指可能对被审计单位实现目标和实施战略的能力产生不利影响的重要状况、事项、情况、作为（或不作为）所导致的风险，或由于制定不恰当的目标和战略而导致的风险。不同的企业可能面临不同的经营风险，这取决于企业经营的性质、所处行业、外部监管环境、企业的规模和复杂程度。管理层有责任识别和应对这些风险。

不能随环境的变化而作出相应的调整固然可能产生经营风险。但是，调整的过程也可能导致经营风险。例如，为应对消费者需求的变化，企业开发了新产品。但是，开发的新产品可能会产生开发失败的风险；即使开发成功，市场需求可能不如预期，从而产生产品营销风险；产品的缺陷还可能导致企业遭受声誉风险和承担产品赔偿责任的风险。

目标、战略、经营风险和重大错报风险之间的相互联系可举例予以说明。例如，企业当前的目标是在某一特定期间内进入某一新的海外市场，企业选择的战略是在当地成立合资公司。从该战略本身来看，是可以实现这一目标的。但是，成立合资公司可能会带来很多的经营风险，例如，企业如何与当地合资方在经营活动、企业文化等各方面协调，是否在合资公司中获得控制权或共同控制权，当地市场情况是否会发生变化，当地对合资公司的税收和外汇管理方面的政策是否稳定，合资公司的利润是否可以汇回，是否存在汇率风险等。这些经营风险反映到财务报表中，可能会因涉及对合资公司是属于子公司、合营企业或联营企业的判断问题，投资核算问题，包括是否存在减值问题、对当地税收规定的理解是否充分的问题，以及外币折算等问题，而导致财务报表出现重大错报风险。

五、被审计单位财务业绩的衡量和评价

被审计单位管理层经常会衡量和评价关键业绩指标（包括财务的和非财务的）、预算及差异分析、分部信息和分支机构、部门或其他层次的业绩报告以及与竞争对手的业绩比较。

此外，外部机构也会衡量和评价被审计单位的财务业绩，如分析师的报告和信用评级机构的评估。

（一）了解的主要方面

在了解被审计单位财务业绩的衡量和评价情况时，注册会计师应当关注下列信息：

· 120 ·

（1）关键业绩指标（财务的或非财务的）、关键比率、趋势和经营统计数据；
（2）同期财务业绩比较分析；
（3）预算、预测、差异分析，分部信息与分部、部门或其他不同层次的业绩报告；
（4）员工业绩考核与激励性报酬政策；
（5）被审计单位与竞争对手的业绩比较。

（二）关注内部财务业绩衡量的结果

内部财务业绩衡量可能显示未预期到的结果或趋势。在这种情况下，管理层通常会进行调查并采取纠正措施。与内部财务业绩衡量相关的信息可能显示财务报表存在错报风险，例如，内部财务业绩衡量可能显示被审计单位与同行业其他单位相比具有异常快的增长率或盈利水平，此类信息如果与业绩奖金或激励性报酬等因素结合起来考虑，可能显示管理层在编制财务报表时存在某种倾向的错报风险。因此，注册会计师应当关注被审计单位内部财务业绩衡量所显示的未预期到的结果或趋势、管理层的调查结果和纠正措施，以及相关信息是否显示财务报表可能存在重大错报。

（三）考虑财务业绩衡量指标的可靠性

如果拟利用被审计单位内部信息系统生成的财务业绩衡量指标，注册会计师应当考虑相关信息是否可靠，以及利用这些信息是否足以实现审计目标。许多财务业绩衡量中使用的信息可能由被审计单位的信息系统生成。如果被审计单位管理层在没有合理基础的情况下，认为内部生成的衡量财务业绩的信息是准确的，而实际上信息有误，那么根据有误的信息得出的结论也可能是错误的。如果注册会计师计划在审计中（如在实施分析程序时）利用财务业绩指标，应当考虑相关信息是否可靠，以及在实施审计程序时利用这些信息是否足以发现重大错报。

第四节　了解被审计单位的内部控制

一、内部控制的含义和要素

内部控制是被审计单位为了合理保证财务报告的可靠性、经营的效率和效果以及对法律法规的遵守，由治理层、管理层和其他人员设计与执行的政策及程序。

可以从以下几个方面理解内部控制：

1. 内部控制的目标是合理保证

（1）财务报告的可靠性，这一目标与管理层履行财务报告编制责任密切相关；
（2）经营的效率和效果，即经济有效地使用企业资源，以最优方式实现企业的目标；
（3）遵守适用的法律法规的要求，即在法律法规的框架下从事经营活动。

2. 设计和实施内部控制的责任主体是治理层、管理层和其他人员

组织中的每一个人都对内部控制负有责任。

3. 实现内部控制目标的手段是设计和执行控制政策及程序

内部控制包括下列要素：

（1）控制环境；

（2）风险评估过程；

（3）与财务报告相关的信息系统和沟通；

（4）控制活动；

（5）对控制的监督。

值得指出的是，本教材采用了 Coso 发布的内部控制框架，被审计单位可能并不一定采用这种分类方式来设计和执行内部控制。对内部控制要素的分类提供了了解内部控制的框架，但无论如何对内部控制要素进行分类，注册会计师都应当重点考虑被审计单位的某项控制是否能够以及如何防止或发现并纠正各类交易、账户余额和披露存在的重大错报。也就是说，在了解和评价内部控制时，采用的具体分析框架及控制要素的分类可能并不唯一，重要的是控制能否实现控制目标。注册会计师可以使用不同的框架和术语描述内部控制的不同方面，但必须涵盖上述内部控制五个要素所涉及的各个方面。

被审计单位设计、执行和维护内部控制的方式会因被审计单位的规模和复杂程度的不同而不同。小型被审计单位可能采用非正式和简单的流程与程序实现内部控制的目标，参与日常经营管理的业主（以下简称业主）可能承担多项职能，内部控制要素没有得到清晰区分，注册会计师应当综合考虑小型被审计单位的内部控制要素能否实现其目标。

二、与审计相关的控制

内部控制的目标旨在合理保证财务报告的可靠性、经营的效率和效果以及对法律法规的遵守。注册会计师审计的目标是对财务报表是否不存在重大错报发表审计意见，尽管要求注册会计师在财务报表审计中考虑与审计相关的内部控制，但目的并非对被审计单位内部控制的有效性发表意见。因此，注册会计师需要了解和评价的内部控制只是与财务报表审计相关的内部控制，并非被审计单位所有的内部控制。

被审计单位的目标与为实现目标提供合理保证的控制之间存在直接关系。被审计单位的目标和控制，与财务报告、经营及合规有关。但这些目标和控制并非都与注册会计师的风险评估相关。

如果在设计和实施进一步审计程序时拟利用被审计单位内部生成的信息，针对该信息完整性和准确性的控制可能与审计相关。如果与经营和合规目标相关的控制与注册会计师实施审计程序时评价或使用的数据相关，则这些控制也可能与审计相关。

用以防止未经授权购买、使用或处置资产的内部控制，可能包括与财务报告和经营目标相关的控制。注册会计师对这些控制的考虑通常仅限于与财务报告可靠性相关的控制。

被审计单位通常有一些与目标相关但与审计无关的控制，注册会计师无须对其加以考虑。例如，被审计单位可能依靠某一复杂的自动化控制提高经营活动的效率和效果（如航空公司用于维护航班时间表的自动化控制系统），但这些控制通常与审计无关。进一步讲，虽然内部控制应用于整个被审计单位或所有经营部门或业务流程，但是了解与每个经营部门和业务流程相关的内部控制，可能与审计无关。

三、对内部控制了解的深度

对内部控制了解的深度，是指在了解被审计单位及其环境时对内部控制了解的程度。包括评价控制的设计,并确定其是否得到执行,但不包括对控制是否得到一贯执行的测试。

（一）评价控制的设计

注册会计师在了解内部控制时,应当评价控制的设计,并确定其是否得到执行。评价控制的设计,涉及考虑该控制单独或连同其他控制是否能够有效防止或发现并纠正重大错报。控制得到执行,是指某项控制存在且被审计单位正在使用。评估一项无效控制的运行没有什么意义,因此,需要首先考虑控制的设计。设计不当的控制可能表明存在值得关注的内部控制缺陷。

（二）获取控制设计和执行的审计证据

注册会计师通常实施下列风险评估程序,以获取有关控制设计和执行的审计证据:

（1）询问被审计单位人员;

（2）观察特定控制的运用;

（3）检查文件和报告;

（4）追踪交易在财务报告信息系统中的处理过程（穿行测试）。

这些程序是风险评估程序在了解被审计单位内部控制方面的具体运用。

询问本身并不足以评价控制的设计以及确定其是否得到执行,注册会计师应当将询问与其他风险评估程序结合使用。

（三）了解内部控制与测试控制运行有效性的关系

除非存在某些可以使控制得到一贯运行的自动化控制,否则,注册会计师对控制的了解并不足以测试控制运行的有效性。

例如,获取某一人工控制在某一时点得到执行的审计证据,并不能证明该控制在所审计期间内的其他时点也有效运行。但是,信息技术可以使被审计单位持续一贯地对大量数据进行处理,提高了被审计单位监督控制活动运行情况的能力,信息技术还可以通过对应用软件、数据库、操作系统设置安全控制来实现有效的职责划分。由于信息技术处理流程的内在一贯性,实施审计程序确定某项自动控制是否得到执行,也可能实现对控制运行有效性测试的目标,这取决于注册会计师对控制（如针对程序变更的控制）的评估和测试。

四、内部控制的局限性

内部控制无论如何有效,都只能为被审计单位实现财务报告目标提供合理保证。内部控制实现目标的可能性受其固有限制的影响。这些限制包括以下两项:

（一）在决策时人为判断可能出现错误和因人为失误而导致内部控制失效

例如,控制的设计和修改可能存在失误。同样地,控制的运行可能无效,例如,由于负责复核信息的人员不了解复核的目的或没有采取适当的措施,内部控制生成的信息（如例外报告）没有得到有效使用。

（二）控制可能由于两个或更多的人员串通或管理层不当地凌驾于内部控制之上而被规避

例如,管理层可能与客户签订"背后协议",修改标准的销售合同条款和条件,从而导致不适当的收入确认。再如，软件中的编辑控制旨在识别和报告超过赊销信用额度的交易，但这一控制可能被凌驾或不能得到执行。

此外，如果被审计单位内部行使控制职能的人员素质不适应岗位要求，也会影响内部控制功能的正常发挥。被审计单位实施内部控制的成本效益问题也会影响其效能，当实施某项控制成本大于控制效果而发生损失时，就没有必要设置该控制环节或控制措施。内部控制一般都是针对经常而重复发生的业务设置的，如果出现不经常发生或未预计到的业务，原有控制就可能不适用。

五、控制环境

（一）控制环境的含义

控制环境包括治理职能和管理职能，以及治理层和管理层对内部控制及其重要性的态度、认识和措施。控制环境设定了被审计单位的内部控制基调，影响员工对内部控制的意识。良好的控制环境是实施有效内部控制的基础。防止或发现并纠正舞弊和错误是被审计单位治理层和管理层的责任。在评价控制环境的设计和实施情况时，注册会计师应当了解管理层在治理层的监督下，是否营造并保持了诚实守信和合乎道德的文化，以及是否建立了防止或发现并纠正舞弊和错误的恰当控制。实际上，在审计业务承接阶段，注册会计师就需要对控制环境作出初步了解和评价。

（二）对诚信和道德价值观念的沟通与落实

诚信和道德价值观念是控制环境的重要组成部分，影响到重要业务流程的内部控制设计和运行。内部控制的有效性直接依赖于负责创建、管理和监控内部控制的人员的诚信和道德价值观念。被审计单位是否存在道德行为规范，以及这些规范如何在被审计单位内部得到沟通和落实，决定了是否能产生诚信和道德的行为。对诚信和道德价值观念的沟通与落实，既包括管理层如何处理不诚实、非法或不道德行为，也包括在被审计单位内部，通过行为规范以及高层管理人员的身体力行，对诚信和道德价值观念的营造和保持。

例如，管理层在行为规范中指出，员工不允许从供货商那里获得超过一定金额的礼品，超过部分都须报告和退回。尽管该行为规范本身并不能绝对保证员工都照此执行，但至少意味着管理层已对此进行明示，它连同其他程序，可能构成一个有效的预防机制。

注册会计师在了解和评估被审计单位诚信和道德价值观念的沟通与落实时，考虑的主要因素可能包括以下几点：

（1）被审计单位是否有书面的行为规范并向所有员工传达；

（2）被审计单位的企业文化是否强调诚信和道德价值观念的重要性；

（3）管理层是否身体力行，高级管理人员是否起表率作用；

（4）对违反有关政策和行为规范的情况，管理层是否采取适当的惩罚措施。

（三）对胜任能力的重视

胜任能力是指具备完成某一职位的工作所应有的知识和能力。管理层对胜任能力的重视包括对于特定工作所需的胜任能力水平的设定，以及对达到该水平所必需的知识和能力的要求。注册会计师应当考虑主要管理人员和其他相关人员是否能够胜任承担的工作和职责，例如，财务人员是否对编报财务报表所适用的会计准则和相关会计制度有足够的了解并能正确运用。

注册会计师在就被审计单位对胜任能力的重视情况进行了解和评估时，考虑的主要因素重要包括以下几点：

（1）财务人员以及信息管理人员是否具备与被审计单位业务性质和复杂程度相称的足够的胜任能力和培训，在发生错误时，是否通过调整人员或系统来加以处理；

（2）管理层是否配备足够的财务人员以适应业务发展和有关方面的需要；

（3）财务人员是否具备理解和运用会计准则所需的技能。

（四）治理层的参与程度

被审计单位的控制环境在很大程度上受治理层的影响。治理层的职责应在被审计单位的章程和政策中予以规定。治理层（董事会）通常通过其自身的活动，并在审计委员会或类似机构的支持下，监督被审计单位的财务报告政策和程序。因此，董事会、审计委员会或类似机构应关注被审计单位的财务报告，并监督被审计单位的会计政策以及内部、外部的审计工作和结果。治理层的职责还包括监督用于复核内部控制有效性的政策和程序设计是否合理，执行是否有效。

治理层对控制环境影响的要素有：治理层相对于管理层的独立性、成员的经验和品德、治理层参与被审计单位经营的程度和收到的信息及其对经营活动的详细检查、治理层采取措施的适当性，包括提出问题的难度和对问题的跟进程度，以及治理层与内部审计人员和注册会计师的互动等。

（五）管理层的理念和经营风格

1. 管理层负责企业的运作以及经营策略和程序的制定、执行与监督

控制环境的每个方面在很大程度上都受管理层采取的措施和作出决策的影响，或在某些情况下受管理层不采取某些措施或不作出某种决策的影响。在有效的控制环境中，管理层的理念和经营风格可以创造一个积极的氛围，促进业务流程和内部控制的有效运行，同时创造一个减少错报发生可能性的环境。在管理层以一个或少数几个人为主时，管理层的理念和经营风格对内部控制的影响尤为突出。

2. 管理层的理念包括管理层对内部控制的理念

即管理层对内部控制以及对具体控制实施环境的重视程度。管理层对内部控制的重视，有助于控制的有效执行，并减少特定控制被忽视或规避的可能性。控制理念反映在管理层制定的政策、程序及所采取的措施中，而不是反映在形式上。因此，要使控制理念成为控制环境的一个重要特质，管理层必须告知员工内部控制的重要性。同时，只有建立适当的管理层控制机制，控制理念才能产生预期的效果。

衡量管理层对内部控制重视程度的重要标准，是管理层收到有关内部控制缺陷及违规事件的报告时是否作出适当反应。管理层及时下达纠弊措施，表明他们对内部控制的重视，也有利于加强企业内部的控制意识。

此外，了解管理层的经营风格也很有必要，管理层的经营风格可以表明管理层所能接受的业务风险的性质。例如，管理层是否经常投资于风险特别高的领域或者在接受风险方面极为保守，不敢越雷池一步。注册会计师应考虑的问题包括：管理层是否谨慎从事，只有在对方案的风险和潜在利益进行仔细研究分析后才能进一步采取措施。了解管理层的经营风格有助于注册会计师判断哪些因素影响管理层对待内部控制的态度，哪些因素影响在编制财务报表时所做的判断，特别是在作出会计估计以及选用会计政策时。这种了解也有助于注册会计师进一步认识管理层的能力和经营动机。注册会计师对管理层的能力和诚信越有信心，就越有理由信赖管理层提供的信息和作出的解释及声明。相反，如果对管理层经营风格的了解加重了注册会计师的怀疑，注册会计师就会加大职业怀疑的程度，从而对管理层的各种声明产生疑问。因此，了解管理层的经营风格对注册会计师评估重大错报风险有着重要的意义。

（六）组织结构及职权与责任的分配

被审计单位的组织结构为计划、运作、控制及监督经营活动提供了一个整体框架。通过集权或分权决策，可在不同部间进行适当的职责划分，建立适当层次的报告体系。组织结构将影响权利、责任和工作任务在组织成员中的分配。被审计单位的组织结构在一定程度上取决于被审计单位的规模和经营活动的性质。

注册会计师应当考虑被审计单位组织结构中是否采用向个人或小组分配控制职责的方法，是否建立了执行特定职能（包括交易授权）的授权机制，是否确保每个人都清楚地了解报告关系和责任。注册会计师还需审查对分散经营活动的监督是否充分。有效的权责分配制度有助于形成整体的控制意识。

注册会计师应当关注组织结构及权责分配方法的实质而不是仅仅关注其形式。相应地，注册会计师应当考虑相关人员对政策与程序的整体认识水平和遵守程度，以及管理层对其实施监督的程度。

注册会计师对组织结构的审查，有助于其确定被审计单位的职责划分应该达到何种程度，也有助于其评价被审计单位在这方面的不足会对整体审计策略产生的影响。

信息系统处理环境是注册会计师对组织结构及权责分配方法进行审查的一个重要方面。注册会计师应当考虑信息系统职能部门的结构安排是否明确了职责分配，授权和批准系统变化的职责分配，以及是否明确程序开发、运行及使用者之间的职责划分。

综上所述，注册会计师应当对控制环境的构成要素获取足够的了解，并考虑内部控制的实质及其综合效果，以了解管理层和治理层对内部控制及其重要性的态度、认识以及所采取的措施。

六、被审计单位的风险评估过程

（一）被审计单位风险评估过程的含义

任何经济组织在经营活动中都会面临各种各样的风险，风险对其生存和竞争能力产生影响。很多风险并不为经济组织所控制，但管理层应当确定可以承受的风险水平，识别这些风险并采取一定的应对措施。

风险评估过程的作用是识别、评估和管理影响被审计单位实现经营目标能力的各种风险。而针对财务报告目标的风险评估过程则包括识别与财务报告相关的经营风险，评估风险的重大性和发生的可能性，以及采取措施管理这些风险。例如，风险评估可能会涉及被审计单位如何考虑对某些交易未予记录的可能性，或者识别和分析财务报告中的重大会计估计发生错报的可能性。与财务报告相关的风险也可能与特定事项和交易有关。

被审计单位的风险评估过程包括识别与财务报告相关的经营风险，以及针对这些风险所采取的措施。注册会计师应当了解被审计单位的风险评估过程和结果。

（二）对风险评估过程的了解

在评价被审计单位风险评估过程的设计和执行时，注册会计师应当确定管理层如何识别与财务报告相关的经营风险，如何估计该风险的重要性，如何评估风险发生的可能性，以及如何采取措施管理这些风险。如果被审计单位的风险评估过程符合其具体情况，了解被审计单位的风险评估过程和结果有助于注册会计师识别财务报表的重大错报风险。

注册会计师可以通过了解被审计单位及其环境的其他方面信息，评价被审计单位风险评估过程的有效性。例如，在了解被审计单位的业务情况时，发现了某些经营风险，注册会计师应当了解管理层是否也意识到这些风险以及如何应对。

在对业务流程的了解中，注册会计师还可能进一步获得被审计单位有关业务流程的风险评估过程的信息。例如，在销售循环中，如果发现了销售的截止性错报的风险，注册会计师应当考虑管理层是否也识别了该错报风险以及如何应对该风险。

注册会计师应当询问管理层识别出的经营风险，并考虑这些风险是否可能导致重大错报。

在审计过程中，如果发现与财务报表有关的风险因素，注册会计师可通过向管理层询问和检查有关文件，确定被审计单位的风险评估过程是否也发现了该风险；如果识别出管理层未能识别的重大错报风险，注册会计师应当考虑被审计单位的风险评估过程为何没有识别出这些风险，以及评估过程是否适合于具体环境。

七、信息系统与沟通

（一）与财务报告相关的信息系统的含义

与财务报告相关的信息系统，包括用以生成、记录、处理和报告交易、事项和情况，对相关资产、负债和所有者权益履行经营管理责任的程序和记录。交易可能通过人工或自动化程序生成。记录包括识别和收集与交易、事项有关的信息。处理包括编辑、核对、计量、估价、汇总和调节活动，可能由人工或自动化程序来执行。报告是指用电子或书面形式编制财务报告和其他信息，供被审计单位用于衡量和考核财务及其他方面的业绩。与财务报告相关的信息系统应当与业务流程相适应。

业务流程是指被审计单位开发、采购、生产、销售、发送产品和提供服务、保证遵守法律法规、记录信息等一系列活动。与财务报告相关的信息系统所生成的信息的质量，对管理层能否作出恰当的经营管理决策以及编制可靠的财务报告具有重大影响。

（二）对与财务报告相关的信息系统的了解

注册会计师应当从下列几个方面了解与财务报告相关的信息系统（包括相关业务流程）：

（1）在被审计单位经营过程中，对财务报表具有重大影响的各类交易；

（2）在信息技术和人工系统中，被审计单位的交易生成、记录、处理、必要的更正、结转至总账以及在财务报表中报告的程序；

（3）用以生成、记录、处理、报告（包括纠正不正确的信息以及信息如何结转至总账）交易的会计记录、支持性信息和财务报表中的特定账户；

（4）被审计单位的信息系统如何获取除交易以外的对财务报表有重大影响的事项和情况；

（5）用于编制被审计单位财务报表（包括作出的重大会计估计和披露）的财务报告过程；

（6）与会计分录相关的控制，这些分录包括用以记录非经常性的、异常的交易或调整的非标准会计分录。

自动化程序和控制可能降低了发生无意错误的风险，但是并没有消除个人凌驾于控制之上的风险，如某些高级管理人员可能篡改总分类账和财务报告系统的数据金额。当被审计单位运用信息技术进行数据的传递时，发生篡改可能不会留下痕迹或证据。

（三）与财务报告相关的沟通的含义

与财务报告相关的沟通包括使员工了解各自在与财务报告有关的内部控制方面的角色和职责，员工之间的工作联系，以及向适当级别的管理层报告例外事项的方式。

公开的沟通渠道有助于确保例外情况得到报告和处理。沟通可以采用政策手册、会计和财务报告手册及备忘录等形式进行，也可以通过发送电子邮件、口头沟通和管理层的行动来进行。

（四）对与财务报告相关的沟通的了解

注册会计师应当了解被审计单位内部如何对财务报告的岗位职责以及与财务报告相关的重大事项进行沟通。注册会计师还应当了解管理层与治理层（特别是审计委员会）之间的沟通，以及被审计单位与外部（包括与监管部门）的沟通。

八、控制活动

（一）与审计相关的控制活动的含义

控制活动是指有助于确保管理层的指令得以执行的政策和程序。包括与授权、业绩评价、信息处理、实物控制和职责分离等相关的活动。

1. 授权

注册会计师应当了解与授权有关的控制活动，包括一般授权和特别授权。授权的目的在于保证交易在管理层授权范围内进行。

一般授权是指管理层制定的要求组织内部遵守的普遍适用于某类交易或活动的政策。

特别授权是指管理层针对特定类别的交易或活动逐一设置的授权，如重大资本支出和股票发行等。特别授权也可能用于超过一般授权限制的常规交易。例如，因某种特别原因，同意对某个不符合一般信用条件的客户赊销商品。

2. 业绩评价

注册会计师应当了解与业绩评价有关的控制活动，主要包括被审计单位分析评价实际业绩与预算（或预测、前期业绩）的差异，综合分析财务数据与经营数据的内在关系，将内部数据与外部信息来源相比较，评价职能部门、分支机构或项目活动的业绩（如银行客户信贷经理复核各分行、地区和各种贷款类型的审批和收回），以及对发现的异常差异或关系采取必要的调查与纠正措施。

通过调查非预期的结果和非正常的趋势，管理层可以识别可能影响经营目标实现的情形。管理层对业绩信息的使用（如将这些信息用于经营决策，用于对财务报告系统报告的非预期结果进行追踪），决定了业绩指标的分析是只用于经营目的还是同时用于财务报告目的。

3. 信息处理

注册会计师应当了解与信息处理有关的控制活动，包括信息技术的一般控制和应用控制。

被审计单位通常执行各种措施，检查各种类型信息处理环境下的交易的准确性、完整性和授权。信息处理控制可以是人工的、自动化的，或是基于自动流程的人工控制。信息处理控制分为两类，即信息技术一般控制和应用控制。

信息技术一般控制是指与多个应用系统有关的政策和程序，有助于保证信息系统持续恰当地运行（包括信息的完整性和数据的安全性），支持应用控制作用的有效发挥，通常包括数据中心和网络运行控制，系统软件的购置、修改及维护控制，接触或访问权限控制，应用系统的购置、开发及维护控制。例如，程序改变的控制、限制接触程序和数据的控制、与新版应用软件包实施有关的控制等都属于信息技术一般控制。

信息技术应用控制是指主要在业务流程层面运行的人工或自动化程序，与用于生成、记录、处理、报告交易或其他财务数据的程序相关，通常包括检查数据计算的准确性，审核账户和试算平衡表，设置对输入数据和数字序号的自动检查，以及对例外报告进行人工干预。

4. 实物控制

注册会计师应当了解实物控制，主要包括了解对资产和记录采取适当的安全保护措施，对访问计算机程序和数据文件设置授权，以及定期盘点并将盘点记录与会计记录相核对。例如，现金、有价证券和存货的定期盘点控制。实物控制的效果影响资产的安全，从而对财务报表的可靠性及审计产生影响。

5. 职责分离

注册会计师应当了解职责分离，主要包括了解被审计单位如何将交易授权、交易记录以及资产保管等职责分配给不同员工，以防范同一员工在履行多项职责时可能发生的舞弊或错误。当信息技术运用于信息系统时，职责分离可以通过设置安全控制来实现。

（二）对控制活动的了解

在了解控制活动时，注册会计师应当重点考虑一项控制活动单独或连同其他控制活动，是否能够以及如何防止或发现并纠正各类交易、账户余额和披露存在的重大错报。注册会计师的工作重点是识别和了解针对重大错报可能发生的领域的控制活动。如果多项控制活动能够实现同一目标，注册会计师不必了解与该目标相关的每项控制活动。注册会计师对被审计单位整体层面的控制活动进行的了解和评估，主要是针对被审计单位的一般控制活动，特别是信息技术一般控制。

九、对控制的监督

（一）对控制的监督的含义

管理层的重要职责之一就是建立和维护控制并保证其持续有效运行，对控制的监督可以实现这一目标。监督是由适当的人员，在适当、及时的基础上，评估控制的设计和运行情况的过程。对控制的监督是指被审计单位评价内部控制在一段时间内运行有效性的过程。对控制的监督涉及及时评估控制的有效性并采取必要的补救措施。例如，管理层对是否定期编制银行存款余额调节表进行复核，内部审计人员评价销售人员是否遵守公司关于销售合同条款的政策，法律部门定期监控公司的道德规范和商务行为准则是否得以遵循等。监督对控制的持续有效运行十分重要。假如没有对银行存款余额调节表是否得到及时和准确的编制进行监督，该项控制可能无法得到持续的执行。

通常，管理层通过持续的监督活动、单独的评价活动或两者相结合实现对控制的监督。持续的监督活动通常贯穿于被审计单位日常重复的活动中，包括常规管理和监督工作。例如，管理层在履行其日常管理活动时，取得内部控制持续发挥功能的信息。当业务报告、财务报告与他们获取的信息有较大差异时，会对有重大差异的报告提出疑问，并做必要的追踪调查和处理。

被审计单位可能使用内部审计人员或具有类似职能的人员对内部控制的设计和执行进行专门的评价，以找出内部控制的优点和不足，并提出改进建议。被审计单位也可能利用与外部有关各方沟通或交流所获取的信息监督相关的控制活动。在某些情况下，外部信息可能显示内部控制存在的问题和需要改进之处。例如，客户通过付款来表示其同意发票金额，或者认为发票金额有误而不付款。监管机构（如银行监管机构）可能会对影响内部控制运行的问题与被审计单位沟通。管理层可能也会考虑与注册会计师就内部控制进行沟通，通过与外部信息的沟通，可以发现内部控制存在的问题，以便采取纠正措施。

值得注意的是，上述用于监督活动的很多信息都由被审计单位的信息系统产生，这些信息可能会存在错报，从而导致管理层从监督活动中得出错误的结论。因此，注册会计师应当了解与被审计单位监督活动相关的信息来源，以及管理层认为信息具有可靠性的依据。如果拟利用被审计单位监督活动使用的信息（包括内部审计报告），注册会计师应当考虑该信息是否具有可靠的基础，是否足以实现审计目标。

（二）了解对内部控制的监督

注册会计师在对被审计单位整体层面的监督进行了解和评估时，考虑的主要因素可能包括以下几点：

（1）被审计单位是否定期评价内部控制。

（2）被审计单位人员在履行正常职责时，能够在多大程度上获得内部控制是否有效运行的证据。

（3）与外部的沟通能够在多大程度上证实内部产生的信息或者指出存在的问题。

（4）管理层是否采纳内部审计人员和注册会计师有关内部控制的建议。

（5）管理层是否及时纠正控制运行中的偏差。

(6) 管理层根据监管机构的报告及建议是否及时采取纠正措施。
(7) 是否存在协助管理层监督内部控制的职能部门（如内部审计部门）。
如存在，对内部审计职能需进一步考虑的因素包括：
① 独立性和权威性；
② 向谁报告，例如，直接向董事会、审计委员会或类似机构报告，对接触董事会、审计委员会或类似机构是否有限制；
③ 是否有足够的人员、培训和特殊技能，例如，对于复杂的、高度自动化的环境，应使用有经验的信息系统审计人员；
④ 是否坚持适用的专业准则；
⑤ 活动的范围，例如，财务审计和经营审计工作的平衡，在分散经营情况下，内部审计的覆盖程度和轮换程度；
⑥ 计划、风险评估和执行工作的记录及形成结论的适当性；
⑦ 是否不承担经营管理责任。

第五节　评估重大错报风险

一、评估财务报表层次和认定层次的重大错报风险

（一）评估重大错报风险的审计程序

在评估重大错报风险时，注册会计师应当实施下列审计程序。

(1) 在了解被审计单位及其环境（包括与风险相关的控制）的整个过程中，结合对财务报表中各类交易、账户余额和披露的考虑，识别风险。例如，被审计单位因相关环境法规的实施需要更新设备，可能面临原有设备闲置或贬值的风险；宏观经济的低迷可能预示应收账款的回收存在问题；竞争者开发的新产品上市，可能导致被审计单位的主要产品在短期内过时，预示将出现存货跌价和长期资产（如固定资产等）的减值。

(2) 结合对拟测试的相关控制的考虑，将识别出的风险与认定层次可能发生错报的领域相联系。例如，销售困难使产品的市场价格下降，可能导致年末存货成本高于其可变现净值而需要计提存货跌价准备，这显示存货的计价认定可能发生错报。

(3) 评估识别出的风险，并评价其是否更广泛地与财务报表整体相关，进而潜在地影响多项认定。

(4) 考虑发生错报的可能性（包括发生多项错报的可能性），以及潜在错报的重大程度是否足以导致重大错报。

注册会计师应当利用实施风险评估程序获取的信息，包括在评价控制设计和确定其是否得到执行时获取的审计证据，作为支持风险评估结果的审计证据。注册会计师应当根据风险评估结果，确定实施进一步审计程序的性质、时间安排和范围。

（二）识别两个层次的重大错报风险

在对重大错报风险进行识别和评估后，注册会计师应当确定，识别的重大错报风险是与

特定的某类交易、账户余额和披露的认定相关，还是与财务报表整体广泛相关，进而影响多项认定。

某些重大错报风险可能与特定的某类交易、账户余额和披露的认定相关。例如，被审计单位存在复杂的联营或合资，这一事项表明长期股权投资账户的认定可能存在重大错报风险。又如，被审计单位存在重大的关联方交易，该事项表明关联方及关联方交易的披露认定可能存在重大错报风险。

某些重大错报风险可能与财务报表整体广泛相关，进而影响多项认定。例如，在经济不稳定的国家和地区开展业务、资产的流动性出现问题、重要客户流失、融资能力受到限制等，可能导致注册会计师对被审计单位的持续经营能力产生重大怀疑。又如，管理层缺乏诚信或承受异常的压力可能引发舞弊风险，这些风险与财务报表整体相关。

（三）控制环境对评估财务报表层次重大错报风险的影响

财务报表层次的重大错报风险很可能源于薄弱的控制环境。薄弱的控制环境带来的风险可能对财务报表产生广泛影响，难以限于某类交易、账户余额和披露，注册会计师应当采取总体应对措施。

例如，被审计单位治理层、管理层对内部控制的重要性缺乏认识，没有建立必要的制度和程序；或管理层经营理念偏于激进，又缺乏实现激进目标的人力资源等，这些缺陷源于薄弱的控制环境，可能对财务报表产生广泛影响，需要注册会计师采取总体应对措施。

（四）控制对评估认定层次重大错报风险的影响

在评估重大错报风险时，注册会计师应当将所了解的控制与特定认定相联系。

这是由于控制有助于防止或发现并纠正认定层次的重大错报。在评估重大错报发生的可能性时，除了考虑可能的风险外，还要考虑控制对风险的抵销和遏制作用。有效的控制会减少错报发生的可能性，而控制不当或缺乏控制，错报就有可能会变成现实。

控制可能与某一认定直接相关，也可能与某一认定间接相关。关系越间接，控制在防止或发现并纠正认定中错报的作用越小。例如，销售经理对分地区的销售网点的销售情况进行复核，与销售收入完整性的认定只是间接相关。相应地，该项控制在降低销售收入完整性认定中的错报风险方面的效果，要比与该认定直接相关的控制（例如，将发货单与开具的销售发票相核对）的效果差。

注册会计师可能识别出有助于防止或发现并纠正特定认定发生重大错报的控制。在确定这些控制是否能够实现上述目标时，注册会计师应当将控制活动和其他要素综合考虑。如将销售和收款的控制置于其所在的流程和系统中考虑，以确定其能否实现控制目标。因为单个的控制活动（如将发货单与销售发票相核对）本身并不足以控制重大错报风险，只有多种控制活动和内部控制的其他要素综合作用，才足以控制重大错报风险。

当然，也有某些控制活动可能专门针对某类交易或账户余额的个别认定。例如，被审计单位建立的、以确保盘点工作人员能够正确地盘点和记录存货的控制活动，直接与存货账户余额的存在和完整性认定相关。注册会计师只需要对盘点过程和程序进行了解，就可以确定控制是否能够实现目标。

注册会计师应当考虑对识别的各类交易、账户余额和披露认定层次的重大错报风险予以汇总和评估，以确定实施进一步审计程序的性质、时间安排和范围。

（五）考虑财务报表的可审计性

注册会计师在了解被审计单位内部控制后，可能对被审计单位财务报表的可审计性产生怀疑。例如，对被审计单位会计记录的可靠性和状况的担心，可能会使注册会计师认为很难获取充分、适当的审计证据，以支持对财务报表发表意见。再如，管理层严重缺乏诚信注册会计师认为管理层在财务报表中作出虚假陈述的风险高到无法进行审计的程度。因此，如果通过对内部控制的了解发现下列情况，并对财务报表局部或整体的可审计性产生疑问，注册会计师应当考虑出具保留意见或无法表示意见的审计报告：

（1）被审计单位会计记录的状况和可靠性存在重大问题，不能获取充分、适当的审计证据以发表无保留意见；

（2）对管理层的诚信存在严重疑虑。必要时，注册会计师应当考虑解除业务约定。

二、需要特别考虑的重大错报风险

（一）特别风险的含义

特别风险，是指注册会计师识别和评估的、根据判断认为需要特别考虑的重大错报风险。

（二）确定特别风险时考虑的事项

在判断哪些风险是特别风险时，注册会计师应当至少考虑下列事项：

（1）风险是否属于舞弊风险；

（2）风险是否与近期经济环境、会计处理方法或其他方面的重大变化相关，因而需要特别关注；

（3）交易的复杂程度；

（4）风险是否涉及重大的关联方交易；

（5）财务信息计量的主观程度，特别是计量结果是否具有高度不确定性；

（6）风险是否涉及异常或超出正常经营过程的重大交易。

在判断哪些风险是特别风险时，注册会计师不应考虑识别出的控制对相关风险的抵销效果。

（三）非常规交易和判断事项导致的特别风险

日常的、不复杂的、经正规处理的交易不太可能产生特别风险。特别风险通常与重大的非常规交易和判断事项有关。

1. 非常规交易

非常规交易是指由于金额或性质异常而不经常发生的交易。例如，企业购并、债务重组、重大或有事项等。由于非常规交易具有下列特征，与重大非常规交易相关的特别风险可能导致更高的重大错报风险：

（1）管理层更多地干预会计处理；

（2）对数据收集和处理进行更多的人工干预；

（3）复杂的计算或会计处理方法；

（4）非常规交易的性质可能使被审计单位难以对由此产生的特别风险实施有效控制。

2. 判断事项

判断事项通常包括作出的会计估计（具有计量的重大不确定性）。如资产减值准备金额的估计、需要运用复杂估值技术确定的公允价值计量等。由于下列原因，与重大判断事项相关的特别风险可能导致更高的重大错报风险：

（1）对涉及会计估计、收入确认等方面的会计原则存在不同的理解；

（2）所要求的判断可能是主观和复杂的，或需要对未来事项作出假设。

（四）考虑与特别风险相关的控制

了解与特别风险相关的控制，有助于注册会计师制定有效的审计方案予以应对。对特别风险，注册会计师应当评价相关控制的设计情况，并确定其是否已经得到执行。由于与重大非常规交易或判断事项相关的风险很少受到日常控制的约束，注册会计师应当了解被审计单位是否针对该特别风险设计和实施了控制。

例如，作出会计估计所依据的假设是否由管理层或专家进行复核，是否建立作出会计估计的正规程序，重大会计估计结果是否由治理层批准等。再如，管理层在收到重大诉讼事项的通知时采取的措施，包括这类事项是否提交适当的专家（如内部或外部的法律顾问）处理、是否对该事项的潜在影响作出评估、是否确定该事项在财务报表中的披露问题以及如何确定等。

如果管理层未能实施控制以恰当应对特别风险，注册会计师应当认为内部控制存在重大缺陷，并考虑其对风险评估的影响。在此情况下，注册会计师应当就此类事项与治理层沟通。

三、仅通过实质性程序无法应对的重大错报风险

作为风险评估的一部分，如果认为仅通过实质性程序获取的审计证据无法应对认定层次的重大错报风险，注册会计师应当评价被审计单位针对这些风险设计的控制，并确定其执行情况。

在被审计单位对日常交易采用高度自动化处理的情况下，审计证据可能仅以电子形式存在，其充分性和适当性通常取决于自动化信息系统相关控制的有效性，注册会计师应当考虑仅通过实施实质性程序不能获取充分、适当审计证据的可能性。

例如，某企业通过高度自动化的系统确定采购品种和数量，生成采购订购单，并通过系统中设定的收货确认和付款条件进行付款。除了系统中的相关信息以外，该企业没有其他有关订购单和收货的记录。在这种情况下，如果认为仅通过实施实质性程序不能获取充分、适当的审计证据，注册会计师应当考虑依赖的相关控制的有效性，并对其进行了解、评估和测试。

四、对风险评估的修正

注册会计师对认定层次重大错报风险的评估,可能随着审计过程中不断获取审计证据而作出相应的变化。

例如,注册会计师对重大错报风险的评估可能基于预期控制运行有效这一判断,即相关控制可以防止或发现并纠正认定层次的重大错报。但在测试控制运行的有效性时,注册会计师获取的证据可能表明相关控制在被审计期间并未有效运行。同样,在实施实质性程序后,注册会计师可能发现错报的金额和频率比在风险评估时预计的金额和频率要高。因此,如果通过实施进一步审计程序获取的审计证据与初始评估获取的审计证据相矛盾,注册会计师应当修正风险评估结果,并相应修改原计划实施的进一步审计程序。

因此,评估重大错报风险与了解被审计单位及其环境一样,也是一个连续和动态的收集、更新与分析信息的过程,贯穿于整个审计过程的始终。

第八章

风 险 应 对

《中国注册会计师审计准则第 1101 号——注册会计师的总体目标和审计工作的基本要求》要求注册会计师在审计过程中贯彻风险导向审计的理念，围绕重大错报风险的识别、评估和应对，计划和实施审计工作。《中国注册会计师审计准则第 1211 号——通过了解被审计单位及其环境识别和评估重大错报风险》规范了注册会计师通过实施风险评估程序，识别和评估财务报表层次以及各类交易、账户余额和披露认定层次的重大错报风险。《中国注册会计师审计准则第 1231 号——针对评估的重大错报风险采取的应对措施》规范了注册会计师针对评估的重大错报风险确定总体应对措施，设计和实施进一步审计程序。因此，注册会计师应当针对评估的重大错报风险实施程序，即针对评估的财务报表层次重大错报风险确定总体应对措施，并针对评估的认定层次重大错报风险设计和实施进一步审计程序，以将审计风险降至可接受的低水平。

第一节　针对财务报表层次重大错报风险的总体应对措施

一、财务报表层次重大错报风险与总体应对措施

（一）识别重大错报风险

在财务报表重大错报风险的评估过程中，注册会计师应当确定，识别的重大错报风险是与特定的某类交易、账户余额和披露的认定相关，还是与财务报表整体广泛相关，进而影响多项认定。如果是后者，则属于财务报表层次的重大错报风险。

（二）注册会计师应当针对评估的财务报表层次重大错报风险确定总体应对措施

1. 向项目组强调保持职业怀疑的有了必要性

这一项很重要，一定要在一开始强调清楚。

2. 指派更有经验或具有特殊技能的审计人员，或利用专家的工作

由于各行业在经营业务、经营风险、财务报告、法规要求等方面具有特殊性，审计人员

· 136 ·

的专业分工细化成为一种趋势。审计项目组成员中应有一定比例的人员曾经参与过被审计单位以前年度的审计，或具有被审计单位所处特定行业的相关审计经验。必要时，要考虑利用信息技术、税务、评估、精算等方面的专家工作。

3. 提供更多的督导

对于财务报表层次重大错报风险较高的审计项目，审计项目组的高级别成员，如项目合伙人、项目经理等经验较丰富的人员，要对其他成员提供更详细、更经常、更及时的指导和监督，并加强项目质量复核。

4. 在选择拟实施的进一步审计程序时融入更多的不可预见的因素

被审计单位人员，尤其是管理层，如果熟悉注册会计师的审计套路，就可能采取种种规避手段，掩盖财务报告中的舞弊行为。因此，在设计拟实施审计程序的性质、时间安排和范围时，为了避免有人对审计方案的限制，避免对审计效果的人为干涉，从而使得针对重大错报风险的进一步审计程序更加有效，注册会计师要考虑使某些程序不被被审计单位管理层预见或事先了解。

在实务中，注册会计师可以通过以下方式提高审计程序的不可预见性：

（1）对某些未测试过的低于设定的重要性水平或风险较小的账户余额和认定实施实质性程序；

（2）调整实施审计程序的时间，使被审计单位不可预期；

（3）采取不同的审计抽样方法，使当期抽取的测试样本与以前有所不同；

（4）选取不同的地点实施审计程序，或预先不告知被审计单位所选定的测试地点。

5. 对拟实施审计程序的性质、时间安排或范围作出总体修改

财务报表层次的重大错报风险很可能源于薄弱的控制环境。薄弱的控制环境带来的风险可能对财务报表产生广泛影响，难以限于某类交易、账户余额和披露，注册会计师应当采取总体应对措施。相应地，注册会计师对控制环境的了解也影响其对财务报表层次重大错报风险的评估。有效的控制环境可以使注册会计师增强对内部控制和被审计单位内部产生的证据的信赖程度。如果控制环境存在缺陷，注册会计师在对拟实施审计程序的性质、时间安排和范围作出总体修改时，应当考虑以下几点：

（1）在期末而非期中实施更多的审计程序。控制环境的缺陷通常会削弱期中获得的审计证据的可信赖程度。

（2）通过实施实质性程序获取更广泛的审计证据。良好的控制环境是其他控制要素发挥作用的基础。控制环境存在缺陷，通常会削弱其他控制要素的作用，导致注册会计师可能无法信赖内部控制，而主要依赖实施实质性程序获取审计证据。

（3）增加拟纳入审计范围的经营地点的数量。

二、增加审计程序不可预见性的方法

（一）增加审计程序不可预见性的思路

注册会计师可以通过以下方法提高审计程序的不可预见性。

（1）对某些以前未测试的低于设定的重要性水平或风险较小的账户余额和认定实施实质性程序。注册会计师可以关注以前未曾关注过的审计领域，尽管这些领域可能重要程度比较低。如果这些领域有可能被用于掩盖舞弊行为，注册会计师就要针对这些领域实施一些具有不可预见性的测试。

（2）调整实施审计程序的时间，使其超出被审计单位的预期。比如说，如果注册会计师在以前年度的大多数审计工作都围绕着12月或在年底前后进行，那么被审计单位就会了解注册会计师的这一审计习惯，因此可能会把一些不适当的会计调整放在年度的9月、10月或11月等，以避免引起注册会计师的注意。因此，注册会计师可以考虑调整实施审计程序时测试项目的时间，从测试12月的项目调整到测试9月、10月或11月的项目。

（3）采取不同的审计抽样方法，使当年抽取的测试样本与以前有所不同。

（4）选取不同的地点实施，或预先不告知被审计单位所选定的测试地点。例如，在存货监盘程序中，注册会计师可以到未事先通知被审计单位的盘点现场进行监盘，使被审计单位没有机会事先安排，隐藏一些不想让注册会计师知道的情况。

（二）增加审计程序不可预见性的实施要点

（1）注册会计师需要与被审计单位的高层管理人员事先沟通，要求实施具有不可预见性的审计程序，但不能告知其具体内容。注册会计师可以在签订审计业务约定书时明确提出这一点。

（2）虽然对于不可预见性程度没有量化的规定，但审计项目组可根据对舞弊风险的评估等确定具有不可预见性的审计程序。审计项目组可以汇总那些具有不可预见性的审计程序，并记录在审计工作底稿中。

（3）项目合伙人需要安排项目组成员有效地实施具有不可预见性的审计程序，但同时要避免使项目组成员处于困难境地。

第二节　针对认定层次重大错报风险的进一步审计程序

一、进一步审计程序的含义和要求

（一）进一步审计程序的含义

进一步审计程序相对于风险评估程序而言，是指注册会计师针对评估的各类交易、账户余额和披露认定层次重大错报风险实施的审计程序，包括控制测试和实质性程序。注册会计师应当针对评估的认定层次重大错报风险设计和实施进一步审计程序，包括审计程序的性质、时间安排和范围。注册会计师设计和实施的进一步审计程序的性质、时间安排和范围，应当与评估的认定层次重大错报风险具备明确的对应关系。注册会计师实施的审计程序应具有目的性和针对性，有的放矢地配置审计资源，有利于提高审计效率和效果。

需要说明的是，尽管在应对评估的认定层次重大错报风险时，拟实施的进一步审计程序的性质、时间安排和范围都应当确保其具有针对性，但其中进一步审计程序的性质是最重要的。例如，注册会计师评估的重大错报风险越高，实施进一步审计程序的范围通常越大；但是只有首先确保进一步审计程序的性质与特定风险相关时，扩大审计程序的范围才是有效的。

（二）设计进一步审计程序时的考虑因素

在设计进一步审计程序时，注册会计师应当考虑下列因素：

1. 风险的重要性

风险的重要性是指风险造成的后果的严重程度。风险的后果越严重，就越需要注册会计师关注和重视，越需要精心设计有针对性的进一步审计程序。

2. 重大错报发生的可能性

重大错报发生的可能性越大，越需要注册会计师精心设计进一步审计程序。

3. 涉及的各类交易、账户余额和披露的特征

不同的交易、账户余额和披露，产生的认定层次的重大错报风险也会存在差异，适用的审计程序也有差别，需要注册会计师区别对待，并设计有针对性的进一步审计程序予以应对。

4. 被审计单位采用的特定控制的性质

不同性质的控制（尤其是人工控制或自动化控制）对注册会计师设计进一步审计程序具有重要影响。

5. 注册会计师是否拟获取审计证据，以确定内部控制在防止或发现并纠正重大错报方面的有效性

如果注册会计师在风险评估时预期内部控制运行有效，随后拟实施的进一步审计程序就必须包括控制测试，且实质性程序自然会受到之前控制测试结果的影响。

综合上述几方面因素，注册会计师对认定层次重大错报风险的评估为确定进一步审计程序的总体审计方案奠定了基础。因此，注册会计师应当根据对认定层次重大错报风险的评估结果，恰当选用实质性方案或综合性方案。通常情况下，注册会计师出于成本效益的考虑可以采用综合性方案设计进一步审计程序，即将测试控制运行的有效性与实质性程序结合使用。但在某些情况下（如仅通过实质性程序无法应对重大错报风险），注册会计师必须通过实施控制测试，才可能有效应对评估出的某一认定的重大错报风险；而在另一些情况下（如注册会计师的风险评估程序未能识别出与认定相关的任何控制，或注册会计师认为控制测试很可能不符合成本效益原则），注册会计师可能认为仅实施实质性程序就是适当的。

小型被审计单位可能不存在能够被注册会计师识别的控制活动，注册会计师实施的进一步审计程序可能主要是实质性程序。但是，注册会计师始终应当考虑在缺乏控制的情况下，仅通过实施实质性程序是否能够获取充分、适当的审计证据。

还需要特别说明的是，注册会计师对重大错报风险的评估毕竟是一种主观判断，可能无法充分识别所有的重大错报风险，同时内部控制存在固有局限性（特别是存在管理层凌驾于内部控制之上的可能性），因此，无论选择何种方案，注册会计师都应当对所有重大类别的交易、账户余额和披露设计和实施实质性程序。

二、进一步审计程序的性质

（一）进一步审计程序的性质的含义

进一步审计程序的性质是指进一步审计程序的目的和类型。其中，进一步审计程序的目的包括通过实施控制测试以确定内部控制运行的有效性，通过实施实质性程序以发现认定层次的重大错报；进一步审计程序的类型包括检查、观察、询问、函证、重新计算、重新执行和分析程序。

如前所述，在应对评估的风险时，合理确定审计程序的性质是最重要的。这是因为不同的审计程序应对特定认定错报风险的效力不同。例如，对于与收入完整性认定相关的重大错报风险，控制测试通常更能有效应对。对于与收入发生认定相关的重大错报风险，实质性程序通常更能有效应对。再如，实施应收账款的函证程序可以为应收账款在某一时点存在的认定提供审计证据，但通常不能为应收账款的计价认定提供审计证据。对应收账款的计价认定，注册会计师通常需要实施其他更为有效的审计程序，如审查应收账款账龄和期后收款情况，了解欠款客户的信用情况等。

（二）进一步审计程序的性质的选择

在确定进一步审计程序的性质时，注册会计师首先需要考虑的是认定层次重大错报风险的评估结果。因此，注册会计师应当根据认定层次重大错报风险的评估结果选择审计程序。评估的认定层次重大错报风险越高，对通过实质性程序获取的审计证据的相关性和可靠性的要求越高，从而可能影响所选择的审计程序的类型及其综合运用。例如，当注册会计师判断某类交易协议的完整性存在更高的重大错报风险时，除了检查文件以外，注册会计师还可能决定向第三方询问或函证协议条款的完整性。

除了从总体上把握认定层次重大错报风险的评估结果对选择进一步审计程序的影响外，在确定拟实施的审计程序时，注册会计师接下来应当考虑评估的认定层次重大错报风险产生的原因，包括考虑各类交易、账户余额和披露的具体特征以及内部控制。例如，注册会计师可能判断某特定类别的交易即使在不存在相关控制的情况下，发生重大错报的风险仍较低，此时注册会计师可能认为仅实施实质性程序就可以获取充分、适当的审计证据。再如，对于经由被审计单位信息系统日常处理和控制的某类交易，如果注册会计师预期此类交易在内部控制运行有效的情况下发生重大错报的风险较低，且拟在控制运行有效的基础上设计实质性程序，注册会计师就会决定先实施控制测试。

三、进一步审计程序的时间

（一）进一步审计程序的时间的含义

进一步审计程序的时间是指注册会计师何时实施进一步审计程序，或审计证据适用的期间或时点。因此，当提及进一步审计程序的时间时，在某些情况下指的是审计程序的实施时间，在另一些情况下是指需要获取的审计证据适用的期间或时间。

（二）进一步审计程序的时间的选择

1. 有关进一步审计程序的时间的选择问题

第一个层面是注册会计师选择在何时实施进一步审计程序的问题；第二个层面是选择获取什么期间或时点的审计证据的问题。第一个层面的选择问题主要集中在如何权衡期中与期末实施审计程序的关系；第二个层面的选择问题分别集中在如何权衡期中审计证据与期末审计证据的关系、如何权衡以前审计获取的审计证据与本期审计获取的审计证据的关系。这两个层面的最终落脚点都是如何确保获取审计证据的效率和效果。

注册会计师可以在期中或期末实施控制测试或实质性程序。这就引出了注册会计师应当如何选择实施审计程序的时间的问题。一项基本的考虑因素应当是注册会计师评估的重大错报风险,当重大错报风险较高时,注册会计师应当考虑在期末或接近期末实施实质性程序,或采用不通知的方式,或在管理层不能预见的时间实施审计程序。

虽然在期末实施审计程序在很多情况下非常必要,但仍然不排除注册会计师在期中实施审计程序可能发挥积极作用。在期中实施进一步审计程序,可能有助于注册会计师在审计工作初期识别重大事项,并在管理层的协助下及时解决这些事项;或针对这些事项制定有效的实质性方案或综合性方案。当然,在期中实施进一步审计程序也存在很大的局限。

(1) 注册会计师往往难以仅凭在期中实施的进一步审计程序获取有关期中以前的充分、适当的审计证据(例如,某些期中以前发生的交易或事项在期中审计结束时尚未完结)。

(2) 即使注册会计师在期中实施的能够获取有关期中以前的充分、适当的审计证据,但从期中到期末这段剩余期间还往往会发生重大的交易或事项(包括期中以前发生的交易、事项的延续,以及期中以后发生的新的交易、事项),从而对所审计期间的财务报表认定产生重大影响。

(3) 被审计单位管理层也完全有可能在注册会计师于期中实施了进一步审计程序之后对期中以前的相关会计记录作出调整甚至篡改,注册会计师在期中实施了进一步审计程序所获取的审计证据已经发生了变化。为此,如果在期中实施了进一步审计程序,注册会计师还应当针对剩余期间获取审计证据。

2. 注册会计师在确定何时实施审计程序时应当考虑的重要因素

(1) 控制环境。良好的控制环境可以抵销在期中实施进一步审计程序的一些局限性,使注册会计师在确定实施进一步审计程序的时间时有更大的灵活度。

(2) 何时能得到相关信息。例如,某些控制活动可能仅在期中(或期中以前)发生,而之后可能难以再被观察到。再如,某些电子化的交易和账户文档如未能及时取得,可能被覆盖。在这些情况下,注册会计师如果希望获取相关信息,则需要考虑能够获取相关信息的时间。

(3) 错报风险的性质。例如,被审计单位可能为了保证盈利目标的实现,而在会计期末以后伪造销售合同以虚增收入,此时注册会计师需要考虑在期末(即资产负债表日)这个特定时点获取被审计单位截至期末所能提供的所有销售合同及相关资料,以防范被审计单位在资产负债表日后伪造销售合同虚增收入的做法。

(4) 审计证据适用的期间或时点。注册会计师应当根据需要获取的特定审计证据确定何时实施进一步审计程序。例如,为了获取资产负债表日的存货余额证据,显然不宜在与资产负债表日间隔过长的期中时点或期末以后时点实施存货监盘等相关审计程序。

四、进一步审计程序的范围

(一) 进一步审计程序的范围的含义

进一步审计程序的范围是指实施进一步审计程序的数量,包括抽取的样本量、对某项控制活动的观察次数等。

(二) 确定进一步审计程序的范围时考虑的因素

在确定进一步审计程序的范围时,注册会计师应当考虑下列因素:

1. 确定的重要性水平

确定的重要性水平越低，注册会计师实施进一步审计程序的范围越广。

2. 评估的重大错报风险

评估的重大错报风险越高，对拟获取审计证据的相关性、可靠性的要求越高，因此，注册会计师实施的进一步审计程序的范围也越广。

3. 计划获取的保证程度

计划获取的保证程度，是指注册会计师计划通过所实施的审计程序对测试结果可靠性所获取的信心。计划获取的保证程度越高，对测试结果可靠性要求越高，注册会计师实施的审计范围越广。例如，注册会计师对财务报表是否不存在重大错报的信心可能来自控制测试和实质性程序。如果注册会计师计划从控制测试中获取更高的保证程度，则控制测试的范围就更广。

第三节　控 制 测 试

控制测试是为了获取关于控制防止或发现并纠正认定层次重大错报的有效性而实施的测试。注册会计师应当选择为相关认定提供证据的控制进行测试。

一、控制测试的含义和要求

（一）控制测试的含义

控制测试是指用于评价内部控制在防止或发现并纠正认定层次重大错报方面的运行有效性的审计程序，这一概念需要与"了解内部控制"进行区分。"了解内部控制"包含两层含义：一是评价控制的设计；二是确定控制是否得到执行。

测试控制运行的有效性与确定控制是否得到执行所需获取的审计证据是不同的。

在实施风险评估程序以获取控制是否得到执行的审计证据，注册会计师应当确定某项控制是否存在，被审计单位是否正在使用。

在测试控制运行的有效性时，注册会计师应当从下列几个方面获取关于控制是否有效运行的审计证据：

（1）控制在所审计期间的相关时点是如何运行的；

（2）控制是否得到一贯执行；

（3）控制由谁或以何种方式执行。

从这三个方面来看，控制运行有效性强调的是控制能够在各个不同时点按照既定设计得以一贯执行。因此，在了解控制是否得到执行时，注册会计师只需抽取少量的交易进行检查或观察某几个时点。但在测试控制运行的有效性时，注册会计师需要抽取足够数量的交易进行检查或对多个不同时点进行观察。

测试控制运行的有效性与确定控制是否得到执行所需获取的审计证据虽然存在差异，但两者也有联系。为评价控制设计和确定控制是否得到执行而实施的某些风险评估程序并非专为控制测试而设计，但可能提供有关控制运行有效性的审计证据，注册会计师可以考虑在评价控制设计和获取其得到执行的审计证据的同时测试控制运行有效性，以提高审计效率；同时注册会计师应当考虑这些审计证据是否足以实现控制测试的目的。

例如，被审计单位可能采用预算管理制度，以防止或发现并纠正与费用有关的重大错报风险。通过询问管理层是否编制预算，观察管理层对月度预算费用与实际发生费用的比较，并检查预算金额与实际金额之间的差异报告，注册会计师可能获取有关被审计单位费用预算管理制度的设计及其是否得到执行的审计证据，同时也可能获取相关制度运行有效性的审计证据。当然，注册会计师需要考虑通过实施的风险评估程序所获取的审计证据是否能够充分、适当地反映被审计单位费用预算管理制度在各个不同时点按照既定设计得以一贯执行。

（二）控制测试的要求

作为进一步审计程序的类型之一，控制测试并非在任何情况下都需要实施。当存在下列情形之一时，注册会计师应当实施控制测试：

（1）在评估认定层次重大错报风险时，预期控制的运行是有效的；
（2）仅实施实质性程序并不能够提供认定层次充分、适当的审计证据。

如果在评估认定层次重大错报风险时预期控制的运行是有效的，注册会计师应当实施控制测试，就控制在相关期间或时点的运行有效性获取充分、适当的审计证据。

注册会计师通过实施风险评估程序，可能发现某项控制的设计是存在的，也是合理的，同时得到了执行。在这种情况下，出于成本效益的考虑，注册会计师可能预期，如果相关控制在不同时点都得到了一贯执行，与该项控制有关的财务报表认定发生重大错报的可能性就不会很大，也就不需要实施很多的实质性程序。为此，注册会计师可能会认为值得对相关控制在不同时点是否得到了一贯执行进行测试，即实施控制测试。这种测试主要是出于成本效益的考虑，其前提是注册会计师通过了解内部控制以后认为某项控制存在着被信赖和利用的可能。因此，只有认为控制设计合理、能够防止或发现和纠正认定层次的重大错报，注册会计师才有必要对控制运行的有效性实施测试。

二、控制测试的性质

（一）控制测试的性质的含义

控制测试的性质是指控制测试所使用的审计程序的类型及其组合

1. 计划从控制测试中获取的保证水平是决定控制测试性质的主要因素之一

注册会计师应当选择适当类型的审计程序以获取有关控制运行有效性的保证。在计划和实施控制测试时，对控制有效性的信赖程度越高，注册会计师应当获取越有说服力的审计证据。当拟实施的进一步审计程序主要以控制测试为主，尤其是仅实施实质性程序无法或不能获取充分、适当的审计证据时，注册会计师应当获取有关控制运行有效性的更高的保证水平。

2. 控制测试采用的审计程序有询问、观察、检查和重新执行

1）询问

注册会计师可以向被审计单位的适当员工询问，获取与内部控制运行情况相关的信息。例如，询问信息系统管理人员有无未经授权接触计算机硬件和软件，向负责复核银行存款余额调节表的人员询问如何进行复核，包括复核的要点是什么、发现不符事项如何处理等。然而，仅仅通过询问不能为控制运行的有效性提供充分的证据，注册会计师通常需要印证被询问者的答复，如向其他人员询问和检查执行控制时所使用的报告、手册或其他文件等。因此，虽然询问是一种有用的手段，但它必须和其他测试手段结合使用才能发挥作用。

在询问过程中，注册会计师应当保持职业怀疑。

2）观察

观察是测试不留下书面记录的控制（如职责分离）的运行情况的有效方法。例如，观察存货盘点控制的执行情况。观察也可运用于实物控制，如查看仓库门是否锁好，或空白支票是否妥善保管。通常情况下，注册会计师通过观察直接获取的证据比间接获取的证据更可靠。但是，注册会计师还要考虑其所观察到的控制在注册会计师不在场时可能未被执行的情况。

3）检查

对运行情况留有书面证据的控制，检查非常适用。书面说明、复核时留下的记号，或其他记录在偏差报告中的标志，都可以被当作控制运行情况的证据。例如，检查销售发票是否有复核人员签字，检查销售发票是否附有客户订购单和出库单等。

4）重新执行

通常只有当询问、观察和检查程序结合在一起仍无法获得充分的证据时，注册会计师才考虑通过重新执行来证实控制是否有效运行。例如，为了合理保证计价认定的准确性，被审计单位的一项控制是由复核人员核对销售发票上的价格与统一价格单上的价格是否一致。但是，要检查复核人员有没有认真执行核对，仅仅检查复核人员是否在相关文件上签字是不够的，注册会计师还需要自己选取一部分销售发票进行核对，这就是重新执行程序。如果需要进行大量的重新执行，注册会计师就要考虑通过实施控制测试以缩小实质性程序的范围是否有效率。

询问本身并不足以测试控制运行的有效性。因此，注册会计师需要将询问与其他审计程序结合使用。而观察提供的证据仅限于观察发生的时点，因此，将询问与检查或重新执行结合使用，可能比仅实施询问和观察获取更高水平的保证。例如，被审计单位针对处理收到的邮政汇款单设计和执行了相关的内部控制，注册会计师通过询问和观察程序往往不足以测试此类控制的运行有效性，还需要检查能够证明此类控制在所审计期间的其他时段有效运行的文件和凭证，以获取充分、适当的审计证据。

（二）确定控制测试的性质时的要求

1. 考虑特定控制的性质

注册会计师应当根据特定控制的性质选择所需实施审计程序的类型。例如，某些控制可能存在反映控制运行有效性的文件记录，在这种情况下，注册会计师可以检查这些文件记录以获取控制运行有效的审计证据；某些控制可能不存在文件记录（如一项自动化的控制活动），或文件记录与能否证实控制运行有效性不相关，注册会计师应当考虑实施检查以外的其他审计程序（如询问和观察）或借助计算机辅助审计技术，以获取有关控制运行有效性的审计证据。

2. 考虑测试与认定直接相关和间接相关的控制

在设计控制测试时，注册会计师不仅应当考虑与认定直接相关的控制，还应当考虑这些控制所依赖的与认定间接相关的控制，以获取支持控制运行有效性的审计证据。例如，被审计单位可能针对超出信用额度的例外赊销交易设置报告和审核制度（与认定直接相关的控制）；在测试该项制度的运行有效性时，注册会计师不仅应当考虑审核的有效性，还应当考虑与例外赊销报告中信息准确性有关的控制（与认定间接相关的控制）是否有效运行。

3. 如何对一项自动化的应用控制实施控制测试

对于一项自动化的应用控制，由于信息技术处理过程的内在一贯性，注册会计师可以利用该项控制得以执行的审计证据和信息技术一般控制（特别是对系统变动的控制）运行有效性的审计证据，作为支持该项控制在相关期间运行有效性的重要审计证据。

（三）实施控制测试时对双重目的的实现

控制测试的目的是评价控制是否有效运行；细节测试的目的是发现认定层次的重大错报。尽管两者目的不同，但注册会计师可以考虑针对同一交易同时实施控制测试和细节测试，以实现双重目的。例如，注册会计师通过检查某笔交易的发票可以确定其是否经过适当的授权，也可以获取关于该交易的金额、发生时间等细节证据。当然，如果拟实施双重目的的测试，注册会计师应当仔细设计和评价测试程序。

三、控制测试的时间

（一）控制测试的时间的含义

如前所述，控制测试的时间包含两层含义：一是何时实施控制测试；二是测试所针对的控制适用的时点或期间。一个基本的原理是，如果测试特定时点的控制，注册会计师仅得到该时点控制运行有效性的审计证据；如果测试某一期间的控制，注册会计师可获取控制在该期间有效运行的审计证据。因此，注册会计师应当根据控制测试的目的确定控制测试的时间，并确定拟信赖的相关控制的时点或期间。

关于根据控制测试的目的确定控制测试的时间，如果仅需要测试控制在特定时点的运行有效性（如对被审计单位期末存货盘点进行控制测试），注册会计师只需要获取该时点的审计证据。如果需要获取控制在某一期间有效运行的审计证据，仅获取与时点相关的审计证据是不充分的，注册会计师应当辅以其他控制测试，包括测试被审计单位对控制的监督。而所谓的"其他控制测试"应当具备的功能是，能提供相关控制在所有相关时点都运行有效的审计证据；被审计单位对控制的监督起到的就是一种检验相关控制在所有相关时点是否都有效运行的作用，因此，注册会计师测试这类活动，能够强化控制在某期间运行有效性的审计证据效力。

（二）如何考虑期中审计证据

前已述及，注册会计师可能在期中实施进一步审计程序。对于控制测试，注册会计师在期中实施此类程序具有更积极的作用。但需要说明的是，即使注册会计师已获取有关控制在期中运行有效性的审计证据，仍然需要考虑如何能够将控制在期中运行有效性的审计证据合理延伸至期末，一个基本的考虑是针对期中至期末这段剩余期间获取充分、适当的审计证据。因此，如果已获取有关控制在期中运行有效性的审计证据，并拟利用该证据，注册会计师应当实施下列审计程序：

（1）获取这些控制在剩余期间发生重大变化的审计证据；

（2）确定针对剩余期间还需获取的补充审计证据。

上述两项审计程序中，第一项是针对期中已获取审计证据的控制，考察这些控制在剩余期间的变化情况（包括是否发生了变化以及如何变化）：如果这些控制在剩余期间没有发生变化，注册会计师可能决定信赖期中获取的审计证据；如果这些控制在剩余期间发生了变化（如信息系统、业务流程或人事管理等方面发生变动），注册会计师需要了解并测试控制的变化对期中审计证据的影响。

上述两项审计程序中，第二项是针对期中证据以外的、剩余期间的补充证据。在执行该项规定时，注册会计师应当考虑下列因素：

1. 评估的认定层次重大错报风险的重要程度

评估的重大错报风险对财务报表的影响越大，注册会计师需要获取的剩余期间的补充证据越多。

2. 在期中测试的特定控制，以及自期中测试后发生的重大变动

例如，对自动化运行的控制，注册会计师更可能测试信息系统一般控制的运行有效性，以获取控制在剩余期间运行有效性的审计证据。

3. 在期中对有关控制运行有效性获取的审计证据的程度

如果注册会计师在期中对有关控制运行有效性获取的审计证据比较充分，可以考虑适当减少需要获取的剩余期间的补充证据。

4. 剩余期间的长度

剩余期间越长，注册会计师需要获取的剩余期间的补充证据越多。

5. 在信赖控制的基础上拟缩小实质性程序的范围

注册会计师对相关控制的信赖程度越高，通常在信赖控制的基础上拟减少进一步实质性程序的范围就越大。在这种情况下，注册会计师需要获取的剩余期间的补充证据就越多。

6. 控制环境

控制环境越薄弱（或把握程度越低），注册会计师需要获取的剩余期间的补充证据越多。

除了上述的测试剩余期间控制的运行有效性，测试被审计单位对控制的监督也能够作为一项有益的补充证据，以便更有把握地将控制在期中运行有效性的审计证据延伸至期末。如前所述，被审计单位对控制的监督起到的是一种检验相关控制在所有相关时点是否都有效运行的作用，因此，通过测试剩余期间控制的运行有效性或测试被审计单位对控制的监督，注册会计师可以获取补充审计证据。

（三）如何考虑以前审计获取的审计证据

注册会计师考虑以前审计获取的有关控制运行有效性的审计证据，其意义在于以下两点：

（1）内部控制中的诸多要素对于被审计单位往往是相对稳定的（相对于具体的交易、账户余额和披露），因此，注册会计师在本期审计时还是可以适当考虑利用以前审计获取的有关控制运行有效性的审计证据；

（2）内部控制在不同期间可能发生重大变化，注册会计师在利用以前审计获取的有关控制运行有效性的审计证据时需要格外慎重，充分考虑各种因素。

关于如何考虑以前审计获取的有关控制运行有效性的审计证据，基本思路是考虑拟信赖的以前审计中测试的控制在本期是否发生变化，因为考虑与控制变化有关的审计证据有助于注册会计师决定合理调整拟在本期获取的有关控制运行有效性的审计证据。

不得依赖以前审计所获取证据的情形。鉴于特别风险的特殊性，对于旨在减轻特别风险的控制，不论该控制在本期是否发生变化，注册会计师都不应依赖以前审计获取的证据。因此，如果确定评估的认定层次重大错报风险是特别风险，并拟信赖旨在减轻特别风险的控制，注册会计师不应依赖以前审计获取的审计证据，而应在本期审计中测试这些控制的运行有效性。也就是说，如果注册会计师拟信赖针对特别风险的控制，那么，所有关于该控制运行有效性的审计证据必须来自当年的控制测试。相应地，注册会计师应当在每次审计中都测试这类控制。

四、控制测试的范围

对于控制测试的范围，其含义主要是指某项控制活动的测试次数。注册会计师应当设计控制测试，以获取控制在整个拟信赖的期间有效运行的充分、适当的审计证据。

（一）确定控制测试范围的考虑因素

当针对控制运行的有效性需要获取更具说服力的审计证据时，可能需要扩大控制测试的范围。在确定控制测试的范围时，除考虑对控制的信赖程度外，注册会计师还可能考虑以下因素：

1. 在拟信赖期间，被审计单位执行控制的频率

控制执行的频率越高，控制测试的范围越大。

2. 在所审计期间，注册会计师拟信赖控制运行有效性的时间长度

拟信赖控制运行有效性的时间长度不同，在该时间长度内发生的控制活动次数也不同。注册会计师需要根据拟信赖控制的时间长度确定控制测试的范围。拟信赖期间越长，控制测试的范围越大。

3. 控制的预期偏差

预期偏差可以用控制未得到执行的预期次数占控制应当得到执行次数的比率加以衡量（也可称为预期偏差率）。考虑该因素，是因为在考虑测试结果是否可以得出控制运行有效性的结论时，不可能只要出现任何控制执行偏差就认定控制运行无效，所以需要确定一个合理水平的预期偏差率。控制的预期偏差率越高，需要实施控制测试的范围越大。如果控制的预期偏差率过高，注册会计师应当考虑控制可能不足以将认定层次的重大错报风险降至可接受的低水平，从而针对某一认定实施的控制测试可能是无效的。

4. 通过测试与认定相关的其他控制获取的审计证据的范围

针对同一认定，可能存在不同的控制。当针对其他控制获取审计证据的充分性和适当性较高时，测试该控制的范围可适当缩小。

5. 拟获取的有关认定层次控制运行有效性的审计证据的相关性和可靠性

在控制测试中，对样本规模的影响因素及方向，详见第四章审计抽样。

（二）对自动化控制的测试范围的特别考虑

除非系统（包括系统使用的表格、文档或其他永久性数据）发生变动，注册会计师通常不需要增加自动化控制的测试范围。

信息技术处理具有内在一贯性，除非系统发生变动，一项自动化应用控制应当一贯运行。对于一项自动化应用控制，一旦确定被审计单位正在执行该控制，注册会计师通常无须扩大控制测试的范围，但需要考虑执行下列测试，以确定该控制持续有效运行。

（1）测试与该应用控制有关的一般控制的运行有效性；

（2）确定系统是否发生变动，如果发生变动，是否存在适当的系统变动控制；

（3）确定对交易的处理是否使用授权批准的软件版本。

例如，注册会计师可以检查信息系统安全控制记录，以确定是否存在未经授权的接触系统硬件和软件，以及系统是否发生变动。

（三）测试两个层次控制时注意的问题

控制测试可用于被审计单位每个层次的内部控制。整体层次控制测试通常更加主观（如管理层对胜任能力的重视）。对整体层次控制进行测试，通常比业务流程层次控制（如检查付款是否得到授权）更难以记录。因此，整体层次控制和信息技术一般控制的评价通常记录的是文件备忘录和支持性证据。注册会计师最好在审计的早期测试整体层次控制。原因在于对这些控制测试的结果会影响其他计划审计程序的性质和范围。

第四节　实质性程序

一、实质性程序的含义和要求

（一）实质性程序的含义

实质性程序是指用于发现认定层次重大错报的审计程序，包括对各类交易、账户余额和披露的细节测试以及实质性分析程序。

注册会计师实施的实质性程序应当包括下列与财务报表编制完成阶段相关的审计程序：

（1）将财务报表与其所依据的会计记录进行核对或调节。

（2）检查财务报表编制过程中作出的重大会计分录和其他调整。注册会计师对会计分录和其他会计调整检查的性质和范围，取决于被审计单位财务报告过程的性质和复杂程度以及由此产生的重大错报风险。

由于注册会计师对重大错报风险的评估是一种判断，可能无法充分识别所有的重大错报风险，并且由于内部控制存在固有局限性，无论评估的重大错报风险结果如何，注册会计师都应当针对所有重大类别的交易、账户余额和披露实施实质性程序。

（二）针对特别风险实施的实质性程序

如果认为评估的认定层次重大错报风险是特别风险，注册会计师应当专门针对该风险实施实质性程序。例如，如果认为管理层面临实现盈利指标的压力而可能提前确认收入，注册会计师在设计询证函时不仅应当考虑函证应收账款的账户余额，还应当考虑询证销售协议的细节条款（如交货、结算及退货条款）；注册会计师还可考虑在实施函证的基础上针对销售协议及其变动情况询问被审计单位的非财务人员。如果针对特别风险实施的程序仅为实质性

· 148 ·

程序，这些程序应当包括细节测试，或将细节测试和实质性分析程序结合使用，以获取充分、适当的审计证据。为应对特别风险，需要获取具有高度相关性和可靠性的审计证据，仅实施实质性分析程序不足以获取有关特别风险的充分、适当的审计证据。

二、实质性程序的性质

（一）实质性程序的性质的含义

实质性程序的性质，是指实质性程序的类型及其组合。前已述及，实质性程序的两种基本类型包括细节测试和实质性分析程序。

细节测试是对各类交易、账户余额和披露的具体细节进行测试，目的在于直接识别财务报表认定是否存在错报。细节测试被用于获取与某些认定相关的审计证据，如存在、准确性、计价等。

实质性分析程序从技术特征上讲仍然是分析程序，主要是通过研究数据间的关系评价信息，只是将该技术方法用做实质性程序，即用以识别各类交易、账户余额和披露及相关认定是否存在错报。实质性分析程序通常更适用于在一段时间内存在可预期关系的大量交易。

（二）细节测试和实质性分析程序的适用性

由于细节测试和实质性分析程序的目的和技术手段存在一定差异，因此，各自有不同的适用领域。注册会计师应当根据各类交易、账户余额和披露的性质选择实质性程序的类型。细节测试适用于对各类交易、账户余额和披露认定的测试，尤其是对存在或发生、计价认定的测试；对在一段时期内存在可预期关系的大量交易，注册会计师可以考虑实施实质性分析程序。

（三）细节测试的方向

对于细节测试，注册会计师应当针对评估的风险设计细节测试，获取充分、适当的审计证据，以达到认定层次所计划的保证水平。该规定的含义是，注册会计师需要根据不同的认定层次的重大错报风险设计有针对性的细节测试。例如，在针对存在或发生认定设计细节测试时，注册会计师应当选择包含在财务报表金额中的项目，并获取相关审计证据；又如，在针对完整性认定设计细节测试时，注册会计师应当选择有证据表明应包含在财务报表金额中的项目，并调查这些项目是否确实包括在内。如为应对被审计单位漏记本期应付账款的风险，注册会计师可以检查期后付款记录。

（四）设计实质性分析程序时考虑的因素

注册会计师在设计实质性分析程序时应当考虑的因素包括以下几点：
（1）对特定认定使用实质性分析程序的适当性；
（2）对已记录的金额或比率作出预期时，所依据的内部或外部数据的可靠性；
（3）作出预期的准确程度是否足以在计划的保证水平上识别重大错报；
（4）已记录金额与预期值之间可接受的差异额。

考虑到数据及分析的可靠性，当实施实质性分析程序时，如果使用被审计单位编制的信息，注册会计师应当考虑测试与信息编制相关的控制，以及这些信息是否在本期或前期经过审计。

三、实质性程序的时间

实质性程序的时间选择与控制测试的时间选择有共同点，也有很大差异。共同点在于：两类程序都面临着对期中审计证据和对以前审计获取的审计证据的考虑。两者的差异在于以下两点：

（1）在控制测试中，期中实施控制测试并获取期中关于控制运行有效性审计证据的做法更具有一种"常态"；而由于实质性程序的目的在于更直接地发现重大错报，在期中实施实质性程序时，更需要考虑其成本效益的权衡。

（2）在本期控制测试中拟信赖以前审计获取的有关控制运行有效性的审计证据，已经受到了很大的限制；而对于以前审计中通过实质性程序获取的审计证据，则采取了更加慎重的态度和更严格的限制。

四、实质性程序的范围

评估的认定层次重大错报风险和实施控制测试的结果是注册会计师在确定实质性程序的范围时的重要考虑因素。因此，在确定实质性程序的范围时，注册会计师应当考虑评估的认定层次重大错报风险和实施控制测试的结果。注册会计师评估的认定层次的重大错报风险越高，需要实施实质性程序的范围越广。如果对控制测试结果不满意，注册会计师应当考虑扩大实质性程序的范围。

在设计细节测试时，注册会计师除了从样本量的角度考虑测试范围外，还要考虑选样方法的有效性等因素。例如，从总体中选取大额或异常项目，而不是进行代表性抽样或分层抽样。

实质性分析程序的范围有两层含义：

（一）对什么层次上的数据进行分析

注册会计师可以选择在高度汇总的财务数据层次进行分析，也可以根据重大错报风险的性质和水平调整分析层次。例如，按照不同产品线、不同季节或月份、不同经营地点或存货存放地点等实施实质性分析程序。

（二）需要对什么幅度或性质的偏差展开进一步调查

实施分析程序可能发现偏差，但并非所有的偏差都值得展开进一步调查。可容忍或可接受的偏差（即预期偏差）越大，作为实质性分析程序一部分的进一步调查的范围就越小。于是确定适当的预期偏差幅度同样属于实质性分析程序的范畴。因此，在设计实质性分析程序时，注册会计师应当确定已记录金额与预期值之间可接受的差异额。在确定该差异额时，注册会计师应当主要考虑各类交易、账户余额和披露及相关认定的重要性和计划的保证水平。

第三部分
各类交易和账户余额的审计

第九章

销售与收款循环的审计

从本章起至第十一章,我们将以执行企业会计准则的企业的财务报表审计为例,介绍主要业务循环审计的具体内容,以及对这些业务循环中重要的财务报表项目如何进行审计测试。

财务报表审计的组织方式大致有两种:一是对财务报表的每个账户余额单独进行审计,此法称为账户法(Account Approach);二是将财务报表分成几个循环进行审计,即把紧密联系的交易种类和账户余额归入同一循环中,按业务循环组织实施审计,此法称为循环法(Cycle Approach)。

一般而言,账户法与多数被审计单位账户设置体系及财务报表格式相吻合,具有操作方便的优点,但它将紧密联系的相关账户(如存货和营业成本)人为地予以分割,容易造成整个审计工作的脱节和重复,不利于提高审计效率;而循环法则更符合被审计单位的业务流程和内部控制设计的实际情况,不仅可加深审计人员对被审计单位经济业务的理解,而且由于将特定业务循环所涉及的财务报表项目分配给一个或数个审计人员,增强了审计人员分工的合理性,有助于提高审计工作的效率与效果。

控制测试是在了解被审计单位内部控制、实施风险评估程序基础上进行的,与被审计单位的业务流程关系密切,因此,对控制测试通常应采用循环法实施。一般而言,在财务报表审计中可将被审计单位的所有交易和账户余额划分为4个、5个、6个甚至更多个业务循环。由于每个被审计单位的业务性质和规模不同,其业务循环的划分也应有所不同。即使是同一被审计单位,不同的注册会计师也可能有不同的循环划分方法。在本教材中,我们将交易和账户余额划分为销售与收款循环、采购与付款循环、生产与存货循环、人力资源与工薪循环、投资与筹资循环,并以销售与收款循环、采购与付款循环、生产与存货循环为例阐述各业务循环的审计。由于货币资金与上述多个业务循环均密切相关,并且货币资金的业务和内部控制又有着不同于其他业务循环和其他财务报表项目的鲜明特征,因此,将货币资金审计单独安排在第十二章。

对交易和账户余额的实质性程序,既可采用账户法实施,也可采用循环法实施。但由于控制测试通常按循环法实施，为有利于实质性程序与控制测试的衔接，提倡采用循环法。按照各财务报表项目与业务循环的相关程度，基本可以建立起各业务循环与其所涉及的主要财务报表项目（特殊行业的财务报表项目不涉及）之间的对应关系，如表9-1所示。

表9-1 业务循环与主要财务报表项目对照表

业务循环	资产负债表项目	利润表项目
销售与收款循环	应收票据、应收账款、长期应收款、预收款项、应交税费	营业收入、营业税金及附加、销售费用
采购与付款循环	预付款项、固定资产、在建工程、工程物资、固定资产清理、无形资产、开发支出、商誉、长期待摊费用、应付票据、应付账款、长期应付款	管理费用
生产与存货循环	存货（包括材料采购或在途物资、原材料、材料成本差异、库存商品、发出商品、商品进销差价、委托加工物资、委托代销商品、受托代销商品、周转材料、生产成本、制造费用、劳务成本、存货跌价准备、受托代销商品款等）	营业成本
人力资源与工薪循环	应付职工薪酬	营业成本、销售费用、管理费用
投资与筹资循环	交易性金融资产、应收利息、应收股利、其他应收款、其他流动资产、可供出售金融资产、持有至到期投资、长期股权投资、投资性房地产、递延所得税资产、其他非流动资产、短期借款、交易性金融负债、应付利息、应付股利、其他应付款、其他流动负债、长期借款、应付债券、专项应付款、预计负债、递延所得税负债、其他非流动负债、实收资本（或股本）、资本公积、盈余公积、未分配利润	财务费用、资产减值损失、公允价值变动损益、投资收益、营业外收入、营业外支出、所得税费用

在财务报表审计中将被审计单位的所有交易和账户余额划分为多个业务循环，并不意味着各业务循环之间互不关联。事实上，各业务循环之间存在一定联系，如投资与筹资循环同采购与付款循环紧密联系，生产与存货循环则同其他所有业务循环均紧密联系。

第一节　销售与收款循环的特点

一、不同行业类型的收入来源

企业的收入主要来自出售商品、提供服务等，由于所处行业不同，企业具体的收入来源有所不同。表9-2列示了一些常见行业的主要收入来源，仅供参考。

表9-2 不同行业类型的主要收入来源

行业类型	收入来源
贸易业	作为零售商向普通大众（最终消费者）零售商品；作为批发商向零售商供应商品
一般制造业	通过采购原材料并将其用于生产流程制造产成品卖给客户取得收入
专业服务业	律师、会计师、商业咨询师等主要通过提供专业服务取得服务费收入；医疗服务机构通过提供医疗服务取得收入，包括给住院病人提供病房和医护设备，为病人提供精细护理、手术和药品等取得收入
金融服务业	向客户提供金融服务取得手续费；向客户发放贷款取得利息收入；通过协助客户对其资金进行投资取得相关理财费用
建筑业	通过提供建筑服务完成建筑合同取得收入

从表9-2可见，一个企业所处的行业和经营性质决定了该企业的收入来源，以及为获取收入而相应产生的各项费用支出。注册会计师需要对被审计单位的相关行业活动和经营性质有比较全面的了解，才能胜任被审计单位收入、支出的审计工作。

二、涉及的主要凭证与会计记录

在内部控制比较健全的企业，处理销售与收款业务通常需要使用很多凭证与会计记录。典型的销售与收款循环所涉及的主要凭证与会计记录有以下几种：

（一）客户订购单

客户订购单即客户提出的书面购货要求。企业可以通过销售人员或其他途径，如采用电话、信函和向现有的及潜在的客户发送订购单等方式接受订货，取得客户订购单。

（二）销售单

销售单是列示客户所订商品的名称、规格、数量以及其他与客户订购单有关信息的凭证，作为销售方内部处理客户订购单的凭据。

（三）发运凭证

发运凭证即在发运货物时编制的，用以反映发出商品的规格、数量和其他有关内容的凭据。发运凭证的一联留给客户，其余联（一联或数联）由企业保留。该凭证可用做向客户开具账单的依据。

（四）销售发票

销售发票是一种用来表明已销售商品的名称、规格、数量、价格、销售金额、运费和保险费、开票日期、付款条件等内容的凭证。以增值税发票为例，销售发票的两联（抵扣联和发票联）寄送给客户，一联由企业保留。销售发票也是在会计账簿中登记销售交易的基本凭据之一。

（五）商品价目表

商品价目表是列示已经授权批准的、可供销售的各种商品的价格清单。

（六）贷项通知单

贷项通知单是一种用来表示由于销售退回或经批准的折让而引起的应收销货款减少的凭证。这种凭证的格式通常与销售发票的格式相同，只不过它不是用来证明应收账款的增加，而是用来证明应收账款的减少。

（七）应收账款账龄分析表

通常，应收账款账龄分析表按月编制，反映月末尚未收回的应收账款总额的账龄，并详细反映每个客户月末尚未偿还的应收账款数额和账龄。

（八）应收账款明细账

应收账款明细账是用来记录每个客户各项赊销、还款、销售退回及折扣的明细账。各应收账款明细账的余额合计数应与应收账款总账的余额相等。

（九）主营业务收入明细账

主营业务收入明细账是一种用来记录销售交易的明细账。它通常记载和反映不同类别商品或服务的营业收入的明细发生情况和总额。

（十）折扣与折让明细账

折扣与折让明细账是一种用来核算企业销售商品时，按销售合同规定为了及早收回货款而给予客户的销售折扣和因商品品种、质量等原因而给予客户的销售折让情况的明细账。当然，企业也可以不设置折扣与折让明细账，而将该类业务直接记录于主营业务收入明细账。

（十一）汇款通知书

汇款通知书是一种与销售发票一起寄给客户，由客户在付款时再寄回销售单位的凭证。这种凭证注明了客户的姓名、销售发票号码、销售单位开户银行账号以及金额等内容。

（十二）库存现金日记账和银行存款日记账

库存现金日记账和银行存款日记账是用来记录应收账款的收回或现销收入以及其他各种现金、银行存款收入和支出的日记账

（十三）坏账审批表

坏账审批表是一种用来批准将某些应收款项注销为坏账，仅在企业内部使用的凭证。

（十四）客户月末对账单

客户月末对账单是一种按月定期寄送给客户的用于购销双方定期核对账目的凭证。客户月末对账单上应注明应收账款的月初余额、本月各项销售交易的金额、本月已收到的货款、各贷项通知单的数额以及月末余额等内容。

（十五）转账凭证

转账凭证是指记录转账业务的记账凭证。它是根据有关转账业务（即不涉及现金、银行存款收付的各项业务）的原始凭证编制的。

（十六）收款凭证

收款凭证是指用来记录现金和银行存款收入业务的记账凭证。

三、涉及的主要业务活动

了解企业在销售与收款循环中的典型活动，对该业务循环的审计非常必要。下面简单地介绍一下销售与收款循环所涉及的主要业务活动。

（一）接受客户订购单

客户提出订货要求是整个销售与收款循环的起点，是购买某种货物或接受某种劳务的一项申请。

客户订购单只有在符合企业管理层的授权标准时才能被接受。例如，管理层一般设有已批准销售的客户名单。销售单管理部门在决定是否同意接受某客户的订购单时，应追查该客户是否被列入这张名单。如果该客户未被列入，则通常需要由销售单管理部门的主管来决定是否同意销售。

很多企业在批准了客户订购单之后，下一步就应编制一式多联的销售单。销售单是证明销售交易的"发生"认定的凭据之一，也是此笔销售交易轨迹的起点之一。此外，由于客户订购单是来自外部的引发销售交易的文件之一，有时也能为有关销售交易的"发生"认定提供补充证据。

（二）批准赊销信用

对于赊销业务的批准是由信用管理部门根据管理层的赊销政策在每个客户的已授权的信用额度内进行的。信用管理部门的职员在收到销售单管理部门的销售单后，应将销售单与该客户已被授权的赊销信用额度以及至今尚欠的账款余额加以比较。执行人工赊销信用检查时，还应合理划分工作职责，以避免销售人员为扩大销售而使企业承受不适当的信用风险。

企业的信用管理部门通常应对每个新客户进行信用调查，包括获取信用评审机构对客户信用等级的评定报告。无论是否批准赊销，都要求被授权的信用管理部门人员在销售单上签署意见，然后再将已签署意见的销售单送回销售单管理部门。

设计信用批准控制的目的是降低坏账风险，因此，这些控制与应收账款账面余额的"计价和分摊"认定有关。

（三）按销售单供货

企业管理层通常要求商品仓库只有在收到经过批准的销售单时才能供货。设立这项控制程序的目的是防止仓库在未经授权的情况下擅自发货。因此，已批准销售单的一联通常应送达仓库，作为仓库按销售单供货和发货给装运部门的授权依据。

（四）按销售单装运货物

将按经批准的销售单供货与按销售单装运货物职责相分离，有助于避免负责装运货物的职员在未经授权的情况下装运产品。此外，装运部门职员在装运之前，还必须进行独立验证，以确定从仓库提取的商品都附有经批准的销售单，并且，所提取商品的内容与销售单一致。

（五）向客户开具账单

开具账单是指开具并向客户寄送事先连续编号的销售发票。

1. 向客户开具账单

这项功能所针对的主要问题

(1) 是否对所有装运的货物都开具了账单（即"完整性"认定问题）；

(2) 是否只对实际装运的货物才开具账单，有无重复开具账单或虚构交易（即"发生"认定问题）；

(3) 是否按已授权批准的商品价目表所列价格计价开具账单（即"准确性"认定问题）。

2. 为了降低开具账单过程中出现遗漏、重复、错误计价或其他差错的风险，应设立控制程序

(1) 开具账单部门职员在开具每张销售发票之前，独立检查是否存在装运凭证和相应的经批准的销售单；

(2) 依据已授权批准的商品价目表开具销售发票；

(3) 独立检查销售发票计价和计算的正确性；

(4) 将装运凭证上的商品总数与相对应的销售发票上的商品总数进行比较。

上述控制程序有助于保证用于记录销售交易的销售发票的正确性。因此，这些控制与销售交易的"发生""完整性"以及"准确性"认定有关。销售发票副联通常由开具账单部门保管。

（六）记录销售

在手工会计系统中，记录销售的过程包括区分赊销、现销，按销售发票编制转账凭证或现金、银行存款收款凭证，再据以登记销售明细账和应收账款明细账或库存现金、银行存款日记账。

记录销售的控制程序包括以下内容：

(1) 只依据附有有效装运凭证和销售单的销售发票记录销售。这些装运凭证和销售单应能证明销售交易的发生及其发生的日期。

(2) 控制所有事先连续编号的销售发票。

(3) 独立检查已处理销售发票上的销售金额与会计记录金额的一致性。

(4) 记录销售的职责应与处理销售交易的其他功能相分离。

(5) 对记录过程中所涉及的有关记录的接触人予以限制，以减少未经授权批准的记录发生。

(6) 定期独立检查应收账款的明细账与总账的一致性。

(7) 定期向客户寄送对账单，并要求客户将任何例外情况直接向指定的未执行或记录销售交易的会计主管报告。

以上这些控制与"发生""完整性""准确性"以及"计价和分摊"认定有关。

对这项职能，注册会计师主要关心的问题是销售发票是否记录正确，并归属适当的会计期间。

（七）办理和记录现金、银行存款收入

这项功能涉及的是有关货款收回，现金、银行存款增加以及应收账款减少的活动。在办理和记录现金、银行存款收入时，最应关心的是货币资金失窃的可能性。货币资金失窃可能发生在货币资金收入登记入账之前或登记入账之后。处理货币资金收入时最重要的是要保证全部货币资金都必须如数、及时地记入库存现金、银行存款日记账或应收账款明细账,并如数、及时地将现金存入银行。在这方面,汇款通知书起着很重要的作用。

(八) 办理和记录销售退回、销售折扣与折让

客户如果对商品不满意,销售企业一般都会同意接受退货,或给予一定的销售折让;客户如果提前支付货款,销售企业则可能会给予一定的销售折扣。发生此类事项时,必须经授权批准,并应确保与办理此事有关的部门和职员各司其职,分别控制实物流和会计处理。在这方面,严格使用贷项通知单无疑会起到关键的作用。

(九) 注销坏账

不管赊销部门的工作如何主动,客户因经营不善、宣告破产、死亡等原因而不支付货款的事仍可能发生。销售企业若认为某项货款再也无法收回,就必须注销这笔货款。对这些坏账,正确的处理方法应该是获取货款无法收回的确凿证据,经适当审批后及时作会计调整。

(十) 提取坏账准备

坏账准备提取的数额必须能够抵补企业以后无法收回的销货款。

第二节 销售与收款循环的内部控制和控制测试

一、销售交易的内部控制

(一) 内部控制目标、内部控制与审计测试的关系

表 9-3 列示了销售交易的内部控制目标、关键内部控制和审计测试的关系。

表 9-3 销售交易的内部控制目标、关键内部控制和审计测试一览表

内部控制目标	关键内部控制	常用的控制测试	常用的实质性程序
登记入账的销售交易确系已经发货给真实的客户(发生)	销售交易是以经过审核的发运凭证及经过批准的客户订购单为依据登记入账的。在发货前,客户的赊购已经被授权批准。每月向客户寄送对账单,对客户提出的意见作专门追查	检查销售发票副联是否附有发运凭证(或提货单)及销售单(客户订购单)。检查客户的赊购是否经授权批准。询问是否寄发对账单,并检查客户回函档案	复核主营业务收入总账、明细账以及应收账款明细账中的大额及异常项目。追查主营业务收入明细账中的分录及销售单、销售发票副联及发运凭证。将发运凭证与存货永续记录中的发运分录进行核对
所有销售交易均已登记入账(完整性)	发运凭证(或提货单)均经事先编号并已经登记入账。销售发票均经事先编号,并已登记入账	检查发运凭证连续编号的完整性。检查销售发票连续编号的完整性	将发运凭证与相关的销售发票和主营业务收入明细账及应收账款明细账中的分录进行核对

续表

内部控制目标	关键内部控制	常用的控制测试	常用的实质性程序
登记入账的销售数量确系已发货的数量，已正确开具账单并登记入账（计价和分摊）	销售有经批准的装运凭证和客户订购单，已将装运数量与开具账单的数量相比对。 从价格清单主文档获取销售	检查销售发票有无支持凭证。 检查比对留下的证据。 检查价格清单的准确性及是否经恰当批准	复算销售发票上的数据。 追查主营业务收入明细账中的记录及销售发票。 追查销售发票上的详细信息及发运凭证、经批准的商品价目表和客户订购单
销售交易的分类恰当（分类）	采用适当的会计科目表。 内部复核和核查	检查会计科目表是否适当。 检查有关凭证上内部复核和核查的标记	检查证明销售交易分类正确的原始证据，如销售合同等
销售交易的记录及时（截止）	采用尽量能在销售发生时开具收款账单和登记入账的控制方法。 每月末由独立人员对销售部门的销售记录、发运部门的发运记录和财务部门的销售交易入账情况作内部核查	检查尚未开具收款账单的发货和尚未登记入账的销售交易。 检查有关凭证上内部核查的标记	比较核对销售交易登记入账的日期与发运凭证的日期
销售交易已经正确地记入明细账，并经正确汇总（准确性、计价和分摊）	每月定期给客户寄送对账单。 由独立人员对应收账款明细账作内部核查。 将应收款明细账余额合计数与其总账余额进行比较	观察对账单是否已经寄出。 检查内部核查标记。 检查将应收账款明细账余额合计数与其总账余额进行比较的标记	将主营业务收入明细账加总，追查其至总账的过账

表9-3分四列，将与销售交易有关的内部控制目标、关键内部控制以及注册会计师常用的相应控制测试和实质性程序分类列示。下面介绍各列的内容及各列之间的关系。

第一列"内部控制目标"，列示了企业设立销售交易内部控制的目标，也就是注册会计师实施相应控制测试和实质性程序所要达到的审计目标。这些目标是由第七章所建立的基本结构而来的，各种业务的基本目标是相同的，但其具体目标则有所不同；另外，某些控制固然可以实现几个目标，但分别考虑每一个目标，更有助于增加对销售与收款循环审计全过程的了解。

第二列"关键内部控制"，列示了与上述各项内部控制目标相对应的一项或数项主要的内部控制。设计销售交易内部控制，应达到第七章所述的控制目标。无论其他目标的控制如何有效，只要为实现某一项目标所必需的控制不健全，则与该目标有关的错误出现的可能性就随之增大，并且很可能影响企业内部控制整体的有效性。

第三列"常用的控制测试"，列示了注册会计师针对上述关键内部控制所实施的测试程序。控制测试与内部控制之间存在直接联系，注册会计师对每项关键控制至少要执行一项控制测试以核实其效果，并且控制测试需要有针对性地对应于某一具体的内部控制，否则就毫无意义。通常，根据内部控制的性质确定控制测试的性质大都比较容易。例如，内部控制如果是批准赊销后在客户订购单上签字，则控制测试就是检查客户订购单上有无恰当的签字。

第四列"常用的实质性程序"，列示了注册会计师常用的实质性程序。实质性程序与第一列的内部控制目标有着直接的联系，实施实质性程序用于获取证明第一列中具体审计目标的证据，其目的在于确定交易业务中与该控制目标有关的金额是否有错误。实质性程序虽然与关键控制及控制测试没有必然的关系，但实施实质性程序的性质、时间安排和范围，在一定程度上取决于关键控制是否存在和控制测试的结果。在确定交易实质性程序时，有些程序不管环境如何，是每一项审计所共同采用的，而有些则应视内部控制的设计和控制测试的结果而定。当然，审计重要性、以前期间的审计结果等因素，对实质性程序的确定也有影响。

（二）销售交易的内部控制

1. 适当的职责分离

适当的职责分离有助于防止各种有意或无意的错误。例如，主营业务收入账如果是由记录应收账款之外的职员独立登记，并由另一位不负责账簿记录的职员定期调节总账和明细账，就构成了一项交互牵制；规定负责主营业务收入和应收账款记账的职员不得经手货币资金，也是防止舞弊的一项重要控制。另外，销售人员通常有一种追求更大销售数量的自然倾向，而不问它是否将以巨额坏账损失为代价，赊销的审批则在一定程度上可以抑制这种倾向。因此，赊销批准职能与销售职能的分离，也是一种理想的控制。

为确保办理销售与收款业务的不相容岗位相互分离、制约和监督，一个企业的销售与收款业务相关职责适当分离的基本要求通常包括以下几项：

（1）企业应当分别设立办理销售、发货、收款三项业务的部门（或岗位）；

（2）企业在销售合同订立前，应当指定专门人员就销售价格、信用政策、发货及收款方式等具体事项与客户进行谈判；

（3）谈判人员至少应有两人以上，并与订立合同的人员相分离；

（4）编制销售发票通知单的人员与开具销售发票的人员应相互分离；

（5）销售人员应当避免接触销货现款；

（6）企业应收票据的取得和贴现必须经由保管票据以外的主管人员的书面批准。

2. 恰当的授权审批

对于授权审批问题，注册会计师应当关注以下四个关键点上的审批程序：

（1）在销售发生之前，赊销已经正确审批；

（2）非经正当审批，不得发出货物；

（3）销售价格、销售条件、运费、折扣等必须经过审批；

（4）审批人应当根据销售与收款授权批准制度的规定，在授权范围内进行审批，不得超越审批权限。

对于超过企业既定销售政策和信用政策规定范围的特殊销售交易，需要经过适当的授权。前两项控制的目的在于防止企业因向虚构的或者无力支付货款的客户发货而蒙受损失；价格审批控制的目的在于保证销售交易按照企业定价政策规定的价格开票收款；对授权审批

审　　计

范围设定权限的目的则在于防止因审批人决策失误而造成严重损失。

3. 充分的凭证和记录

只有具备充分的记录手续，才有可能实现各项控制目标。例如，企业在收到客户订购单后，就立即编制一份预先编号的一式多联的销售单，分别用于批准赊销、审批发货、记录发货数量以及向客户开具账单和销售发票等。在这种制度下，只要定期清点销售单和销售发票，漏开账单的情形几乎就不太会发生。相反的情况是，有的企业只在发货以后才开具账单，如果没有其他控制措施，这种制度下漏开账单的情况就很可能发生。

4. 凭证的预先编号

对凭证预先进行编号，旨在防止销售以后遗漏向客户开具账单或登记入账，也可防止重复开具账单或重复记账。当然，如果对凭证的编号不作清点，预先编号就会失去其控制意义。由收款员对每笔销售开具账单后，将发运凭证按顺序归档；而由另一位职员定期检查全部凭证的编号，并调查凭证缺号的原因，就是实施这项控制的一种方法。

5. 按月寄出对账单

由不负责现金出纳和销售及应收账款记账的人员按月向客户寄发对账单，能促使客户在发现应付账款余额不正确后及时反馈有关信息。为了使这项控制更加有效，最好将账户余额中出现的所有核对不符的账项，指定一位既不掌管货币资金也不记录主营业务收入和应收账款账目的主管人员处理，然后由独立人员按月编制对账情况汇总报告，并交管理层审阅。

二、收款交易的内部控制

（一）内部控制目标、内部控制与审计测试的关系

表9-4以现金销售方式下的收款交易为例，列示了相关的内部控制目标、关键内部控制和审计测试。

表9-4　收款交易的内部控制目标、关键内部控制和审计测试一览表

内部控制目标	关键内部控制	常用的控制测试	常用的实质性程序
登记入账的现金收入确实为企业已经实际收到的现金（存在或发生）	现金折扣必须经过适当的审批手续。 定期盘点现金并与账面余额核对	观察。 检查是否定期盘点，检查盘点记录。 检查现金折扣是否经过恰当的审批	盘点库存现金，如与账面数额存在差异，分析差异原因。 检查现金入账的日记账、总账和应收账款明细账的大额项目与异常项目
收到的现金收入已全部登记入账（完整性）	现金出纳与现金记账的职务分离。 每日及时记录现金收入。 定期盘点现金并与账面余额核对。 定期向客户寄送对账单。 现金收入记录的内部复核	观察。 检查是否存在未入账的现金收入。 检查是否定期盘点，检查盘点记录。 检查是否向客户寄送对账单，了解是否定期进行。 检查复核标记	现金收入的截止测试。 盘点库存现金，如与账面数额存在差异，分析差异原因。 抽查客户对账单并与账面金额核对

· 162 ·

续表

内部控制目标	关键内部控制	常用的控制测试	常用的实质性程序
存入银行并记录的现金收入确系实际收到的金额（准确性）	定期取得银行对账单。编制银行存款余额调节表。定期与客户对账	检查银行对账单。检查银行存款余额调节表。观察或检查是否每月寄送对账单	检查调节表中未达账项的真实性以及资产负债表日后的进账情况
现金收入在资产负债表中的披露正确（列报）	现金日记账与总账的登记职责分离	观察	

（二）收款交易的内部控制

以上以企业每项内部控制目标为单位，对与收款交易有关的关键内部控制和相应的控制测试进行了讨论，并按表9-4所列顺序列示了收款交易常用的实质性程序。

尽管由于每个企业的性质、所处行业、规模以及内部控制健全程度等不同，而使得其与收款交易相关的内部控制内容也有所不同，但以下与收款交易相关的内部控制内容是通常应当共同遵循的：

（1）企业应当按照《现金管理暂行条例》《支付结算办法》等规定，及时办理销售收款业务。

（2）企业应将销售收入及时入账，不得账外设账，不得擅自坐支现金。销售人员应当避免接触销售现款。

（3）企业应当建立应收账款账龄分析制度和逾期应收账款催收制度。销售部门应当负责应收账款的催收，财会部门应当督促销售部门加紧催收。对催收无效的逾期应收账款，可通过法律程序予以解决。

（4）企业应当按客户设置应收账款台账，及时登记每一客户应收账款余额增减变动情况和信用额度使用情况。对长期往来客户应当建立起完善的客户资料，并对客户资料实施动态管理，及时更新。

（5）企业对于可能成为坏账的应收账款应当报告有关决策机构，由其进行审查，确定是否确认为坏账。企业发生的各项坏账，应查明原因，明确责任，并在履行规定的审批程序后作出会计处理。

（6）企业注销的坏账应当进行备查登记，做到账销案存。已注销的坏账又收回时，应当及时入账，防止形成账外资金。

（7）企业应收票据的取得和贴现必须经由保管票据以外的主管人员的书面批准。应有专人保管应收票据，对于即将到期的应收票据，应及时向付款人提示付款；已贴现票据应在备查簿中登记，以便日后追踪管理；并应制定逾期票据的冲销管理程序和逾期票据追踪监控制度。

（8）企业应当定期与往来客户通过函证等方式核对应收账款、应收票据、预收款项等往来款项。如有不符，应查明原因，及时处理。

三、评估重大错报风险

被审计单位可能有各种各样的收入来源，处于不同的控制环境，存在复杂的合同安排，这些情况对收入交易的会计核算可能存在诸多影响，比如不同交易安排下的收入确认的时间和依据可能不尽相同。

注册会计师应当考虑影响收入交易的重大错报风险，并对被审计单位经营活动中可能发生的重大错报风险保持警觉。收入交易和余额存在的固有风险主要包括以下几种：

（1）收入的舞弊风险。收入是利润的来源，直接关系到企业的财务状况和经营成果。有些企业往往为了达到粉饰财务报表的目的而采用虚增或隐瞒收入等方式实施舞弊。在财务报表舞弊案件中，涉及收入确认的舞弊占有很大比例，收入确认已成为注册会计师审计的高风险领域。《中国注册会计师审计准则》要求注册会计师基于收入确认存在舞弊风险的假定，评价哪些类型的收入、收入交易或认定导致舞弊风险。

（2）收入的复杂性导致的错误。例如，被审计单位可能针对一些特定的产品或者服务提供一些特殊的交易安排（例如特殊的退货约定、特殊的服务期限安排等），但管理层可能对这些不同安排下所涉及的交易风险的判断缺乏经验，收入确认上就容易发生错误。

（3）期末收入交易和收款交易的截止错误。

（4）收款未及时入账或记入不正确的账户。

（5）应收账款坏账准备的计提不准确。

某些重大错报风险可能与财务报表整体广泛相关，进而影响多项认定，如舞弊风险；某些重大错报风险可能与特定的某类交易、账户余额和披露的认定相关，如会计期末的收入交易和收款交易的截止错误（截止），或应收账款坏账准备的计提（计价）。

四、控制测试

（一）概述

如果在评估认定层次重大错报风险时预期控制的运行是有效的，注册会计师应当实施控制测试，就控制在相关期间或时点的运行有效性获取充分、适当的审计证据。在对被审计单位销售与收款交易实施控制测试时，还应注意以下几点：

（1）注册会计师应把测试重点放在被审计单位是否设计了由人工执行或计算机系统运行的更高层次的调节和比对控制，是否生成例外报告，管理层是否及时调查所发现的问题并采取管理措施，而不是全部只测试员工在数据输入阶段执行的预防性控制。

（2）注册会计师应当询问管理层用于监控销售与收款交易的关键业绩指标，如销售额和毛利率预算、应收账款平均收款期等。

（3）注册会计师应当考虑通过执行分析程序和截止测试，可以对应收账款的存在、准确性和计价等认定获取多大程度的保证。如果能够获得充分保证，则意味着不需要执行大量的控制测试。

（4）为获取相关重大错报风险是否可能被评估为低的有关证据，注册会计师通常需要对被审计单位进行控制测试，尤其是对容易出现高舞弊风险的现金收取和存储的控制的有效运行进行测试。因为这些控制大多采取人工控制。注册会计师主要的审计程序可能包括观察控制的执行，检查每日现金汇总表上是否留有执行比对控制的员工的签名，询问针对不一致的情况所采取的措施。

（5）如果注册会计师计划信赖的内部控制是由计算机执行的，那么需要就下列事项获取审计证据：

① 相关一般控制的设计和运行的有效性；

② 针对认定层次的控制，如收款折扣的计算；

③ 人工跟进措施，如将打印输出的现金收入日记账与对应的由银行盖章的存款记录进行比对，以及根据银行存款对账单按月调节现金收入日记账。

（6）在控制风险被评估为低时，注册会计师需要考虑评估的控制要素的所有主要方面和控制测试的结果，以便能够得出这样的结论：控制能够有效运行，防止发现并纠正重大错误和舞弊。

如果将控制风险评估为高，注册会计师可能仅需了解内部控制，无须测试内部控制运行的有效性。

（7）如果在期中实施了控制测试，注册会计师应当在年末审计时选择项目测试控制在剩余期间的运行情况，以确定控制是否在整个会计期间持续运行有效。

（8）控制测试所使用的审计程序的类型主要包括询问、观察、检查和重新执行等，注册会计师应当根据特定控制的性质选择所需实施审计程序的类型。

上述有关实施销售与收款循环的控制测试时的基本要求，就其原理而言，对其他业务循环的控制测试同样适用，因此，在后面讨论其他业务循环的控制测试时将不再重复。

（二） 以内部控制目标为起点的控制测试

内部控制程序和活动是企业针对需要实现的内部控制目标而设计和执行的，控制测试则是注册会计师针对企业的内部控制程序和活动而实施的，因此，在审计实务中，注册会计师可以考虑以被审计单位的内部控制目标为起点实施控制测试。在本节前面部分，我们提供了表9－3 销售交易的内部控制目标、关键内部控制和审计测试一览表和表9－4 收款交易的内部控制目标、关键内部控制和审计测试一览表，以内部控制目标和相关认定为起点，列示了相应的关键内部控制和常用的控制测试程序，并就销售与收款交易的内部控制结合上述表格进行了讨论。下面按照销售与收款交易内部控制的讨论顺序，简单阐述销售与收款交易的控制测试。

（1）对于职责分离，注册会计师通常通过观察被审计单位有关人员的活动，以及与这些人员进行讨论，来实施职责分离的控制测试。

（2）对于授权审批，内部控制通常存在前述的四个关键点上的审批程序，注册会计师主要通过检查凭证在这四个关键点上是否经过审批，可以很容易地测试出授权审批方面的内部控制效果。

（3）对于充分的凭证和记录以及凭证预先编号这两项控制，常用的控制测试程序是清点各种凭证。比如从主营业务收入明细账中选取样本，追查至相应的销售发票存根，进而检查其编号是否连续，有无不正常的缺号发票和重号发票。视检查顺序和范围的不同，这种测试程序往往可同时提供有关发生和完整性目标的证据。

（4）对于按月寄出对账单这项控制，观察指定人员寄送对账单，并检查客户复函档案和管理层的审阅记录，是注册会计师十分有效的一项控制测试。

审   计

5. 对于内部核查程序，注册会计师可以通过检查内部审计人员的报告，或检查其他独立人员在他们核查的凭证上的签字等方法实施控制测试。

（三）以风险为起点的控制测试

如前所述，表9–3和表9–4列示的方法，目的在于帮助注册会计师根据具体情况设计能够实现审计目标的审计方案。在审计实务中，注册会计师还可以考虑以识别的重大错报风险为起点实施控制测试。表9–5列示了销售与收款交易相关的风险、控制和控制测试。需要注意的是，各个企业的相关计算机控制和人工控制的安排可能与表9–5列示的情况差别较大。在审计实务中，注册会计师需要结合被审计单位的相关控制实际情况，有针对性地设计和实施控制测试。

表9–5   销售与收款交易的风险、控制和控制测试

类别	计算机控制	人工控制	控制测试
信用控制和赊销			
可能向没有获得赊销授权或超出了其信用额度的客户赊销	订购单上的客户代码与应收账款主文档记录的代码一致。目前未偿付余额加上本次销售额在信用限额范围内。只有上述两项均满足，才能获得发货批准并生成发运凭证	信用控制程序包括复核信用申请、收入和信用状况的支持性信息，批准信用限额，授权增设新的账户，以及适当授权超过信用限额的人工控制	通过询问员工、检查相关文件，证实上述控制的实施
发运商品			
可能在没有批准发运凭证的情况下发出了商品。 已发出商品可能与发运凭证上的商品种类和数量不符。 客户可能拒绝承认已收到商品	当客户订购单在系统中获得发货批准时，系统自动生成连续编号的发运凭证。 计算机把所有准备发出的商品与销售单上的商品种类和数量进行比对。打印种类或数量不符的例外报告，并暂缓发货	商品打包发运前，对商品和发运凭证内容进行独立核对。 在发运凭证上签字，以示商品已与发运凭证核对且种类和数量相符。 销售人员关注即将到期的发运凭证和未完成的订购单，督促尽快发货。保安人员只有当商品附有发运凭证时才能放行。 客户要在发运凭证上签字，以作为收到商品且商品与订购单一致的证据。 管理层复核例外报告和暂缓发货的清单，并解决问题	执行观察、检查程序。 检查发运凭证上相关员工和客户的签名，作为发货的证据。检查例外报告和暂缓发货的凭证
开具发票			
商品发运可能未开具销售发票	发货以后系统根据发运凭证及相关信息自动生成连续编号的销售发票。定期打印销售 系统自动复核连续编号的发票和发运凭证的对应关系，并定期生成例外报告	复核例外报告并调查原因	执行观察程序。 检查例外报告

166

续表

类别	计算机控制	人工控制	控制测试
由于定价或产品摘要不正确，以及订购单或发运凭证或销售发票代码输入错误，可能导致销售价格不正确	通过逻辑登录限制控制对定价主文档的更改。只有得到授权的员工才能进行更改。系统通过使用和检查主文档版本序号，确定正确的定价主文档版本已经被上传。系统检查录入的产品代码的合理性	核对经授权的有效的价格更改清单与计算机获得的价格更改清单是否一致。如果发票由手工填写或没有定价主文档，则有必要对发票的价格进行独立核对	检查文件以确定价格更改是否经过授权。重新执行以确定打印出的更改后价格与授权是否一致（这可以使用计算机辅助审计方法加以实施）。通过检查的一般控制和收入交易的应用控制，确定正确的定价主文档版本是否已被用来生成发票。检查发票中价格复核人员的签名。通过核对经授权的价格清单与发票上的价格，重新执行检查
发票上的金额可能出现计算错误	每张发票的单价、计算、商品代码、商品摘要和客户账户代码均由计算机程序控制。如果由计算机控制的发票开具程序的更改是受监控的，在操作控制的帮助下，可以确保使用的是正确的发票生成程序版本。系统代码有密码保护，只有经授权的员工才可以更改。定期打印所有系统上作出的更改	如果由手工开具发票，独立复核发票上计算的增值税和总额的正确性。上述程序的所有更改由上级复核和审批	检查与发票计算金额正确性相关的人员的签名。重新计算发票金额，以验证复核控制的有效性。询问发票生成程序更改的一般控制情况，确定是否经授权以及现有的版本是否正在被使用。检查有关程序更改的复核审批程序
记录赊销				
销售发票入账的会计期间可能不正确	系统根据销售发票的信息自动汇总生成当期销售入账记录	定期执行人工销售截止检查程序。检查发票打印件的连续编号。复核并调查所有与发票不匹配的发运凭证	检查发票，重新执行销售截止检查程序
销售发票可能被记入不正确的应收账款账户	系统将客户代码、商品发送地址、发运凭证、发票与应收账款主文档中的相关信息进行比对	应收账款客户主文档中明细账的汇总金额应与应收账款总分类账核对。向客户发送月末对账单，调查并解决客户质询的差异	检查应收账款客户主文档中明细余额汇总金额的调节结果与应收账款总分类账是否核对相符，以及负责该项工作的员工签名。检查客户质询信件并确定问题是否已得到解决

审　　计

续表

类别	计算机控制	人工控制	控制测试
上述所有风险		管理层根据关键业绩指标复核实际业绩。例如，实际销售与计划销售、实现的毛利率、应收账款周转天数、当前已逾期的应收账款账龄分析、注销坏账占逾期应收账款的比率	检查用于识别和解决与关键业绩指标不符的实际业绩问题的文件。询问管理层针对上述问题所采取的解决措施
记录现金销售			
现金销售可能没有在销售时被记录。收到的现金可能没有存入银行	现金销售通过统一的收款台用收银机集中收款，并自动打印销售小票	销售小票应交予客户。通过监视器监督收款台。每个收款台都打印每日现金销售汇总表。计算每个收款台收到的现金，并与相关销售汇总表调节相符。独立检查所有收到的现金已存入银行	实地检查收银台、销售点并询问管理层，以确定在这些地方是否有足够的物理监控。检查结算记录上负责计算现金和与销售汇总表相调节工作的员工的签名。检查存款单和销售汇总表上的签名，证明已实施复核。重新检查已存入金额和销售汇总表金额

第三节　销售与收款循环的实质性程序

一、销售与收款交易的实质性程序

（一）销售与收款交易的实质性分析程序

在本教材第三章讨论了实质性分析程序的性质、时间安排和范围。通常，注册会计师在对交易和余额实施细节测试前实施实质性分析程序，符合成本效益原则。具体到销售与收款交易和相关余额，其应用包括以下几项：

1. 识别需要运用实质性分析程序的账户余额或交易

就销售与收款交易和相关余额而言，通常需要运用实质性分析程序的是销售交易、收款交易、营业收入项目和应收账款项目。

2. 确定期望值

基于注册会计师对被审计单位的相关预算情况、行业发展状况、市场份额、可比的行业信息、经济形势和发展历程的了解，确定期望值。

3. 确定可接受的差异额

在确定可接受的差异额时，注册会计师首先应考虑所涉及的重要性和计划的保证水平的

· 168 ·

影响。此外，根据拟进行实质性分析的具体指标的不同，可接受的差异额的确定有时与管理层使用的关键业绩指标相关，并需考虑这些指标的适当性和监督过程。

4. 识别需要进一步调查的差异并调查异常数据关系

注册会计师应当计算实际和期望值之间的差异，这涉及一些比率和比较。

（1）分析月度（或每周）的销售记录趋势，与往年或预算或者同行业公司的销售情况相比较。任何异常波动都必须与管理层讨论，如果有必要，还应作进一步的调查。

（2）将销售毛利率与以前年度或预算或者同行业公司的销售毛利率相比较。如果被审计单位各种产品的销售价格是不同的，那么就应当对每个产品或者相近毛利率的产品组进行分类比较。任何重大的差异都需要与管理层沟通。

（3）计算应收账款周转率和存货周转率，并与以前年度或预算或者同行业公司的相关指标相比较。未预期的差异可能由很多因素引起，包括未记录销售、虚构销售记录或截止问题。

（4）检查异常项目的销售，例如对大额销售以及未从销售记录过入销售总账的销售予以调查。对临近年末的异常销售记录更应特别加以关注。

5. 调查重大差异并作出判断

注册会计师在分析上述与预期相联系的指标后，如果认为存在未预期的重大差异，就可能需要对营业收入发生额和应收账款余额实施更加详细的细节测试。

6. 评价分析程序的结果

注册会计师应当就收集的审计证据是否能支持其试图证实的审计目标和认定形成结论。

（二）销售交易的细节测试

有些交易细节测试程序与环境条件关系不大，适用于各审计项目，有些则不然，要取决于被审计单位内部控制的健全程度和注册会计师实施控制测试的结果。接下来，我们按照表9-3中所列的顺序详细介绍销售交易常用的细节测试程序，有些程序在审计中常常被疏忽，而事实上它们恰恰需要注册会计师给予重视并根据它们作出审计决策。事先需要指出的是：这些细节测试程序并未包含销售交易全部的细节测试程序。

1. 登记入账的销售交易是真实的

对这一目标，注册会计师一般关心三类错误的可能性：一是未曾发货却已将销售交易登记入账；二是销售交易的重复入账；三是向虚构的客户发货，并作为销售交易登记入账。前两类错误可能是有意的，也可能是无意的，而第三类错误肯定是有意的。不难想象，将不真实的销售登记入账的情况虽然极少，但其后果却很严重，这会导致高估资产和收入。

鉴别高估销售究竟是有意还是无意的，这一点非常关键。尽管无意的高估也会导致应收账款明显增多，但注册会计师通常可以通过函证发觉。对于有意的高估就不同了，由于作假者试图加以隐瞒，注册会计师较难发现。在这种情况下，注册会计师就有必要制定并实施适当的细节测试以发现这种有意的高估。

如何以适当的细节测试来发现不真实的销售，取决于注册会计师认为可能在何处发生错报，测试的性质取决于潜在的控制弱点的性质：

（1）针对未曾发货却已将销售交易登记入账这类错误的可能性，注册会计师可以从主营业务收入明细账中抽取若干笔分录，追查有无发运凭证及其他佐证，借以查明有无事实上没有发货却已登记入账的销售交易。如果注册会计师对发运凭证等的真实性也有怀疑，就可能有必要再进一步追查存货的永续盘存记录，测试存货余额有无减少，以及考虑是否检查更多涉及外部单位的单据，例如外部运输单位出具的运输单据、客户签发的订货单据和到货签收记录等。

（2）针对销售交易重复入账这类错误的可能性，注册会计师可以通过检查企业的销售交易记录清单以确定是否存在重号、缺号。

（3）针对向虚构的客户发货并作为销售交易登记入账这类错误发生的可能性，注册会计师应当检查主营业务收入明细账中与销售分录相应的销货单，以确定销售是否履行赊销审批手续和发货审批手续。如果注册会计师认为被审计单位虚构客户和销售交易的风险较大，需要考虑是否对相关重要交易和客户的情况（例如相关客户的经营场所、财务状况和股东情况等）专门展开进一步的独立调查。

检查上述三类高估销售错误的可能性的另一有效的办法是追查应收账款明细账中贷方发生额的记录。如果应收账款最终得以收回货款或者由于合理的原因收到退货，则记录入账的销售交易一开始通常是真实的；如果贷方发生额是注销坏账，或者直到审计时所欠货款仍未收回而又没有合理的原因，就需要考虑详细追查相应的发运凭证和客户订购单等，因为这些迹象都说明可能存在虚构的销售交易。

当然，通常只有在注册会计师认为由于缺乏足够的内部控制而可能出现舞弊时，才有必要实施上述细节测试。

2. 已发生的销售交易均已登记入账

从发货部门的档案中选取部分发运凭证，并追查至有关的销售发票副本和主营业务收入明细账，是测试未入账的发货的一种有效程序。为使这一程序成为一项有意义的测试，注册会计师必须能够确信全部发运凭证均已归档，这一点一般可以通过检查发运凭证的顺序编号来查明。

由原始凭证追查至明细账与从明细账追查至原始凭证是有区别的：前者用来测试遗漏的交易（"完整性"目标），后者用来测试不真实的交易（"发生"目标）。

测试发生目标时，起点是明细账，即从主营业务收入明细账中抽取一个销售交易明细记录，追查至销售发票存根、发运凭证以及客户订购单；测试完整性目标时，起点应是发货凭证，即从发运凭证中选取样本，追查至销售发票存根和主营业务收入明细账，以确定是否存在遗漏事项。

设计发生目标和完整性目标的细节测试程序时，确定追查凭证的起点即测试的方向很重要。例如，注册会计师如果关心的是发生目标，但弄错了追查的方向（即由发运凭证追查至明细账），就属于严重的审计缺陷。这一点在后面营业收入的实质性程序中还将进一步介绍。

在测试其他目标时，方向一般无关紧要。例如，测试交易业务计价的准确性时，可以由销售发票追查至发运凭证，也可以反向追查。

3. 登记入账的销售交易均经正确计价

销售交易计价的准确性包括：按发货数量和价格准确地开具账单，以及将账单上的数额准确地记入会计账簿。对这三个方面，在每次审计中一般都要实施细节测试，以确保其准确无误。

典型的细节测试程序包括复算会计记录中的数据。通常的做法是，以主营业务收入明细账中的会计分录为起点，将所选择的交易业务的合计数与应收账款明细账和销售发票存根进行比较核对。销售发票存根上所列的单价，通常还要与经过批准的商品价目表进行比较核对，对其金额小计和合计数也要进行复算。发票中列出的商品的规格、数量和客户代码等，则应与发运凭证进行比较核对。另外，往往还要审核客户订购单和销售单中的同类数据。

内部控制如果有效，细节测试的样本量便可以减少，审计成本也因控制测试的成本较低而将大为降低。

4. 登记入账的销售交易分类恰当

如果销售分为现销和赊销两种，应注意不要在现销时借记应收账款，也不要在收回应收账款时贷记主营业务收入，同样不要将营业资产的转让（例如固定资产转让）混作正常销售。对那些采用不止一种销售分类的企业，例如需要编制分部报告的企业来说，正确的分类是极为重要的。

销售分类恰当的测试一般可与计价准确性测试一并进行。注册会计师可以通过审核原始凭证确定具体交易业务的类别是否恰当，并以此与账簿的实际记录作比较。

5. 销售交易的记录及时

发货后应尽快开具账单并登记入账，以防止无意漏记销售交易，确保它们被记入正确的会计期间。在实施计价准确性细节测试的同时，一般要将所选取的提货单或其他发运凭证的日期与相应的销售发票存根、主营业务收入明细账和应收账款明细账上的日期作比较。如有重大差异，被审计单位就可能存在销售截止期限上的错误。

6. 销售交易已正确地记入明细账并正确地汇总

应收账款明细账的记录若不正确，将影响被审计单位收回应收账款，因此，将全部赊销业务正确地记入应收账款明细账极为重要。同理，为保证财务报表准确，主营业务收入明细账必须正确地加总并过入总账。在多数审计中，通常都要加总主营业务收入明细账，并将加总数和一些具体内容分别追查至主营业务收入总账和应收账款明细账或库存现金、银行存款日记账，以检查在销售过程中是否存在有意或无意的错报问题。不过这一测试的样本量要受内部控制的影响。从主营业务收入明细账追查至应收账款明细账，一般与为实现其他审计目标所实施的测试一并进行；而将主营业务收入明细账加总，并追查、核对加总数至其总账，则应作为一项单独的测试程序来执行。

（三）收款交易的细节测试

与销售交易的细节测试一样，收款交易的细节测试范围在一定程度上要取决于关键控制是否存在以及控制测试的结果。由于销售与收款交易同属一个循环，在经济活动中密切相连，因此，收款交易的一部分测试可与销售交易的测试一并执行，但收款交易的特殊性又决定了其另一部分测试，仍需单独实施。

二、营业收入的实质性程序

（一）营业收入的审计目标

营业收入项目核算企业在销售商品、提供劳务等主营业务活动中所产生的收入，以及企业确认的除主营业务活动以外的其他经营活动实现的收入，包括出租固定资产、出租无形资产、出租包装物和商品、销售材料等实现的收入。其审计目标一般包括以下几项：

（1）确定利润表中记录的营业收入是否已发生，且与被审计单位有关；

（2）确定所有应当记录的营业收入是否均已记录；

（3）确定与营业收入有关的金额及其他数据是否已恰当记录，包括对销售退回、销售折扣与折让的处理是否适当；

（4）确定营业收入是否已记录于正确的会计期间；

（5）确定营业收入是否已按照企业会计准则的规定在财务报表中作出恰当的列报。

营业收入包括主营业务收入和其他业务收入，下面介绍主营业务收入的实质性程序。

（二）主营业务收入的实质性程序

主营业务收入的实质性程序一般包括以下内容：

1. 获取或编制主营业务收入明细表，并执行具体工作

复核加计是否正确，并与总账数和明细账合计数核对是否相符，结合其他业务收入科目与报表数核对是否相符；

检查以非记账本位币结算的主营业务收入的折算汇率及折算是否正确。

2. 检查主营业务收入的确认条件、方法是否符合企业会计准则，前后期是否一致；关注周期性、偶然性的收入是否符合既定的收入确认原则、方法

按照《企业会计准则第14号——收入》的要求，企业商品销售收入应在下列条件均能满足时予以确认：

（1）企业已将商品所有权上的主要风险和报酬转移给购货方；

（2）企业既没有保留通常与所有权相联系的继续管理权，也没有对已售出的商品实施有效控制；

（3）收入的金额能够可靠地计量；

（4）相关的经济利益很可能流入企业；

（5）相关的已发生或将发生的成本能够可靠地计量。

因此，对主营业务收入的实质性程序，应在了解被审计单位确认产品销售收入的会计政策的基础上，重点测试被审计单位是否依据上述五个条件确认产品销售收入。具体来说，被审计单位采取的销售方式不同，确认销售的时点也是不同的。

① 采用交款提货销售方式，通常应于货款已收到或取得收取货款的权利，同时已将发票账单和提货单交给购货单位时确认收入的实现。对此，注册会计师应着重检查被审计单位是否收到货款或取得收取货款的权利，发票账单和提货单是否已交付购货单位。应注意有无扣压结算凭证，将当期收入转入下期入账的现象，或者虚记收入、开具假发票、虚列购货单位，将当期未实现的收入虚转为收入记账，在下期予以冲销的现象。

② 采用预收账款销售方式，通常应于商品已经发出时，确认收入的实现。对此，注册会计师应重点检查被审计单位是否收到了货款，商品是否已经发出。应注意是否存在对已收货款并已将商品发出的交易不入账、转为下期收入，或开具虚假出库凭证、虚增收入等现象。

③ 采用托收承付结算方式，通常应于商品已经发出，劳务已经提供，并已将发票账单提交银行、办妥收款手续时确认收入的实现。对此，注册会计师应重点检查被审计单位是否

发货，托收手续是否办妥，货物发运凭证是否真实，托收承付结算回单是否正确。

④ 销售合同或协议明确销售价款的收取采用递延方式，可能实质上具有融资性质的，应当按照应收的合同或协议价款的公允价值确定销售商品收入金额。应收的合同或协议价款与其公允价值之间的差额，通常应当在合同或协议期间内采用实际利率法进行摊销，计入当期损益。

⑤ 长期工程合同收入，如果合同的结果能够可靠估计，通常应当根据完工百分比法确认合同收入。注册会计师应重点检查收入的计算、确认方法是否合乎规定，并核对应计收入与实际收入是否一致，注意查明有无随意确认收入、虚增或虚减本期收入的情况。

3. 获取产品价格目录，抽查售价是否符合价格政策

并注意销售给关联方或关系密切的重要客户的产品价格是否合理，有无以低价或高价结算的方法相互之间转移利润的现象。

4. 抽取本期一定数量的发运凭证

审查存货出库日期、品名、数量等是否与销售发票、销售合同、记账凭证等一致。

5. 抽取本期一定数量的记账凭证

审查入账日期、品名、数量、单价、金额等是否与销售发票、发运凭证、销售合同等一致。

6. 结合对应收账款实施的函证程序

选择主要客户，函证本期销售额。

7. 对于出口销售，应当将销售记录与出口报关单、货运提单、销售发票等出口销售单据进行核对

必要时向海关函证。

8. 实施销售的截止测试

（1）选取资产负债表日前后若干天一定金额以上的发运凭证，与应收账款和收入明细账中进行核对；同时，从应收账款和收入明细账中选取在资产负债表日前后若干天一定金额以上的凭证，与发运凭证核对，以确定销售是否存在跨期现象。

（2）复核资产负债表日前后销售和发货水平，确定业务活动水平是否异常，并考虑是否有必要追加实施截止测试程序。

（3）取得资产负债表日后所有的销售退回记录，检查是否存在提前确认收入的情况。

（4）结合对资产负债表日应收账款的函证程序，检查有无未取得对方认可的大额销售。

（5）调整重大跨期销售。

对销售实施截止测试，其目的主要在于确定被审计单位主营业务收入的会计记录归属期是否正确；应记入本期或下期的主营业务收入是否被推延至下期或提前至本期。

实施截止测试的前提是注册会计师充分了解被审计单位的收入确认会计实务，并识别能够证明某笔销售符合收入确认条件的关键单据。例如，货物出库时，与货物相关的风险和报酬可能尚未转移，不符合收入确认的条件，因此，发货单可能不是实现收入的充分证据；又如，销售发票与收入相关，但是发票开具日期不一定与收入实现的日期一致。

三、应收账款的实质性程序

应收账款余额一般包括应收账款账面余额和相应的坏账准备两部分。

应收账款指企业因销售商品、提供劳务而形成的债权，即由于企业销售商品、提供劳务等原因，应向购货客户或接受劳务的客户收取的款项或代垫的运杂费，是企业的债权性资产。

企业的应收账款是在销售交易或提供劳务过程中产生的。因此，应收账款的审计应结合销售交易来进行。

坏账是指企业无法收回或收回可能性极小的应收款项（包括应收票据、应收账款、预付款项、其他应收款和长期应收款等）。由于发生坏账而产生的损失称为坏账损失。企业通常应采用备抵法按期估计坏账损失。

企业通常应当定期或者至少于每年年度终了，对应收款项进行全面检查，合理预计各项应收款项可能发生的坏账，相应计提坏账准备。坏账准备通常是审计的重点领域，并且，由于坏账准备与应收账款的联系非常紧密，我们把对坏账准备的审计与对应收账款的审计合在一起阐述。

（一）应收账款的审计目标

应收账款的审计目标一般包括：确定资产负债表中记录的应收账款是否存在；确定所有应当记录的应收账款是否均已记录；确定记录的应收账款是否由被审计单位拥有或控制；确定应收账款是否可收回，坏账准备的计提方法和比例是否恰当，计提是否充分；确定应收账款及其坏账准备期末余额是否正确；确定应收账款及其坏账准备是否已按照企业会计准则的规定在财务报表中作出恰当列报。

（二）应收账款的实质性程序

1. 取得或编制应收账款明细表

（1）复核加计正确，并与总账数和明细账合计数核对是否相符；结合坏账准备科目与报表数核对是否相符。应当注意，应收账款报表数反映企业因销售商品、提供劳务等应向购买单位收取的各种款项，减去已计提的相应的坏账准备后的净额。

（2）检查非记账本位币应收账款的折算汇率及折算是否正确。对于用非记账本位币（通常为外币）结算的应收账款，注册会计师应检查被审计单位外币应收账款的增减变动是否采用交易发生日的即期汇率将外币金额折算为记账本位币金额，或者采用按照系统合理的方法确定的、与交易发生日即期汇率近似的汇率折算，选择采用汇率的方法前后各期是否一致；期末外币应收账款余额是否采用期末即期汇率折合为记账本位币金额；折算差额的会计处理是否正确。

（3）分析有贷方余额的项目，查明原因，必要时，建议作重分类调整。

（4）结合其他应收款项、预收款项等往来项目的明细余额，调查有无同一客户多处挂账、异常余额或与销售无关的其他款项（如代销账户、关联方账户或员工账户）。如有，应作出记录，必要时提出调整建议。

2. 检查涉及应收账款的相关财务指标

复核应收账款借方累计发生额与主营业务收入关系是否合理，并将当期应收账款借方发生额占销售收入净额的百分比与管理层考核指标和被审计单位相关赊销政策比较，如存在异常，应查明原因。

计算应收账款周转率、应收账款周转天数等指标，并与被审计单位相关赊销政策、被审计单位以前年度指标、同行业同期相关指标对比分析，检查是否存在重大异常。

3. 检查应收账款账龄分析是否正确

（1）获取或编制应收账款账龄分析表。

（2）注册会计师可以通过获取或编制应收账款账龄分析表来分析应收账款的账龄，以便了解应收账款的可收回性。

（3）测试应收账款账龄分析表计算的准确性，并将应收账款账龄分析表中的合计数与应收账款总分类账余额相比较，并调查重大调节项目。

（4）检查原始凭证，如销售发票、运输记录等，测试账龄划分的准确性。

4. 向债务人函证应收账款

函证应收账款的目的在于证实应收账款账户余额的真实性、正确性，防止或发现被审计单位及其有关人员在销售交易中发生的错误或舞弊行为。通过函证应收账款，可以比较有效地证明被询证者（即债务人）的存在和被审计单位记录的可靠性。

注册会计师应当考虑被审计单位的经营环境、内部控制的有效性、应收账款账户的性质、被询证者处理询证函的习惯做法及回函的可能性等，以确定应收账款函证的范围、对象、方式和时间。

1）函证的范围和对象

除非有充分证据表明应收账款对被审计单位财务报表而言是不重要的，或者函证很可能是无效的，否则，注册会计师应当对应收账款进行函证。如果注册会计师不对应收账款进行函证，应当在审计工作底稿中说明理由。如果认为函证很可能是无效的，注册会计师应当实施替代审计程序，获取相关、可靠的审计证据。函证数量的多少、范围是由诸多因素决定的，主要有以下几点：

（1）应收账款在全部资产中的重要性。若应收账款在全部资产中所占的比重较大，则函证的范围应相应大一些。

（2）被审计单位内部控制的强弱。若内部控制制度较健全，则可以相应减少函证量；反之，则应相应扩大函证范围。

（3）以前期间的函证结果。若以前期间函证中发现过重大差异，或欠款纠纷较多，则函证范围应相应扩大一些。

一般情况下，注册会计师应选择以下项目作为函证对象：大额或账龄较长的项目、与债务人发生纠纷的项目、重大关联方项目、主要客户（包括关系密切的客户）项目、交易频繁但期末余额较小甚至余额为零的项目、可能产生重大错报或舞弊的非正常的项目。

2）函证的方式

注册会计师可采用积极的或消极的函证方式实施函证，也可将两种方式结合使用。

参考格式9-1、参考格式9-2列示了积极式询证函的格式；参考格式9-3列示了消极式询证函的格式。

审 计

参考格式9-1 **积极式询证函（格式一）**

企业询证函

编号：

　　本公司聘请的××会计师事务所正在对本公司××年度财务报表进行审计，按照中国注册会计师审计准则的要求，应当询证本公司与贵公司的往来账项等事项。下列数据出自本公司账簿记录，如与贵公司记录相符，请在本函下端"信息证明无误"处签章证明；如有不符，请在"信息不符"处列明不符金额。回函请直接寄至××会计师事务所。

　　回函地址：

　　邮编：

　　电话：

　　传真：

　　1. 本公司与贵公司的往来账项列示如下：

　　联系人：

元

截止日期	贵公司欠	欠贵公司	备注

　　2. 其他事项。

　　本函仅为复核账目之用，并非催款结算。若款项在上述日期之后已经付清，仍请及时函复为盼。

　　结论：

　　（1）信息证明无误。

（公司盖章）　年　月　日

经办人：

　　（2）信息不符，请列明不符的详细情况：

（公司盖章）　年　月　日

经办人：

参考格式9-2 **积极式询证函（格式二）**

企业询证函

编号：

　　本公司聘请的××会计师事务所正在对本公司××年度财务报表进行审计，按照中国注册会计师审计准则的要求，应当询证本公司与贵公司的往来账项等事项。请列示截至××年×月×日贵公司与本公司往来款项余额。回函请直接寄至××会计师事务所。

　　回函地址：

　　邮编：

　　电话：

　　传真：

176

联系人：

1. 贵公司与本公司的往来账项列示如下：

元

截止日期	贵公司欠	欠贵公司	

2. 其他事项。

本函仅为复核账目之用，并非催款结算。若款项在上述日期之后已经付清，仍请及时函复为盼。

（公司盖章）　年　月　日

经办人：

参考格式9—3　　　　　　**消极式询证函格式**

企业询证函

编号：

本公司聘请的××会计师事务所正在对本公司××年度财务报表进行审计，按照中国注册会计师审计准则的要求，应当询证本公司与贵公司的往来账项等事项。下列数据出自本公司账簿记录，如与贵公司记录相符，则无须回复；如有不符，请直接通知会计师事务所，并请在空白处列明贵公司认为是正确的信息。回函请直接寄至××会计师事务所。

回函地址：

邮编：

电话：

联系人：

1. 本公司与贵公司的往来账项列示如下：

元

截止日期	贵公司欠	欠贵公司	

2. 其他事项。

本函仅为复核账目之用，并非催款结算。若款项在上述日期之后已经付清，仍请及时核对为盼。

（公司盖章）　年　月　日

××会计师事务所：

上面的信息不正确，差异如下：

（公司盖章）　年　月　日

经办人：

3）函证时间的选择

注册会计师通常以资产负债表日为截止日，在资产负债表日后适当时间内实施函证。如果重大错报风险评估为低水平，注册会计师可选择资产负债表日前适当日期为截止日实施函证，并对所函证项目自该截止日起至资产负债表日止发生的变动实施其他实质性程序。

4）函证的控制

注册会计师通常利用被审计单位提供的应收账款明细账户名称及客户地址等资料据以编制询证函，但注册会计师应当对确定需要确认或填列的信息、选择适当的被询证者、设计询证函以及发出和跟进（包括收回）询证函保持控制。

5）对不符事项的处理

对应收账款而言，因登记入账的时间不同而产生的不符事项主要表现为以下几点：

（1）询证函发出时，债务人已经付款，而被审计单位尚未收到货款；

（2）询证函发出时，被审计单位的货物已经发出并已作销售记录，但货物仍在途中，债务人尚未收到货物；

（3）债务人由于某种原因将货物退回，而被审计单位尚未收到；

（4）债务人对收到的货物的数量、质量及价格等方面有异议而全部或部分拒付货款等。

如果不符事项构成错报，注册会计师应当评价该错报是否表明存在舞弊，并重新考虑所实施审计程序的性质、时间安排和范围。

6）对函证结果的总结和评价

注册会计师对函证结果可进行如下评价：

（1）重新考虑对内部控制的原有评价是否适当、控制测试的结果是否适当、分析程序的结果是否适当、相关的风险评价是否适当等。

（2）如果函证结果表明没有审计差异，则可以合理地推论，全部应收账款总体是正确的。

（3）如果函证结果表明存在审计差异，则应当估算应收账款总额中可能出现的累计差错是多少，估算未被选中进行函证的应收账款的累计差错是多少。为取得对应收账款累计差错更加准确的估计，也可以进一步扩大函证范围。

需要指出的是，注册会计师应当将询证函回函作为审计证据，纳入审计工作底稿管理，询证函回函的所有权属于所在会计师事务所。除法院、检察院及其他有关部门依法查阅审计工作底稿，注册会计师协会对执业情况进行检查以及前后任注册会计师沟通等情形外，会计师事务所没有义务将询证函回函提供给被审计单位作为法律诉讼证据。即使会计师事务所同意提供，也应保留回函原件，将复印件提供给被审计单位。

5. 对函证未回函及未函证应收账款实施替代审计程序

通常，注册会计师可能未能取得所有发放的应收账款积极式询证函的回函，并且注册会计师也不可能对所有应收账款进行函证，因此，对于函证未回函及未函证应收账款，注册会计师应抽查有关原始凭据，如销售合同、销售订购单、销售发票副本、发运凭证及期后收款的回款单据等，以验证与其相关的应收账款的真实性。

6. 确定已收回的应收账款金额

请被审计单位协助，在应收账款账龄分析表中标出至审计时已收回的应收账款金额，对已收回金额较大的款项进行常规检查,如核对收款凭证、银行对账单、销货发票等,并注意凭证发生日期的合理性,分析收款时间是否与合同相关要素一致。

7. 检查坏账的确认和处理

(1) 注册会计师应检查有无债务人破产或者死亡的,以及破产或以遗产清偿后仍无法收回的,或者债务人长期未履行清偿义务的应收账款;

(2) 应检查被审计单位坏账的处理是否经授权批准,有关会计处理是否正确。

8. 抽查有无不属于结算业务的债权

不属于结算业务的债权,不应在应收账款中进行核算。因此,注册会计师应抽查应收账款明细账,并追查有关原始凭证,查证被审计单位有无不属于结算业务的债权。如有,应建议被审计单位作适当调整。

9. 检查应收账款的贴现、质押或出售

检查银行存款和银行借款等询证函的回函、会议纪要、借款协议和其他文件,确定应收账款是否已被贴现、质押或出售,应收账款贴现业务是否满足金融资产转移终止确认条件,其会计处理是否正确。

10. 对应收账款实施关联方及其交易审计程序

标明应收关联方〔包括持股5%以上(含5%)股东〕的款项,实施关联方及其交易审计程序,并注明合并财务报表时应予抵销的金额;对关联企业、有密切关系的主要客户的交易事项作专门核查:

(1) 了解交易事项的目的、价格和条件,作比较分析;

(2) 检查销售合同、销售发票、发运凭证等相关文件资料;

(3) 检查收款凭证等货款结算单据;

(4) 向关联方或有密切关系的主要客户函询,以确认交易的真实性、合理性。

11. 确定应收账款的列报是否恰当

如果被审计单位为上市公司,则其财务报表附注通常应披露期初、期末余额的账龄分析,期末欠款金额较大的单位账款,以及持有5%以上(含5%)股份的股东单位账款等情况。

(三) 坏账准备的实质性程序

企业会计准则规定,企业应当在期末对应收款项进行检查,并合理预计可能产生的坏账损失。应收款项包括应收票据、应收账款、预付款项、其他应收款和长期应收款等,下面以应收账款相关的坏账准备为例,阐述坏账准备审计常用的实质性程序。

(1) 取得或编制坏账准备明细表,复核加计是否正确,与坏账准备总账数、明细账合计数核对是否相符。

(2) 将应收账款坏账准备本期计提数与资产减值损失相应明细项目的发生额核对是否相符。

(3) 检查应收账款坏账准备计提和核销的批准程序,取得书面报告等证明文件,评价计提坏账准备所依据的资料、假设及方法。

企业应根据所持应收账款的实际可收回情况,合理计提坏账准备,不得多提或少提,否则应视为滥用会计估计,按照重大会计差错更正的方法进行会计处理。

对于单项金额重大的应收账款,企业应当单独进行减值测试,如有客观证据证明其已发生减值,应当计提坏账准备。对于单项金额不重大的应收账款,可以单独进行减值测试,或包括在具有类似信用风险特征的应收账款组合中（例如账龄分析）进行减值测试。此外，单独测试未发生减值的应收账款，应当包括在具有类似信用风险特征的应收账款组合中（例如账龄分析）再进行减值测试。

采用账龄分析法时，收到债务单位当期偿还的部分债务后，剩余的应收账款，不应改变其账龄，仍应按原账龄加上本期应增加的账龄确定；在存在多笔应收账款且各笔应收账款账龄不同的情况下，收到债务单位当期偿还的部分债务，应当逐笔认定收到的是哪一笔应收账款；如果确实无法认定的，按照先发生先收回的原则确定，剩余应收账款的账龄按上述同一原则确定。

在确定坏账准备的计提比例时，企业应当在综合考虑以往的经验、债务单位的实际财务状况和预计未来现金流量（不包括尚未发生的未来信用损失）等因素，以及其他相关信息的基础上作出合理估计。

（4）实际发生坏账损失的，检查转销依据是否符合有关规定，会计处理是否正确。对于被审计单位在被审计期间内发生的坏账损失，注册会计师应检查其原因是否清楚，是否符合有关规定，有无授权批准，有无已做坏账处理后又重新收回的应收账款，相应的会计处理是否正确。对有确凿证据表明确实无法收回的应收账款，如债务单位已撤销、破产、资不抵债、现金流量严重不足等，企业应根据管理权限，经股东（大）会或董事会，或经理（厂长）办公会或类似机构批准，作为坏账损失冲销提取的坏账准备。

（5）已经确认并转销的坏账重新收回的，检查其会计处理是否正确。

（6）检查函证结果。对债务人回函中反映的例外事项及存在争议的余额，注册会计师应查明原因并做记录。必要时，应建议被审计单位考虑是否存在坏账可能以及是否需要做相应的调整。

（7）实施分析程序。通过比较前期坏账准备计提数和实际发生数，以及检查期后事项，评价应收账款坏账准备计提的合理性。

（8）确定应收账款坏账准备的披露是否恰当。企业应当在财务报表附注中清晰地说明坏账的确认标准、坏账准备的计提方法和计提比例。上市公司还应在财务报表附注中分项披露以下主要事项：

① 本期全额计提坏账准备，或计提坏账准备的比例较大的（计提比例一般超过40%及以上的，下同），应说明计提的比例以及理由；

② 以前期间已全额计提坏账准备，或计提坏账准备的比例较大但在本期又全额或部分收回的，或通过重组等其他方式收回的，应说明其原因、原估计计提比例的理由以及原估计计提比例的合理性；

③ 本期实际冲销的应收款项及其理由等，其中，实际冲销的关联交易产生的应收账款应单独披露。

四、应收票据的实质性程序

（一）审计目标

（1）确定应收票据是否存在；

（2）确定应收票据是否归被审计单位所有；

(3) 确定应收票据是否有效、能否收回；

(4) 确定应收票据增减变动的记录是否完整；

(5) 确定应收票据期末余额是否正确；

(6) 确定应收票据在财务报表的披露是否恰当。

(二) 实质性审计程序

(1) 获取或编制应收票据明细表，复核其加计数是否正确，并核对其期末合计数与报表数、总账数和明细账合计数是否相符；

(2) 监盘库存票据；

(3) 函证应收票据，证实其存在性和可收回性；

(4) 检查应收票据的利息收入是否正确入账，注意逾期应收票据是否已按规定停止计提利息；

(5) 对于已贴现应收票据，注册会计师应审查其贴现额、贴现息的计算是否正确，会计处理方法是否恰当。复核、统计已贴现以及已转让但未到期的应收票据金额；

(6) 审查已贴现应收票据的贴现额与利息额的计算是否正确，会计处理方法是否恰当，复核、统计已贴现以及已转让但尚未到期的应收票据的金额。

第十章

采购与付款循环的审计

第一节 采购与付款循环的特点

本节包括的内容：一是不同行业类型的采购和费用支出；二是本循环涉及的主要凭证与会计记录；三是本循环涉及的主要业务活动。

一、不同行业类型的采购和费用支出

企业的采购与付款循环包括购买商品、劳务和固定资产，以及企业在经营活动中为获取收入而发生的直接或间接的支出。部分支出可能与产品收入直接相关，部分支出可能会形成企业资产，而这些资产又形成了企业经营活动的基础。

一个企业的支出从性质、数量和发生频率上看是多种多样的。本章主要关注与购买货物和劳务、应付账款的支付有关的控制活动以及重大交易。

除了经营用房产支出和人工费用支出，一些经常性交易发生的支出通常构成较为重要的交易，因而须由较正式的控制活动来预防或检查、纠正错误和舞弊，例如广告促销费用、研究开发费用和税费、电费、通信费等其他与经营相关的费用。其他一些非经常性支出如与法律相关的费用或其他专业服务费用，发生频率较低，相应就没有太多较正式的控制活动。

不同的企业性质决定企业除了有一些共性的费用支出外，还会发生一些不同类型的支出。表10-1列示了不同企业通常会发生的一些支出情况，这些支出未包括经营用房产支出和人工费用支出在内。

· 182 ·

表 10-1 不同行业类型的采购和费用

行业类型	典型的采购和费用支出
贸易业	产品的选择和购买、产品的存储和运输、广告促销费用、售后服务费用
一般制造业	生产过程所需的设备支出,原材料、易耗品、配件的购买与存储支出,市场经营费用,把产成品运达顾客或零售商处发生的运输费用,管理费用
专业服务业	律师、会计师、财务顾问的费用支出包括印刷、通信、差旅费,电脑、车辆等办公设备的购置和租赁,书籍资料和研究设施的费用
金融服务业	建立专业化的安全的计算机信息网络和用户自动存取款设备的支出,给付储户的存款利息,支付其他银行的资金拆借利息、手续费,现金存放、现金运送和网络银行设施的安全维护费用,客户关系维护费用
建筑业	建材支出,建筑设备和器材的租金或购置费用,支付给分包商的费用;保险支出和安保成本;建筑保证金和许可审批方面的支出;交通费、通信费等。当在外地施工时还会发生建筑工人的食宿费用

二、涉及的主要凭证与会计记录

采购与付款交易通常要经过请购—订货—验收—付款这样的程序,同销售与收款交易一样,在内部控制比较健全的企业,处理采购与付款交易通常需要使用很多凭证与会计记录。

典型的采购与付款循环所涉及的主要凭证与会计记录有以下几种:

(一) 请购单

请购单是由产品制造、资产使用等部门的有关人员填写,送交采购部门,申请购买商品、劳务或其他资产的书面凭证。

(二) 订购单

订购单是由采购部门填写,向另一企业购买订购单上所指定的商品、劳务或其他资产的书面凭证。

(三) 验收单

验收单是收到商品、资产时所编制的凭证,列示从供应商处收到的商品、资产的种类和数量等内容。

(四) 卖方发票

卖方发票(供应商发票)是供应商开具的,交给买方以载明发运的货物或提供的劳务、应付款金额和付款条件等事项的凭证。

(五) 付款凭单

付款凭单是采购方企业的应付凭单部门编制的,载明已收到的商品、资产或接受的劳务、应付款金额和付款日期的凭证。付款凭单是采购方企业内部记录和支付负债的授权证明文件。

（六）转账凭证

转账凭证是指记录转账交易的记账凭证，它是根据有关转账交易（即不涉及库存现金、银行存款收付的各项交易）的原始凭证编制的。

（七）付款凭证

付款凭证包括现金付款凭证和银行存款付款凭证，是指用来记录库存现金和银行存款支出交易的记账凭证。

（八）应付账款明细账

一般采用三栏式明细分类账簿的格式。

（九）库存现金日记账和银行存款日记账

库存现金日记账是用来逐日反映库存现金的收入、付出及结余情况的特种日记账。

银行存款日记账是由出纳人员根据银行存款收付款凭证，按照业务发生的顺序逐笔登记，每日终了应结出余额。

（十）供应商对账单

供应商对账单是由供应商按月编制的，标明期初余额、本期购买、本期支付给供应商的款项和期末余额的凭证。供应商对账单是供应商对有关交易的陈述，如果不考虑买卖双方在收发货物上可能存在的时间差等因素，其期末余额通常应与采购方相应的应付账款期末余额相等。

三、涉及的主要业务活动

在一个企业，如可能的话，应将各项职能活动指派给不同的部门或职员来完成。这样，每个部门或职员都可以独立检查其他部门和职员工作的正确性。下面以采购商品为例，分别阐述采购与付款循环所涉及的主要业务活动及其适当的控制程序和相关的认定。

（一）请购商品和劳务

仓库负责对需要购买的已列入存货清单的项目填写请购单，其他部门也可以对所需要购买的未列入存货清单的项目编制请购单。大多数企业对正常经营所需物资的购买均作一般授权，例如，仓库在现有库存达到再订购点时就可直接提出采购申请，其他部门也可为正常的维修工作和类似工作直接申请采购有关物品。但对资本支出和租赁合同，企业则通常要求作特别授权，只允许指定人员提出请购。请购单可由手工或计算机编制。由于企业内不少部门都可以填列请购单，可能不便事先编号，为加强控制，每张请购单必须经过对这类支出预算负责的主管人员签字批准。

请购单是证明有关采购交易"发生"认定的凭据之一，也是采购交易轨迹的起点。

（二）编制订购单

采购部门在收到请购单后，只能对经过批准的请购单发出订购单。对每张订购单，采购部门应确定最佳的供应来源。对一些大额、重要的采购项目，应采取竞价方式来确定供应商，以保证供货的质量、及时性和成本的低廉。

订购单应正确填写所需要的商品品名、数量、价格、厂商名称和地址等，预先予以顺序编号并经过被授权的采购人员签名。其正联应送交供应商，副联则送至企业内部的验收部门、应付凭单部门和编制请购单的部门。随后，应独立检查订购单的处理，以确定是否确实收到商品并正确入账。这项检查与采购交易的"完整性"和"发生"认定有关。

（三）验收商品

有效的订购单代表企业已授权验收部门接受供应商发运来的商品。验收部门首先应比较所收商品与订购单上的要求是否相符，如商品的品名、摘要、数量、到货时间等，然后再盘点商品并检查商品有无损坏。

验收后，验收部门应对已收货的每张订购单编制一式多联、预先按顺序编号的验收单，作为验收和检验商品的依据。验收入员将商品送交仓库或其他请购部门时，应取得经过签字的收据，或要求其在验收单的副联上签收，以确立他们对所采购的资产应负的保管责任。验收人员还应将其中的一联验收单送交应付凭单部门。

验收单是支持资产或费用以及与采购有关的负债的"存在或发生"认定的重要凭证。定期独立检查验收单的顺序以确定每笔采购交易都已编制凭单，则与采购交易的"完整性"认定有关。

（四）储存已验收的商品

将已验收商品的保管与采购的其他职责相分离，可减少未经授权的采购和盗用商品的风险。存放商品的仓储区应相对独立，限制无关人员接近。这些控制与商品的"存在"认定有关。

（五）编制付款凭单

记录采购交易之前，应付凭单部门应编制付款凭单。这项功能的控制包括以下几项：

（1）确定供应商发票的内容与相关的验收单、订购单的一致性。

（2）确定供应商发票计算的正确性。

（3）编制有预先顺序编号的付款凭单，并附上支持性凭证（如订购单、验收单和供应商发票等）。这些支持性凭证的种类因交易对象的不同而不同。

（4）独立检查付款凭单计算的正确性。

（5）在付款凭单上填入应借记的资产或费用账户名称。

（6）由被授权人员在凭单上签字，以示批准照此凭单要求付款。所有未付凭单的副联应保存在未付凭单档案中，以待日后付款。经适当批准和有预先编号的凭单为记录采购交易提供了依据，因此，这些控制与"存在""发生""完整性""权利和义务"和"计价和分摊"等认定有关。

（六）确认与记录负债

正确确认已验收货物和已接受劳务的债务，要求准确、及时地记录负债。该记录对企业财务报表和实际现金支出具有重大影响。与应付账款确认和记录相关的部门一般有责任核查购置的财产，并在应付凭单登记簿或应付账款明细账中加以记录。在收到供应商发票时，应付账款部门应将发票上所记载的品名、规格、价格、数量、条件及运费与订购单上的有关资料核对，如有可能，还应与验收单上的资料进行比较。

应付账款确认与记录的一项重要控制是要求记录现金支出的人员不得经手现金、有价证券和其他资产。恰当的凭证、记录与记账手续，对业绩的独立考核和应付账款职能而言是必不可少的控制。

在手工系统下，应将已批准的未付款凭单送达会计部门，据以编制有关记账凭证和登记有关账簿。会计主管应监督为采购交易而编制的记账凭证中账户分类的适当性；通过定期核对编制记账凭证的日期与凭单副联的日期，监督入账的及时性。而独立检查会计人员则应核对所记录的凭单总数与应付凭单部门送来的每日凭单汇总表是否一致，并定期独立检查应付账款总账余额与应付凭单部门未付款凭单档案中的总金额是否一致。

（七）付款

通常由应付凭单部门负责确定未付凭单在到期日付款。企业有多种款项结算方式，以支票结算方式为例，编制和签署支票的有关控制包括以下几项：

（1）独立检查已签发支票的总额与所处理的付款凭单的总额的一致性。

（2）应由被授权的财务部门的人员负责签署支票。

（3）被授权签署支票的人员应确定每张支票都附有一张已经适当批准的未付款凭单，并确定支票收款人姓名和金额与凭单内容一致。

（4）支票一经签署，就应在其凭单和支持性凭证上用加盖印戳或打洞等方式将其注销，以免重复付款。

（5）支票签署人不应签发无记名甚至空白的支票。

（6）支票应预先按顺序编号，保证支出支票存根的完整性和作废支票处理的恰当性。

（7）应确保只有被授权的人员才能接近未经使用的空白支票。

（八）记录现金、银行存款支出

仍以支票结算方式为例，在手工系统下，会计部门应根据已签发的支票编制付款记账凭证，并据以登记银行存款日记账及其他相关账簿。以记录银行存款支出为例，有关控制包括以下几项：

（1）会计主管应独立检查记入银行存款日记账和应付账款明细账的金额的一致性，以及与支票汇总记录的一致性。

（2）通过定期比较银行存款日记账记录的日期与支票副本的日期，独立检查入账的及时性。

（3）独立编制银行存款余额调节表。

第二节　采购与付款循环的内部控制和控制测试

一、采购交易的内部控制

（一）内部控制目标、内部控制与审计测试的关系

表10-2列示了采购交易的内部控制目标、关键内部控制和审计测试的关系。

表 10-2　采购交易的内部控制目标、关键内部控制和审计测试一览表

内部控制目标	关键内部控制	常用的控制测试	常用的实质性程序
所记录的采购都确已收到商品或已接受劳务（发生）	请购单、订购单、验收单和卖方发票一应俱全，并附在付款凭单后。 采购经适当级别批准。 注销凭证以防止重复使用。 对卖方发票、验收单、订购单和请购单作内部核查	查验付款凭单后是否附有完整的相关单据。 检查批准采购的标记。 检查注销凭证的标记。 检查内部核查的标记	复核采购明细账、总账及应付账款明细账，注意是否有大额或不正常的金额。 检查卖方发票、验收单、订购单和请购单的合理性和真实性。 追查存货的采购账簿记录至存货永续盘存记录。 检查取得的固定资产采购合同、发票
已发生的采购交易均已记录（完整性）	订购单均经事先连续编号并将已完成的采购登记入账。 验收单均经事先连续编号并已登记入账。 应付凭单均经事先连续编号并已登记入账	检查订购单连续编号的完整性。 检查验收单连续编号的完整性。 检查应付凭单连续编号的完整性	从验收单追查至采购明细账。 如能获取卖方发票，从卖方发票追查至采购明细账
所记录的采购交易估价正确（准确性、计价和分摊）	对计算准确性进行内部核查。 采购价格和折扣的批准	检查内部核查的标记。 检查批准采购价格和折扣的标记	将采购明细账中记录的交易同卖方发票、验收单和其他证明文件比较。 复算包括折扣和运费在内的卖方发票填写金额的准确性
采购交易的分类正确（分类）	采用适当的会计科目表。 分类的内部核查	检查工作手册和会计科目表。 检查有关凭证上内部核查的标记	参照卖方发票，比较会计科目表上的分类
采购交易按正确的日期记录（截止）	要求收到商品或接受劳务后及时记录采购交易。 内部核查	检查工作手册并观察有无未记录的卖方发票存在。 检查内部核查的标记	将验收单和卖方发票上的日期与采购明细账中的日期进行比较
采购交易被正确记入应付账款和存货等明细账中，并正确汇总（准确性、计价和分摊）	应付账款明细账内容的内部核查	检查内部核查的标记	通过加计采购明细账，追查过入采购总账和应付账款、存货明细账的数额是否正确，用以测试过账和汇总的正确性

（二）采购交易的内部控制

在第九章第二节中，我们以每项内部控制目标为出发点，比较详细地讨论了销售交易相

关的内部控制。鉴于采购交易与销售交易无论在控制目标还是在关键内部控制方面，就原理而言大同小异，并且表10-2也比较容易理解，因此，以下仅就采购交易内部控制的特殊之处予以说明。

1. 适当的职责分离

如前所述，适当的职责分离有助于防止各种有意或无意的错误。与销售和收款交易一样，采购与付款交易也需要适当的职责分离。企业应当建立采购与付款交易的岗位责任制，明确相关部门和岗位的职责、权限，确保办理采购与付款交易的不相容岗位相互分离、制约和监督。采购与付款交易不相容岗位至少包括：请购与审批；询价与确定供应商；采购合同的订立与审批；采购与验收；采购、验收与相关会计记录；付款审批与付款执行。这些都是对企业提出的、有关采购与付款交易相关职责适当分离的基本要求，以确保办理采购与付款交易的不相容岗位相互分离、制约和监督。

2. 内部核查程序

企业应当建立对采购与付款交易内部控制的监督检查制度。采购与付款交易内部控制监督检查的主要内容通常包括以下几项：

（1）采购与付款交易相关岗位及人员的设置情况。重点检查是否存在采购与付款交易不相容职务混岗的现象。

（2）采购与付款交易授权批准制度的执行情况。重点检查大宗采购与付款交易的授权批准手续是否健全，是否存在越权审批的行为。

（3）应付账款和预付账款的管理。重点审查应付账款和预付账款支付的正确性、时效性和合法性。

（4）有关单据、凭证和文件的使用和保管情况。重点检查凭证的登记、领用、传递、保管、注销手续是否健全，使用和保管制度是否存在漏洞。

二、付款交易的内部控制

采购与付款循环包括采购和付款两个方面。在内部控制健全的企业，与采购相关的付款交易即支出交易同样有其内部控制目标和内部控制，注册会计师应针对每个主要的具体内部控制目标确定关键的内部控制程序，并对此实施相应的控制测试和交易的实质性程序。付款交易中的控制测试的性质取决于内部控制的性质，而付款交易的实质性程序的实施范围，在一定程度上取决于关键控制是否存在以及控制测试的结果。由于采购和付款交易同属一个交易循环，联系紧密，因此，对付款交易的部分测试可与测试采购交易一并实施。当然，另一些付款交易测试仍需单独实施。

需要指出的是，对于每个企业而言，由于性质、所处行业、规模以及内部控制健全程度等不同，而使得与付款交易相关的内部控制内容可能有所不同，但以下与付款交易相关的内部控制内容通常是应当共同遵循的：

（1）企业应当按照《现金管理暂行条例》《支付结算办法》等有关货币资金内部控制的规定办理采购付款交易。

（2）企业财会部门在办理付款交易时，应当对采购发票、结算凭证、验收证明等相关凭证的真实性、完整性、合法性及合规性进行严格审核。

（3）企业应当建立预付账款和定金的授权批准制度，加强预付账款和定金的管理。

（4）企业应当加强应付账款和应付票据的管理，由专人按照约定的付款日期、折扣条件等管理应付款项。已到期的应付款项需经有关授权人员审批后方可办理结算与支付。

（5）企业应当建立退货管理制度，对退货条件、退货手续、货物出库、退货货款回收等作出明确规定，及时收回退货款。

（6）企业应当定期与供应商核对应付账款、应付票据、预付款项等往来款项。如有不符，应查明原因，及时处理。

三、固定资产的内部控制

在本教材的业务循环划分中，固定资产归属采购与付款循环，固定资产与一般的商品在内部控制和控制测试问题上固然有许多共性的地方，但固定资产还有其特殊性，有必要单独加以说明。

为了确保固定资产的真实、完整、安全和有效利用，被审计单位应当建立和健全固定资产的内部控制。

（一）固定资产的预算制度

预算制度是固定资产内部控制中最重要的部分。通常，大中型企业应编制旨在预测与控制固定资产增减和合理运用资金的年度预算；小规模企业即使没有正规的预算，对固定资产的购建也要事先加以计划。

（二）授权批准制度

完善的授权批准制度包括：企业的资本性预算只有经过董事会等高层管理机构批准方可生效；所有固定资产的取得和处置均需经企业管理层的书面认可。

（三）账簿记录制度

除固定资产总账外，被审计单位还需设置固定资产明细分类账和固定资产登记卡，按固定资产类别、使用部门和每项固定资产进行明细分类核算。固定资产的增减变化均应有充分的原始凭证。

（四）职责分工制度

对固定资产的取得、记录、保管、使用、维修、处置等，均应明确划分责任，由专门部门和专人负责。

（五）资本性支出和收益性支出的区分制度

企业应制定区分资本性支出和收益性支出的书面标准。通常需明确资本性支出的范围和最低金额，凡不属于资本性支出的范围、金额低于下限的任何支出，均应列作费用并抵减当期收益。

（六）固定资产的处置制度

固定资产的处置，包括投资转出、报废、出售等，均要有一定的申请报批程序。

（七）固定资产的定期盘点制度

对固定资产的定期盘点，是验证账面各项固定资产是否真实存在、了解固定资产放置地点和使用状况以及发现是否存在未入账固定资产的必要手段。

(八) 固定资产的维护保养制度

固定资产应有严密的维护保养制度，以防止其因各种自然和人为的因素而遭受损失，并应建立日常维护和定期检修制度，以延长其使用寿命。

严格地讲，固定资产的保险不属于企业固定资产的内部控制范围，但它作为一项针对企业重要资产的特别保障，往往对企业非常重要。

作为与固定资产密切相关的一个项目，在建工程项目有其特殊性。在建工程的内部控制通常包括以下内容：

1. 岗位分工与授权批准

（1）企业应当建立工程项目业务的岗位责任制，明确相关部门和岗位的职责、权限，确保办理工程项目业务的不相容岗位相互分离、制约和监督。工程项目业务不相容岗位一般包括：项目建议、可行性研究与项目决策；概预算编制与审核；项目实施与价款支付；竣工决算与竣工审计。

（2）企业应当对工程项目相关业务建立严格的授权批准制度，明确审批人的授权批准方式、权限、程序、责任及相关控制措施，规定经办人的职责范围和工作要求。审批人应当根据工程项目相关业务授权批准制度的规定，在授权范围内进行审批，不得超越审批权限。经办人应当在职责范围内，按照审批人的批准意见办理工程项目业务。对于审批人超越授权范围审批的工程项目业务，经办人有权拒绝办理，并及时向审批人的上级授权部门报告。

（3）企业应当制定工程项目业务流程，明确项目决策、概预算编制、价款支付、竣工决算等环节的控制要求，并设置相应的记录或凭证，如实记载各环节业务的开展情况，确保工程项目全过程得到有效控制。

2. 项目决策控制

企业应当建立工程项目决策环节的控制制度，对项目建议书和可行性研究报告的编制、项目决策程序等作出明确规定，确保项目决策科学、合理。

3. 概预算控制

企业应当建立工程项目概预算环节的控制制度，对概预算的编制、审核等作出明确规定，确保概预算编制科学、合理。

4. 价款支付控制

企业应当建立工程进度价款支付环节的控制制度，对价款支付的条件、方式以及会计核算程序作出明确规定，确保价款支付及时、正确。

5. 竣工决算控制

企业应当建立竣工决算环节的控制制度，对竣工清理、竣工决算、竣工审计、竣工验收等作出明确规定，确保竣工决算真实、完整、及时。

6. 监督检查

企业应当建立对工程项目内部控制的监督检查制度，明确监督检查机构或人员的职责权限，定期或不定期地进行检查。

四、评估重大错报风险

在实施控制测试和实质性程序之前,注册会计师需要了解被审计单位采购与付款交易和相关余额的内部控制的设计、执行情况,评估认定层次的财务报表重大错报风险,并对被审计单位特殊的交易活动和可能影响财务报表真实反映的事项保持职业怀疑。这将影响到注册会计师决定采取何种适当的审计方法。

影响采购与付款交易和余额的重大错报风险可能包括以下几项:

1. 管理层错报费用支出的偏好和动因

被审计单位管理层可能为了完成预算,满足业绩考核要求,保证从银行获得资金,吸引潜在投资者,误导股东,影响公司股价,或通过把私人费用计入公司进行个人牟利而错报支出。常见的方法可能有以下几种:

(1)把通常应当及时计入损益的费用资本化,然后通过资产的逐步摊销予以消化。这对增加当年的利润和留存收益都将产生影响。

(2)平滑利润。通过多计准备或少计负债和准备,把损益控制在被审计单位管理层希望的程度。

(3)利用特别目的实体把负债从资产负债表中剥离,或利用关联方间的费用定价优势制造虚假的收益增长趋势。

(4)通过复杂的税务安排推延或隐瞒所得税和增值税。

(5)被审计单位管理层把私人费用计入企业费用,把企业资金当作私人资金运作。

2. 费用支出的复杂性

例如,被审计单位以复杂的交易安排购买一定期间的多种服务,管理层对于涉及的服务受益与付款安排所涉及的复杂性缺乏足够的了解。这可能导致费用支出分配或计提的错误。

3. 管理层凌驾于控制之上和员工舞弊的风险

例如,通过与第三方串通,把私人费用计入企业费用支出,或有意无意地重复付款。

4. 采用不正确的费用支出截止期

将本期采购收到的商品计入下一会计期间;或者将下一会计期间采购的商品提前计入本期;未及时计提尚未付款的已经购买的服务支出等。

5. 低估

在承受反映较高盈利水平和营运资本的压力下,被审计单位管理层可能试图低估准备和应付账款,包括低估对存货、应收账款应计提的减值以及对已售商品提供的担保(例如售后服务承诺)应计提的准备。

6. 不正确地记录外币交易

当被审计单位进口用于出售的商品时,可能由于采用不恰当的外币汇率而导致该项采购的记录出现差错。此外,还存在未能将诸如运费、保险费和关税等与存货相关的进口费用进行正确分摊的风险。

7. 舞弊和盗窃的固有风险

如果被审计单位经营大型零售业务,由于所采购商品和固定资产的数量及支付的款项庞大,交易复杂,容易造成商品发运错误,员工和客户发生舞弊和盗窃的风险较高。如果那些负责付款的会计人员有权接触应付账款主文档，并能够通过在应付账款主文档中擅自添加新的账户来虚构采购交易，风险也会增加。

8. 存货的采购成本没有按照适当的计量属性确认

这可能导致存货成本和销售成本的核算不正确。

9. 存在未记录的权利和义务

这可能导致资产负债表分类错误以及财务报表附注不正确或披露不充分。

五、控制测试

（一）以内部控制目标为起点的控制测试

在本节前面部分，我们提供了如表 10-2 所示的采购交易的控制目标、关键内部控制和审计测试一览表，以内部控制目标和相关认定为起点，列示了相应的关键内部控制和常用控制测试程序，并就采购交易、付款交易和固定资产的内部控制进行了讨论。

（二）以风险为起点的控制测试

在审计实务中，注册会计师还可以以识别的重大错报风险为起点实施控制测试。表 10-3 列示了采购与付款交易相关的风险、旨在降低这些风险的计算机控制和人工控制以及相应的控制测试程序供参考。

表 10-3　采购与付款交易的风险、控制和控制测试

风险	计算机控制	人工控制	控制测试
订购商品和劳务			
未经授权的供应商可能进入经批准的供应商主文档	程序设定只允许经授权的人员修改经批准的供应商主文档	只有采购部门高级员工才被授权在供应商主文档中增加新供应商信息	询问管理层并检查证明这些控制完成情况的文件
可能向未经批准的供应商采购	处理之前，计算机自动与供应商主文档中每一份订购单比对。将不符事项记录于例外报告	复核例外报告并解决问题。绕过控制的人工处理，经恰当审批	检查复核例外报告的证据，以及批准僭越控制的人工处理的恰当签名
采购可能由未经授权的员工执行	访问控制只允许经授权的员工处理订购单，菜单层面的控制授权限定至单个员工	复核正式的授权级别并定期修订，采购人员有权在限额内进行采购或处理某些类型的支出。僭越控制的、人工接受的订购单，需经采购主管或高级管理层批准	询问、检查授权批准和授权越权的文件。检查订购单并确定其是否在授权批准的范围之内
订购的商品或劳务可能未被提供	计算机自动对所有发出的订购单事先编号，并与随后的采购入库通知单和供应商发票进行比对。比对不符的订购单被单独打印	长期未执行的订购单被记录于未执行订购单的文件上，并采取跟进行动	询问并检查文件，以证实对未执行的订购单的跟进情况

续表

风险	计算机控制	人工控制	控制测试
订购商品和劳务			
采购订购单的项目或数量可能不准确	计算机将订购单上的产品摘要和存货代码与存货主档明细进行比对。当再订货数量超过存货主文档记录的再订货数量,或者现有的存货项目数量超过再订货水平时,生成订货例外报告	由采购部门复核例外报告,取消订购单或经过恰当授权后处理	检查例外报告,证实问题已被适当处理
收到商品和劳务			
收到商品可能未被记录	当商品已被接收,仓库管理人索取订购单以核对所收货物时,计算机生成一份事先编号的采购入库通知单。定期打印未完成订购单	由采购部门复核和追踪未完成订购单报告。定期将报表余额调整至应付账款余额	检查打印文件并追踪未完成订购单。检查应付账款的调整,并重新执行这些程序,以获取其是否正确的证据
收到的商品可能不符合订购单的要求或可能已被损坏	收货人员将收到的商品的情况、实际收货数量录入采购入库通知单,将采购入库通知单与订购单上的具体信息进行比对,并就比对不符商品的情况和数量生成例外报告	清点从供应商处收到的商品,将商品的情况、收货数量与订购单进行核对。检查货物的状况。复核例外报告并解决所有差异	询问、观察商品实物并与订购单进行核对。检查打印文件以获取复核和跟进的证据
记录采购和应付账款			
购买的商品或劳务可能未被记录于正确的费用或资产账户	由计算机将订购单、采购入库通知单和发票上的账户代码与总分类账上的账户代码进行比对。定期(如按周或按月)打印采购交易中费用和资产的分配	复核交易打印文件的合理性	询问和检查例外报告的打印文件,以获取经管理层复核的证据。询问对于发现的错误是否采取了改正措施
上述所有风险		由管理层根据关键业绩指标复核实际业绩。例如:实际采购、计划采购及月度趋势分析;实现的毛利率;应付账款的周转天数	检查用于证明已经识别和解决与关键业绩指标不符的实际业绩问题的文件。询问管理层针对这一问题采取的措施。重新执行复核和跟进程序
记录开具的支票和电子货币转账支付			
开具的支票和电子货币转账支付凭证可能未被记录	在开具支票的过程中,由计算机生成按顺序编号的支票。对空白支票实施接触控制,只有得到授权的员工才能接触。由支票支付系统打印所有开具的支票	如果支票是手工开具的,应控制尚未签发的事先按顺序编号的支票表;由高级员工开具支票;按顺序检查支票编号;调节银行存款余额	询问并观察实物控制和接触控制。重新执行顺序检查和调节银行存款余额的程序

审　计

续表

风险	计算机控制	人工控制	控制测试
记录开具的支票和电子货币转账支付			
电子货币转账支付可能由未经授权的人员执行	只有得到授权、掌握密码的员工才能接触电子货币转账专用终端机	授权执行电子货币支付交易的人员，根据支付次数多少，按月、按周或按日复核电子货币支付清单打印文件，以发现不正常或未经授权的支付	询问、观察实物控制和接触控制
可能向不正确的供应商银行账户进行电子货币转账支付	对于为处理电子货币转账支付而从银行下载的供应商的银行账户详细信息，实施严格的控制	只授权高级员工出于处理电子货币转账支付的目的，在银行记录中变更或增加供应商银行信息。详细信息由供应商书面提供，并在供应商文档中保存。依靠银行的安全控制对此进行监督	询问和检查经恰当授权签字的记录
开具的支票和电子货币支付凭证可能未被及时记录或分配到正确的应付账款账户	付款被自动记入相关应付账款或费用账户和银行存款账户。每一次开具支票后，及时调节相关总分类账的变动	定期进行银行存款调节。按月根据银行存款余额调节表对应付账款账户余额进行调节	检查并重新执行调节程序
可能就虚构或未经授权的采购开具支票和电子货币转账支付凭证	由计算机比对订购单、采购入库通知单和发票，以及经批准的供应商主文档上的供应商账户代码和名称，打印例外报告	如果支票由人工开具，由支票开具人员检查所有支持性文件，包括支票开具前供应商的应付账款调节表和汇款通知。由管理层复核应付账款明细表和采购交易明细表以发现非正常的支付	询问和观察支票开具流程。检查例外报告并追踪问题的解决
可能重复开具支票和电子货币转账支付	由计算机将付款金额和应付账款余额进行比对，并就支付金额超过应付金额的情况生成例外报告	支持性凭据应该注明"已付讫"标记，以防止重复支付。复核例外报告并检查例外事项的处理	检查例外报告，以确定任何付款额超过应付余额的情况是否已得到解决。检查已注明"已付讫"标记的凭据
记录开具的支票和电子货币转账支付			
开具支票和电子货币转账支付的金额可能不正确	由计算机比对订购单、采购入库通知单、发票以及在每一应付账款记录中的供应商账户代码和金额	如果支票由人工开具，由支票开具人员检查所有支持性文件，包括支票开具前供应商的应付账款调节表和汇款通知	询问和观察支票开具流程，并重新执行调节程序

续表

风险	计算机控制	人工控制	控制测试
记录开具的支票和电子货币转账支付			
上述所有风险		管理层的监控主要涉及以下方面：日常零用现金或现金支付清单应该反映分摊到应付账款、费用或资产总分类账户的金额，并就异常的金额对供应商进行询问；定期复核应付账款的账龄分析，并调整应付账款总分类账；追踪异常的余额或不熟悉的供应商名称；监控关键业绩指标	询问、观察管理层的复核程序以及对任何异常的事项的追踪。重新执行复核和追踪程序

第三节　采购与付款循环的实质性程序

一、采购与付款交易的实质性程序

对采购与付款交易实施的实质性程序通常包括以下两个方面。

（一）实质性分析程序

（1）根据对被审计单位的经营活动、供应商的发展历程、贸易条件和行业惯例的了解，确定应付账款和费用支出的期望值。

（2）根据本期应付账款余额组成与以前期间交易水平和预算的比较，确定采购和应付账款可接受的重大差异额。

（3）识别需要进一步调查的差异并调查异常数据关系，如与周期趋势不符的费用支出。这类程序通常包括以下几项。

① 分析月度（或每周）已记录采购总额趋势，与往年或预算相比较。任何异常波动都必须与管理层讨论，如果有必要，还应做进一步的调查。

② 将实际毛利与以前年度和预算相比较。如果被审计单位以不同的加价销售产品，就需要将相似利润水平的产品分组进行比较。任何重大的差异都需要进行调查。因为毛利可能由于销售额、销售成本的错误被歪曲，而销售成本的错误则又可能受采购记录的错误影响。

③ 计算记录在应付账款上的赊购天数，并将其与以前年度相比较。超出预期的变化可能由多种因素造成，包括未记录采购、虚构采购记录或截止问题。

④ 检查常规账户和付款。例如，租金、电话费和电费。这些费用是日常发生的，通常按月支付。通过检查可以确定已记录的所有费用及其月度变动情况。

⑤ 检查异常项目的采购。例如，大额采购，从不经常发生交易的供应商处采购，以及未通过采购账户而是通过其他途径记入存货和费用项目的采购。

⑥ 无效付款或金额不正确的付款，可以通过检查付款记录和付款趋势得以发现。例如，注册会计师通过查找金额偏大的异常项目并深入调查，可能发现重复付款或记入不恰当应付账款账户的付款。

（4）通过询问管理层和员工，调查重大差异额是否存在重大错报风险，是否需要设计恰当的细节测试程序以识别和应对重大错报风险。

（5）形成结论，即实质性分析程序是否能够提供充分、适当的审计证据，或需要对交易和余额实施细节测试以获取进一步的审计证据。

（二）采购与付款交易和相关余额的细节测试

1. 实施细节测试的情况

当出现下列情形时，注册会计师通常应考虑对采购与付款交易和相关余额实施细节测试：

（1）重大错报风险评估为高。例如，存在非正常的交易，包括在期末发生对账户的非正常调整和缺乏支持性文件的关联方交易等。

（2）实质性分析程序显示出未预期的趋势。

（3）需要在财务报表中单独披露的金额或很可能存在错报的金额。例如，差旅费、修理和维护费、广告费、税费、咨询费等。

（4）对需要在纳税申报表中单独披露的事项进行分析。

（5）需要为有些项目单独出具审计报告。例如，被审计单位如果要向国外的特许权授予方支付特许权使用费，就可能存在这种需要。

2. 交易的细节测试

（1）注册会计师应从被审计单位的业务流程层面的主要交易流中选取样本，检查其支持性证据。

（2）对主要交易流实施截止测试。

1）采购交易的截止测试

（1）选择已记录采购的样本，检查相关的商品验收单，保证交易已计入正确的会计期间；

（2）确定期末最后一份验收单的顺序号码并审查代码报告，以检测记录在本会计期间的验收单是否存在更大的顺序号码，或因采购交易被漏记或错计入下一会计期间而在本期遗漏的顺序号码。

2）付款交易的截止测试

（1）确定期末最后签署的支票的号码，确保其后的支票支付未被当作本期的交易予以记录；

（2）追踪付款至期后的银行对账单，确定其在期后的合理期间内被支付；

（3）询问期末已签署但尚未寄出的支票，考虑该项支付是否应在本期冲回，计入下一会计期间。

3）寻找未记录的负债的截止测试

（1）确定被审计单位期末用于识别未记录负债的程序，获取相关交易已记入应付账款的证据；

（2）复核供应商付款通知和供应商对账单，获取发票被遗失或未计入正确的会计期间的证据，询问并确定在资产负债表日是否应增加一项应计负债；

（3）调查关于订购单、商品验收单和发票不符的例外报告，识别遗漏的交易或计入不恰当会计期间的交易；

（4）复核截至审计外勤结束日记录在期后的付款，查找其是否在年底前发生的证据；

4）询问审计外勤结束时仍未支付的应付账款

（1）对于在建工程，检查承建方的证明或质量监督报告，以获取存在未记录负债的证据；

（2）复核资本预算和董事会会议纪要，获取是否存在承诺和或有负债的证据。

3. 余额的细节测试

（1）复核供应商的付款通知，与供应商对账，获取发票遗漏、未计入正确的会计期间的证据。询问并检查对付款存在争议的往来信函，确定在资产负债表日是否应增加一项应计负债。

（2）在特殊情况下，注册会计师需要决定是否应通过供应商来证实被审计单位期末的应付余额。这种情况通常在被审计单位对采购与付款交易的控制出现严重缺失，记录被毁损时才会发生，或者在怀疑存在舞弊或会计记录在火灾或水灾中遗失时才会发生。

二、应付账款的实质性程序

应付账款是企业在正常经营过程中，因购买材料、商品和接受劳务供应等经营活动而应付给供应商的款项。注册会计师应结合赊购交易进行应付账款的审计。

（一）应付账款的审计目标

应付账款的审计目标一般包括：确定资产负债表中记录的应付账款是否存在；确定所有应当记录的应付账款是否均已记录；确定资产负债表中记录的应付账款是否为被审计单位应当履行的现时义务；确定应付账款是否以恰当的金额包括在财务报表中，与之相关的计价调整是否已恰当记录；确定应付账款是否已按照企业会计准则的规定在财务报表中作出恰当的列报。

（二）应付账款的实质性程序

（1）获取或编制应付账款明细表，并执行以下工作：

① 复核加计是否正确，并与报表数、总账数和明细账合计数核对是否相符；

② 检查非记账本位币应付账款的折算汇率及折算是否正确；

③ 分析出现借方余额的项目，查明原因，必要时，建议作重分类调整；

④ 结合预付账款、其他应付款等往来项目的明细余额，调查有无同挂的项目、异常余

审　计

额或与购货无关的其他款项（如关联方账户或雇员账户），如有，应作出记录，必要时建议作调整。

（2）根据被审计单位实际情况，选择以下方法对应付账款执行实质性分析程序。

①　将期末应付账款余额与期初余额进行比较，分析波动原因。

②　分析长期挂账的应付账款，要求被审计单位作出解释，判断被审计单位是否缺乏偿债能力或利用应付账款隐瞒利润，并注意其是否可能无须支付。对确实无须支付的应付账款的会计处理是否正确，依据是否充分；关注账龄超过3年的大额应付账款在资产负债表日后是否偿付，检查偿付记录、单据及披露情况。

③　计算应付账款与存货的比率、应付账款与流动负债的比率，并与以前年度相关比率对比分析，评价应付账款整体的合理性。

④　分析存货和营业成本等项目的增减变动，判断应付账款增减变动的合理性。

（3）函证应付账款。

一般情况下，并非必须函证应付账款，这是因为函证不能保证查出未记录的应付账款，况且注册会计师能够取得采购发票等外部凭证来证实应付账款的余额。但如果控制风险较高，某应付账款明细账户金额较大，则应考虑进行应付账款的函证。进行函证时，注册会计师应选择较大金额的债权人，以及那些在资产负债表日金额不大，甚至为零，但作为被审计单位重要供应商的债权人，作为函证对象。函证最好采用积极函证方式，并具体说明应付金额。与应收账款的函证一样，注册会计师必须对函证的过程进行控制，要求债权人直接回函，并根据回函情况编制与分析函证结果汇总表，对未回函的，应考虑是否再次函证。

如果存在未回函的重大项目，注册会计师应采用替代审计程序。例如，可以检查决算日后应付账款明细账及库存现金和银行存款日记账，核实其是否已支付，同时检查该笔债务的相关凭证资料，如合同、发票、验收单，核实应付账款的真实性。

（4）检查应付账款是否计入了正确的会计期间，是否存在未入账的应付账款。

①　检查债务形成的相关原始凭证，如供应商发票、验收报告或入库单等，查找有无未及时入账的应付账款，确认应付账款期末余额的完整性。

②　检查资产负债表日后应付账款明细账贷方发生额的相应凭证，关注其购货发票的日期，确认其入账时间是否合理。

③　获取被审计单位与其供应商之间的对账单，并将对账单和被审计单位财务记录之间的差异进行调节（如在途款项、在途商品、付款折扣、未记录的负债等），查找有无未入账的应付账款，确定应付账款金额的准确性。

④　针对资产负债表日后付款项目，检查银行对账单及有关付款凭证（如银行汇款通知、供应商收据等），询问被审计单位内部或外部的知情人员，查找有无未及时入账的应付账款。

⑤　结合存货监盘程序，检查被审计单位在资产负债表日前后的存货入库资料（验收报告或入库单），检查是否有大额货到单未到的情况，确认相关负债是否计入了正确的会计期间。

如果注册会计师通过这些审计程序发现某些未入账的应付账款，应将有关情况详细记入

· 198 ·

审计工作底稿，并根据其重要性确定是否需建议被审计单位进行相应的调整。

（5）针对已偿付的应付账款，追查至银行对账单、银行付款单据和其他原始凭证，检查其是否在资产负债表日前真实偿付。

（6）针对异常或大额交易及重大调整事项（如大额的购货折扣或退回，会计处理异常的交易，未经授权的交易，以及缺乏支持性凭证的交易等），检查相关原始凭证和会计记录，以分析交易的真实性、合理性。

（7）被审计单位与债权人进行债务重组的，检查不同债务重组方式下的会计处理是否正确。

（8）标明应付关联方[包括持5%以上（含5%）表决权股份的股东]的款项，执行关联方及其交易审计程序，并注明合并报表时应予抵销的金额。

（9）检查应付账款是否已按照企业会计准则的规定在财务报表中作出恰当列报。一般来说，"应付账款"项目应根据"应付账款"和"预付账款"科目所属明细科目的期末贷方余额的合计数填列。

如果被审计单位为上市公司，则通常在其财务报表附注中应说明有无欠持有5%以上（含5%）表决权股份的股东账款；说明账龄超过3年的大额应付账款未偿还的原因，并在期后事项中反映资产负债表日后是否偿还。

三、固定资产减值准备的实质性程序

（一）审计目标

（1）确定固定资产减值准备的方法是否恰当，计提是否充分；
（2）确定固定资产减值准备增减变动的记录是否完整；
（3）确定固定资产减值准备期末余额是否正确；
（4）确定固定资产减值准备的披露是否恰当。

（二）实质性程序

（1）检查固定资产减值准备的计提方法是否符合会计制度规定，前后各期是否一致，计提的依据是否充分，计提的数额是否恰当，相关会计处理是否正确；

（2）实施分析性复核，计算本期末固定资产减值准备数额占期末固定资产原价的比率，并与期初数比较。如有异常波动，查明原因，判断波动的合理性；

（3）检查实际发生固定资产损失时，相应固定资产减值准备的转销是否符合有关规定，会计处理是否正确；

（4）确定固定资产减值准备的披露是否恰当。

四、应付票据的实质性程序

（一）审计目标

（1）确定应付票据的发生和偿还记录是否完整；
（2）确定应付票据的期末余额是否正确；

（3）确定应付票据在会计报表上的披露是否恰当。

（二）实质性程序

（1）获取或编制应付票据明细表，复核其加计数是否正确，并核对其期末合计数与报表数、总账数和明细账合计数是否相符；

（2）函证应付票据；

（3）实施分析性复核，以证实应付票据的完整性和合理性及发现需要加以特别关注的方面；

（4）检查应付票据备查簿，抽查若干重要原始凭证，确定其是否真实，会计处理是否正确；

（5）复核带息应付票据利息是否足额计提，其会计处理是否正确；

（6）查明逾期未兑付应付票据的原因，是否已转入应付账款项目，其中带息应付票据是否已停止计息；确定是否存在抵押票据的情形，必要时，提请被审计单位予以披露。

第十一章

生产与存货循环的审计

第一节 生产与存货循环的特点

本节内容包括:一是不同行业类型的存货性质;二是本循环涉及的主要凭证和会计记录;三是本循环涉及的主要业务活动。

一、不同行业类型的存货性质

不同行业类型的存货性质有很大的差别,如表11-1所示。

表11-1 不同行业类型的存货性质

行业类型	存货性质
贸易业	从厂商、批发商或其他零售商处采购的商品
一般制造商	采购的原材料、易耗品和配件等、生成的半成品和产成品
金融服务业	一般只有消耗品存货,例如,仅有文具、教学器材以及行政用的计算机设备等
建筑业	建筑材料、在建项目成本(一般包括建造活动发生的直接人工成本和间接费用,以及支付给分包商的建造成本等)

二、涉及的主要凭证与会计记录

以制造业为例,生产与存货循环由将原材料转化为产成品的有关活动组成。该循环包括制订生产计划,控制、保持存货水平以及与制造过程有关的交易和事项,涉及领料、生产加工、销售产成品等主要环节。生产与存货循环所涉及的凭证和记录主要包括以下几种:

(一) 生产指令

生产指令又称生产任务通知单或生产通知单,是企业下达制造产品等生产任务的书面文件，用以通知供应部门组织材料发放、生产车间组织产品制造、会计部门组织成本计算。广义的生产指令也包括用于指导产品加工的工艺规程，如机械加工企业的"路线图"等。

（二）领发料凭证

领发料凭证是企业为控制材料发出所采用的各种凭证，如材料发出汇总表、领料单、限额领料单、领料登记簿、退料单等。

（三）产量和工时记录

产量和工时记录是登记工人或生产班组在出勤时间内完成产品数量、质量和生产这些产品所耗费工时数量的原始记录。产量和工时记录的内容与格式是多种多样的，在不同的生产企业中，甚至在同一企业的不同生产车间中，由于生产类型不同而采用不同格式的产量和工时记录。常见的产量和工时记录主要有工作通知单、工序进程单、工作班产量报告、产量通知单、产量明细表、废品通知单等。

（四）工薪汇总表及工薪费用分配表

工薪汇总表是为了反映企业全部工薪的结算情况，并据以进行工薪总分类核算和汇总整个企业工薪费用而编制的，它是企业进行工薪费用分配的依据。工薪费用分配表反映了各生产车间各产品应负担的生产工人工薪及福利费。

（五）材料费用分配表

材料费用分配表是用来汇总反映各生产车间各产品所耗费的材料费用的原始记录。

（六）制造费用分配汇总表

制造费用分配汇总表是用来汇总反映各生产车间各产品所应负担的制造费用的原始记录。

（七）成本计算单

成本计算单是用来归集某一成本计算对象所应承担的生产费用，计算该成本计算对象的总成本和单位成本的记录。

（八）存货明细账

存货明细账是用来反映各种存货增减变动情况和期末库存数量及相关成本信息的会计记录。

三、涉及的主要业务活动

同样以制造业为例，生产与存货循环所涉及的主要业务活动包括：计划和安排生产、发出原材料、生产产品、核算产品成本、储存产成品、发出产成品等。上述业务活动通常涉及以下部门：生产计划部门、仓库部门、生产部门、人事部门、销售部门、会计部门等。

（一）计划和安排生产

生产计划部门的职责是根据客户订购单或者对销售预测和产品需求的分析来决定生产授权。如决定授权生产，即签发预先按顺序编号的生产通知单。该部门通常应将发出的所有生产通知单按顺序编号并加以记录控制。此外，通常该部门还需编制一份材料需求报告，列示所需要的材料和零件及其库存。

（二）发出原材料

仓库部门的责任是根据从生产部门收到的领料单发出原材料。领料单上必须列示所需的材料数量和种类，以及领料部门的名称。领料单可以一料一单，也可以多料一单，通常需一式三联。仓库发料后，将其中一联连同材料交给领料部门，一联留在仓库登记材料明细账，一联交会计部门进行材料收发核算和成本核算。

（三）生产产品

生产部门在收到生产通知单及领取原材料后，便将生产任务分解到每一个生产工人，并将所领取的原材料交给生产工人，据以执行生产任务。生产工人在完成生产任务后，将完成的产品交生产部门查点，然后转交检验员验收并办理入库手续；或是将所完成的产品移交下一个部门，作进一步加工。

（四）核算产品成本

为了正确核算并有效控制产品成本，必须建立健全成本会计制度，将生产控制和成本核算有机结合在一起。一方面，生产过程中的各种记录、生产通知单、领料单、计工单、入库单等文件资料都要汇集到会计部门，由会计部门对其进行检查和核对，了解和控制生产过程中存货的实物流转；另一方面，会计部门要设置相应的会计账户，会同有关部门对生产过程中的成本进行核算和控制。成本会计制度可以非常简单，只是在期末记录存货余额；也可以是完善的标准成本制度，持续地记录所有材料处理、在产品和产成品，并形成对成本差异的分析报告。完善的成本会计制度应该提供原材料转为在产品，在产品转为产成品，以及按成本中心、分批次生产任务通知单或生产周期所消耗的材料、人工和间接费用的分配与归集的详细资料。

（五）储存产成品

产成品入库，须由仓库部门先行点验和检查，然后签收。签收后，将实际入库数量通知会计部门。据此，仓库部门确立了本身应承担的责任，并对验收部门的工作进行验证。除此之外，仓库部门还应根据产成品的品质特征分类存放，并填制标签。

（六）发出产成品

产成品的发出须由独立的发运部门进行。装运产成品时必须持有经有关部门核准的发运通知单，并据此编制出库单。出库单一般为一式四联，一联交仓库部门，一联由发运部门留存，一联送交顾客，一联作为给顾客开发票的依据。

第二节　生产与存货循环的内部控制和控制测试

一、生产与存货交易的内部控制

总体上看，生产与存货循环的内部控制主要包括存货的内部控制和成本会计制度的内部控制两项内容。

审　　计

关于存货的内部控制，需要作以下两个方面的说明：一方面，如前所述，由于生产与存货循环与其他业务循环的内在联系，生产与存货循环中的某些审计测试，特别是对存货的审计测试，与其他相关业务循环的审计测试同时进行将更为有效。例如，原材料的取得和记录是作为采购与付款循环的一部分进行测试的，而装运产成品和记录营业收入与成本则是作为销售与收款循环审计的一部分进行测试的。这些在前面相应章节已经结合其他循环作了介绍，不再赘述。

另一方面，尽管不同的企业对其存货可能采取不同的内部控制，但从根本上说，均可概括为存货的数量和计价两个关键因素的控制，这将在本章第三节中分别予以阐述。基于上述原因，本节对生产与存货循环的内部控制的讨论，以及对以控制目标和认定为起点的相关控制测试的讨论，主要关注成本会计制度，较少涉及存货方面的相关内容。

表 11 - 2 列示了成本会计制度的内部控制目标、关键内部控制和审计测试的关系。

表 11 - 2　成本会计制度的内部控制目标、关键内部控制和审计测试一览表

内部控制目标	关键内部控制	常用的控制测试	常用的实质性程序
生产业务是根据管理层一般或特定的授权进行的（发生）	对以下三个关键点，应履行恰当手续，经过特别审批或一般审批： （1）生产指令的授权批准； （2）领料单的授权批准； （3）工薪的授权批准	检查凭证中是否包括这三个关键点的恰当审批；检查生产指令、领料单、工薪等是否经过授权	
记录的成本为实际发生的，而非虚构的（发生）	成本的核算是以经过审核的生产通知单、领发料凭证、产量和工时记录、工薪费用分配表、材料费用分配表、制造费用分配表为依据的	检查有关成本的记账凭证是否附有生产通知单、领发料凭证、产量和工时记录、工薪费用分配表、材料费用分配表、制造费用分配表等，原始凭证的顺序编号是否完整	对成本实施分析程序；将成本明细账与生产通知单、领发料凭证、产量和工时记录、工薪费用分配表、材料费用分配表、制造费用分配表相核对
所有耗费和劳动均已反映在成本中（完整性）	生产通知单、领发料凭证、产量和工时记录、工薪费用分配表、材料费用分配表、制造费用分配表均事先编号并已经登记入账	检查生产通知单、领发料凭证、产量和工时记录、工薪费用分配表、材料费用分配表、制造费用分配表的顺序编号是否完整	对成本实施分析程序；将生产通知单、领发料凭证、产量和工时记录、工薪费用分配表、材料费用分配表、制造费用分配表与成本明细账相核对
成本以正确的金额，在恰当的会计期间及时记录于适当的账户（发生、完整性、准确性、计价和分摊）	采用适当的成本核算方法，并且前后各期一致；采用适当的费用分配方法，并且前后各期一致；采用适当的成本核算流程和账务处理流程；内部核查	选取样本测试各种费用的归集和分配以及成本的计算；测试是否按照规定的成本核算流程和账务处理流程进行核算和账务处理	对成本实施分析程序；抽查成本计算单，检查各种费用的归集和分配以及成本的计算是否正确；对重大在产品项目进行计价测试

· 204 ·

续表

内部控制目标	关键内部控制	常用的控制测试	常用的实质性程序
对存货实施保护措施，保管人员与记录、批准人员相互独立（存在、完整性）	存货保管人员与记录人员职务相分离	询问和观察存货与记录的接触控制以及相应的批准程序	
账面存货与实际存货定期核对相符（存在、完整性、计价和分摊）	定期进行存货盘点	询问和观察存货盘点程序	对存货实施监盘程序

二、评估重大错报风险

注册会计师应当清楚了解被审计单位管理层管理生产与存货交易的关键因素和关键业绩指标，因为这些将为识别潜在的重大错报风险提供线索。当生产流程得到良好控制时，注册会计师可能将重大错报风险评价为中或低，并且，可以了解不同级别的管理层收到的例外报告的类型、实施的不同的监督活动，以及是否有证据表明所选取的控制的设计和运行是适当的，是否能够保证管理层采取及时有效的措施来识别错误并处理舞弊。

本教材第十章有关采购与付款交易的固有风险和检查风险的讨论内容，对生产与存货交易基本上是适用的，不再赘述。

注册会计师应当了解被审计单位对生产与存货的管理程序。如果注册会计师认为被审计单位可能存在销售成本和存货的重大错报风险，通常需要考虑对已选取的控制活动的运行有效性进行测试，以证实计划依赖的认定层次上的控制已经在整个期间内运行了。

三、控制测试

（一）以内部控制目标为起点的控制测试

在本节前面部分，我们提供了如表 11-2 所示的成本会计制度的内部控制目标、关键内部控制和审计测试一览表，以内部控制目标和相关认定为起点，列示了相应的关键内部控制和常用的控制测试程序。由于表 11-2 列示的常用的控制测试程序比较清晰，无须逐一解释。

（二）以风险为起点的控制测试

在审计实务中，注册会计师还可以以识别的重大错报风险为起点实施控制测试。表 11-3 列示了生产与存货交易相关的风险、旨在降低这些风险的计算机控制和人工控制以及相应的控制测试程序，供参考。

表 11 - 3　生产与存货交易的风险、控制和控制测试

风险	计算机控制	人工控制	控制测试
计划和开始生产			
生产规模可能不适当：可能因生产过量导致存货滞销，或者因产量不足导致存货脱销	根据销售需求量对存货生产数量实施计算机化监督，以显示具体存货项目的再次订购数量和经济订购数量	计划和生产进度由生产部门监控，并取得生产经理批准	检查授权生产的证据
产品可能没有按照客户要求的规格生产，导致顾客拒收从而滞销		生产开始前，获取客户对于产品设计和规格的认可。计划和生产进度由生产部门监控，并取得生产经理批准	检查客户签署的认可函和生产经理批准的证据
发出原材料			
原材料的发出可能未经授权或者发出用于生产的原材料可能不正确。原材料缺货可能导致生产延误。发出的原材料可能未分配或者未正确分配到生产任务中	将事先编号的原材料通知单录入系统，生成发出原材料给工厂以供生产的原材料发出通知单。每日打印发出至生产过程的原材料，以及包含在生产任务通知单中的原材料发出通知单代码。每日打印未完成的原材料通知单和没有分配到特定生产任务的原材料发出通知单	由经授权的生产人员签署所有生产任务或供生产使用的原材料通知单。由生产经理复核载有每日发出至生产过程中的原材料信息的打印文件，并与由生产人员签署的原材料通知单核对一致。由生产人员监督没有完成的原材料通知单，并跟进发出原材料的延误。由生产人员分别就每个生产阶段逐个签署生产任务通知单，以表明为每一项生产任务所记录的原材料是完整和准确的	检查生产经理复核生产任务通知单、跟进未分配的原材料和未完成的原材料通知单的情况。特别地，在期末查询没有分配的原材料发出通知单对于在产品的影响
原材料可能被盗		确保原材料仓储的实物安全，仅允许经授权的人员进入原材料仓库。在生产地点安置监控录像机，控制安全通道。对于生产高价值或者高度危险的产品的地方，设置严密的安保系统	通过询问和观察以获取控制被执行的证据
在生产阶段转移商品			
直接人工工时可能未被记录或者未被分配至正确的生产任务。直接机器工时可能未被记录或者未被分配至正确的任务	每天在各生产任务上花费的人工时间要与按照每个员工的计时工资时间或工时记录比对一致。对分配到生产任务中的直接人工工时与每天的工时记录的差异要打印在例外报告上。每天计入生产任务的机器工时要与机器生产能力总数比对一致，未分配的工时要打印在例外报告上。每日生产报告累计所有生产任务所耗费的工时，并与每日工时总数比对一致	由管理层复核每日生产报告以及对直接人工总工时分配的调节表。由管理层复核例外报告，并改正分配直接人工工时和机器工时中的错误	检查管理层复核生产报告和工时调节表的证据。检查管理层复核工时差异例外报告的证据，并检查其纠正例外报告所反映的错误的证据

续表

风险	计算机控制	人工控制	控制测试
在生产阶段转移商品			
在产品可能未包括移送下一个生产阶段之前的所有累计成本	记录各个生产阶段中的产品移动。但在产品转移到下一阶段前需经授权的生产人员的电子签名。 出于这一目的,通过密码和菜单对授权人员的进入实施控制。 下一生产阶段的成本直到前一生产阶段已经完成才能进行记录。 每日生产报告记录生产任务从一个阶段转移到下一个阶段的日期和时间,并识别授权转移的员工。 每个连续性生产阶段最后的累计成本也要在每日生产报告中反映	经授权人员的电子签名要显示在生产任务通知单和每日生产报告中,以表明在批准向下一个阶段转移生产任务前,该人员已经检查并确认所有的直接材料、人工和机器工时成本是正确和完整的。 生产管理层检查已分配的成本,并询问不一致的情况。	对于期末在产品,检查授权将生产任务转移至下一个阶段的相关签名。 比较原材料、人工工时和机器工时与完成该阶段生产任务的说明书,并检查生产经理监督和更正差异的证据。
转移产品至产成品仓库			
产成品仓库人员可能未记录接收的已完工产品,或接收了生产的残次品	转移完工产品前需要生产经理的电子签名。 产成品仓库人员通过电子签名显示接收已完工产品,以完成产品从在产品到完工产品的转移。 由计算机将已完工产品转移的数量和成本记录至完工产品存货主文档。 由计算机生成关于所有生产任务已转移至产成品存货的完工生产报告	由质量控制人员检查每一生产阶段完工的存货,以确保其在送达产成品仓库前符合质量标准。 损坏的产品或者不符合质量标准的产品应当立即撤出并处理。 检查人员认为满意后,在生产任务通知单上签字。 除了他们的电子签名,产成品仓库人员还应当通过在有关生产任务通知单上的签章证明已经接收了有关的产成品。 生产经理每日检查完工生产报告,询问并调整所有与预期不一致的成本和数量	检查接收完工产品到产成品仓库的证据。 检查管理层复核完工生产报告和追踪出现的误差的证据。 使用计算机辅助审计方法,将完成的生产任务与转移到产成品仓库的完工产品进行比对,检查转移的数量、成本是否一致
产成品可能被盗	定期打印存货主文档中的产成品记录,反映仓库中的存货项目	对产成品进行实物保护,如仅有经授权的员工才可以进入仓库。 在产成品仓库有选择地安装监控摄像机。 由管理层持续或定期地对存货进行盘点,并调整存货实物数量和存货主文档中存货余额之间的差异。 对接收的产成品、采购和销售的商品实施截止测试	询问并观察安全措施的充分性。 监盘和观察客户持续或定期的盘点程序,并调整记录在存货主文档中的存货余额。 检查由于存货损耗和对期末完工产品、采购商品、销售商品实施截止测试产生的调整

审　计

续表

风险	计算机控制	人工控制	控制测试
记录生产的产品			
分配至生产的存货的成本可能存在错误，包括：分配至生产的原材料的金额发生错误；直接人工工时和机器工时未正确分配至生产任务或分配的金额不正确	每日生产报告详细记录分配给各项任务的直接材料、人工和机器工时，并将其与发出原材料、计时工资记录和机器工时记录进行比对。将比对不一致的直接成本生成例外报告	由管理层复核每日生产报告和例外报告，并采取措施纠正在产品在各阶段转移过程中的错误和分配错误	检查每日生产报告和例外报告，获取管理层复核及采取相关措施的证据
分配给在产品和产成品的间接费用成本可能没有正确计算，可能未分配至正确的生产任务，或导致应该被费用化的部分可能被计入存货成本	计算机通常以直接人工、直接机器工时或者其他特定的生产流程为基础来分配间接成本。每日生产报告应该反映标准成本差异以及间接费用的分配	由管理层定期审批间接费用分配率和分配基础或分配至在产品的标准成本。由管理层定期复核并调查标准成本差异，并根据市场中的有关销售价格考虑产品的可变现净值	检查管理层对标准成本、间接费用的分配率和分配基础的审批。询问会计政策的一贯性。检查管理层复核标准成本差异以及产品可变现净值的证据
已完工产品的生产成本可能没有转移到产成品中	每日完工产品报告中反映了转移到产成品中的成本，以及经授权的生产人员批准这一转移和经授权的产成品仓库人员接收完工产品至产成品仓库的签字	由生产管理层复核每日的产成品报告，询问并调整任何与预期不一致的成本或产量	使用计算机辅助审计方法，将完工产品与产成品仓库接收的产品的成本和数量进行核对。检查每日完工产品报告以及管理层复核的证据

第三节　生产与存货循环的实质性程序

一、生产与存货交易的实质性程序

不同来源的存货在计价和分摊方面的性质是不同的。比如，将在产品和产成品与外购商品进行比较，外购商品计量的准确性取决于采购成本和其达到销售状态所需的进一步成本，而在产品、产成品计量的准确性则更多地依赖于复杂的生产成本，包括耗用的原材料、人工成本和间接可变费用的分配，这些将影响存货余额的计价和分摊。

审计生产与存货交易和余额时，另一个要考虑的因素就是其与采购、销售收入及销售成本间的相互关系，因为就存货认定取得的证据也同时为其对应项目的认定提供了证据。例如，通过存货监盘和对已收存货的截止测试取得的，与外购商品或原材料存货的完整性和存在认定相关的证据，自动为同一期间原材料和商品采购的完整性和发生提供了保证。类似

· 208 ·

的，销售收入的截止测试也为期末之前的销售成本已经从期末存货中扣除并正确计入销售成本提供了证据。因此，这种审计程序为销售收入和销售成本的完整性、截止、发生、准确性和分摊认定，以及产成品存货的完整性、截止和存在认定同时提供了证据。

结合存货容易被盗和变质、毁损等不同于其他财务报表项目的特性，生产与存货交易的重大错报风险通常是影响存货存在、完整性、权利和义务、计价和分摊等认定的存货的高估风险。相应地，注册会计师针对上述重大错报风险应实施实质性审计程序的目标，在于获取关于存货存在、完整性、权利和义务、计价和分摊等多项认定的审计证据。

为实现上述审计目标，注册会计师应当识别管理层用于监控生产与存货交易和余额的关键性的业绩指标；确定影响被审计单位核心业务的重要的内部、外部经营风险，并考虑其对生产与存货流程可能产生的影响；将有关存货项目的期初余额与以前年度工作底稿核对相符；复核制造费用和销售成本总分类账中的异常情况，以及原材料、在产品和产成品等余额的变动情况，调查异常的会计处理；并将有关存货项目的期末余额与总分类账核对相符。在此基础上，对生产与存货交易实施实质性程序。

表11-2列示了审计生产与存货交易和余额时常用的实质性程序。事实上，生产与存货交易的实质性程序可区分为实质性分析程序、生产与存货交易和相关余额的细节测试两个方面。

（一）实质性分析程序

（1）根据对被审计单位的经营活动、供应商的发展历程、贸易条件、行业惯例和行业现状的了解，确定营业收入、营业成本、毛利以及存货周转和费用支出项目的期望值。

（2）根据本期存货余额组成、存货采购、生产水平与以前期间和预算的比较，定义营业收入、营业成本和存货可接受的重大差异额。

（3）比较存货余额和预期周转率。

（4）计算实际数和预计数之间的差异，并同管理层使用的关键业绩指标进行比较。

（5）通过询问管理层和员工，调查实质性分析程序得出的重大差异额是否表明存在重大错报风险，是否需要设计恰当的细节测试程序以识别和应对重大错报风险。

（6）形成结论，即实质性分析程序是否能够提供充分、适当的审计证据，或需要对交易和余额实施细节测试以获取进一步的审计证据。

（二）生产与存货交易和相关余额的细节测试

1. 交易的细节测试

注册会计师应从被审计单位存货业务流程层面的主要交易流中选取样本，检查其支持性证据。例如，从存货采购、完工产品的转移、销售和销售退回记录中选取样本。

① 检查支持性的供应商文件、生产成本分配表、完工产品报告、销售和销售退回文件；

② 从供应商文件、生产成本分配表、完工产品报告、销售和销售退回文件中选取一个样本，追踪至存货总分类账户的相关分录；

③ 重新计算样本所涉及的金额，检查交易经授权批准而发生的证据。

对期末前后发生的诸如采购、销售退回、销售、产品存货转移等主要交易流，实施截止测试。

确认本期末存货收发记录的最后一个顺序号码，并详细检查随后的记录，以检测在本会计期间的存货收发记录中是否存在更大的顺序号码，或因存货收发交易被漏记或错计入下一会计期间而在本期遗漏的顺序号码。

2. 存货余额的细节测试

存货余额的细节测试内容很多，比如，观察被审计单位存货的实地盘存；通过询问确定现有存货是否存在寄存情形，或者被审计单位存货在盘点日是否被寄存在他人处；获取最终的存货盘点表，并对存货的完整性、存在和计量进行测试；检查、计算、询问和函证存货价格；检查存货的抵押合同和寄存合同；检查、计算、询问和函证存货的可变现净值等。

二、存货的实质性程序

（一）存货审计概述

1. 存货的定义

《企业会计准则第1号——存货》规定，存货是指企业在日常活动中持有以备出售的产成品或商品、处在生产过程中的在产品、在生产过程或提供劳务过程中耗用的材料和物料等。

在通常情况下，存货对企业经营特点的反映能力强于其他资产项目。存货对于生产制造业、贸易行业十分重要。通常，存货的重大错报对于财务状况和经营成果都会产生直接的影响。审计中许多复杂和重大的问题都与存货有关。存货、产品生产和销售成本构成了会计、审计乃至企业管理中最为普遍、重要和复杂的问题。

存货审计，尤其是对年末存货余额的测试，通常是审计中最复杂也最费时的部分。对存货存在和存货价值的评估常常十分困难。

2. 导致存货审计复杂的主要原因

（1）存货通常是资产负债表中的一个主要项目，而且通常是构成营运资本的最大项目。

（2）存货存放于不同的地点，这使得对它的实物控制和盘点都很困难。企业必须将存货置于便于产品生产和销售的地方，但是这种分散也带来了审计的困难。

（3）存货项目的多样性也给审计带来了困难。例如，化学制品、宝石、电子元件以及其他的高科技产品。

（4）存货本身的陈旧以及存货成本的分配也使得存货的估价存在困难。

（5）不同企业采用的存货计价方法存在多样性。

正是由于存货对于企业的重要性、存货问题的复杂性以及存货与其他项目密切的关联度，要求注册会计师对存货项目的审计应当予以特别关注。相应地，要求实施存货项目审计的注册会计师应具备较高的专业素质和相关业务知识，分配较多的审计工时，运用多种有针对性的审计程序。

（二）存货监盘

1. 存货监盘的作用

（1）如果存货对财务报表是重要的，注册会计师应当实施下列审计程序，对存货的存在和状况获取充分、适当的审计证据。

① 在存货盘点现场实施监盘（除非不可行）；
② 对期末存货记录实施审计程序，以确定其是否准确反映实际的存货盘点结果。
(2) 在存货盘点现场实施监盘时，注册会计师应当实施下列审计程序：
① 评价管理层用以记录和控制存货盘点结果的指令和程序；
② 观察管理层制定的盘点程序的执行情况；
③ 检查存货；
④ 执行抽盘。

存货监盘的相关程序可以用作控制测试或者实质性程序。注册会计师可以根据风险评估结果、审计方案和实施的特定程序作出判断。例如，如果只有少数项目构成了存货的主要部分，注册会计师可能选择将存货监盘用作实质性程序。

需要说明的是，尽管实施存货监盘，获取有关期末存货数量和状况的充分、适当的审计证据是注册会计师的责任，但这并不能取代被审计单位管理层定期盘点存货、合理确定存货的数量和状况的责任。事实上，管理层通常制定程序，对存货每年至少进行一次实物盘点，以作为编制财务报表的基础，并用以确定被审计单位永续盘存制的可靠性（如适用）。

注册会计师监盘存货的目的在于获取有关存货数量和状况的审计证据。因此，存货监盘针对的主要是存货的存在认定，对存货的完整性认定及计价认定，也能提供部分审计证据。此外，注册会计师还可能在存货监盘中获取有关存货所有权的部分审计证据。例如，如果注册会计师在监盘中注意到某些存货已经被法院查封，需要考虑被审计单位对这些存货的所有权是否受到了限制。但如《〈中国注册会计师审计准则第1311号——对存货、诉讼和索赔、分部信息等特定项目获取审计证据的具体考虑〉应用指南》第6段所述，存货监盘本身并不足以供注册会计师确定存货的所有权，注册会计师可能需要执行其他实质性审计程序，以应对所有权认定的相关风险。

2. 存货监盘计划

1) 制定存货监盘计划的基本要求

注册会计师应当根据被审计单位存货的特点、盘存制度和存货内部控制的有效性等情况，在评价被审计单位管理层制定的存货盘点程序的基础上，编制存货监盘计划，对存货监盘作出合理安排。

有效的存货监盘需要制订周密、细致的计划。为了避免误解并有助于有效地实施存货监盘，注册会计师通常需要与被审计单位就存货监盘等问题达成一致意见。因此，注册会计师首先应当充分了解被审计单位存货的特点、盘存制度和存货内部控制的有效性等情况，并考虑获取、审阅和评价被审计单位预定的盘点程序。

2) 存货监盘计划的主要内容

存货监盘计划应当包括以下主要内容：

(1) 存货监盘的目标、范围及时间安排。

① 存货监盘的主要目标包括获取被审计单位资产负债表日有关存货数量和状况以及有关管理层存货盘点程序可靠性的审计证据，检查存货的数量是否真实完整，是否归属被审计单位，存货有无毁损、陈旧、过时、残次和短缺等状况。

② 存货监盘范围的大小取决于存货的内容、性质以及与存货相关的内部控制的完善程度和重大错报风险的评估结果。

③ 存货监盘的时间，包括实地察看盘点现场的时间、观察存货盘点的时间和对已盘点存货实施检查的时间等，应当与被审计单位实施存货盘点的时间相协调。

（2）存货监盘的要点及关注事项。

① 存货监盘的要点主要包括注册会计师实施存货监盘程序的方法、步骤，各个环节应注意的问题以及所要解决的问题。

② 注册会计师需要重点关注的事项包括盘点期间的存货移动、存货的状况、存货的截止确认、存货的各个存放地点及金额等。

（3）参加存货监盘人员的分工。

注册会计师应当根据被审计单位参加存货盘点人员分工、分组情况、存货监盘工作量的大小和人员素质情况，确定参加存货监盘的人员组成以及各组成人员的职责和具体的分工情况，并加强督导。

（4）检查存货的范围。

注册会计师应当根据对被审计单位存货盘点和对被审计单位内部控制的评价结果确定检查存货的范围。在实施观察程序后，如果认为被审计单位内部控制设计良好且得到有效实施，存货盘点组织良好，可以相应缩小实施检查程序的范围。

3. 存货监盘程序

在存货盘点现场实施监盘时，注册会计师应当实施下列审计程序：

（1）评价管理层用以记录和控制存货盘点结果的指令和程序。

注册会计师需要考虑这些指令和程序是否包括下列方面：

① 适当控制活动的运用，例如，收集已使用的存货盘点记录，清点未使用的存货盘点表单，实施盘点和复盘程序；

② 准确认定在产品的完工程度，流动缓慢（呆滞）、过时或毁损的存货项目，以及第三方拥有的存货（如寄存货物）；

③ 在适用的情况下用于估计存货数量的方法，如可能需要估计煤堆的重量；

④ 对存货在不同存放地点之间的移动以及截止日前后期间出入库的控制。

一般而言，被审计单位在盘点过程中停止生产并关闭存货存放地点以确保停止存货的移动，有利于保证盘点的准确性。但特定情况下，被审计单位可能由于实际原因无法停止生产或收发货物。这种情况下，注册会计师可以根据被审计单位的具体情况考虑其无法停止存货移动的原因及其合理性。

同时，注册会计师可以通过询问管理层以及阅读被审计单位的盘点计划等方式，了解被审计单位对存货移动所采取的控制程序和对存货收发截止影响的考虑。例如，如果被审计单位在盘点过程中无法停止生产，可以考虑在仓库内划分出独立的过渡区域，将预计在盘点期间领用的存货移至过渡区域，对盘点期间办理入库手续的存货暂时存放在过渡区域，以此确保相关存货只被盘点一次。

在实施存货监盘程序时，注册会计师需要观察被审计单位有关存货移动的控制程序是否得到执行。同时，注册会计师可以向管理层索取盘点期间存货移动相关的书面记录以及出、入库资料作为执行截止测试的资料,为监盘结束的后续工作提供证据。

(2) 观察管理层制定的盘点程序(如对盘点时及其前后的存货移动的控制程序)的执行情况。

这有助于注册会计师获取有关管理层指令和程序是否得到适当设计和执行的审计证据。尽管盘点存货时最好能保持存货不发生移动,但在某些情况下存货的移动是难以避免的。如果在盘点过程中被审计单位的生产经营仍将持续进行,注册会计师应通过实施必要的检查程序,确定被审计单位是否已经对此设置了相应的控制程序,确保在适当的期间内对存货作出了准确记录。

此外,注册会计师可以获取有关截止性信息(如存货移动的具体情况)的复印件,有助于日后对存货移动的会计处理实施审计程序。具体来说,注册会计师一般应当获取盘点日前后存货收发及移动的凭证,检查库存记录与会计记录期末截止是否正确。注册会计师在对期末存货进行截止测试时,通常应当关注以下内容:

① 所有在截止日以前入库的存货项目是否均已包括在盘点范围内,并已反映在截止日以前的会计记录中。任何在截止日期以后入库的存货项目是否均未包括在盘点范围内,也未反映在截止日以前的会计记录中。

② 所有在截止日以前装运出库的存货项目是否均未包括在盘点范围内,且未包括在截止日的存货账面余额中。任何在截止日期以后装运出库的存货项目是否均已包括在盘点范围内,并已包括在截止日的存货账面余额中。

③ 所有已确认为销售但尚未装运出库的商品是否均未包括在盘点范围内,且未包括在截止日的存货账面余额中;所有已记录为购货但尚未入库的存货是否均已包括在盘点范围内,并已反映在会计记录中。

④ 在途存货和被审计单位直接向顾客发运的存货是否均已得到了适当的会计处理。

(3) 注册会计师通常可观察存货的验收入库地点和装运出库地点以执行截止测试。

在存货入库和装运过程中采用连续编号的凭证时,注册会计师应当关注截止日期前的最后编号。如果被审计单位没有使用连续编号的凭证,注册会计师应当列出截止日期以前的最后几笔装运和入库记录。如果被审计单位使用运货车厢或拖车进行存储、运输或验收入库,注册会计师应当详细列出存货场地上满载和空载的车厢或拖车,并记录各自的存货状况。

(4) 检查存货。

在存货监盘过程中检查存货,虽然不一定能确定存货的所有权,但有助于确定存货的存在,以及识别过时、毁损或陈旧的存货。注册会计师应当把所有过时、毁损或陈旧存货的详细情况记录下来,这既便于进一步追查这些存货的处置情况,也能为测试被审计单位存货跌价准备计提的准确性提供证据。

(5) 执行抽盘。

在对存货盘点结果进行测试时,注册会计师可以从存货盘点记录中选取项目追查至存货实物,以及从存货实物中选取项目追查至盘点记录,以获取有关盘点记录准确性和完整性的审计证据。需要说明的是,注册会计师应尽可能避免让被审计单位事先了解将抽盘的存货项目。除记录注册会计师对存货盘点结果进行的测试情况外,获取管理层完成的存货盘点记录的复印件也有助于注册会计师日后实施审计程序,以确定被审计单位的期末存货记录是否准确地反映了存货的实际盘点结果。

注册会计师在实施抽盘程序时发现差异，很可能表明被审计单位的存货盘点在准确性或完整性方面存在错误。由于检查的内容通常仅仅是已盘点存货中的一部分，所以在检查中发现的错误很可能意味着被审计单位的存货盘点还存在着其他错误。

一方面，注册会计师应当查明原因，并及时提请被审计单位更正；另一方面，注册会计师应当考虑错误的潜在范围和重大程度，在可能的情况下，扩大检查范围以减少错误的发生。注册会计师还可要求被审计单位重新盘点。重新盘点的范围可限于某一特殊领域的存货或特定盘点小组。

（三）存货计价测试

监盘程序主要是对存货的结存数量予以确认。为验证财务报表上存货余额的真实性，还必须对存货的计价进行审计，即确定存货实物数量和永续盘存记录中的数量是否经过正确地计价和汇总。存货计价测试主要是针对被审计单位所使用的存货单位成本是否正确所做的测试，当然，广义地看，存货成本的审计也可以被视为存货计价测试的一项内容。

单位成本的充分的内部控制与生产和会计记录结合起来，对于确保用于期末存货计价的成本的合理性十分重要。一项重要的内部控制是使用标准成本记录来反映原材料、直接人工和制造费用的差异，它还可以用来评价生产。使用标准成本时，应设置相应程序，及时反映生产过程与成本的变化。由独立于成本核算部门的雇员来复核单位成本的合理性，也是一项有用的计价控制。

1. 样本的选择

计价审计的样本，应从存货数量已经盘点、单价和总金额已经计入存货汇总表的结存存货中选择。选择样本时应着重选择结存余额较大且价格变化比较频繁的项目，同时考虑所选样本的代表性。抽样方法一般采用分层抽样法，抽样规模应足以推断总体的情况。

2. 计价方法的确认

存货的计价方法多种多样，被审计单位应结合企业会计准则的基本要求选择符合自身特点的方法。注册会计师除应了解掌握被审计单位的存货计价方法外，还应对这种计价方法的合理性与一贯性予以关注，没有足够理由，计价方法在同一会计年度内不得变动。

3. 计价测试

进行计价测试时，注册会计师首先应对存货价格的组成内容予以审核，然后按照所了解的计价方法对所选择的存货样本进行计价测试。测试时，应尽量排除被审计单位已有计算程序和结果的影响，进行独立测试。测试结果出来后，应与被审计单位账面记录对比，编制对比分析表，分析形成差异的原因。如果差异过大，应扩大测试范围，并根据审计结果考虑是否应提出审计调整建议。

在存货计价审计中，由于被审计单位对期末存货采用成本与可变现净值孰低的方法计价，所以注册会计师应充分关注其对存货可变现净值的确定及存货跌价准备的计提。

可变现净值是指企业在日常活动中，存货的估计售价减去至完工时估计将要发生的成本、估计的销售费用以及相关税费后的金额。企业确定存货的可变现净值，应当以取得的确凿证据为基础，并且考虑持有存货的目的以及资产负债表日后事项的影响等因素。

第十二章

货币资金审计

第一节 货币资金审计概述

根据货币资金存放地点及用途的不同，货币资金分为库存现金、银行存款及其他货币资金。

一、货币资金与交易循环涉及的主要凭证和会计记录

货币资金审计涉及的凭证和会计记录主要有以下几种：
(1) 现金盘点表。
(2) 银行对账单。
(3) 银行存款余额调节表。
(4) 有关科目的记账凭证。
(5) 有关会计账簿。

二、货币资金内部控制概述

由于货币资金是企业流动性最强的资产，企业必须加强对货币资金的管理，建立良好的货币资金内部控制，以确保全部应收取的货币资金均能收取，并及时正确地予以记录；全部货币资金支出是按照经批准的用途进行的，并及时正确地予以记录；库存现金、银行存款报告正确，并得以恰当保管；正确预测企业正常经营所需的货币资金收支额，确保企业有充足又不过剩的货币资金余额。

在实务中，库存现金、银行存款和其他货币资金的转换比较频繁，三者的内部控制目标、内部控制制度的制定与实施大致相似，因此，先统一对货币资金的内部控制作一个概述，各自内部控制的特点以及控制测试将在后面分述。

审 计

（一）一般而言，一个良好的货币资金内部控制应该达到的要求：

（1）货币资金收支与记账的岗位分离。

（2）货币资金收支要有合理、合法的凭据。

（3）全部收支及时准确入账，并且支出要有核准手续。

（4）控制现金坐支，当日收入现金应及时送存银行。

（5）按月盘点现金，编制银行存款余额调节表，以做到账实相符。

（6）加强对货币资金收支业务的内部审计。

（二）企业通常应当遵循的要求

尽管由于每个企业的性质、所处行业、规模以及内部控制制度健全程度等不同，使得其与货币资金相关的内部控制内容有所不同，但以下要求是通常应当共同遵循的：

1. 岗位分工及授权批准

1）企业应当建立货币资金业务的岗位责任制

明确相关部门和岗位的职责权限，确保办理货币资金业务的不相容岗位相互分离、制约和监督。出纳人员不得兼任稽核、会计档案保管和收入、支出、费用、债权债务账目的登记工作。企业不得由一人办理货币资金业务的全过程。

2）企业应当对货币资金业务建立严格的授权批准制度

明确审批人对货币资金业务的授权批准方式、权限、程序、责任和相关控制措施，规定经办人办理货币资金业务的职责范围和工作要求。审批人应当根据货币资金授权批准制度的规定，在授权范围内进行审批，不得超越审批权限。经办人应当在职责范围内，按照审批人的批准意见办理货币资金业务。对于审批人超越授权范围审批的货币资金业务，经办人员有权拒绝办理，并及时向审批人的上级授权部门报告。

3）企业应当按照规定的程序办理货币资金支付业务

（1）支付申请。

企业有关部门或个人用款时，应当提前向审批人提交货币资金支付申请，注明款项的用途、金额、预算、支付方式等内容，并附有效经济合同或相关证明。

（2）支付审批。

审批人根据其职责、权限和相应程序对支付申请进行审批。对不符合规定的货币资金支付申请，审批人应当拒绝批准。

（3）支付复核。

复核人应当对批准后的货币资金支付申请进行复核，复核货币资金支付申请的批准范围、权限、程序是否正确，手续及相关单证是否齐备，金额计算是否准确，支付方式、支付企业是否妥当等。复核无误后，交由出纳人员办理支付手续。

（4）办理支付。

出纳人员应当根据复核无误的支付申请，按规定办理货币资金支付手续，及时登记库存现金和银行存款日记账。

·216·

企业对于重要货币资金支付业务，应当实行集体决策和审批，并建立责任追究制度，防范贪污、侵占、挪用货币资金等行为。

严禁未经授权的机构或人员办理货币资金业务或直接接触货币资金。

2. 现金和银行存款的管理

（1）企业应当加强现金库存限额的管理，超过库存限额的现金应及时存入银行。

（2）企业必须根据《现金管理暂行条例》的规定，结合本企业的实际情况，确定本企业现金的开支范围。不属于现金开支范围的业务应当通过银行办理转账结算。

（3）企业现金收入应当及时存入银行，不得用于直接支付企业自身的支出。因特殊情况需坐支现金的，应事先报经开户银行审查批准。

（4）企业借出款项必须执行严格的授权批准程序，严禁擅自挪用、借出货币资金。

（5）企业取得的货币资金收入必须及时入账，不得私设"小金库"，不得账外设账，严禁收款不入账。

（6）企业应当严格按照《支付结算办法》等国家有关规定，加强银行账户的管理，严格按照规定开立账户，办理存款、取款和结算。

（7）企业应当定期检查、清理银行账户的开立及使用情况，发现问题应及时处理。

（8）企业应当加强对银行结算凭证的填制、传递及保管等环节的管理与控制。

（9）企业应当严格遵守银行结算纪律，不准签发没有资金保证的票据或远期支票，套取银行信用；不准签发、取得和转让没有真实交易和债权债务的票据，套取银行和他人资金；不准无理拒绝付款，任意占用他人资金；不准违反规定开立和使用银行账户。

（10）企业应当指定专人定期核对银行账户（每月至少核对一次），编制银行存款余额调节表，使银行存款账面余额与银行对账单调节相符。如调节不符，应查明原因，及时处理。

（11）企业应当定期和不定期地进行现金盘点，确保现金账面余额与实际库存相符。发现不符，及时查明原因并作出处理。

3. 票据及有关印章的管理

（1）企业应当加强与货币资金相关的票据的管理，明确各种票据的购买、保管、领用、背书转让、注销等环节的职责权限和程序，并专设登记簿进行记录，防止空白票据的遗失和被盗用。

（2）企业应当加强银行预留印鉴的管理。财务专用章应由专人保管，个人名章必须由本人或其授权人员保管。严禁一人保管支付款项所需的全部印章。

（3）按规定需要有关负责人签字或盖章的经济业务，必须严格履行签字或盖章手续。

4. 监督检查

（1）企业应当建立对货币资金业务的监督检查制度，明确监督检查机构或人员的职责权限，定期和不定期地进行检查。

（2）货币资金监督检查的内容主要包括以下几项：

① 货币资金业务相关岗位及人员的设置情况。重点检查是否存在货币资金业务不相容职务混岗的现象。

② 货币资金授权批准制度的执行情况。重点检查货币资金支出的授权批准手续是否健全，是否存在越权审批行为。

③ 支付款项印章的保管情况。重点检查是否存在办理付款业务所需的全部印章交由一人保管的现象。

④ 票据的保管情况。重点检查票据的购买、领用、保管手续是否健全，票据保管是否存在漏洞。

对监督检查过程中发现的货币资金内部控制中的薄弱环节，应当及时采取措施，加以纠正和完善。

第二节　库存现金审计

一、审计目标

库存现金包括企业的人民币现金和外币现金。现金是企业流动性最强的资产，尽管其在企业资产总额中的比重不大，但企业发生的舞弊事件大多与现金有关，因此，注册会计师应该重视库存现金的审计。

库存现金的审计目标一般应包括以下几项（括号内为相应的财务报表认定内容）：

（1）确定被审计单位资产负债表的货币资金项目中的库存现金在资产负债表日是否确实存在。（存在）

（2）确定被审计单位所有应当记录的现金收支业务是否均已记录完毕，有无遗漏。（完整性）

（3）确定记录的库存现金是否被审计单位所拥有或控制。（权利和义务）

（4）确定库存现金以恰当的金额包括在财务报表的货币资金项目中，与之相关的计价调整已恰当记录。（计价和分摊）

（5）确定库存现金是否已按照企业会计准则的规定在财务报表中作出恰当列报。（列报）

二、库存现金内部控制的测试

（一）库存现金内部控制的特点

由于现金是企业流动性最强的资产，加强现金管理对于保护企业资产安全完整、维护社会经济秩序具有重要的意义。在良好的现金内部控制下，企业的现金收支记录应及时、准确、完整；全部现金支出均按经批准的用途进行；现金得以安全保管。一般而言一个良好的现金内部控制应该达到以下几点：

（1）现金收支与记账的岗位分离。

（2）现金收支要有合理、合法的凭据。

（3）全部收入及时准确入账，全部支出要有核准手续。

（4）控制现金坐支，当日收入现金应及时送存银行。

（5）按月盘点现金，以做到账实相符。

（6）加强对现金收支业务的内部审计。

（二）库存现金内部控制的测试

1. 了解现金内部控制

通常通过现金内部控制流程图来了解现金内部控制。编制现金内部控制流程图是现金控制测试的重要步骤。注册会计师在编制现金内容控制流程图之前应通过询问、观察等调查手段收集必要的资料，然后根据所了解的情况编制流程图。对中小企业，也可采用编写现金内部控制说明的方法。

若以前年度审计时已经编制了现金内部控制流程图，注册会计师可根据调查结果加以修正，以供本年度审计之用。一般地，了解现金内部控制时，注册会计师应当注意检查库存现金内部控制的建立和执行情况，重点包括以下几点：

（1）库存现金的收支是否按规定的程序和权限办理；
（2）是否存在与被审计单位经营无关的款项收支情况；
（3）出纳与会计的职责是否严格分离；
（4）库存现金是否妥善保管，是否定期盘点、核对，等等。

2. 抽取并检查收款凭证

如果现金收款内部控制不强，很可能会发生贪污舞弊或挪用等情况。例如，在一个小企业中，出纳员同时负责登记应收账款明细账，很可能发生循环挪用货款的情形。

3. 抽取并检查付款凭证

为测试现金付款内部控制，注册会计师应按照现金付款凭证分类，选取适当的样本量，作如下检查：

（1）检查付款的授权批准手续是否符合规定。
（2）核对现金日记账的付出金额是否正确。
（3）核对现金付款凭证与应付账款明细账的记录是否一致。
（4）核对实付金额与购货发票是否相符，等等。

4. 抽取一定期间的库存现金日记账与总账核对

注册会计师应抽取一定期间的库存现金日记账，检查其加总是否正确无误，库存现金日记账是否与总分类账核对相符。

5. 查外币现金的折算方法是否符合有关规定，是否与上年度一致

对于有外币现金的被审计单位，注册会计师应检查外币库存现金日记账及"财务费用""在建工程"等账户的记录，确定企业有关外币现金的增减变动是否采用交易发生日的即期汇率将外币金额折算为记账本位币金额，或者采用按照系统合理的方法确定的、与交易发生日即期汇率近似的汇率折算为记账本位币，选择采用汇率的方法前后各期是否一致；检查企业的外币现金的期末余额是否采用期末即期汇率折算为记账本位币金额；折算差额的会计处理是否正确。

6. 评价库存现金的内部控制

注册会计师在完成上述程序之后，即可对库存现金的内部控制进行评价。评价时，注册会计师应首先确定库存现金内部控制可信赖的程度以及存在的薄弱环节和缺点，然后据以确定在库存现金实质性程序中对哪些环节可以适当减少审计程序，对哪些环节应增加审计程序并作重点检查，以减少审计风险。

三、库存现金的实质性程序

（一）核对库存现金日记账与总账的金额是否相符，检查非记账本位币库存现金的折算汇率及折算金额是否正确

注册会计师测试现金余额的起点是，核对库存现金日记账与总账的金额是否相符。如果不相符，应查明原因，必要时应建议作出适当调整。

（二）监盘库存现金

监盘库存现金是证实资产负债表中货币资金项目下所列库存现金是否存在的一项重要审计程序。

企业盘点库存现金，通常包括对已收到但未存入银行的现金、零用金、找换金等的盘点。盘点库存现金的时间和人员应视被审计单位的具体情况而定，但现金出纳员和被审计单位会计主管人员必须参加，并由注册会计师进行监盘。盘点和监盘库存现金的步骤与方法主要有以下几种：

（1）制订监盘计划，确定监盘时间。对库存现金的监盘最好实施突击性的检查，时间最好选择在上午上班前或下午下班时，盘点的范围一般包括被审计单位各部门经管的现金。在进行现金盘点前，应由出纳员将现金集中起来存入保险柜。必要时可加以封存，然后由出纳员把已办妥现金收付手续的收付款凭证登入库存现金日记账。如被审计单位库存现金存放部门有两处或两处以上的，应同时进行盘点。

（2）审阅库存现金日记账并同时与现金收付凭证相核对。一方面检查库存现金日记账的记录与凭证的内容和金额是否相符；另一方面了解凭证日期与库存现金日记账日期是否相符或接近。

（3）由出纳员根据库存现金日记账加计累计数额，结出现金结余额。

（4）盘点保险柜内的现金实存数，同时由注册会计师编制"库存现金监盘表"，分币种、面值列示盘点金额。

（5）将盘点金额与库存现金日记账余额进行核对，如有差异，应要求被审计单位查明原因，必要时应提请被审计单位作出调整；如无法查明原因，应要求被审计单位按管理权限批准后作出调整。

（6）若有冲抵库存现金的借条、未提现支票、未作报销的原始凭证，应在"库存现金监盘表"中注明，必要时应提请被审计单位作出调整。

（7）在非资产负债表日进行盘点和监盘时，应调整至资产负债表日的金额。

（三）分析被审计单位日常库存现金余额是否合理

关注是否存在大额未缴存的现金。

（四）抽查大额库存现金收支

检查大额现金收支的原始凭证是否齐全、原始凭证内容是否完整、有无授权批准、记账凭证与原始凭证是否相符、账务处理是否正确、是否记录于恰当的会计期间等项内容。

（五）抽查资产负债表日前后若干天的、一定金额以上的现金收支凭证实施截止测试

被审计单位资产负债表的货币资金项目中的库存现金数额，应以结账日实有数额为准。因此，注册会计师必须验证现金收支的截止日期，以确定是否存在跨期事项、是否应考虑提出调整建议。

（六）检查库存现金是否在财务报表中作出恰当列报

根据有关规定，库存现金在资产负债表的"货币资金"项目中反映，注册会计师应在实施上述审计程序后，确定"库存现金"账户的期末余额是否恰当，进而确定库存现金是否在资产负债表中恰当披露。

第三节 银行存款和其他货币资金审计

一、银行存款审计目标

银行存款是指企业存放在银行或其他金融机构的各种款项。按照国家有关规定，凡是独立核算的企业，都必须在当地银行开设账户。企业在银行开设账户以后，除按核定的限额保留库存现金外，超过限额的现金必须存入银行；除了在规定的范围内可以用现金直接支付款项外，在经营过程中所发生的一切货币收支业务，都必须通过银行存款账户进行结算。

银行存款的审计目标一般应包括以下几点（括号内为对应的财务报表认定的内容）：

(1) 确定被审计单位资产负债表的货币资金项目中的银行存款在资产负债表日是否确实存在。（存在）

(2) 确定被审计单位所有应当记录的银行存款收支业务是否均已记录完毕，有无遗漏。（完整性）

(3) 确定记录的银行存款是否被审计单位所拥有或控制。（权利和义务）

(4) 确定银行存款以恰当的金额包括在财务报表的货币资金项目中，与之相关的计价调整已恰当记录。（计价和分摊）

(5) 确定银行存款是否已按照企业会计准则的规定在财务报表中作出恰当列报。（列报）

二、银行存款的控制测试

（一）银行存款内部控制的特点

一般而言，一个良好的银行存款的内部控制同现金的内部控制一样，也应达到以下几点：

(1) 银行存款收支与记账的岗位分离。

(2) 银行存款收支要有合理、合法的凭据。

(3) 全部收支及时准确入账，全部支出要有核准手续。

(4) 按月编制银行存款余额调节表，以做到账实相符。

（5）加强对银行存款收支业务的内部审计。

按照我国现金管理的有关规定，超过规定限额以上的现金支出一律使用支票。因此，企业应建立相应的支票申领制度，明确申领范围、申领批准及支票签发、支票报销等。

对于支票报销和现金报销，企业应建立报销制度。报销人员报销时应当有正常的报批手续、适当的付款凭据，有关采购支出还应具有验收手续。会计部门应对报销单据加以审核，出纳员见到加盖核准戳记的支出凭据后方可付款。

付款记录应及时登记入账，相关凭证应按顺序或内容编制会计记录的附件。

（二）银行存款的控制测试

1. 了解银行存款的内部控制

注册会计师对银行存款内部控制的了解要与了解现金的内部控制同时进行。注册会计师应当注意的内容包括以下几点：

（1）银行存款的收支是否按规定的程序和权限办理。

（2）银行账户是否存在与本单位经营无关的款项收支情况。

（3）是否存在出租、出借银行账户的情况。

（4）出纳与会计的职责是否严格分离。

（5）是否定期取得银行对账单并编制银行存款余额调节表等。

2. 抽取并检查银行存款收款凭证

注册会计师应选取适当的样本量，作如下检查：

（1）核对银行存款收款凭证与存入银行账户的日期和金额是否相符。

（2）核对银行存款日记账的收入金额是否正确。

（3）核对银行存款收款凭证与银行对账单是否相符。

（4）核对银行存款收款凭证与应收账款明细账的有关记录是否相符。

（5）核对实收金额与销货发票是否一致，等等。

3. 抽取并检查银行存款付款凭证

为测试银行存款付款内部控制，注册会计师应选取适当的样本量，作如下检查：

（1）检查付款的授权批准手续是否符合规定。

（2）核对银行存款日记账的付出金额是否正确。

（3）核对银行存款付款凭证与银行对账单是否相符。

（4）核对银行存款付款凭证与应付账款明细账的记录是否一致。

（5）核对实付金额与购货发票是否相符，等等。

4. 抽取一定期间的银行存款日记账与总账核对

注册会计师应抽取一定期间的银行存款日记账，检查其有无计算错误，并与银行存款总分类账核对。

5. 抽取一定期间银行存款余额调节表，查验其是否按月正确编制并经复核

为证实银行存款记录的正确性，注册会计师必须抽取一定期间的银行存款余额调节表，将其同银行对账单、银行存款日记账及总账进行核对，确定被审计单位是否按月正确编制并复核银行存款余额调节表。

6. 检查外币银行存款的折算方法是否符合有关规定，是否与上年度一致

对于有外币银行存款的被审计单位，注册会计师应检查外币银行存款日记账及"财务费用""在建工程"等账户的记录，确定有关外币银行存款的增减变动是否采用交易发生日的即期汇率将外币金额折算为记账本位币金额，或者采用按照系统合理的方法确定的、与交易发生日即期汇率近似的汇率折算为记账本位币，选择采用汇率的方法前后各期是否一致；检查企业的外币银行存款的余额是否采用期末即期汇率折算为记账本位币金额；折算差额的会计处理是否正确。

7. 评价银行存款的内部控制

注册会计师在完成上述程序之后，即可对银行存款的内部控制进行评价。评价时，注册会计师应首先确定银行存款内部控制可信赖的程度以及存在的薄弱环节和缺点，然后据以确定在银行存款实质性程序中对哪些环节可以适当减少审计程序，对哪些环节应增加审计程序并作重点检查，以减少审计风险。

三、银行存款的实质性程序

银行存款的实质性程序一般包括以下几项：

（一）获取银行存款余额明细表，复核加计是否正确，并与总账数和日记账合计数核对是否相符；检查非记账本位币银行存款的折算汇率及折算金额是否正确

注册会计师测试银行存款余额的起点是核对银行存款日记账与总账的余额是否相符。如果不相符，应查明原因，必要时应建议作出适当调整。

如果对被审计单位银行账户的完整性存有疑虑，例如，当被审计单位可能存在账外账或资金体外循环时，除实施其他审计程序外，注册会计师可以考虑实施以下审计程序：

（1）了解并评价被审计单位开立账户的管理控制措施。了解报告期内被审计单位开户银行的数量及分布，与被审计单位实际经营的需要进行比较，判断其合理性，关注是否存在越权开立银行账户的情形。

（2）询问办理货币资金业务的相关人员（如出纳），了解银行账户的开立、使用、注销等情况。必要时，获取被审计单位已将全部银行存款账户信息提供给注册会计师的书面声明。

（3）注册会计师亲自到人民银行或基本存款账户开户行查询并打印《已开立银行结算账户清单》，以确认被审计单位账面记录的银行人民币结算账户是否完整。

（4）结合其他相关细节测试，关注原始单据中被审计单位的收（付）款银行账户是否包含在注册会计师已获取的开立银行账户清单内。

（二）实施实质性分析程序

计算银行存款累计余额应收利息收入，分析比较被审计单位银行存款应收利息收入与实际利息收入的差异是否恰当，评估利息收入的合理性，检查是否存在高息资金拆借，确认银行存款余额是否存在，利息收入是否已经完整记录。

（三）检查银行存款账户发生额

注册会计师对银行存款账户的发生额进行审计，通常能够有效应对被审计单位编制虚假财务报告、管理层或员工非法侵占货币资金等舞弊风险。

（四）取得并检查银行对账单和银行存款余额调节表

取得并检查银行对账单和银行存款余额调节表是证实资产负债表中所列银行存款是否存在的重要程序。银行存款余额调节表通常应由被审计单位根据不同的银行账户及货币种类分别编制，其格式如表 12-2 所示。具体测试程序通常包括以下几点：

1. 取得并检查银行对账单

（1）取得被审计单位加盖银行印章的银行对账单，必要时，亲自到银行获取对账单，并对获取过程保持控制；

（2）将获取的银行对账单余额与银行日记账余额进行核对，如存在差异，获取银行存款余额调节表；

（3）将被审计单位资产负债表日的银行对账单与银行询证函回函核对，确认是否一致。

2. 取得并检查银行存款余额调节表

（1）检查调节表中加计数是否正确，调节后银行存款日记账余额与银行对账单余额是否一致。

（2）检查调节事项。对于企业已收付、银行尚未入账的事项，检查相关收付款凭证，并取得期后银行对账单，确认未达账项是否存在，银行是否已于期后入账；对于银行已收付、企业尚未入账的事项，检查期后企业入账的收付款凭证，确认未达账项是否存在，必要时，提请被审计单位进行调整。

（3）关注长期未达账项，查看是否存在挪用资金等事项。

（4）特别关注银行付企业未付、企业付银行未付中支付异常的领款事项，包括没有载明收款人、签字不全等支付事项，确认是否存在舞弊。

（五）函证银行存款余额，编制银行函证结果汇总表，检查银行回函

应注意以下几点：

（1）向被审计单位在本期存过款的银行发函，包括零余额账户和在本期内注销的账户；

（2）确定被审计单位账面余额与银行函证结果的差异，对不符事项作出适当处理。

银行存款函证是指注册会计师在执行审计业务的过程中，需要以被审计单位名义向有关单位发函询证，以验证被审计单位的银行存款是否真实、合法、完整。按照国际惯例，财政部和中国人民银行于 1999 年 1 月 6 日联合印发了《关于做好企业的银行存款、借款及往来款项函证工作的通知》（以下简称《通知》），《通知》对函证工作提出了明确的要求，并规定：各商业银行、政策性银行、非银行金融机构要在收到询证函之日起 10 个工作日内，根据函证的具体要求，及时回函并可按照国家的有关规定收取询证费用；各有关企业或单位根据函证的具体要求回函。

函证银行存款余额是证实资产负债表所列银行存款是否存在的重要程序。通过向往来银行函证，注册会计师不仅可了解企业资产的存在，还可了解企业账面反映所欠银行债务的情况，并有助于发现企业未入账的银行借款和未披露的或有负债。

注册会计师应当对银行存款（包括零余额账户和在本期内注销的账户）及与金融机构往来的其他重要信息实施函证程序，除非有充分证据表明某一银行存款及与金融机构往来的其他重要信息对财务报表不重要且与之相关的重大错报风险很低。

如果不对这些项目实施函证程序，注册会计师应当在审计工作底稿中说明理由。

注册会计师需要考虑是否对在本期内注销的账户的银行进行函证，这通常是因为有可能存款账户已注销但仍有银行借款或其他负债存在。

四、其他货币资金的实质性程序

（一）如果被审计单位有定期存款，注册会计师可以考虑实施的审计程序

（1）向管理层询问定期存款存在的商业理由并评估其合理性。

（2）获取定期存款明细表，检查是否与账面记录金额一致，存款人是否为被审计单位，定期存款是否被质押或限制使用。

（3）在监盘库存现金的同时，监盘定期存款凭据。如果被审计单位在资产负债表日有大额定期存款，基于对风险的判断，考虑选择在资产负债表日实施监盘。

（4）对未质押的定期存款，检查开户证实书原件，以防止被审计单位提供的复印件是未质押（或未提现）前原件的复印件。在检查时，还要认真核对相关信息，包括存款人、金额、期限等，如有异常，需实施进一步审计程序。

（5）对已质押的定期存款，检查定期存单复印件，并与相应的质押合同核对。对于质押借款的定期存单，关注定期存单对应的质押借款有无入账，对于超过借款期限但仍处于质押状态的定期存款，还应关注相关借款的偿还情况，了解相关质权是否已被行使；对于为他人担保的定期存款，关注担保是否逾期及相关质权是否已被行使。

（6）结合财务费用审计测算利息收入的合理性，判断是否存在体外资金循环的情形。

（7）在资产负债表日后已提取的定期存款，核对相应的兑付凭证等。

（8）关注被审计单位是否在财务报表附注中对定期存款给予充分披露。

（二）除定期存款外，注册会计师对其他货币资金实施审计程序时，通常可能特别关注的事项

（1）保证金存款的检查，检查开立银行承兑汇票的协议或银行授信审批文件。可以将保证金账户对账单与相应的交易进行核对，根据被审计单位应付票据的规模，合理推断保证金数额，检查保证金与相关债务的比例和合同约定是否一致，特别关注是否存在有保证金发生而被审计单位无对应保证事项的情形。

（2）对于存出投资款，跟踪资金流向，并获取董事会决议等批准文件、开户资料、授权操作资料等。如果投资于证券交易业务，通常结合相应金融资产项目审计，核对证券账户名称是否与被审计单位相符，获取证券公司证券交易结算资金账户的交易流水，抽查大额的资金收支，关注资金收支的财务账面记录与资金流水是否相符。

第四部分
对特殊事项的考虑

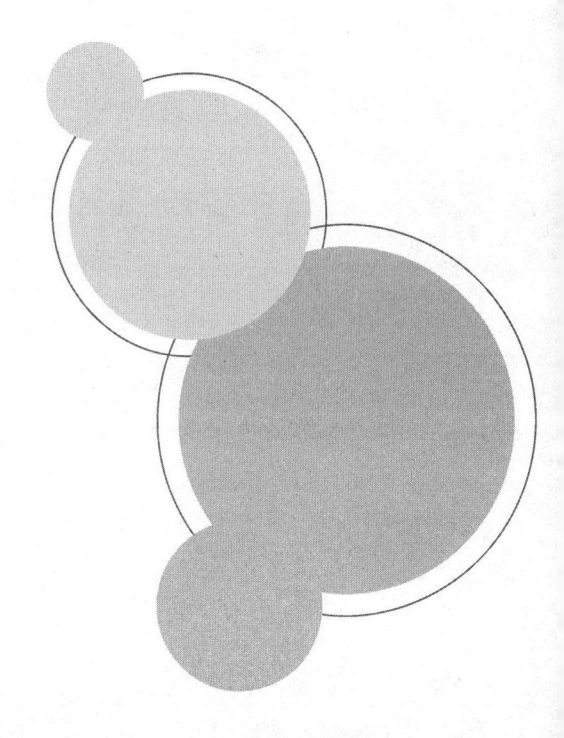

第十三章

对舞弊和法律法规的考虑

第一节 财务报表审计中与舞弊相关的责任

一、舞弊的含义和种类

(一) 舞弊的含义

舞弊是指被审计单位的管理层、治理层、员工或第三方使用欺骗手段获取不当或非法利益的故意行为。舞弊是现代经济社会中的一个"毒瘤",其发生比较普遍。据美国注册舞弊调查师联合会(Association of Certified Fraud Examiners)2002年的一份研究报告估计,美国每年因舞弊导致的损失达6 000亿美元,占企业营业收入的6%,尚不包括因公司财务报告舞弊导致的投资者损失。例如,安然(Enron)财务报告造假曝光后,股票价格狂跌,投资者损失约900亿美元。

(二) 舞弊的种类

舞弊是一个宽泛的法律概念,但在财务报表审计中,注册会计师关注的是导致财务报表发生重大错报的舞弊。与财务报表审计相关的故意错报,包括编制虚假财务报告导致的错报和侵占资产导致的错报。

1. 编制虚假财务报告导致的错报

编制虚假财务报告涉及为欺骗财务报表使用者而作出的故意错报(包括对财务报表金额或披露的遗漏)。这可能是由于管理层通过操纵利润来影响财务报表使用者对被审计单位业绩和盈利能力的看法而造成的。此类利润操纵可能从一些小的行为或对假设的不恰当调整和对管理层判断的不恰当改变开始。压力和动机可能使这些行为上升到编制虚假财务报告的程度。美国的安然、世通(Worldcom)以及我国的琼民源、银广夏、红光实业等舞弊案件都属于这一种类。在某些被审计单位,管理层可能有动机大幅降低利润以降低税负,或虚增利润以向银行融资。

管理层可能通过以下方式编制虚假财务报告：

（1）对编制财务报表所依据的会计记录或支持性文件进行操纵、弄虚作假（包括伪造）或篡改；

（2）在财务报表中错误表达或故意漏记事项、交易或其他重要事项；

（3）故意错误使用与金额、分类、列报或披露相关的会计原则。

2. 侵占资产导致的错报

侵占资产包括盗窃被审计单位资产，通常的做法是员工盗窃金额相对较小且不重要的资产。侵占资产也可能涉及管理层，他们通常更能够通过难以发现的手段掩饰或隐瞒侵占资产的行为。侵占资产可以通过以下方式实现：

（1）贪污收到的款项。例如，侵占收到的应收账款或将与已注销账户相关的收款转移至个人银行账户。

（2）盗窃实物资产或无形资产。例如，盗窃存货以自用或出售、盗窃废料以再销售、通过向被审计单位竞争者泄露技术资料与其串通以获取回报。

（3）使被审计单位对未收到的商品或未接受的劳务付款。例如，向虚构的供应商支付款项、供应商向采购人员提供回扣以作为其提高采购价格的回报。

（4）将被审计单位资产挪为私用。例如，将被审计单位资产作为个人或关联方贷款的抵押。

侵占资产通常伴随着虚假或误导性的记录或文件，其目的是隐瞒资产丢失或未经适当授权而被抵押的事实。

二、治理层、管理层的责任与注册会计师的责任

（一）治理层、管理层的责任

被审计单位治理层和管理层对防止或发现舞弊负有主要责任。管理层在治理层的监督下，高度重视对舞弊的防范和遏制是非常重要的。对舞弊进行防范可以减少舞弊发生的机会；对舞弊进行遏制，即发现和惩罚舞弊行为，能够警示被审计单位人员不要实施舞弊。对舞弊的防范和遏制需要管理层营造诚实守信和合乎道德的文化，并且这一文化能够在治理层的有效监督下得到强化。

美国注册会计师协会和其他几个职业会计团体一起出版了《管理层反舞弊方案和控制：防范和发现舞弊指南》。该指南认为，以下三方面的行动有助于防范舞弊的发生：

（1）营造和保持讲诚信、讲道德的文化；

（2）评估舞弊风险并实施方案以控制、化解风险；

（3）建立适当的舞弊监督程序，如由审计委员会监督内部控制和财务报告。

治理层的监督包括考虑管理层凌驾于控制之上或对财务报告过程施加其他不当影响的可能性，例如，管理层为了影响分析师对被审计单位业绩和盈利能力的看法而操纵利润。

（二）注册会计师的责任

对于注册会计师发现舞弊的责任，注册会计师职业界与社会公众之间存在期望差。在重

大的财务报告舞弊案件发生后，社会公众总是会问"注册会计师干什么去了"。注册会计师职业界往往会辩解财务报表审计不是专门的舞弊调查，在发现舞弊方面有很大的局限性。存在期望差会影响社会公众对注册会计师行业的信心，也是准则制定机构不断修订这方面准则的主要动力。

注册会计师对发现舞弊方面的责任可以从正反两个方面界定。

一方面，在按照审计准则的规定执行审计工作时，注册会计师有责任对财务报表整体是否不存在由于舞弊或错误导致的重大错报获取合理保证。

编制虚假财务报告直接导致财务报表产生错报，侵占资产通常伴随着虚假或误导性的文件记录。因此，对能够导致财务报表产生重大错报的舞弊，无论是编制虚假财务报告，还是侵占资产，注册会计师均应当合理保证能够予以发现，这是实现财务报表审计目标的内在要求，也是财务报表审计的价值所在。审计准则还规定，在获取合理保证时，注册会计师有责任在整个审计过程中保持职业怀疑，考虑管理层凌驾于控制之上的可能性，并认识到对发现错误有效的审计程序未必对发现舞弊有效。

另一方面，由于审计的固有限制，即使注册会计师按照审计准则的规定恰当计划和执行了审计工作，也不可避免地存在财务报表中的某些重大错报未被发现的风险。注册会计师不能对财务报表整体不存在重大错报获取绝对保证。

在舞弊导致错报的情况下，固有限制的潜在影响尤其重大。舞弊导致的重大错报未被发现的风险，大于错误导致的重大错报未被发现的风险。其原因是舞弊可能涉及精心策划和蓄意实施以进行隐瞒（如伪造证明或故意漏记交易），或者故意向注册会计师提供虚假陈述。如果涉及串通舞弊，注册会计师可能更加难以发现蓄意隐瞒的企图。串通舞弊可能导致原本虚假的审计证据被注册会计师误认为具有说服力。

因此，如果在完成审计工作后发现舞弊导致的财务报表重大错报，特别是串通舞弊或伪造文件记录导致的重大错报，并不必然表明注册会计师没有遵守审计准则。注册会计师是否按照审计准则的规定实施了审计工作，取决于其是否根据具体情况实施了审计程序，是否获取了充分、适当的审计证据，以及是否根据证据评价结果出具了恰当的审计报告

三、风险评估程序和相关活动

注册会计师在财务报表审计中考虑舞弊时，同样需要采用风险导向审计的总体思路，即首先识别和评估舞弊风险，然后采取恰当的措施有针对性地予以应对。注册会计师通常采用下列程序评估舞弊风险。

（一）询问

1. 询问对象

询问程序对于注册会计师获取信息、评估舞弊风险十分有用。注册会计师应当询问治理层、管理层、内部审计人员，以确定其是否知悉任何舞弊事实、舞弊嫌疑或舞弊指控。注册会计师通过询问管理层可以获取有关员工舞弊导致的财务报表重大错报风险的有用信息。然而，这种询问难以获取有关管理层舞弊导致的财务报表重大错报风险的有用信息。因此，注册会计师还应当询问被审计单位内部的其他相关人员，为这些人员提供机会，使他们能够向注册会计师传递一些信息，而这些信息是他们本没有机会与其他人沟通的。注册会计师应当

考虑向被审计单位内部的下列人员询问：

    （1）不直接参与财务报告过程的业务人员；

    （2）拥有不同级别权限的人员；

    （3）参与生成、处理或记录复杂或异常交易的人员及对其进行监督的人员；

    （4）内部法律顾问；

    （5）负责道德事务的主管人员或承担类似职责的人员；

    （6）负责处理舞弊指控的人员。

2. 询问内容

注册会计师应当根据不同的询问对象，运用职业判断，确定询问内容。

在了解被审计单位及其环境时，注册会计师应当向管理层询问下列事项：

    （1）管理层对财务报表可能存在由于舞弊导致的重大错报风险的评估，包括评估的性质、范围和频率等；

    （2）管理层对舞弊风险的识别和应对过程，包括管理层识别出的或注意到的特定舞弊风险，或可能存在舞弊风险的各类交易、账户余额或披露；

    （3）管理层就其对舞弊风险的识别和应对过程向治理层的通报；

    （4）管理层就其经营理念和道德观念向员工的通报。

除非治理层全部成员参与管理被审计单位，注册会计师应当了解治理层如何监督管理层对舞弊风险的识别和应对过程，以及为降低舞弊风险而建立的内部控制；应当询问治理层，以确定其是否知悉任何影响被审计单位的舞弊事实、舞弊嫌疑或舞弊指控。治理层对这些询问的答复，还可在一定程度上作为管理层答复的佐证信息。注册会计师可通过参加相关会议、阅读会议纪要或询问治理层等审计程序了解有关情况。

如果被审计单位设有内部审计，注册会计师应当询问内部审计人员，以确定其是否知悉任何影响被审计单位的舞弊事实、舞弊嫌疑或舞弊指控，并获取这些人员对舞弊风险的看法。

（二）评价舞弊风险因素

注册会计师应当评价通过其他风险评估程序和相关活动获取的信息，是否表明存在舞弊风险因素。存在舞弊风险因素，并不必然表明发生了舞弊，但在舞弊发生时通常存在舞弊风险因素，因此，舞弊风险因素可能表明存在由于舞弊导致的重大错报风险。

根据舞弊存在时通常伴随着的三种情况，这些风险因素可以分为以下三类：

1. 实施舞弊的动机或压力

舞弊者具有舞弊的动机是舞弊发生的首要条件。例如，高级管理人员的报酬与财务业绩或公司股票的市场表现挂钩、公司正在申请融资等情况，都可能促使管理层产生舞弊的动机。

2. 实施舞弊的机会

舞弊者需要具有舞弊的机会，舞弊才可能成功。舞弊的机会一般源于内部控制在设计和运行上的缺陷，如公司对资产管理松懈，公司管理层能够凌驾于内部控制之上而可以随意操纵会计记录等。

3. 为舞弊行为寻找借口的能力

借口是指存在某种态度、性格或价值观念，使得管理层或雇员能够作出不诚实的行为，或者管理层或雇员所处的环境促使其能够将舞弊行为予以合理化。借口是舞弊发生的重要条件之一。只有舞弊者能够对舞弊行为予以合理化，舞弊者才可能作出舞弊行为，作出舞弊行为后才能心安理得。例如，侵占资产的员工可能认为单位对自身的待遇不公，编制虚假财务报告者可能认为造假不是出于个人私利而是出于公司集体利益。上述风险因素也称为"舞弊三角"。

注册会计师应当运用职业判断，考虑被审计单位的规模、复杂程度、所有权结构及所处行业等，以确定舞弊风险因素的相关性和重要程度及其对重大错报风险评估可能产生的影响。

（三）实施分析程序

注册会计师实施分析程序有助于识别异常的交易或事项，以及对财务报表和审计产生影响的金额、比率和趋势。在实施分析程序以了解被审计单位及其环境时，注册会计师应当评价在实施分析程序时识别出的异常或偏离预期的关系（包括与收入账户有关的关系），是否表明存在由于舞弊导致的重大错报风险。

（四）考虑其他信息

注册会计师应当考虑获取的其他信息是否表明存在由于舞弊导致的重大错报风险。其他信息可能来源于项目组内部的讨论、客户承接或续约过程以及向被审计单位提供其他服务所获得的经验。

四、应对舞弊导致的重大错报风险

在识别和评估舞弊导致的重大错报风险后，注册会计师需要采取适当的应对措施，以将审计风险降至可接受的低水平。舞弊导致的重大错报风险属于特别风险，注册会计师应当按照审计准则的规定予以应对。注册会计师通常从三个方面应对此类风险：总体应对措施、针对舞弊导致的认定层次的重大错报风险实施的审计程序、针对管理层凌驾于控制之上的风险实施的程序。

（一）总体应对措施

在针对评估由于舞弊导致的财务报表层次重大错报风险确定总体应对措施时，注册会计师应当注意以下几点：

（1）在分派和督导项目组成员时，考虑承担重要业务职责的项目组成员所具备的知识、技能和能力，并考虑由于舞弊导致的重大错报风险的评估结果；

（2）评价被审计单位对会计政策（特别是涉及主观计量和复杂交易的会计政策）的选择和运用，是否可能表明管理层通过操纵利润对财务信息作出虚假报告；

（3）在选择审计程序的性质、时间安排和范围时，增加审计程序的不可预见性。

（二）针对舞弊导致的认定层次重大错报风险实施的审计程序

按照《中国注册会计师审计准则第1231号——针对评估的重大错报风险采取的应对措施》的规定，注册会计师应当设计和实施进一步审计程序，审计程序的性质、时间安排和范围应当能够应对评估由于舞弊导致的认定层次重大错报风险。

注册会计师应当考虑通过下列方式，应对舞弊导致的认定层次重大错报风险。

（1）改变拟实施审计程序的性质，以获取更为可靠、相关的审计证据，或获取其他佐证性信息，包括更加重视实地观察或检查，在实施函证程序时，改变常规函证内容，询问被审计单位的非财务人员等；

（2）改变实质性程序的时间，包括在期末或接近期末实施实质性程序，或针对本期较早时间发生的交易事项或贯穿于本会计期间的交易事项实施测试；

（3）改变审计程序的范围，包括扩大样本规模，采用更详细的数据实施分析程序等。

注册会计师针对舞弊导致的认定层次重大错报风险所采取的具体应对措施，取决于已发现的舞弊风险因素类型以及各类具体的交易、账户余额相关认定。

（三）针对管理层凌驾于控制之上的风险实施的程序

由于管理层在被审计单位的地位，管理层凌驾于控制之上的风险在所有被审计单位中都会存在。对财务信息作出虚假报告，通常与管理层凌驾于控制之上有关。Coso 报告显示，在 1987—1997 年提供虚假财务报告的美国公司中，有 83% 以上的舞弊案件涉及首席执行官或财务主管。

1. 管理层通过凌驾于控制之上实施舞弊的主要手段

（1）编制虚假的会计分录，特别是在临近会计期末时；

（2）滥用或随意变更会计政策；

（3）不恰当地调整会计估计所依据的假设及改变原先作出的判断；

（4）故意漏记、提前确认或推迟确认报告期内发生的交易或事项；

（5）隐瞒可能影响财务报表金额的事实；

（6）构造复杂或虚假的交易以歪曲财务状况或经营成果；

2. 注册会计师设计和实施审计程序的目的

管理层凌驾于控制之上的风险属于特别风险。无论对管理层凌驾于控制之上的风险的评估结果如何，注册会计师都应当设计和实施审计程序。

（1）测试日常会计核算过程中作出的会计分录以及编制财务报表过程中作出的其他调整是否适当。在设计和实施审计程序，以测试日常会计核算过程中作出的会计分录以及编制财务报表过程中作出的其他调整是否适当时，注册会计师应当注意以下几点：

① 向参与财务报告过程的人员询问与处理会计分录和其他调整相关的不恰当或异常的活动；

② 选择在报告期末作出的会计分录和其他调整；

③ 考虑是否有必要测试整个会计期间的会计分录和其他调整。

（2）复核会计估计是否存在偏向，并评价产生这种偏向的环境是否表明存在由于舞弊导致的重大错报风险。在复核会计估计是否存在偏向时，注册会计师应当注意以下几点：

① 评价管理层在作出会计估计时所作的判断和决策是否反映出管理层的某种偏向（即使判断和决策单独看起来是合理的），从而可能表明存在由于舞弊导致的重大错报风险。如果存在偏向，注册会计师应当从整体上重新评价会计估计。

② 追溯复核与以前年度财务报表反映的重大会计估计相关的管理层判断和假设。

(3) 对于超出被审计单位正常经营过程的重大交易，或基于对被审计单位及其环境的了解以及在审计过程中获取的其他信息而显得异常的重大交易，评价其商业理由（或缺乏商业理由）是否表明被审计单位从事交易的目的是对财务信息作出虚假报告或掩盖侵占资产的行为。

以下迹象可能表明被审计单位从事超出其正常经营过程的重大交易，或虽然未超出其正常经营过程，但显得异常的重大交易：

① 交易的形式显得过于复杂（例如，交易涉及集团内部多个实体，或涉及多个非关联的第三方）；

② 管理层未与治理层就此类交易的性质和会计处理进行过讨论，且缺乏充分的记录；

③ 管理层更强调采用某种特定的会计处理的需要，而不是交易的经济实质。

对于涉及不纳入合并范围的关联方（包括特殊目的实体）的交易，治理层未进行适当的审核与批准；

交易涉及以往未识别出的关联方，或涉及在没有被审计单位帮助的情况下不具备物质基础或财务能力完成交易的第三方。

五、会计分录测试

如上所述，在所有财务报表审计业务中，注册会计师都需要专门针对管理层凌驾于控制之上的风险设计和实施会计分录测试。这是因为，虽然管理层凌驾于控制之上的风险水平因被审计单位的不同情况而不同，但所有被审计单位都存在这种风险。例如，管理层可能通过作出不恰当的会计分录或未经授权的会计分录来操纵财务报表。这种操纵行为可能发生在整个会计期间或期末，或由管理层对财务报表金额作出调整，而该调整未在会计分录中反映（如合并调整和重分类调整）。了解管理层利用虚假会计分录和其他调整实施舞弊的常用手段，有助于注册会计师更加有针对性地实施审计程序。

（一）会计分录和其他调整的类型

会计分录测试的对象是与被审计财务报表相关的所有会计分录和其他调整，包括编制合并报表时作出的调整分录和抵销分录。会计分录和其他调整的类型不同，其固有风险和受被审计单位内部控制影响的程度不同，因而具有不同程度的重大错报风险。对会计分录和其他调整进行恰当的分类，有助于注册会计师选取重大错报风险较高的会计分录和其他调整进行测试，从而能够提高会计分录测试的效率。

基于会计分录测试的目的，注册会计师可将被审计单位的会计分录和其他调整分为下列三种类型：

1. 标准会计分录

此类会计分录用于记录被审计单位的日常经营活动或经常性的会计估计，通常是由会计人员作出或会计系统自动生成的，受信息系统一般控制和其他系统性控制的影响。

2. 非标准会计分录

此类会计分录用于记录被审计单位日常经营活动之外的事项或异常交易，可能包括特殊资产减值准备的计提、期末调整分录等。非标准会计分录可能具有较高的重大错报风险，因为此类分录通常容易被管理层用来操纵利润，并且可能涉及任何报表项目。

3. 其他调整

其他调整包括为编制合并财务报表而作出的调整分录和抵销分录，通常不作为正式的会计分录反映的重分类调整等，其他调整可能不受被审计单位内部控制的影响。

（二）会计分录测试的步骤

会计分录测试通常可包括下列步骤：

（1）了解被审计单位的财务报告流程，以及针对会计分录和其他调整已实施的控制，必要时，测试相关控制的运行有效性；

（2）确定待测试会计分录和其他调整的总体，并测试总体的完整性；

（3）从总体中选取待测试的会计分录及其他调整；

（4）测试选取的会计分录及其他调整，并记录测试结果。

需要指出的是，在实施会计分录测试时，注册会计师可能需要分析大量的会计分录，采用计算机辅助审计技术或电子表格（如 Excel），可以显著提高会计分录测试的效率和效果。注册会计师通常可以考虑要求被审计单位提供所需要的电子数据，如果能够以标准的格式导出、验证并传输所需要的会计分录数据，则可以进一步提高会计分录测试的效率和效果。

（三）被审计单位内部控制系统中针对会计分录和其他调整的控制

在被审计单位的内部控制系统中，针对会计分录和其他调整，通常包括下列类型的控制措施：

（1）针对会计分录和其他调整的授权、过账、审核、核对等方面设置职责分离；

（2）在会计系统中设置系统访问权限，用以控制会计分录的记录权和审批权；

（3）用以防止并发现虚假会计分录或未经授权的更改的控制措施；

（4）由管理层、治理层或其他适当人员对会计分录记录和过入总账以及在编制财务报表过程中作出其他调整的过程进行监督；

（5）由被审计单位的内部审计人员（如有）定期测试控制运行的有效性。

注册会计师了解被审计单位针对会计分录和其他调整已实施的控制，有助于其确定会计分录测试的性质、时间安排和范围。

（四）确定待测试会计分录和其他调整的总体并测试总体的完整性

注册会计师在测试会计分录和其他调整时，首先需要确定待测试会计分录和其他调整的总体，然后针对该总体实施完整性测试。

注册会计师在确定待测试会计分录和其他调整的总体时，需要根据风险评估结果，并运用职业判断。虚假会计分录和其他调整通常在报告期末作出，因此，审计准则要求注册会计师选择对在报告期末作出的会计分录和其他调整进行测试。然而，由于舞弊导致的财务报表重大错报可能发生于整个会计期间，并且舞弊者可能运用各种方式隐瞒舞弊行为，因此，审计准则要求注册会计师考虑是否有必要测试整个会计期间的会计分录和其他调整。

1. 注册会计师考虑下列情况，可能有助于其确定待测试会计分录和其他调整的总体

（1）某些会计分录和其他调整可能并不过入被审计单位的总账，因此，注册会计师需要全面了解各总账账户，以及各明细账户与被审计单位财务报表项目之间的对应关系。

（2）注册会计师可以结合对被审计单位财务报告流程以及被审计单位针对会计分录和其他调整实施的控制的了解，来确定待测试会计分录和其他调整的总体。在这一过程中，注册会计师可以了解会计分录和其他调整的来源和特征，例如，会计分录是由会计信息系统自动生成的，还是以手工方式生成的。

（3）以手工方式生成的会计分录或其他调整通常于月末、季末或年末作出，主要用于记录会计调整或会计估计，或者用于编制合并财务报表。

（4）对于以手工方式生成的会计分录或其他调整，特别是在期末用于记录会计调整或会计估计，或者用于编制合并财务报表的调整分录，注册会计师可以了解这些分录的编制者、所需要的审批，以及这些分录以何种方式得以记录（例如，这些分录是以电子形式记录的、没有实物证据，还是以纸质形式记录的）。

确定待测试会计分录和其他调整的总体后，注册会计师需要针对该总体实施审计程序，以确定总体的完整性。注册会计师在设计和实施完整性测试时，需要考虑由于舞弊导致的财务报表重大错报风险，以及对被审计单位财务报告流程的了解。

2. 一套完整性测试的例子（假设注册会计师选择测试整个会计期间的会计分录和其他调整）

（1）从被审计单位会计信息系统中导出所有待测试会计分录和其他调整；

（2）加计从会计信息系统中导出的所有会计分录和其他调整中的本期发生额，与科目余额表（包括期初余额、本期借方累计发生额、本期贷方累计发生额、期末余额）中的各科目本期发生额核对相符；

（3）将系统生成的重要账户余额与明细账和总账及科目余额表中的余额核对，测试计算的准确性；

（4）检查所有结账后作出的与本期财务报表有关的会计分录和其他调整，测试其完整性；

（5）将总账与财务报表核对，以检查是否存在其他调整。

（五）选取并测试会计分录和其他调整时考虑的因素

注册会计师在选取待测试会计分录和其他调整，并针对已选取的项目确定适当的测试方法时，可以考虑下列因素：

1. 对由于舞弊导致的重大错报风险的评估

注册会计师识别出的舞弊风险因素和在评估由于舞弊导致的重大错报风险过程中获取的其他信息，可能有助于注册会计师识别需要测试的特定类别的会计分录和其他调整。

2. 对会计分录和其他调整已实施的控制

在注册会计师已经测试了这些控制运行的有效性的前提下，针对会计分录和其他调整的编制和过账所实施的有效控制，可以缩小所需实施的实质性程序的范围。但应注意的是，注册会计师需要充分考虑管理层凌驾于控制之上的风险。

3. 被审计单位的财务报告过程以及所能获取的证据的性质

在很多被审计单位中，交易的日常处理同时涉及人工和自动化的步骤和程序。类似地，会计分录和其他调整的处理过程也可能同时涉及人工和自动化的程序和控制。当信息技术应用于财务报告过程时，会计分录和其他调整可能仅以电子形式存在。

4. 虚假会计分录或其他调整的特征

不恰当的会计分录或其他调整通常具有一定的识别特征。

（1）分录涉及不相关、异常或很少使用的账户；

（2）分录由平时不负责作出会计分录的人员作出；

（3）分录在期末或结账过程中作出，且没有或只有很少的解释或描述；

（4）分录在编制财务报表之前或编制过程中作出且没有科目代码；

（5）分录金额为约整数或尾数一致。

5. 账户的性质和复杂程度

不恰当的会计分录或其他调整可能体现在以下账户中：

（1）包含复杂或性质异常的交易的账户；

（2）包含重大估计及期末调整的账户；

（3）过去易于发生错报的账户；

（4）未及时调节的账户，或含有尚未调节差异的账户；

（5）包含集团内部不同公司间交易的账户；

（6）其他虽不具备上述特征但与已识别的由于舞弊导致的重大错报风险相关的账户。

在审计拥有多个组成部分的被审计单位时，注册会计师需考虑从不同的组成部分选取会计分录进行测试。

6. 在日常经营活动之外处理的会计分录或其他调整

针对非标准会计分录实施的控制水平与针对为记录日常交易（如每月的销售、采购及现金支出）所作出的分录实施的控制水平可能不同。

六、评价审计证据

在针对财务报表与所了解的被审计单位情况是否一致形成总体结论时，注册会计师应当评价在临近审计结束时实施的分析程序，是否表明存在此前尚未识别的由于舞弊导致的重大错报风险。确定哪些特定趋势和关系可能表明存在由于舞弊导致的重大错报风险，需要运用职业判断。涉及期末收入和利润的异常关系尤其值得关注。这些趋势和关系可能包括：在报告期的最后几周内记录了不寻常的大额收入或异常交易，或收入与经营活动产生的现金流量趋势不一致。

如果识别出某项错报，注册会计师应当评价该项错报是否表明存在舞弊。如果存在舞弊的迹象，由于舞弊涉及实施舞弊的动机或压力、机会或借口，因此一个舞弊事项不太可能是孤立发生的事项。例如，在某个经营地点发生了大量的错报，即使这些错报的累积影响并不重大，但仍可能表明存在由于舞弊导致的重大错报风险。注册会计师应当评价该项错报对审计工作其他方面的影响，特别是对管理层声明可靠性的影响。

如果识别出某项错报，并有理由认为该项错报是或可能是由于舞弊导致的，且涉及管理层，特别是涉及较高层级的管理层，无论该项错报是否重大，注册会计师都应当重新评价对由于舞弊导致的重大错报风险的评估结果，以及该结果对旨在应对评估的风险的审计程序的性质、时间安排和范围的影响。

在重新考虑此前获取的审计证据的可靠性时，注册会计师还应当考虑相关的情形是否表明可能存在涉及员工、管理层或第三方的串通舞弊。

如果确认财务报表存在由于舞弊导致的重大错报，或无法确定财务报表是否存在由于舞弊导致的重大错报，注册会计师应当评价这两种情况对审计的影响。

七、无法继续执行审计业务

（一）对继续执行审计业务的能力产生怀疑

（1）如果由于舞弊或舞弊嫌疑导致出现错报，致使注册会计师遇到对其继续执行审计业务的能力产生怀疑的异常情形，注册会计师应当注意以下几点：

① 确定适用于具体情况的职业责任和法律责任，包括是否需要向审计业务委托人或监管机构报告；

② 在相关法律法规允许的情况下，考虑是否需要解除业务约定。

（2）注册会计师可能遇到的对其继续执行审计业务的能力产生怀疑的异常情形如下：

① 被审计单位没有针对舞弊采取适当的、注册会计师根据具体情况认为必要的措施，即使该舞弊对财务报表影响并不重大；

② 注册会计师对由于舞弊导致的重大错报风险的考虑以及实施审计测试的结果，表明存在重大且广泛的舞弊风险；

③ 注册会计师对管理层或治理层的胜任能力或诚信产生重大疑虑。

（二）解除业务约定

由于可能出现的情形各不相同，因而难以确切地说明在何时解除业务约定是适当的。影响注册会计师得出结论的因素包括管理层或治理层成员参与舞弊可能产生的影响（可能会影响到管理层声明的可靠性），以及与被审计单位之间保持客户关系对注册会计师的影响。

如果决定解除业务约定，注册会计师应当采取下列措施：

（1）与适当层级的管理层和治理层讨论解除业务约定的决定和理由；

（2）考虑是否存在职业责任或法律责任，需要向审计业务委托人或监管机构报告解除业务约定的决定和理由。

八、书面声明

（1）不论被审计单位的规模大小如何，除认可已经履行了编制财务报表的责任外，管理层和治理层（如适用）还需认可其设计、执行和维护内部控制，这对防止和发现舞弊的责任也是非常重要的。

（2）由于舞弊的性质以及注册会计师在发现舞弊导致的财务报表重大错报时遇到的困难，注册会计师需向管理层和治理层（如适用）获取书面声明，确认其已向注册会计师披露了下列信息，这也是非常重要的。

① 管理层对财务报表可能存在由于舞弊导致的重大错报风险的评估结果；

② 对影响被审计单位的舞弊事实、舞弊嫌疑或舞弊指控的了解程度。

（3）基于上述原因，注册会计师应当就下列事项向管理层和治理层（如适用）获取书面声明：

① 管理层和治理层认可其设计、执行和维护内部控制以防止和发现舞弊的责任；

② 管理层和治理层已向注册会计师披露了管理层对由于舞弊导致的财务报表重大错报风险的评估结果；

③ 管理层和治理层已向注册会计师披露了已知的涉及管理层、在内部控制中承担重要职责的员工以及其他人员（在舞弊行为导致财务报表出现重大错报的情况下）的舞弊或舞弊嫌疑；

④ 管理层和治理层已向注册会计师披露了从现任和前任员工、分析师、监管机构等方面获知的、影响财务报表的舞弊指控或舞弊嫌疑。

九、与管理层、治理层和监管机构的沟通

（一）与管理层的沟通

当注册会计师已获取的证据表明存在或可能存在舞弊时，尽快提请适当层级的管理层关注这一事项是很重要的。即使该事项（如被审计单位组织结构中处于较低职位的员工挪用小额公款）可能被认为不重要，注册会计师也应当这样做。确定拟沟通的适当层级的管理层，需要运用职业判断，并且这一决定受串通舞弊的可能性、舞弊嫌疑的性质和重要程度等事项的影响。通常情况下，适当层级的管理层至少要比涉嫌舞弊的人员高出一个级别。

（二）与治理层的沟通

如果确定或怀疑舞弊涉及管理层、在内部控制中承担重要职责的员工以及其舞弊行为可能导致财务报表重大错报的其他人员，注册会计师应当尽早就此类事项与治理层沟通。

如果怀疑舞弊涉及管理层，注册会计师应当将此怀疑向治理层通报，并与其讨论为完成审计工作所必需的审计程序的性质、时间安排和范围。

如果根据判断认为还存在与治理层职责相关的、涉及舞弊的其他事项，注册会计师应当就此与治理层沟通。这些事项可能包括以下几种：

（1）对管理层评估的性质、范围和频率的疑虑，这些评估是针对旨在防止和发现舞弊的控制及财务报表可能存在的重大错报风险而实施的；

（2）管理层未能恰当应对识别出的值得关注的内部控制缺陷或舞弊；

（3）注册会计师对被审计单位控制环境的评价，包括对管理层胜任能力和诚信的疑虑；

（4）可能表明存在编制虚假财务报告的管理层行为，例如，对会计政策的选择和运用可能表明管理层操纵利润，以影响财务报表使用者对被审计单位业绩和盈利能力的看法，从而欺骗财务报表使用者；

（5）对超出正常经营过程交易的授权的适当性和完整性的疑虑。

（三）与监管机构的沟通

如果识别出舞弊或怀疑存在舞弊，注册会计师应当确定是否有责任向被审计单位以外的机构报告。

尽管注册会计师对客户信息负有的保密义务可能妨碍这种报告，但如果法律法规要求注册会计师履行报告责任，注册会计师应当遵守法律法规的规定。

第二节　财务报表审计中对法律法规的考虑

违反法律法规，是指被审计单位有意或无意违背除适用的财务报告编制基础以外的现行法律法规的行为。例如，被审计单位进行的或以被审计单位名义进行的违反法律法规的交易，或者治理层、管理层或员工代表被审计单位进行的违反法律法规的交易。违反法律法规不包括由治理层、管理层或员工实施的与被审计单位经营活动无关的不当个人行为。

一、被审计单位需要遵守的两类不同的法律法规

（1）通常对决定财务报表中的重大金额和披露有直接影响的法律法规（如税收和企业年金方面的法律法规）。

（2）对决定财务报表中的金额和披露没有直接影响的其他法律法规，但遵守这些法律法规（如遵守经营许可条件、监管机构对偿债能力的规定、环境保护的要求）对被审计单位的经营活动、持续经营能力或避免大额罚款至关重要；违反这些法律法规，可能对财务报表产生重大影响。

违反法律法规可能导致被审计单位面临罚款、诉讼或其他，对财务报表产生重大影响的被审计单位的违反法律法规行为可能与财务报表相关，有些违反法律法规的行为还可能产生重大财务后果，进而影响财务报表的合法性和公允性。如果不实施必要的审计程序，则可能导致注册会计师出具不恰当的审计报告。因此，在设计和实施审计程序以及评价和报告审计结果时，注册会计师应当充分关注被审计单位违反法律法规行为可能对财务报表产生的重大影响。

在考虑被审计单位的一项行为是否违反法律法规时，注册会计师应当征询法律意见。因为判断某行为是否违法，需要法律裁决，通常超出了注册会计师的专业胜任能力。虽然注册会计师通过培训获得的知识、个人执业经验和对被审计单位及其行业的了解，可能为确定某项引起其注意的行为是否违反法律法规提供了基础，但注册会计师通常根据有资格从事法律业务的专家的意见，确定某项行为是否违反法律法规或可能违反法律法规。值得注意的是，某项行为是否违反法律法规，最终只能由法院作出判决。

二、管理层遵守法律法规的责任

管理层有责任在治理层的监督下确保被审计单位的经营活动符合法律法规的规定。法律法规可能以不同的方式影响被审计单位的财务报表。最直接的方式是可能规定了适用的财务报告编制基础或者影响被审计单位需要在财务报表中作出的具体披露。法律法规也可能确立了被审计单位的某些法定权利和义务，其中部分权利和义务将在财务报表中予以确认。此外，法律法规还可能规定了对违反法律法规行为的惩罚。

三、注册会计师的责任

注册会计师有责任对财务报表整体不存在由于舞弊或错误导致的重大错报获取合理的保证。

（一）在执行财务报表审计时，注册会计师需要考虑适用于被审计单位的法律法规框架

由于审计的固有限制，即使注册会计师按照审计准则的规定恰当地计划和执行了审计工作，也不可避免地存在财务报表中的某些重大错报未被发现的风险。就法律法规而言，由于下列原因，审计的固有限制对注册会计师发现重大错报的能力的潜在影响会加大。

（1）许多法律法规主要与被审计单位的经营活动相关，通常不影响财务报表，且不能被与财务报告相关的信息系统所获取；

（2）违反法律法规可能涉及故意隐瞒的行为，如共谋、伪造、故意漏记交易、管理层凌驾于控制之上或故意向注册会计师提供虚假陈述；

（3）某行为是否违反法律法规，最终只能由法院认定。

因此，注册会计师没有责任防止被审计单位违反法律法规的行为，也不能期望其发现所有的违反法律法规的行为。

（二）针对前述被审计单位需要遵守的两类不同的法律法规，注册会计师应当承担不同的责任

（1）针对被审计单位需要遵守的第一类法律法规，注册会计师的责任是，就被审计单位遵守这些法律法规的规定获取充分、适当的审计证据；

（2）针对被审计单位需要遵守的第二类法律法规，注册会计师的责任仅限于实施特定的审计程序，以有助于识别可能对财务报表产生重大影响的违反这些法律法规的行为。

在审计过程中，为了对财务报表形成审计意见而实施的其他审计程序，可能使注册会计师识别出或怀疑被审计单位存在违反法律法规的行为，注册会计师对此应保持警觉。事实上，考虑到法律法规对被审计单位产生影响的范围，注册会计师在整个审计过程中均应保持职业怀疑。

四、对被审计单位遵守法律法规的考虑

（一）对法律法规框架的了解

（1）在了解被审计单位及其环境时，注册会计师应当总体了解下列事项：

① 适用于被审计单位及其所处行业或领域的法律法规框架；

② 被审计单位如何遵守这些法律法规框架。

（2）为了总体了解法律法规框架以及被审计单位如何遵守该框架，注册会计师可以采取下列措施：

① 利用对被审计单位行业状况、监管环境以及其他外部因素的了解；

② 更新对直接决定财务报表中的报告金额和列报的法律法规的了解；

③ 向管理层询问对被审计单位经营活动预期可能产生至关重要影响的其他法律法规；

④ 向管理层询问被审计单位制定的有关遵守法律法规的政策和程序；

⑤ 向管理层询问在识别、评价诉讼、索赔并对其进行会计处理时采用的政策和程序。

（二）对决定财务报表中的重大金额和披露有直接影响的法律法规

某些法律法规已经较为完善，已被审计单位及其所在行业或部门所知悉，并与被审计单位财务报表相关。这些法律法规可能与下列事项相关：

(1) 财务报表的格式和内容；
(2) 特定行业的财务报告问题；
(3) 根据政府合同对交易进行的会计处理；
(4) 所得税费用或退休金成本的应计或确认。

这些法律法规的某些规定可能与财务报表中的特定认定直接相关（如所得税费用的完整性），而其他规定可能与财务报表整体直接相关（如规定的构成整套财务报表的报表）。针对通常对决定财务报表中的重大金额和披露有直接影响的法律法规的规定，注册会计师应当获取被审计单位遵守这些规定的充分、适当的审计证据。

（三）识别违反其他法律法规的行为的程序

其他法律法规可能因其对被审计单位的经营活动具有至关重要的影响，需要注册会计师予以特别关注。违反此类法律法规可能导致被审计单位终止业务活动或对其持续经营能力产生怀疑。例如，违反许可证规定或经营的权限（如对银行来说违反资本或投资规定），可能产生这种后果。同时，存在许多与被审计单位经营活动相关的法律法规，它们并不对财务报表产生影响，也不会被与财务报告相关的信息系统所反映。

因此，注册会计师应当实施下列审计程序，以有助于识别可能对财务报表产生重大影响的违反其他法律法规的行为：
(1) 向管理层和治理层（如适用）询问被审计单位是否遵守了这些法律法规；
(2) 检查被审计单位与许可证颁发机构或监管机构的往来函件。

（四）实施其他审计程序使注册会计师注意到违反法律法规的行为

为形成审计意见所实施的审计程序，可能使注册会计师注意到并识别出的或怀疑存在违反法律法规的行为。这些审计程序可能包括以下几种：
(1) 阅读会议纪要；
(2) 向被审计单位管理层、内部或外部法律顾问询问诉讼、索赔及评估情况；
(3) 对某类交易、账户余额和披露实施细节测试。

（五）书面声明

由于法律法规对财务报表的影响差异很大，对于管理层识别出的或怀疑存在的、可能对财务报表产生重大影响的违反法律法规的行为，书面声明可以提供必要的审计证据。然而，书面声明本身并不提供充分、适当的审计证据，因此，不影响注册会计师拟获取的其他审计证据的性质和范围。

五、识别出或怀疑存在违反法律法规的行为时实施的审计程序

（一）注意到与识别出的或怀疑存在违反法律法规的行为相关的信息时的审计程序

1. 如果注册会计师发现下列事项或相关信息，可能表明被审计单位存在违反法律法规的行为

(1) 受到监管机构、政府部门的调查，或者支付罚金或受到处罚；

（2）向未指明的服务付款，或向顾问、关联方、员工或政府雇员提供贷款；

（3）与被审计单位或所处行业正常支付水平或实际收到的服务相比，支付过多的销售佣金或代理费用；

（4）采购价格显著高于或低于市场价格；

（5）异常的现金支付，以银行本票向持票人付款的方式采购；

（6）与在"避税天堂"注册的公司存在异常交易；

（7）向货物或服务原产地以外的国家或地区付款；

（8）在没有适当的交易控制记录的情况下付款；

（9）现有的信息系统不能（因系统设计存在问题或因突发性故障）提供适当的审计轨迹或充分的证据；

（10）交易未经授权或记录不当；

（11）负面的媒体评论。

2. 如果注意到与识别出的或怀疑存在违反法律法规的行为相关的上述信息，注册会计师应当注意的问题

（1）了解违反法律法规行为的性质及其发生的环境。

（2）获取进一步的信息，以评价对财务报表可能产生的影响。

① 违反法律法规的行为对财务报表产生的潜在财务后果，如受到罚款、处分、赔偿、封存财产、强制停业和诉讼等；

② 潜在财务后果是否需要列报；

③ 潜在财务后果是否非常严重，以致对财务报表的公允反映产生怀疑或导致财务报表产生误导。

（二）怀疑被审计单位存在违反法律法规的行为时的审计程序

如果治理层能够提供额外的审计证据，注册会计师可以与治理层讨论其发现。例如，对与可能导致违反法律法规的交易或事项相关的事实和情况，注册会计师可以证实治理层是否对此具有相同的理解。

如果管理层或治理层不能向注册会计师提供充分的信息，证明被审计单位遵守了法律法规，注册会计师可以考虑向被审计单位内部或外部的法律顾问咨询有关法律法规在具体情况下的运用，包括舞弊的可能性以及对财务报表的影响。如果认为向被审计单位法律顾问咨询是不适当的或不满意其提供的意见，注册会计师可以考虑向所在会计师事务所的法律顾问咨询，以确定被审计单位是否存在违反法律法规的行为、可能导致的法律后果（包括舞弊的可能性），以及可能采取的进一步行动。

（三）评价违反法律法规行为的影响

注册会计师应当评价违反法律法规的行为对审计的其他方面可能产生的影响，包括对注册会计师风险评估和被审计单位书面声明可靠性的影响。注册会计师识别出的违反法律法规行为的影响，取决于该行为的实施和隐瞒与具体控制活动之间的关系，以及牵涉的管理人员或员工的级别，尤其是被审计单位最高权力机构参与违反法律法规行为所产生的影响。

在例外情况下，如果管理层或治理层没有采取注册会计师认为适合具体情况的补救措施，即使违反法律法规的行为对财务报表不重要，如果法律法规允许，注册会计师也可能考虑是否有必要解除业务约定。在决定是否有必要解除业务约定时，注册会计师可以考虑征询法律意见。如果不能解除业务约定，注册会计师可以考虑替代方案，包括在审计报告的其他事项中描述违反法律法规的行为。

六、对识别出的或怀疑存在的违反法律法规行为的报告

（一）与治理层沟通

1. 与治理层沟通的总体要求

除非治理层全部成员参与管理被审计单位，因而知悉注册会计师已沟通的、涉及识别出的或怀疑存在违反法律法规的行为的事项，注册会计师应当与治理层沟通审计过程中注意到的有关违反法律法规的事项，但不必沟通明显不重要的事项。这有利于注册会计师尽到职业责任，为治理层履行对管理层的监督责任提供有用信息。

沟通通常采用书面形式，注册会计师将沟通文件副本作为审计工作底稿。如果采用口头沟通方式，应形成沟通记录并作为审计工作底稿保存。

2. 违反法律法规行为情节严重时的沟通要求

（1）对故意和重大的违反法律法规行为的沟通要求。

如果根据判断认为需要沟通的违反法律法规行为是故意和重大的，注册会计师应当就此尽快向治理层通报。

（2）怀疑违反法律法规行为涉及管理层或治理层时的沟通要求。

如果怀疑违反法律法规行为涉及管理层或治理层，注册会计师应当向被审计单位审计委员会或监事会等更高层级的机构通报。如果不存在更高层级的机构，或者注册会计师认为被审计单位可能不会对通报作出反应，或者注册会计师不能确定向谁报告，注册会计师应当考虑是否需要征询法律意见。

之所以要求注册会计师向被审计单位内部的审计委员会或监事会等更高层次的机构报告，是因为审计委员会或监事会等机构的一项重要职责就是监督和评价管理层等是否存在违反法律法规或者公司章程的行为，并对违法行为予以纠正。

（二）出具审计报告

1. 考虑违反法律法规行为的影响

（1）如果认为违反法律法规的行为对财务报表具有重大影响，注册会计师应当要求被审计单位在财务报表中予以恰当反映。

（2）如果被审计单位在财务报表中对该违反法律法规的行为作出恰当反映，注册会计师应当出具无保留意见的审计报告。

（3）如果认为违反法律法规的行为对财务报表有重大影响，且未能在财务报表中得到恰当反映，注册会计师应当出具保留意见或否定意见的审计报告。

2. 考虑审计范围受到限制的影响

（1）来自被审计单位的限制。如果因管理层或治理层阻挠而无法获取充分、适当的审计证据，以评价是否存在或可能存在对财务报表产生重大影响的违反法律法规的行为，注册

会计师应当根据审计范围受到限制的程度，发表保留意见或无法表示意见。

（2）其他条件的限制。如果由于审计范围受到管理层或治理层以外的其他方面的限制而无法确定被审计单位是否存在违反法律法规的行为，注册会计师应当评价这一情况对审计意见的影响。实务中，审计范围受到其他条件限制的情况较多，例如，客观因素致使注册会计师不能实施审计程序。

（三）向监管机构和执法机构报告违反法律法规的行为

如果识别出或怀疑存在违反法律法规的行为，注册会计师应当考虑是否有责任向被审计单位以外的监管机构和执法机构等相关机构或人员报告。

值得注意的是，注册会计师考虑是否报告的是经注册会计师发现和确定的严重违反法律法规的行为。所谓"严重"主要是指有重大法律后果或涉及社会公众利益。注册会计师应当了解相关法律法规是否要求报告违反法律法规的行为，例如，商业银行监管法规可能要求注册会计师报告商业银行参与"洗钱"的行为。同时，注册会计师应考虑采取何种方式、何时以及向谁进行报告。

如果无法确定是否有相关法律法规要求向监管机构报告发现的被审计单位违反法律法规的行为，或者无法确定某项违反法律法规的行为是否应该向监管机构报告，注册会计师通常需要征询相关的法律意见，然后再确定如何处理。

第十四章

审计沟通

第一节 注册会计师与治理层的沟通

一、沟通的作用

被审计单位的治理层在财务报告编制过程中的监督责任和注册会计师在财务报表审计的职责方面存在着共同的关注点，在履行职责方面存在着很强的互补性，这也正是注册会计师需要与治理层保持有效的双向沟通的根本原因。

具体来讲，有效的双向沟通有助于以下几点：

（1）注册会计师和治理层了解与审计相关的背景事项，并建立建设性的工作关系，在建立这种关系时，注册会计师需要保持独立性和客观性；

（2）注册会计师向治理层获取与审计相关的信息，例如，治理层可以帮助注册会计师了解被审计单位及其环境，确定审计证据的适当来源，提供有关具体交易或事项的信息；

（3）治理层履行其对财务报告编制过程的监督责任，从而降低财务报表的重大错报风险。

二、沟通的目的

注册会计师应当针对与财务报表审计相关且根据职业判断认为与治理层责任相关的重大事项，以适当的方式及时与治理层进行明晰的沟通。这是注册会计师与治理层沟通的总体要求。"明晰的沟通"指沟通内容、沟通目标、沟通方式、沟通结果均要清晰明了。

注册会计师与治理层沟通的主要目的如下：

（1）针对审计范围和时间以及注册会计师、治理层、管理层各方在财务报表审计和沟通中的责任取得相互了解；

（2）及时向治理层告知审计中发现的与治理层责任相关的事项；

（3）共享有助于注册会计师获取审计证据和治理层履行责任的其他信息。

明确与治理层沟通的目的，有助于注册会计师全面理解与治理层进行沟通的必要性，意识到自己向治理层告知审计中发现的与治理层责任相关的事项的义务，以期与治理层就履行各自的职责达成共识，并共享信息。

三、沟通的要求与对象

（一）总体要求

1. 确定沟通对象的一般要求

1）确定适当的沟通人员

注册会计师应当确定与被审计单位治理结构中的哪些适当人员沟通，适当人员可能因沟通事项的不同而不同。

不同的被审计单位，适当的沟通对象可能不同。即使是同一家被审计单位，由于组织形式的变化、章程的修改或其他方面的变动，也可能使适当的沟通对象发生变动。

另外，由于沟通事项的不同，适当的沟通对象也会有所不同。尽管一般情况下适当的沟通对象可能是相对固定的，但是，针对一些特殊事项，注册会计师应当运用职业判断考虑是否应当与被审计单位治理结构中的其他适当对象进行沟通。例如，在上市公司审计中，有关注册会计师独立性问题的沟通，其沟通对象最好是被审计单位治理结构中有权决定聘任、解聘注册会计师的组织或人员。再如，有关管理层的胜任能力和诚信问题方面的事项，就不宜与兼任高级管理职务的治理层成员沟通。

2）确定适当的沟通人员时应当利用的信息

在确定与哪些适当人员沟通特定事项时，注册会计师应当利用在了解被审计单位及其环境时获取的有关治理结构和治理过程的信息。

通常，了解被审计单位的法律结构、组织形式，查阅被审计单位的章程、组织结构图，询问被审计单位的相关人员等，都有助于获取有关被审计单位治理结构和治理过程的信息，能够帮助注册会计师清楚地识别出适当的沟通对象。

2. 需要商定沟通对象的特殊情形

一般而言，注册会计师通过上述了解，并运用职业判断，可以确定适当的沟通对象。通常，被审计单位也会指定其治理结构中相对固定的人员或组织（如审计委员会）负责与注册会计师进行沟通。如果由于被审计单位的治理结构没有被清楚地界定，导致注册会计师无法清楚地识别适当的沟通对象，被审计单位也没有指定适当的沟通对象，注册会计师就应当尽早与审计委托人商定沟通对象，并就商定的结果形成备忘录或其他形式的书面记录。

（二）与治理层的下设组织或个人沟通

通常，注册会计师没有必要（实际上也不可能）就全部沟通事项与治理层整体进行沟通。适当的沟通对象往往是治理层的下设组织和人员，如董事会下设的审计委员会、独立董事、监事会或者被审计单位特别指定的组织和人员等。

四、沟通的事项

(一) 注册会计师与财务报表审计相关的责任

1. 注册会计师应当与治理层沟通注册会计师与财务报表审计相关的责任

(1) 注册会计师负责对在治理层监督下管理层编制的财务报表形成和发表意见；
(2) 财务报表审计并不减轻管理层或治理层的责任。

2. 具体的事项

注册会计师与财务报表审计相关的责任通常包含在审计业务约定书或记录审计业务约定条款的其他适当形式的书面协议中。向治理层提供审计业务约定书或其他适当形式的书面协议的副本，针对下列相关事项进行适当沟通：

(1) 注册会计师按照审计准则执行审计工作的责任，主要集中在对财务报表发表意见上。审计准则要求沟通的事项包括财务报表审计中发现的、与治理层对财务报告过程的监督有关的重大事项。
(2) 审计准则并不要求注册会计师设计程序来识别与治理层沟通的补充事项。
(3) 注册会计师依据法律法规的规定、与被审计单位的协议或适用于该业务的其他规定，承担所需要沟通特定事项的责任（如适用）。

(二) 计划的审计范围和时间安排

针对计划的审计范围和时间安排进行沟通，可以起到以下作用：

(1) 帮助治理层更好地了解注册会计师工作的结果，与注册会计师讨论风险问题和重要性的概念，以及识别可能需要注册会计师追加审计程序的领域；
(2) 帮助注册会计师更好地了解被审计单位及其环境。

在与治理层就计划的审计范围和时间安排进行沟通时，尤其是在治理层部分或全部成员参与管理被审计单位的情况下，注册会计师需要保持职业谨慎，避免损害审计的有效性。例如，沟通具体审计程序的性质和时间安排，可能因这些程序易于被预见而降低其有效性。

(三) 审计中发现的重大问题

注册会计师应当与治理层沟通审计中发现的下列重大问题：

1. 注册会计师对被审计单位会计实务（包括会计政策、会计估计和财务报表披露）重大方面的质量的看法

在适当的情况下，注册会计师应当向治理层解释为何某项在适用的财务报告编制基础下可以接受的重大会计实务，并不一定最适合被审计单位的具体情况。

财务报告编制基础通常允许被审计单位作出会计估计和有关会计政策和财务报表披露的判断。针对会计实务重大方面的质量进行开放性的、建设性的沟通，可能包括评价重大会计实务的可接受性。

2. 审计工作中遇到的重大困难

审计工作中遇到的重大困难可能包括下列事项：

(1) 管理层在提供审计所需信息时出现严重拖延；
(2) 不合理地要求缩短完成审计工作的时间；

（3）为获取充分、适当的审计证据需要付出的努力远远超过预期；

（4）无法获取预期的信息；

（5）管理层对注册会计师施加的限制；

（6）管理层不愿意按照要求对被审计单位持续经营能力进行评估，或不愿意延长评估时间。

在某些情况下，这些困难可能构成对审计范围的限制，导致注册会计师发表保留意见。

3. 已与管理层讨论或需要书面沟通的审计中出现的重大事项

除此之外，还包括注册会计师要求提供的书面声明，除非治理层全部成员参与管理被审计单位。

已与管理层讨论或需要书面沟通的重大事项可能包括以下几项：

（1）影响被审计单位的业务环境，以及可能影响重大错报风险的经营计划和战略；

（2）对管理层就会计或审计问题向其他专业人士进行咨询的关注；

（3）管理层在首次委托或连续委托注册会计师时，就会计实务、审计准则应用、审计或其他服务费用与注册会计师进行的讨论或书面沟通。

（四）值得关注的内部控制缺陷

在识别和评估重大错报风险时，审计准则要求注册会计师了解与审计相关的内部控制。在进行风险评估时，注册会计师了解内部控制的目的是设计适合具体情况的审计程序，而不是对内部控制的有效性发表意见。

无论在风险评估过程中，还是在审计工作的其他阶段，注册会计师都有可能识别出内部控制缺陷。

1. 内部控制缺陷和值得关注的内部控制缺陷

内部控制缺陷，是指在下列任一情况下内部控制存在的缺陷：

（1）某项控制的设计、执行或运行不能及时防止或发现并纠正财务报表错报；

（2）缺少用以及时防止或发现并纠正财务报表错报的必要控制。

值得关注的内部控制缺陷，是指注册会计师根据职业判断，认为足够重要从而值得治理层关注的内部控制的一个缺陷或多个缺陷的组合。

注册会计师应当根据已执行的审计工作，确定是否识别出内部控制缺陷。如果识别出内部控制缺陷，注册会计师应当根据已执行的审计工作，确定该缺陷单独或连同其他缺陷是否构成值得关注的内部控制缺陷。

2. 向治理层和管理层通报内部控制缺陷

注册会计师应当以书面形式及时向治理层通报审计过程中识别出的值得关注的内部控制缺陷。

1）注册会计师应当及时向相应层级的管理层通报的内部控制缺陷

（1）已向或拟向治理层通报的值得关注的内部控制缺陷，除非在具体情况下不适合直接向管理层通报；

（2）在审计过程中识别出的、其他方尚未向管理层通报而注册会计师根据职业判断认为足够重要从而值得管理层关注的内部控制其他缺陷。

2) 值得关注的内部控制缺陷的书面沟通文件
(1) 对缺陷的描述以及对其潜在影响的解释；
(2) 使治理层和管理层能够了解沟通背景。
3) 在向治理层和管理层提供信息时，注册会计师应当特别说明的事项
(1) 注册会计师执行审计工作的目的是对财务报表发表审计意见；
(2) 审计工作包括考虑与财务报表编制相关的内部控制，其目的是设计适合具体情况的审计程序，并非对内部控制的有效性发表意见（如果结合财务报表审计对内部控制的有效性发表意见，应当删除"并非对内部控制的有效性发表意见"的措辞）；

报告的事项仅限于注册会计师在审计过程中识别出的、认为足够重要从而值得向治理层报告的缺陷。

（五）注册会计师的独立性

注册会计师需要遵守与财务报表审计相关的职业道德要求，包括对独立性的要求。拟沟通的关系和其他事项以及防范措施因业务具体情况的不同而不同，但是通常包括以下两点：

(1) 对独立性的不利影响，包括因自身利益、自我评价、过度推介、密切关系和外在压力产生的不利影响。

(2) 法律法规和职业规范规定的防范措施、被审计单位采取的防范措施，以及会计师事务所内部自身的防范措施。

五、沟通的过程

（一）确立沟通过程

1. 基本要求

明确注册会计师的责任、计划的审计范围和时间安排以及期望沟通的大致内容，有助于为有效的双向沟通确立基础。通常，讨论下列事项可能有助于实现有效的双向沟通。

(1) 沟通的目的。

如果目的明确，注册会计师和治理层就可以更好地针对相关问题和在沟通过程中期望采取的行动取得相互了解。

(2) 沟通拟采取的形式。

与治理层就沟通形式进行讨论，有利于合理确定拟采取的沟通形式，或及时对沟通形式进行必要的调整，同时也有利于得到治理层的理解和配合。

(3) 由审计项目组和治理层中的哪些人员就特定事项进行沟通。

这方面的讨论有利于双方合理确定参与沟通的人员，以及找到适当的沟通对象。

(4) 注册会计师对沟通的期望，包括将进行双向沟通以及治理层针对其认为与审计工作相关的事项与注册会计师沟通。

与审计工作相关的事项包括：可能对审计程序的性质、时间安排和范围产生重大影响的战略决策，对舞弊的怀疑或检查，对高级管理人员的诚信或胜任能力的疑虑。

(5) 对注册会计师沟通的事项采取措施和进行反馈的过程。

讨论该事项有利于让治理层知悉注册会计师如何对沟通事项作出反应。

（6）对治理层沟通的事项采取措施和进行反馈的过程。

讨论该事项有利于让注册会计师知悉治理层如何对沟通事项作出反应。

沟通过程随着具体情况的不同而不同，这些具体情况包括被审计单位的规模和治理结构、治理层如何开展工作，以及注册会计师对拟沟通事项的重要性的看法。难以建立有效的双向沟通，可能意味着注册会计师与治理层之间的沟通不足以实现审计目的。

2. 与管理层的沟通

许多事项可以在正常的审计过程中与管理层讨论，包括审计准则要求与治理层沟通的事项。这种讨论有助于确认管理层对被审计单位经营活动的执行以及对财务报表的编制承担的责任。

在与治理层沟通某些事项前，注册会计师可能针对这些事项与管理层讨论，除非这种做法并不适当。例如，针对管理层的胜任能力或诚信与其讨论可能是不适当的。除确认管理层的执行责任外，这些初步的讨论还可以澄清事实和问题，并使管理层有机会提供进一步的信息和解释。如果被审计单位设有内部审计，注册会计师可以在与治理层沟通前与内部审计人员讨论相关事项。

3. 与第三方的沟通

治理层可能希望向第三方（如银行或特定监管机构）提供与注册会计师书面沟通文件的副本。在某些情况下，向第三方披露书面沟通文件可能是违法或不适当的。在向第三方提供为治理层编制的书面沟通文件时，在书面沟通文件中声明以下内容，告知第三方这些书面沟通文件不是为他们编制的，这可能是非常重要的。

（1）书面沟通文件仅为治理层的使用而编制，在适当的情况下也可供集团管理层和集团注册会计师使用，但不应被第三方依赖；

（2）注册会计师对第三方不承担责任；

（3）书面沟通文件向第三方披露或分发的任何限制。

（二）沟通的形式

有效的沟通可能包括结构化的陈述、书面报告以及不太正式的沟通（包括讨论）。对于审计中发现的重大问题，如果根据职业判断认为采用口头形式沟通不适当，注册会计师应当以书面形式与治理层沟通，当然，书面沟通不必包括审计过程中的所有事项；对于审计准则要求的注册会计师的独立性，注册会计师也应当以书面形式与治理层沟通。注册会计师还应当以书面形式向治理层通报值得关注的内部控制缺陷。除上述事项外，对于其他事项，注册会计师可以采取口头或书面的方式沟通。书面沟通可能包括向治理层提供审计业务约定书。

（三）沟通的时间安排

注册会计师应当及时与治理层沟通。怎样才算及时并非一成不变的，适当的沟通时间安排因业务环境的不同而不同。相关的环境包括事项的重要程度和性质，以及期望治理层采取的行动。

（四）沟通过程的充分性

注册会计师应当评价其与治理层之间的双向沟通对实现审计目的是否充分。如果认为双向沟通不充分，注册会计师应当评价其对重大错报风险评估以及获取充分、适当的审计证据的能力的影响，并采取适当的措施。

第二节　前任注册会计师和后任注册会计师的沟通

前任注册会计师，是指已对被审计单位上期财务报表进行审计，但被现任注册会计师接替的其他会计师事务所的注册会计师。接受委托但未完成审计工作，已经或可能与委托人解除业务约定的注册会计师，也视为前任注册会计师。

需要说明的是，前任注册会计师和后任注册会计师是针对会计师事务所发生变更时的情况而言的。在未发生会计师事务所变更的情况下，同处于某一会计师事务所中的不同的注册会计师不属于前后任注册会计师的范畴。

对前后任注册会计师沟通的总体要求是，前后任注册会计师的沟通通常由后任注册会计师主动发起，但需征得被审计单位的同意。前后任注册会计师的沟通可以采用书面或口头的方式。后任注册会计师应当将沟通的情况记录于审计工作底稿。

一、前后任注册会计师沟通的总体原则

这一总体原则包括以下几层含义：

（一）沟通的发起方

在前后任注册会计师的沟通过程中，后任注册会计师负有主动沟通的义务。其理由在于，如果前任注册会计师与被审计单位解除了业务约定，就不再对之后的财务报表审计承担任何责任和风险，通常也不会关注后任注册会计师的审计计划和审计程序。只有后任注册会计师主动与前任注册会计师进行沟通，才有可能在更大程度上发现财务报表中潜在的重大错报，以降低审计风险。

（二）沟通的前提

前任注册会计师和后任注册会计师的沟通通常由后任注册会计师主动发起，但需征得被审计单位的同意。这主要是因为，无论是前任还是后任注册会计师，都负有为被审计单位的信息保密的义务。当前后任注册会计师的沟通涉及被审计单位的有关信息时，应当征得被审计单位的同意，这也是注册会计师职业道德的基本要求。

（三）沟通的方式

沟通可以采用书面或口头的方式进行。

（四）对沟通情况的记录

尽管沟通可以采用书面或口头的方式进行，但后任注册会计师应当将沟通的情况记录于审计工作底稿，以便完整反映审计工作的轨迹。

此外，前后任注册会计师应当对沟通过程中获知的信息保密。即使未接受委托，后任注册会计师仍应履行保密义务。

二、接受委托前的沟通

（一）接受委托前的必要沟通

在接受委托前，后任注册会计师应当与前任注册会计师进行必要沟通，并对沟通结果进

行评价，以确定是否接受委托。这是审计准则对注册会计师接受委托前进行必要沟通的核心要求，它包括以下三层含义：

1. 沟通的目的

在接受委托前，后任注册会计师与前任注册会计师进行沟通的目的，是了解被审计单位更换会计师事务所的原因以及是否存在不应接受委托的情况，以确定是否接受委托。后任注册会计师一般只有通过与前任注册会计师直接沟通，才有可能了解更换会计师事务所的真实原因。

2. 接受委托前的沟通是必要的审计程序

与前任注册会计师进行沟通，是后任注册会计师在接受委托前应当执行的必要审计程序。如果没有进行必要沟通，则应视为后任注册会计师没有实施必要的审计程序。

3. 评价沟通结果

在进行必要沟通后，后任注册会计师应当对沟通结果进行评价，以确定是否接受委托。为使沟通真正发挥效用，后任注册会计师应当对前任注册会计师提供的信息给予应有的重视，对其进行评价，一并与被审计单位提供的信息进行比较。如果前任注册会计师提供的信息与被审计单位提供的更换会计师事务所的原因不符，特别是当被审计单位与前任注册会计师在会计、审计问题上存在着重大意见分歧时，被审计单位可能会试图通过后任注册会计师寻求有利于自己的审计意见，在这种情况下，后任注册会计师应慎重考虑是否接受委托。当出现上述情况时，后任注册会计师一般应拒绝接受委托，以抑制被审计单位购买审计意见的企图，并保护前任注册会计师的利益。

（二）必要沟通的核心内容

接受委托前，向前任注册会计师进行询问是一项必要的沟通程序。但后任注册会计师向前任注册会计师询问的内容应当合理、具体。既不能过于宽泛，也不宜过于琐碎。在必要的沟通过程中，通常值得关注和询问的事项包括以下几点：

（1）是否发现被审计单位管理层存在诚信方面的问题，例如，向前任注册会计师了解被审计单位的商业信誉如何，是否发现管理层存在缺乏诚信的行为，被审计单位是否过分考虑将会计师事务所的审计收费维持在尽可能低的水平，审计范围是否受到不适当限制等。

（2）前任注册会计师与管理层在重大会计、审计等问题上存在的意见分歧。例如，在会计政策和会计估计的运用、财务报表的披露方面存在重大的意见分歧，管理层不接受注册会计师的调整建议等。

（3）前任注册会计师向被审计单位治理层通报的管理层舞弊、违反法律法规行为以及值得关注的内部控制缺陷。例如，向前任注册会计师询问其从被审计单位监事会或审计委员会是否了解到管理层的任何舞弊事实、舞弊嫌疑，或针对管理层的舞弊指控，以及违反法律法规的行为，特别是被审计单位是否存在涉嫌洗钱或其他刑事犯罪的行为或迹象等。了解这些信息也有助于对管理层的诚信状况作出判断。

（4）前任注册会计师认为导致被审计单位变更会计师事务所的原因。变更会计师事务所的要求，可能是由客户提出的，也可能是由会计师事务所提出的。变更的原因各种各样，有些原因是正当的，有些原因是不正当的。如果变更会计师事务所的原因可能是由于前任注册会计师在会计、审计问题上与被审计单位管理层存在分歧，管理层对前任注册会计师的审计意见不满意，经多次沟通仍难以达成一致意见，则后任注册会计师要慎重考虑是否接受该项业务委托。

上述事项都属于可能对后任注册会计师执行财务报表审计业务产生重大影响的信息，对后任注册会计师来说，是决定是否接受委托的至关重要的因素。

（三）前任注册会计师的答复

在被审计单位允许前任注册会计师对后任注册会计师的询问作出充分答复的情况下，前任注册会计师应当根据所了解的事实，对后任注册会计师的合理询问及时作出充分答复。当有多家会计师事务所正在考虑是否接受被审计单位的委托时，前任注册会计师应在被审计单位明确选定其中的一家会计师事务所作为后任注册会计师之后，才对该后任注册会计师的询问作出答复。例如，当会计师事务所以投标方式承接审计业务时，前任注册会计师只需对中标的会计师事务所（后任注册会计师）的询问作出答复，而无须对所有参与投标的会计师事务所的询问进行答复。

如果受到被审计单位的限制或存在法律诉讼的顾虑，决定不向后任注册会计师作出充分答复，前任注册会计师应当向后任注册会计师表明其答复是有限的，并说明原因。此时，后任注册会计师需要判断是否存在由被审计单位或潜在法律诉讼引起的答复限制，并考虑对接受委托的影响；如果未得到答复，且没有理由认为变更会计师事务所的原因异常，后任注册会计师需要设法以其他方式与前任注册会计师再次进行沟通。如果仍得不到答复，后任注册会计师可以致函前任注册会计师，说明如果在适当的时间内得不到答复，将假设不存在专业方面的原因使其拒绝接受委托，并表明拟接受委托。

（四）被审计单位不同意沟通时的处理

后任注册会计师进行主动沟通的前提是征得被审计单位的同意。后任注册会计师应当提请被审计单位以书面方式允许前任注册会计师对其询问作出充分答复。如果被审计单位不同意前任注册会计师作出答复，或限制答复的范围，后任注册会计师应当向被审计单位询问原因，并考虑是否接受委托。实际上，这种情况本身就向后任注册会计师传递出一种信号，即被审计单位可能与前任注册会计师在重大的会计、审计问题上存在意见分歧，或被审计单位管理层存在诚信方面的问题，后任注册会计师应当对此提高警惕，慎重评估潜在的审计风险，并考虑是否接受委托。当这种情况出现时，后任注册会计师一般应当拒绝接受委托，除非可以通过其他方式获知必要的事实，或有充分的证据表明被审计单位财务报表的审计风险水平非常低。

三、接受委托后的沟通

接受委托后的沟通与接受委托前有所不同，它不是必要程序，而是由后任注册会计师根据审计工作的需要自行决定的。这一阶段的沟通主要包括查阅前任注册会计师的工作底稿及询问有关事项等。沟通可以采用电话询问、举行会谈、致送审计问卷等方式，但最有效、最常用的方式是查阅前任注册会计师的工作底稿。

（一）查阅前任注册会计师工作底稿的前提

接受委托后，如果需要查阅前任注册会计师的工作底稿，后任注册会计师应当征得被审计单位的同意，并与前任注册会计师进行沟通。

审计实务中，在接受审计业务委托前，几乎不可能存在前任注册会计师允许后任注册会计师查阅其审计工作底稿的情况。但在接受委托后，前任注册会计师可以考虑允许后任注册会计师查阅其审计工作底稿。对此，《中国注册会计师审计准则第1331号——首次接受委托时对期初余额的审计》规定，如果上期财务报表由前任注册会计师审计，后任注册会计师应当考虑通过查阅前任注册会计师的工作底稿获取有关期初余额的充分、适当的审计证据，并考虑前任注册会计师的独立性和专业胜任能力。

（二）查阅相关工作底稿及其内容

根据《〈质量控制准则第5101号——会计师事务所对执行财务报表审计和审阅、其他鉴证和相关服务业务实施的质量控制〉应用指南》的规定，审计工作底稿的所有权属于会计师事务所。前任注册会计师所在的会计师事务所可自主决定是否允许后任注册会计师获取工作底稿的全部内容，或摘录部分工作底稿。

如果前任注册会计师决定向后任注册会计师提供工作底稿，一般可考虑进一步从被审计单位（前审计客户）处获取一份确认函，以便降低在与后任注册会计师进行沟通时发生误解的可能性。前任注册会计师应当自主决定可供后任注册会计师查阅、复印或摘录的工作底稿内容，这些内容通常可能包括有关审计计划、控制测试、审计结论的工作底稿，以及其他具有延续性的对本期审计产生重大影响的会计、审计事项（如有关资产负债表账户的分析和或有事项）的工作底稿。

（三）前任注册会计师和后任注册会计师针对使用工作底稿达成一致意见

在允许查阅工作底稿之前，前任注册会计师应当向后任注册会计师获取确认函，针对工作底稿的使用目的、范围和责任等与其达成一致意见。

在实务中，如果后任注册会计师在工作底稿的使用方面作出了更高程度的限制性保证，那么，前任注册会计师可能会愿意向其提供更多的接触工作底稿的机会。相应地，为了获取对工作底稿的更多的接触机会，后任注册会计师可以考虑同意前任注册会计师在自己查阅工作底稿过程中可能作出的限制。

（1）不将查阅工作底稿获得的信息用于其他任何目的；

（2）在查阅工作底稿后，不对任何人作出关于前任注册会计师的审计是否遵循了审计准则的口头或书面评论；

（3）当涉及前任注册会计师的审计质量时，后任注册会计师不应提供任何专家证词、诉讼服务或承接关于前任注册会计师审计质量的评论业务。

（四）利用工作底稿的责任

查阅前任注册会计师工作底稿获取的信息可能影响后任注册会计师实施审计程序的性质、时间安排和范围，但后任注册会计师应当对自身实施的审计程序和得出的审计结论负责。后任注册会计师不应在审计报告中表明，其审计意见全部或部分地依赖前任注册会计师的审计报告或工作。

四、发现前任注册会计师审计的财务报表可能存在重大错报时的处理

（一）安排三方会谈

如果发现前任注册会计师审计的财务报表可能存在重大错报，后任注册会计师应当提请被审计单位告知前任注册会计师。必要时，后任注册会计师应当要求被审计单位安排三方会谈。前后任注册会计师应当针对任何在已审计财务报表报出后发现的、对已审计财务报表可能存在重大影响的信息进行沟通，以便双方按照有关审计准则作出妥善处理。

（二）无法参加三方会谈的处理

如果被审计单位拒绝告知前任注册会计师，或前任注册会计师拒绝参加三方会谈，或后任注册会计师对解决问题的方案不满意，后任注册会计师应当考虑对审计意见的影响或解除业务约定。具体讲，后任注册会计师应当考虑以下两点：

（1）这种情况对当前审计业务的潜在影响，并根据具体情况出具恰当的审计报告；

（2）是否退出当前审计业务。

此外，后任注册会计师可考虑向其法律顾问咨询，以便决定如何采取进一步措施。

第十五章

注册会计师利用他人的工作

第一节　利用内部审计工作

内部审计职责（简称"内部审计"），是指由被审计单位建立的或由外部机构以服务形式提供的一种评价活动。内部审计的职能包括检查、评价和监督内部控制的恰当性和有效性等。

内部审计人员，是指执行内部审计活动的人员。内部审计人员可能属于内部审计部门或履行内部审计职责的类似部门。

注册会计师在审计过程中，通常需要了解和测试被审计单位的内部控制，而内部审计是被审计单位内部控制的一个重要组成部分。因此，注册会计师应当考虑内部审计活动及其在内部控制中的作用，以评估财务报表重大错报风险及其对注册会计师审计程序的影响。

一、内部审计的目标

（一）内部审计的目标

被审计单位内部审计的目标是由其管理层和治理层确定的。不同被审计单位的内部审计目标差异很大，取决于被审计单位的规模和结构以及管理层和治理层的要求。

（二）内部审计可能包括一项或多项活动

1. 对内部控制的监督

内部审计可能包括评价控制、监督控制的运行以及对内部控制提出改进建议。

2. 对财务信息和经营信息的检查

内部审计可能包括对确认、计量、分类和报告财务信息和经营信息的方法进行评价，并对个别事项进行专门询问，包括对交易、余额及程序实施细节测试。

3. 对经营活动的评价

内部审计可能包括对被审计单位的经营活动（包括非财务活动）的经济性、效率和效果进行评价。

4. 对遵守法律法规情况的评价

内部审计可能包括评价被审计单位对法律法规、其他外部要求以及管理层政策、指令和其他内部要求的遵守情况。内部审计可以对被审计单位在经营过程中遵守相关标准的情况作出相应的评价，包括评价遵守国家相关法律法规的情况、遵守行业和部门政策的情况、遵守企业经营计划和财务计划的情况、遵守企业经营预算和财务预算的情况、遵守企业制定的各种程序标准的情况、遵守企业签订的各类合同的情况等。

5. 风险管理

内部审计可能有助于被审计单位识别和评估其面临的重大风险，并改进风险管理和控制措施。

6. 治理

内部审计可能包括评估被审计单位为实现下列方面的目标而建立的治理过程：
(1) 道德和价值观；
(2) 业绩管理和经管责任；
(3) 向被审计单位适当部门传达风险和控制信息；
(4) 治理层、注册会计师、内部审计人员和管理层之间沟通的有效性。

二、内部审计和注册会计师的关系

（一）内部审计与注册会计师审计的联系

尽管内部审计与注册会计师审计之间存在诸多差异，但两者用以实现各自目标的某些方式却通常是相似的。例如，为支持所得出的结论，审计人员都需要获取充分、适当的审计证据，都可以运用观察、询问、函证和分析程序等审计方法。此外，内部审计对象与注册会计师审计对象也密切相关，甚至存在部分重叠。因此，注册会计师应当考虑内部审计工作的某些方面是否有助于确定审计程序的性质、时间安排和范围，包括了解内部控制所采用的程序、评估财务报表重大错报风险所采用的程序和实质性程序。

通过了解内部审计工作的情况，注册会计师可以掌握内部审计发现的、可能对被审计单位财务报表和注册会计师审计产生重大影响的事项。如果内部审计的工作结果表明被审计单位的财务报表在某些领域存在重大错报风险，注册会计师就应当对这些领域给予特别关注。

（二）利用内部审计工作不能减轻注册会计师的责任

虽然相关内部审计准则要求内部审计机构和人员保持独立性和客观性，但考虑到内部审计是被审计单位的一部分，其自主程度和客观性毕竟是有限的，无法达到注册会计师审计所要求的水平。因此，尽管内部审计工作的某些部分可能对注册会计师的工作有所帮助，但注册会计师必须对与财务报表审计有关的所有重大事项独立作出职业判断，而不应完全依赖内部审计工作。通常，审计过程中涉及的职业判断，如重大错报风险的评估、重要性水平的确定、样本规模的确定、对会计政策和会计估计的评估等，均应当由注册会计师负责执行。

同样，注册会计师对发表的审计意见独立承担责任，这种责任并不因利用内部审计人员的工作而减轻。

三、确定是否利用以及在多大程度上利用内部审计人员的工作

注册会计师应当确定：内部审计人员的工作是否可能足以实现审计目的；如果可能足以实现审计目的，内部审计人员的工作对注册会计师审计程序的性质、时间安排和范围产生的预期影响。

1. 在确定内部审计人员的工作是否可能足以实现审计目的时，注册会计师应当评价的内容

（1）内部审计的客观性。

（2）内部审计人员的专业胜任能力。内部审计人员和内部审计机构整体的专业胜任能力是被审计单位内部审计正常发挥作用的根本。内部审计机构作为一个整体，必须具备足以胜任检查被审计单位所有活动领域的能力，否则，其工作结果必然是不能信赖的。

（3）内部审计人员在执行工作时是否可能保持应有的职业关注，包括以下两点：

① 内部审计的活动是否经过适当的计划、监督、复核和记录；

② 是否存在适当的审计手册或其他类似文件、工作方案和内部审计工作底稿。

（4）内部审计人员和注册会计师之间是否可能进行有效的沟通。

2. 在确定内部审计人员的工作对注册会计师审计程序的性质、时间安排和范围产生的预期影响时，注册会计师应当考虑的内容

（1）内部审计人员已执行或拟执行的特定工作的性质和范围；

（2）针对特定类别的交易、账户余额和披露，评估的认定层次重大错报风险；

（3）在评价支持相关认定的审计证据时，内部审计人员的主观程度。

（4）如果内部审计人员的工作是注册会计师在确定实施审计程序的性质、时间安排和范围时考虑的因素，注册会计师事前针对下列事项与内部审计人员达成一致意见是有益的：

① 内部审计工作的时间安排。包括制订内部审计计划、实施内部审计程序、出具内部审计报告的时间安排。

② 内部审计涵盖的范围。包括内部审计覆盖的主体对象及时间范围。

③ 财务报表整体的重要性（如适用，还包括特定类别的交易、账户余额或披露层次的重要性水平），以及实际执行的重要性。重要性水平取决于在具体环境下对错报金额和性质的判断。

④ 选取测试项目拟采用的方法。包括使用随机数表或计算机辅助审计技术选样、系统选样和随意选样等。

⑤ 对所执行工作的记录。内部审计人员应当采用适当的方法记录已实施的工作。工作记录应当反映检查情况并突出对检查事实的评价；应当能够提供充分、适当的记录作为内部审计报告的基础；应当能够提供充足的信息证实内部审计工作是否被恰当地执行，并使其他人能够据此检查内部审计工作的执行情况。

⑥ 复核和报告程序。内部审计人员应对内部审计工作进行复核，并尽快形成书面报告，将其传递给审计对象及相关管理层。内部审计报告应当说明审计的目标与范围、审计发现的问题及整改建议等。

第二节　利用专家的工作

一、专家概述

专家，即注册会计师的专家，是指在会计或审计以外的某一领域具有专长的个人或组织，并且其工作被注册会计师利用，以协助注册会计师获取充分、适当的审计证据。专家既可能是会计师事务所内部专家（如会计师事务所或其网络事务所的合伙人或员工，包括临时员工），也可能是会计师事务所外部专家。

这里的专长，是指在某一特定领域中拥有的专门技能、知识和经验。

专家通常可以是工程师、律师、资产评估师、精算师、环境专家、地质专家、IT 专家以及税务专家，也可以是这些个人所从属的组织，如律师事务所、资产评估公司以及各种咨询公司等。

就利用专家的工作问题，注册会计师的目标是：确定是否利用专家的工作，如果利用专家的工作，专家的工作是否足以实现审计目的。如果注册会计师按照审计准则的规定利用了专家的工作，并得出结论认为专家的工作足以实现审计目的，注册会计师可以接受专家在其专业领域的工作结果或结论，并作为适当的审计证据。但注册会计师对发表的审计意见独立承担责任，这种责任并不因利用专家的工作而减轻。

二、确定是否利用专家的工作

（一）可能需要利用专家工作的审计程序范围

注册会计师在执行下列工作时可能需要利用专家的工作：
(1) 了解被审计单位及其环境；
(2) 识别和评估重大错报风险；
(3) 针对评估的财务报表层次风险，确定并实施总体应对措施；
(4) 针对评估的认定层次风险，设计和实施进一步审计程序，包括控制测试和实质性程序；
(5) 在对财务报表形成审计意见时，评价已获取的审计证据的充分性和适当性。

（二）编制财务报表需要利用会计以外某一领域的专长时的考虑

如果编制财务报表需要利用会计以外某一领域的专长，尽管注册会计师拥有会计和审计技能，但可能不具备审计这些财务报表的必要的专长。项目合伙人需要确信项目组和不属于项目组的专家整体上具备适当的胜任能力和专业素质以执行审计业务。并且，注册会计师需要确定完成审计项目所需资源的性质、时间安排和范围。注册会计师需要确定是否利用专家的工作，如果需要利用，确定何时利用以及在多大程度上利用，以满足上述要求。

（三）专家的胜任能力、专业素质和客观性

专家的胜任能力、专业素质和客观性，对评价专家的工作是否适合审计目的具有重大影响。专家的胜任能力与其专长的性质和水平有关。专家的专业素质与在业务的具体情况下对

胜任能力的发挥相关。影响专业素质发挥的因素包括地理位置（专家所在的国家或地区）、可用的时间和资源等。专家的客观性与其偏见、利益冲突及其他可能影响其职业判断或商业判断的因素相关。

注册会计师应当评价专家是否具有实现审计目的所必需的胜任能力、专业素质和客观性。在评价外部专家的客观性时，注册会计师应当询问可能对外部专家客观性产生不利影响的利益和关系。

三、了解专家的专长领域

（一）总体要求

注册会计师应当充分了解专家的专长领域，为了实现审计目的，确定专家工作的性质、范围和目标；评价专家的工作是否足以实现审计目的。

注册会计师可以凭借审计工作经验或通过与专家及其他有关人士进行讨论的方式，了解专家的专长领域。

（二）对专家的专长领域的了解事项

注册会计师对专家的专长领域的了解可能包括下列几个方面：

（1）与审计相关的、管理层的专家专长领域的进一步细分信息；

（2）职业准则或其他准则以及法律法规是否适用；

（3）专家使用哪些假设和方法（包括专家使用的模型，如适用），及其在专家的专长领域是否得到普遍认可，对实现财务报告的目的是否适当；

（4）专家使用的内外部数据或信息的性质。

四、与专家达成一致意见

（一）总体要求

专家工作的性质、范围和目标可能会随着情况的变化而发生较大的变化，相应地，注册会计师和专家各自的角色与责任、注册会计师和专家沟通的性质、时间安排和范围等也可能因情况的变化而发生较大变化。因此，无论是对外部专家还是内部专家，注册会计师都有必要针对这些事项与其达成一致意见，并根据需要形成书面协议。

（二）专家工作的性质、范围和目标

当针对专家工作的性质、范围和目标达成一致意见时，注册会计师通常需要与专家讨论需要遵守的相关技术标准、其他职业准则或行业要求。

（三）注册会计师和专家各自的角色与责任

1. 注册会计师与专家针对各自的角色和责任达成的一致意见可能包括下列内容

（1）由注册会计师还是专家对原始数据实施细节测试；

（2）同意注册会计师与被审计单位或其他人员讨论专家的工作结果或结论，必要时，包括同意注册会计师将专家的工作结果或结论的细节作为注册会计师在审计报告中发表非无保留意见的基础；

(3) 将注册会计师对专家工作形成的结论告知专家。

注册会计师和专家针对各自的角色和责任达成的一致意见，可能还包括针对各自的工作底稿的使用和保管达成的一致意见。当专家是项目组的成员时，专家的工作底稿是审计工作底稿的一部分。除非协议另作安排，外部专家的工作底稿属于外部专家，不是审计工作底稿的一部分。

（四）注册会计师和专家之间沟通的性质、时间安排和范围

有效的双向沟通有利于将专家工作的性质、时间安排和范围与审计的其他工作整合在一起，也有利于在审计过程中对专家工作的目标进行适当的调整。例如，如果专家的工作与注册会计师针对某项特别风险形成的结论相关，专家不仅要在工作结束时提交一份正式的书面报告，而且要随着工作的推进随时作出口头报告。明确与专家保持联络的合伙人或员工，以及专家和被审计单位的沟通程序，有助于及时、有效地沟通，特别是在较大的业务项目中。

（五）对专家遵守保密规定的要求

适用于注册会计师的相关职业道德要求中的保密条款同样也适用于专家。法律法规可能对保密作出额外规定。被审计单位也可能要求外部专家同意遵守特定的保密条款。

五、评价专家工作的恰当性

对专家胜任能力、专业素质和客观性的评价，对专家的专长领域的熟悉程度和专家所执行工作的性质，影响注册会计师为评价专家工作是否足以实现审计目的所实施的审计程序的性质、时间安排和范围。

注册会计师应当评价专家的工作是否足以实现审计目的，包括以下几点：

(1) 专家的工作结果或结论的相关性和合理性，以及与其他审计证据的一致性；

(2) 如果专家的工作涉及使用重要的假设和方法，这些假设和方法在具体情况下的相关性和合理性；

(3) 如果专家的工作涉及使用重要的原始数据，这些原始数据的相关性、完整性和准确性。

第十六章

对集团财务报表审计的特殊考虑

第一节 与集团财务报表审计有关的概念

在开始讨论之前，有必要对集团财务报表审计中涉及的有关概念进行界定。

一、集团

集团，是指由所有组成部分构成的整体，并且所有组成部分的财务信息包括在集团财务报表中。集团至少拥有一个以上的组成部分。

二、组成部分

组成部分，是指某一实体或某项业务活动，其财务信息由集团或组成部分管理层编制并应包括在集团财务报表中。

集团结构影响如何识别组成部分。例如，有些集团的组织结构规定，由母公司、子公司、合营企业以及按权益法或成本法核算的被投资实体编制财务信息；或由集团本部、分支机构编制财务信息；或是将两者结合。这些集团的财务报告系统可能是按照这样的组织结构来组织的。相应地，母公司、子公司、合营企业以及按权益法或成本法核算的被投资实体，或者集团本部、分支机构可被视为组成部分。而其他一些集团可能按照职能部门、生产过程、单项产品或劳务（或一组产品或劳务）或地区分布来组织财务报告系统。在这种情况下，集团管理层或组成部分管理层可能以职能部门、生产过程、单项产品或劳务（或一组产品或劳务）或地区为单位（报告主体或业务活动）编制财务信息并将其包括在集团财务报表中。相应地，这些职能部门、生产过程、单项产品或劳务（或一组产品或劳务）或地区可被视为组成部分。

集团财务报告系统中可能存在不同层次的组成部分。在这种情况下，在汇总层次上识别组成部分，可能比逐一识别更为合适。

· 264 ·

三、重要组成部分

重要组成部分，是指集团项目组识别出的具有下列特征之一的组成部分：

（1）单个组成部分对集团具有财务重大性；

（2）由于单个组成部分的特定性质或情况，可能存在导致集团财务报表发生重大错报的特别风险。

四、集团层面控制

集团层面控制，是指集团管理层设计、执行和维护的与集团财务报告相关的控制。

五、合并过程

合并过程，是指以下两种情况：

（1）通过合并、比例合并、权益法或成本法，在集团财务报表中对组成部分财务信息进行确认、计量、列报与披露；

（2）对没有母公司但处在同一控制下的各组成部分编制的财务信息进行汇总。

第二节 集团财务报表审计中的责任设定和注册会计师的目标

一、集团财务报表审计中的责任设定

各国对集团财务报表审计中的责任设定有两种模式：一种模式是集团项目组对整个集团财务报表审计工作及审计意见负全部责任，这一责任不因利用组成部分注册会计师的工作而减轻；另外一种模式是，集团项目组和组成部分注册会计师针对各自执行的审计工作分别负责，集团项目组在执行集团财务报表审计时完全基于组成部分注册会计师的工作。为保证审计质量，《中国注册会计师审计准则第1401号——对集团财务报表审计的特殊考虑》采用了第一种模式。在这种模式下，尽管组成部分注册会计师基于集团审计目的对组成部分财务信息执行相关工作，并对所有发现的问题、得出的结论或形成的意见负责，但集团项目合伙人及其所在的会计师事务所仍对集团审计意见负全部责任。

二、注册会计师的目标

在集团财务报表审计中，担任集团审计的注册会计师的目标如下：

（1）针对组成部分注册会计师对组成部分财务信息执行工作的范围、时间安排和发现的问题，与组成部分注册会计师进行清晰的沟通；

（2）针对组成部分财务信息和合并过程，获取充分、适当的审计证据，以对集团财务报表是否在所有重大方面按照适用的财务报告编制基础编制发表审计意见。

第三节　集团审计业务的承接与保持

一、在承接与保持阶段获取信息

在具体运用《中国注册会计师审计准则第1121号——对财务报表审计实施的质量控制》时，集团项目合伙人应当确定是否能够合理预期获取与合并过程和组成部分财务信息相关的充分、适当的审计证据，以作为形成集团审计意见的基础。因此，集团项目组应当了解集团及其环境、集团组成部分及其环境，以足以识别可能的重要组成部分。如果组成部分注册会计师对重要组成部分财务信息执行相关工作，集团项目合伙人应当评价集团项目组参与组成部分注册会计师工作的程度是否足以获取充分、适当的审计证据。

二、审计范围受到限制

如果集团项目合伙人认为由于集团管理层施加的限制，使集团项目组不能获取充分、适当的审计证据，由此产生的影响可能导致对集团财务报表发表无法表示的意见，集团项目合伙人应当视具体情况采取下列措施：

（1）如果是新业务，拒绝接受业务委托，如果是连续审计业务，在法律法规允许的情况下，解除业务约定；

（2）如果法律法规禁止注册会计师拒绝接受业务委托，或者注册会计师不能解除业务约定，在可能的范围内对集团财务报表实施审计，并对集团财务报表发表无法表示的意见。

三、业务约定条款

集团项目合伙人应当按照《中国注册会计师审计准则第1111号——针对审计业务约定条款达成一致意见》的规定，针对集团审计业务约定条款与管理层或治理层（如适用）达成一致意见。

业务约定条款需要明确适用的财务报告编制基础。集团审计业务约定条款可能还需要包括下列事项：

（1）在法律法规允许的范围内，集团项目组与组成部分注册会计师的沟通应当尽可能地不受限制；

（2）组成部分注册会计师与组成部分治理层、组成部分管理层之间进行的重要沟通（包括针对值得关注的内部控制缺陷进行的沟通），也应当告知集团项目组；

（3）监管机构与组成部分针对财务报告事项进行的重要沟通，应当告知集团项目组；

（4）如果集团项目组认为有必要，应当允许集团项目组接触组成部分信息、组成部分治理层、组成部分管理层和组成部分注册会计师（包括集团项目组需要获取的相关审计工作底稿），以及允许集团项目组或允许其组成部分注册会计师对组成部分财务信息执行相关工作。

第四节　了解集团及其环境、集团组成部分及其环境

注册会计师应当通过了解被审计单位及其环境，识别和评估财务报表重大错报风险。审计风险取决于重大错报风险和检查风险。在集团审计中，审计风险包括组成部分注册会计师可能没有发现组成部分财务信息存在的错报（该错报导致集团财务报表发生重大错报）的风险，以及集团项目组可能没有发现该错报的风险。《中国注册会计师审计准则第1211号——通过了解被审计单位及其环境识别和评估重大错报风险》对注册会计师应当了解的事项作出了规定。集团项目组应当了解下列信息：

（1）在业务承接或保持阶段获取信息的基础上，进一步了解集团及其环境、集团组成部分及其环境，包括集团层面控制；

（2）了解合并过程，包括集团管理层向组成部分下达的指令。

一、集团管理层下达的指令

为实现财务信息的一致性和可比性，集团管理层通常对组成部分下达指令。这些指令具体说明了对包括在集团财务报表中的组成部分财务信息的要求，通常采用财务报告程序手册和报告文件包的形式。报告文件包通常由标准模板组成，用以提供包括在集团财务报表中所需的财务信息，但报告文件包通常不采用按照适用的财务报告编制基础编制和列报的整套财务报表的形式。

集团管理层下达的指令通常包括以下几点：

（1）运用的会计政策；

（2）适用于集团财务报表的法定和其他披露要求，包括组成部分的确定和报告、关联方关系及其交易、集团内部交易、未实现内部交易损益以及集团内部往来余额；

（3）报告的时间要求。

二、舞弊

注册会计师需要识别和评估由于舞弊导致财务报表发生重大错报的风险，针对评估的风险设计和实施适当的应对措施。用以识别由于舞弊导致的集团财务报表重大错报风险所需的信息可能包括以下几项：

（1）集团管理层对集团财务报表可能存在由于舞弊导致的重大错报风险的评估；

（2）集团管理层对集团舞弊风险的识别和应对过程，包括集团管理层识别出的任何特定舞弊风险，或可能存在舞弊风险的账户余额、某类交易或披露；

（3）是否有特定组成部分可能存在舞弊风险；

（4）集团治理层如何监督集团管理层识别和应对集团舞弊风险的过程，以及集团管理层为降低集团舞弊风险而建立的控制；

（5）针对集团项目组对是否知悉任何影响组成部分或集团的舞弊事实、舞弊嫌疑或舞弊指控的询问，集团治理层、管理层和内部审计人员（如适用，还包括组成部分管理层、组成部分注册会计师和其他人员）作出的答复。

三、集团项目组成员和组成部分注册会计师对集团财务报表重大错报风险（包括舞弊风险）的讨论

项目组关键成员需要讨论由于舞弊或错误导致被审计单位财务报表发生重大错报的可能性，并特别强调舞弊导致的风险。在集团审计中，参与讨论的成员还可能包括组成部分注册会计师。集团项目合伙人对参与讨论的项目组成员、讨论的方式、时间和内容的确定，受多项因素（如以前与集团交往的经验）的影响。

四、了解集团及其环境、集团组成部分及其环境的程序

（1）集团项目组应当对集团及其环境、集团组成部分及其环境获取充分的了解，其目的有两点：

① 确认或修正最初识别的重要组成部分；

② 评估由于舞弊或错误导致集团财务报表发生重大错报的风险。

（2）集团项目组可以基于下列信息，在集团层面评估集团财务报表重大错报风险：

① 在了解集团及其环境、集团组成部分及其环境和合并过程时获取的信息，包括在评价集团层面控制以及与合并过程相关的控制的设计和执行时获取的审计证据；

② 从组成部分注册会计师获取的信息。

第五节　了解组成部分注册会计师

一、集团项目组应当了解的事项

只有当基于集团审计目的，计划要求由组成部分注册会计师执行组成部分财务信息的相关工作时，集团项目组才需要了解组成部分注册会计师。例如，如果集团项目组计划仅在集团层面对某些组成部分实施分析程序，就无须了解这些组成部分注册会计师。如果计划要求组成部分注册会计师执行组成部分财务信息的相关工作，集团项目组应当了解下列事项：

（1）组成部分注册会计师是否了解并将遵守与集团审计相关的职业道德要求，特别是独立性要求；

（2）组成部分注册会计师是否具备专业胜任能力；

（3）集团项目组参与组成部分注册会计师工作的程度是否足以获取充分、适当的审计证据；

（4）组成部分注册会计师是否处于积极的监管环境中。

二、与集团审计相关的职业道德要求

当基于集团审计目的对组成部分财务信息执行相关工作时，组成部分注册会计师需要遵守与集团审计相关的职业道德要求。这些要求与组成部分注册会计师在其所在国家或地区执行法定审计时所需遵守的职业道德要求可能不同，或需要遵守更多的要求。因此，集团项目

组需要了解组成部分注册会计师是否了解并将遵守与集团审计相关的职业道德要求，组成部分注册会计师了解和遵守的程度是否足以使其履行其在集团审计中承担的责任。

三、组成部分注册会计师的专业胜任能力

集团项目组对组成部分注册会计师的专业胜任能力的了解可能包括下列几个方面：

(1) 组成部分注册会计师是否对适用于集团审计的审计准则和其他职业准则有充分的了解，以足以履行其在集团审计中的责任；

(2) 组成部分注册会计师是否拥有对特定组成部分财务信息执行相关工作所必需的专门技能（如行业专门知识）；

(3) 组成部分注册会计师是否对适用的财务报告编制基础（集团管理层向组成部分下达的指令，通常说明适用的财务报告编制基础的特征）有充分的了解，以足以履行其在集团审计中的责任。

第六节 重 要 性

《中国注册会计师审计准则第 1221 号——计划和执行审计工作时的重要性》要求注册会计师在制定总体审计策略时，确定财务报表整体的重要性和适用于这些交易、账户余额或披露的一个或多个重要性水平（如有），并确定实际执行的重要性。在将该准则运用到集团财务报表审计时，集团项目组应当确定与重要性相关的下列事项：

一、集团财务报表整体的重要性

在制定集团总体审计策略时，集团项目组确定集团财务报表整体的重要性。

二、适用于特定类别的交易、账户余额或披露的一个或多个重要性水平

根据集团的特定情况，如果集团财务报表中存在特定类别的交易、账户余额或披露，其发生的错报金额低于集团财务报表整体的重要性，但合理预期将影响财务报表使用者依据集团财务报表作出的经济决策，则确定适用于这些交易、账户余额或披露的一个或多个重要性水平。

三、组成部分重要性

如果组成部分注册会计师对组成部分财务信息实施审计或审阅，集团项目组应当基于集团审计目的，为这些组成部分确定组成部分重要性。为将未更正和未发现错报的汇总数超过集团财务报表整体的重要性的可能性降至适当的低水平，集团项目组应当将组成部分重要性设定为低于集团财务报表整体的重要性。针对不同的组成部分确定的重要性可能有所不同。但是，在确定组成部分重要性时，无须采用将集团财务报表整体重要性按比例分配的方式，因此，对不同组成部分确定的重要性的汇总数，有可能高于集团财务报表整体重要性。在制定组成部分总体审计策略时，需要使用组成部分的重要性。

组成部分注册会计师需要使用组成部分重要性，评价识别出的未更正错报单独或汇总起

审 计

来是否重大。

在审计组成部分财务信息时，组成部分注册会计师（或集团项目组）需要确定组成部分层面实际执行的重要性。这对于将组成部分财务信息中未更正和未发现错报的汇总数超过组成部分重要性的可能性降至适当的低水平是必要的。实务中，集团项目组可能按这一较低的水平确定组成部分重要性。在这种情况下，组成部分注册会计师需要使用组成部分重要性，评估组成部分财务信息的重大错报风险，针对评估的风险设计进一步审计程序，以及评价识别出的错报单独或汇总起来是否重大。

如果基于集团审计目的，由组成部分注册会计师对组成部分财务信息执行审计工作，集团项目组应当评价在组成部分层面确定的实际执行的重要性的适当性。

第七节 针对评估的风险采取的应对措施

注册会计师应当针对评估的财务报表重大错报风险设计和实施恰当的应对措施。对于组成部分财务信息，集团项目组应当确定由其亲自执行或由组成部分注册会计师代为执行的相关工作的类型。集团项目组还应当确定参与组成部分注册会计师工作的性质、时间安排和范围。

一、对重要组成部分需执行的工作

就集团而言，对于具有财务重大性的单个组成部分，集团项目组或代表集团项目组的组成部分注册会计师应当运用该组成部分的重要性，对组成部分财务信息实施审计。

对由于其特定性质或情况，可能存在导致集团财务报表发生重大错报的特别风险的重要组成部分，集团项目组或代表集团项目组的组成部分注册会计师应当执行下列一项或多项工作：

（1）使用组成部分重要性对组成部分财务信息实施审计；

（2）针对与可能导致集团财务报表发生重大错报的特别风险相关的一个或多个账户余额、一类或多类交易或披露事项实施审计；

（3）针对可能导致集团财务报表发生重大错报的特别风险实施特定的审计程序。

对于不重要的组成部分，集团项目组应当在集团层面实施分析程序。

二、参与组成部分注册会计师的工作

如果组成部分注册会计师对重要组成部分财务信息执行审计，集团项目组应当参与组成部分注册会计师实施的风险评估程序，以识别导致集团财务报表发生重大错报的特别风险。集团项目组参与的性质、时间安排和范围受其对组成部分注册会计师所了解情况的影响，但至少应当包括以下几项：

（1）与组成部分注册会计师或组成部分管理层讨论对集团而言重要的组成部分业务活动；

（2）与组成部分注册会计师讨论由于舞弊或错误导致组成部分财务信息发生重大错报的可能性；

· 270 ·

(3) 复核组成部分注册会计师对识别出的导致集团财务报表发生重大错报的特别风险形成的审计工作底稿。

如果在由组成部分注册会计师执行相关工作的组成部分时，识别出导致集团财务报表发生重大错报的特别风险，集团项目组应当评价针对识别出的特别风险拟实施的进一步审计程序的恰当性。

第八节　评价审计证据的充分性和适当性

审计准则要求，注册会计师应当获取充分、适当的审计证据，将审计风险降至可接受的低水平，从而得出合理的结论，以作为形成审计意见的基础。

集团项目组应当评价，通过对合并过程实施的审计程序以及由集团项目组和组成部分注册会计师对组成部分财务信息执行的工作，是否已获取充分、适当的审计证据，作为形成集团审计意见的基础。

如果认为未能获取充分、适当的审计证据作为形成集团审计意见的基础，集团项目组可以要求组成部分注册会计师对组成部分财务信息实施追加的程序。如果不可行，集团项目组可以直接对组成部分财务信息实施程序。

集团项目合伙人应当评价未更正错报（无论该错报是由集团项目组识别出的还是由组成部分注册会计师告知的）和未能获取充分、适当的审计证据的情况下对集团审计意见的影响。集团项目合伙人对错报（无论该错报是由集团项目组识别出的还是由组成部分注册会计师告知的）的汇总影响的评价，能够使其确定集团财务报表整体是否存在重大错报。

第十七章

其他特殊项目的审计

第一节　会计估计的审计

一、会计估计的审计目标

会计估计通常是被审计单位在缺乏精确计量手段的情况下，以最近可利用的信息为基础所作的判断。

在财务报表审计中，注册会计师应该取得充分、适当的审计证据，以确认被审计单位作出的会计估计及其变更是否合理，会计估计变更的会计处理是否正确，披露是否充分。

二、会计估计的审计程序

注册会计师应当了解被审计单位及其环境，了解被审计单位管理层作出会计估计的程序和方法，以识别和评估会计估计的重大错报风险，并确定适当的审计程序。在审计会计估计时，注册会计师应当执行下列审计程序：

（一）复核和测试被审计单位管理层作出会计估计的过程

1. 评价会计估计依据的数据，考虑会计估计依据的假设

为此，要注意以下几点：

（1）要评价会计估计所依据的数据来源是否准确可靠，数据是否完整并具有相关性；

（2）要分析和评价会计估计所依据的主要假设是否有合理的依据；

（3）要分析和复核被审计单位使用的会计估计公式是否适当，分析时可以参考以前期间的经营成果以及所处行业的惯例等。

2. 测试会计估计的计算过程

注册会计师应当根据评估的重大错报风险、对管理层会计估计程序和方法的了解与评价

·272·

等因素来确定测试程序的性质、时间和范围。

3. 了解被审计单位管理层对会计估计的批准程序

主要看批准程序是否合理合法合规。

4. 在可能的条件下，应当将被审计单位以前期间作出的会计估计与实际结果进行比较

从总体上判断被审计单位会计估计是否可靠。

（二）利用独立估计与被审计单位作出的会计估计进行比较。

独立估计是指独立于被审计单位人员的对相关事项所作的估计。将其与被审计单位的会计估计进行比较，判断二者是否存在差异。如果二者差异明显，且确认被审计单位的会计估计不合理，则应当考虑提请被审计单位进行调整。

（三）复核能够证实会计估计的期后事项

资产负债表日后至审计完成之前发生的交易或事项，可能为注册会计师审计会计估计提供审计证据。

（四）检查会计估计变更的依据是否真实可靠，会计处理是否正确，披露是否充分

第二节　持续经营假设的审计

一、持续经营假设的审计目标

根据适当的会计准则和相关会计制度的规定评估持续经营能力是被审计单位管理层的责任。注册会计师的责任是考虑管理层在编制财务报表时运用持续经营假设的适当性，并考虑是否存在需要在财务报表中披露的有关持续经营能力的重大不确定性。

注册会计师对持续经营假设的审计目标如下：

（1）评价管理层对持续经营能力作出的评估是否恰当；

（2）确定可能导致对持续经营能力产生重大疑虑的事项或情况是否存在重大不确定性；

（3）确定是否在财务报表中披露有关持续经营能力的重大不确定性；

（4）确定被审计单位在编制财务报表时运用持续经营假设是否适当，如不适当，是否选用其他适当的编制基础。

二、持续经营假设的审计程序

在计划和实施审计程序以及评价其结果时，注册会计师都应当考虑管理层在编制财务报表时运用持续经营假设的适当性。

（一）评价被审计单位管理层对持续经营能力的评估

在了解被审计单位时，注册会计师应当考虑是否存在可能导致对持续经营能力产生重大疑虑的事项或情况以及相关经营风险，并及时与管理层讨论并复核其针对已识别的持续经营

问题制订的应对计划。

（二）对识别出的可能导致对持续经营能力产生重大疑虑的事项或情况进一步实施审计程序

（1）复核管理层依据持续经营能力评估结果提出的应对计划。

（2）确认是否存在与此类事项或情况相关的重大不确定性。可以通过考虑管理层提出的应对计划和其他缓解措施的效果，以及其他的审计程序来获取审计证据。

（3）向管理层获取有关应对计划的书面声明。

（三）询问管理层的应对计划

判断管理层提出的应对计划是否可行，以及应对计划的结果是否能够改善持续经营能力。

（四）对识别出的可能导致对持续经营能力产生重大疑虑的事项或情况，确定现金流量分析对考虑其未来结果是否重要

如果重要，应当实施审计程序以确定现金流量分析的合理性和可靠性。

第三节　期初余额的审计

一、期初余额的含义

期初余额是指期初已存在的账户余额。也就是说，期初余额是指注册会计师首次接受委托时，所审计的财务报表在期初已经存在的余额。

二、期初余额的审计目标

注册会计师对首次接受委托的财务报表审计业务，应当获取充分、适当的审计证据，以证实以下几点：

（1）期初余额不存在对本期财务报表产生重大影响的错报，即期初余额中是否存在足以影响或改变财务报表使用者决策的错报；

（2）上期期末余额已正确结转至本期，或在适当的情况下已作出重新表述。

（3）被审计单位一贯运用恰当的会计政策，或对会计政策的变更作出正确的会计处理和恰当的列报。

三、期初余额的审计程序

为了完成期初余额的审计目标，注册会计师对期初余额的审计程序通常包括以下几项：

（1）分析被审计单位上期运用的会计政策是否恰当，以及这些会计政策是否在本期财务报表中得到一贯运用。

（2）分析期初余额是否反映了上期运用恰当会计政策的结果，以及上期期末余额是否正确转至本期，或在适当的情况下已作出重新表述，上期审计调整分录是否已正确入账。

(3) 了解上期财务报表是否经过审计。如上期财务报表由前任注册会计师审计,注册会计师应当考虑通过查询前任注册会计师的工作底稿,获取有关期初余额的审计证据,但要考虑前任注册会计师的独立性和专业胜任能力,以判断获取证据的充分性和适当性。

(4) 如果上期财务报表经过审计,了解前任注册会计师是否出具了非标准审计报告。若是,应查清影响前任注册会计师审计意见的原因,并特别关注与本期财务报表有关的部分。

第五部分
完成审计工作与
出具审计报告

第十八章

完成审计工作

第一节 完成审计工作概述

审计完成阶段是审计的最后一个阶段。注册会计师按业务循环完成各财务报表项目的审计测试和一些特殊项目的审计工作后,在审计完成阶段汇总审计测试结果,进行更具综合性的审计工作,如评价审计中的重大发现,评价审计过程中发现的错报,关注期后事项对财务报表的影响,复核审计工作底稿和财务报表等。在此基础上,评价审计结果,在与客户沟通以后,获取管理层声明,确定应出具的审计报告的意见类型和措辞,进而编制并致送审计报告,终结审计工作。

一、评价审计中的重大发现

(一) 在审计完成阶段,项目合伙人和审计项目组考虑的重大发现和事项

(1) 期中复核中的重大发现及其对审计方法的影响;
(2) 涉及会计政策的选择、运用和一贯性的重大事项,包括相关披露;
(3) 针对识别出的重大风险,对审计策略和计划的审计程序所作的重大修正;
(4) 在与管理层和其他人员讨论重大发现和事项时得到的信息;
(5) 与注册会计师的最终审计结论相矛盾或不一致的信息。

(二) 对实施的审计程序的结果进行评价,可能全部或部分地揭示出的事项

(1) 为了实现计划的审计目标,是否有必要对重要性进行修订;
(2) 对审计策略和计划的审计程序的重大修正,包括对重大错报风险评估结果的重要变动;
(3) 对审计方法有重要影响的值得关注的内部控制缺陷和其他缺陷;
(4) 财务报表中存在的重大错报。

二、评价审计过程中发现的错报

(一) 错报的沟通和更正

及时与适当层级的管理层沟通错报事项是重要的，因为这能使管理层评价这些事项是否为错报，并采取必要行动，如有异议，则告知注册会计师。适当层级的管理层通常是指有责任和权限对错报进行评价并采取必要行动的人员。

法律法规可能限制注册会计师向管理层或被审计单位内部的其他人员通报某些错报。例如，法律法规可能专门规定禁止通报某事项或采取其他行动，这些通报或行动可能不利于有关权力机构对实际存在的或怀疑存在的违法行为展开调查。在某些情况下，注册会计师的保密义务与通报义务之间存在的潜在冲突可能很复杂。此时，注册会计师可以考虑征询法律意见。

管理层更正所有错报（包括注册会计师通报的错报），能够保持会计账簿和记录的准确性，降低由于与本期相关的、非重大的且尚未更正的错报的累积影响而导致未来期间财务报表出现重大错报的风险。

(二) 评价未更正错报的影响

未更正错报，是指注册会计师在审计过程中累积的且被审计单位未予更正的错报。注册会计师在确定重要性时，通常依据对被审计单位财务结果的估计，因为此时可能尚不知道实际的财务结果。因此，在评价未更正错报的影响之前，注册会计师可能有必要依据实际的财务结果对重要性作出修改。如果在审计过程中获知了某项信息，而该信息可能导致注册会计师确定与原来不同的财务报表整体重要性或者特定类别交易、账户余额或披露的一个或多个重要性水平（如适用），注册会计师应当予以修改。因此，在注册会计师评价未更正错报的影响之前，可能已经对重要性或重要性水平（如适用）作出重大修改。但是，如果注册会计师对重要性或重要性水平（如适用）进行的重新评价导致需要确定较低的金额，则应重新考虑实际执行的重要性和进一步审计程序的性质、时间安排和范围的适当性，以获取充分、适当的审计证据，作为发表审计意见的基础。

三、复核审计工作底稿和财务报表

(一) 对财务报表总体合理性进行总体复核

在审计结束或临近结束时，注册会计师需要运用分析程序的目的，是确定经审计调整后的财务报表整体是否与对被审计单位的了解一致，是否具有合理性。注册会计师应当围绕这一目的运用分析程序。

在运用分析程序进行总体复核时，如果识别出以前未识别的重大错报风险，注册会计师应当重新考虑对全部或部分各类别的交易、账户余额、披露评估的风险是否恰当，并在此基础上重新评价之前计划的审计程序是否充分，是否有必要追加审计程序。

(二) 复核审计工作底稿

《质量控制准则第5101号——会计师事务所对执行财务报表审计和审阅、其他鉴证和相关服务业务实施的质量控制》对会计师事务所业务复核与项目质量控制复核的质量控制制度作出了规定。《中国注册会计师审计准则第 1121 号——对财务报表审计实施的质量控制》对注册会计师执行财务报表审计的复核与审计项目质量控制复核的质量控制程序作出了规定。

第二节 期后事项

一、期后事项概述

（一）期后事项的意义

期后事项，是指财务报表日至审计报告日之间发生的事项，以及注册会计师在审计报告日后知悉的事实。

（二）期后事项的种类

财务报表可能受到财务报表日后发生的事项的影响。适用的财务报告编制基础通常专门提及期后事项，将其区分为下列两类：一是对财务报表日已经存在的情况提供证据的事项，即对财务报表日已经存在的情况提供了新的或进一步证据的事项，这类事项影响财务报表金额，需提请被审计单位管理层调整财务报表及与之相关的披露信息，称为"财务报表日后调整事项"；二是对财务报表日后发生的情况提供证据的事项，即表明财务报表日后发生的情况的事项，这类事项虽不影响财务报表金额，但可能影响对财务报表的正确理解，需提请被审计单位管理层在财务报表附注中作适当披露，称为"财务报表日后非调整事项"。

审计报告的日期向财务报表使用者表明，注册会计师已考虑其知悉的、截至审计报告日发生的事项和交易的影响。

1. 财务报表日后调整事项

这类事项既为被审计单位管理层确定财务报表日账户余额提供信息，也为注册会计师核实这些余额提供补充证据。如果这类期后事项的金额重大，应提请被审计单位对本期财务报表及相关的账户金额进行调整。

2. 财务报表日后非调整事项

这类事项因不影响财务报表日财务状况，而不需要调整被审计单位的本期财务报表。但如果被审计单位的财务报表因此可能受到误解，就应在财务报表中以附注的形式予以适当披露。

被审计单位在财务报表日后发生的，需要在财务报表中披露而非调整的事项通常包括以下几种：

（1）财务报表日后发生重大诉讼、仲裁、承诺。
（2）财务报表日后资产价格、税收政策、外汇汇率发生重大变化。
（3）财务报表日后因自然灾害导致资产发生重大损失。

二、财务报表日至审计报告日之间发生的事项

注册会计师应当设计和实施审计程序，获取充分、适当的审计证据，以确定所有在财务

报表日至审计报告日之间发生的、需要在财务报表中调整或披露的事项均已得到识别。但是，注册会计师并不需要对之前已实施审计程序并已得出满意结论的事项执行追加的审计程序。

财务报表日至审计报告日之间发生的期后事项属于第一时段期后事项。对于这一时段的期后事项，注册会计师负有主动识别的义务，应当设计专门的审计程序来识别这些期后事项，并根据这些事项的性质判断其对财务报表的影响，进而确定是进行调整还是披露。

（一）用以识别期后事项的审计程序

注册会计师应当按照审计准则的规定实施审计程序，以使审计程序能够涵盖财务报表日至审计报告日（或尽可能接近审计报告日）之间的期间。

通常情况下，针对期后事项的专门审计程序，其实施时间越接近审计报告日越好。越接近审计报告日，也就意味着离财务报表日越远，被审计单位这段时间内累积的对财务报表日已经存在的情况提供的进一步证据也就越多；越接近审计报告日，注册会计师遗漏期后事项的可能性也就越小。

在确定审计程序的性质和范围时，注册会计师应当考虑风险评估的结果。用以识别第一时段期后事项的审计程序通常包括以下几种：

（1）了解管理层为确保识别期后事项而建立的程序；

（2）询问管理层和治理层（如适用），确定是否已发生可能影响财务报表的期后事项。注册会计师可以询问根据初步或尚无定论的数据作出会计处理的项目的现状，以及是否已发生新的承诺、借款或担保，是否计划出售或购置资产等。

（3）查阅被审计单位的所有者、管理层和治理层在财务报表日后举行会议的纪要，在不能获取会议纪要的情况下，询问此类会议讨论的事项。

（4）查阅被审计单位最近的中期财务报表（如有）。

（二）知悉对财务报表有重大影响的期后事项时的考虑

在实施上述审计程序后，如果注册会计师识别出对财务报表有重大影响的期后事项，应当确定这些事项是否按照适用的财务报告编制基础的规定在财务报表中得到恰当反映。

如果所知悉的期后事项属于调整事项，注册会计师应当考虑被审计单位是否已对财务报表作出适当的调整。如果所知悉的期后事项属于非调整事项，注册会计师应当考虑被审计单位是否在财务报表附注中予以充分披露。

三、注册会计师在审计报告日后至财务报表报出日前知悉的事实

在审计报告日后，注册会计师没有义务针对财务报表实施任何审计程序。审计报告日后至财务报表报出日前发现的事实属于"第二时段期后事项"，注册会计师针对被审计单位的审计业务已经结束，要识别可能存在的期后事项比较困难，因而无法承担主动识别第二时段期后事项的审计责任。但是，在这一阶段，被审计单位的财务报表并未报出，管理层有责任将发现的可能影响财务报表的事实告知注册会计师。当然，注册会计师还可能从媒体报道、举报信或者证券监管部门告知等途径获悉影响财务报表的期后事项。

（一）知悉第二时段期后事项时的考虑

在审计报告日后至财务报表报出日前，如果知悉了某事实，且若在审计报告日知悉可能导致修改审计报告，注册会计师应当与管理层和治理层（如适用）讨论该事项；确定财务

报表是否需要修改；如果需要修改，询问管理层将如何在财务报表中处理该事项。

1. 管理层修改财务报表时的处理

如果管理层修改财务报表，注册会计师应当根据具体情况对有关修改实施必要的审计程序；同时，除非下文述及的特殊情况适用，注册会计师应当将其用以识别期后事项的上述审计程序延伸至新的审计报告，并针对修改后的财务报表出具新的审计报告。新的审计报告日不应早于修改后的财务报表被批准的日期。

2. 管理层不修改财务报表且审计报告未提交时的处理

如果认为管理层应当修改财务报表而没有修改，并且审计报告尚未提交给被审计单位，注册会计师应当按照《中国注册会计师审计准则第 1502 号——在审计报告中发表非无保留意见》的规定发表非无保留意见，然后再提交审计报告。

3. 管理层不修改财务报表且审计报告已提交时的处理

如果认为管理层应当修改财务报表而没有修改，并且审计报告已经提交给被审计单位，注册会计师应当通知管理层和治理层（除非治理层全部成员参与管理被审计单位）在财务报表作出必要修改前不要向第三方报出。如果财务报表在未经必要修改的情况下仍被报出，注册会计师应当采取适当措施，以设法防止财务报表使用者信赖该审计报告。例如，针对上市公司，注册会计师可以利用证券传媒等刊登必要的声明，防止使用者信赖审计报告。注册会计师采取的措施取决于自身的权利和义务以及所征询的法律意见。

四、注册会计师在财务报表报出后知悉的事实

财务报表报出日后知悉的事实属于第三时段期后事项，注册会计师没有义务针对财务报表实施任何审计程序。但是，并不排除注册会计师通过媒体等其他途径获悉可能对财务报表产生重大影响的期后事项的可能性。

（一）知悉第三时段期后事项时的考虑

1. 在财务报表报出后，如果知悉了某事实，且若在审计报告日知悉可能导致修改审计报告，注册会计师应当采取的措施

（1）与管理层和治理层（如适用）讨论该事项；

（2）确定财务报表是否需要修改；

（3）如果需要修改，询问管理层将如何在财务报表中处理该事项。

2. 需要注册会计师在知悉后采取行动的第三时段期后事项是有严格限制的

（1）这类期后事项应当是在审计报告日已经存在的事实。

（2）该事实如果被注册会计师在审计报告日前获知，可能影响审计报告。

只有同时满足这两个条件，注册会计师才需要采取行动。

3. 管理层修改财务报表时的处理

如果管理层修改了财务报表，注册会计师应当采取如下必要的措施：

（1）根据具体情况对有关修改实施必要的审计程序。例如，查阅法院判决文件、复核会计处理或披露事项，确定管理层对财务报表的修改是否恰当。

（2）复核管理层采取的措施能否确保所有收到原财务报表和审计报告的人士了解这一情况。

审　　计

在修改了财务报表的情况下，管理层应当采取恰当措施（如上市公司，可以在证券类报纸、网站刊登公告，重新公布财务报表和审计报告），让所有收到原财务报表和审计报告的人士了解这一情况。注册会计师需要对这些措施进行复核，判断它们是否能达到这样的目标。例如，上市公司管理层刊登公告的媒体是否是中国证券监督管理委员会指定的媒体，若仅刊登在其注册地的媒体上，则异地的使用者可能无法了解这一情况。

4. 管理层未采取任何行动时的处理

如果管理层没有采取必要措施确保所有收到原财务报表的人士了解这一情况，也没有在注册会计师认为需要修改的情况下修改财务报表，注册会计师应当通知管理层和治理层（除非治理层全部成员参与管理被审计单位），注册会计师将设法防止财务报表使用者信赖该审计报告。

如果注册会计师已经通知管理层或治理层，而管理层或治理层没有采取必要措施，注册会计师应当采取适当措施，以设法防止财务报表使用者信赖该审计报告。注册会计师采取的措施取决于自身的权利和义务。因此，注册会计师可能认为寻求法律意见是适当的。

第三节　书面声明

书面声明，是指管理层向注册会计师提供的书面陈述，用以确认某些事项或支持其他审计证据。书面声明不包括财务报表及其认定，以及支持性账簿和相关记录。在本节中单独提及管理层时，应当理解为管理层和治理层（如适用）。管理层负责按照适用的财务报告编制基础编制财务报表并使其实现公允反映。

书面声明是注册会计师在财务报表审计中需要获取的必要信息，是审计证据的重要来源。如果管理层修改书面声明的内容或不提供注册会计师要求的书面声明，可能使注册会计师警觉存在重大问题的可能性。而且，在很多情况下，要求管理层提供书面声明而非口头声明，可以促使管理层更加认真地考虑声明所涉及的事项，从而提高声明的质量。

一、针对管理层责任的书面声明

针对财务报表的编制，注册会计师应当要求管理层提供书面声明，确认其根据审计业务约定条款，履行了按照适用的财务报告编制基础编制财务报表并使其实现公允反映（如适用）的责任。

针对提供的信息和交易的完整性，注册会计师应当要求管理层就下列事项提供书面声明：

（1）按照审计业务约定条款，已向注册会计师提供所有相关信息，并允许注册会计师不受限制地接触所有相关信息以及被审计单位内部人员和其他相关人员；

（2）所有交易均已记录并反映在财务报表中。

如果未从管理层获取其确认已履行责任的书面声明，注册会计师在审计过程中获取的有关管理层已履行这些责任的其他审计证据是不充分的。这是因为，仅凭其他审计证据不能判断管理层是否在认可并理解其责任的基础上，编制和列报财务报表并向注册会计师提供了相关信息。例如，如果未向管理层询问其是否提供了审计业务约定条款中要求提供的所有相关

· 284 ·

信息，也没有获得管理层的确认，注册会计师就不能认为管理层已提供了这些信息。

二、其他书面声明

除《中国注册会计师审计准则第 1341 号——书面声明》和其他审计准则要求的书面声明外，如果注册会计师认为有必要获取一项或多项其他书面声明，以支持与财务报表或者一项或多项具体认定相关的其他审计证据，注册会计师应当要求管理层提供这些书面声明。

（一）关于财务报表的额外书面声明

除了针对财务报表的编制，注册会计师应当要求管理层提供基本书面声明，以确认其履行了责任外，注册会计师可能认为有必要获取有关财务报表的其他书面声明。其他书面声明可能是对基本书面声明的补充，但不构成其组成部分。其他书面声明，可能包括针对下列事项作出的声明：

（1）会计政策的选择和运用是否适当；

（2）是否按照适用的财务报告编制基础对下列事项（如相关）进行了确认、计量、列报或披露：

① 可能影响资产和负债账面价值或分类的计划或意图；

② 负债（包括实际负债和或有负债）；

③ 资产的所有权或控制权，资产的留置权或其他物权，用于担保的抵押资产；

④ 可能影响财务报表的法律法规及合同（包括违反法律法规及合同的行为）。

（二）与向注册会计师提供信息有关的额外书面声明

除了针对管理层提供的信息和交易的完整性的书面声明外，注册会计师可能认为有必要要求管理层提供书面声明，确认其已将注意到的所有内部控制缺陷向注册会计师通报。

（三）关于特定认定的书面声明

在获取有关管理层的判断和意图的证据时，或在对判断和意图进行评价时，注册会计师可能考虑下列一项或多项事项：

（1）被审计单位以前对声明的意图的实际实施情况；

（2）被审计单位选取特定措施的理由；

（3）被审计单位实施特定措施的能力；

（4）是否存在审计过程中已获取的、可能与管理层的判断或意图不一致的任何其他信息。此外，注册会计师可能认为有必要要求管理层提供有关财务报表特定认定的书面声明，尤其是支持注册会计师针对管理层的判断或意图或者完整性认定，从其他审计证据中获取的了解。例如，如果管理层的意图对投资的计价基础非常重要，但若不能从管理层获取有关该项投资意图的书面声明，注册会计师就不可能获取充分、适当的审计证据。尽管这些书面声明能够提供必要的审计证据，但其本身并不能为财务报表特定认定提供充分、适当的审计证据。

三、书面声明的日期和涵盖的期间

书面声明的日期应当尽量接近对财务报表出具审计报告的日期，但不得在审计报告日后。书面声明应当涵盖审计报告针对的所有财务报表和期间。

由于书面声明是必要的审计证据，在管理层签署书面声明前，注册会计师不能发表审计意见，也不能签署审计报告。而且，由于注册会计师关注截至审计报告日发生的、可能需要在财务报表中作出相应调整或披露的事项，书面声明的日期应当尽量接近对财务报表出具审计报告的日期，但不得在其之后。

（一）对书面声明可靠性的疑虑

1. 对管理层的胜任能力、诚信、道德价值观或勤勉尽责存在疑虑

如果对管理层的胜任能力、诚信、道德价值观或勤勉尽责存在疑虑，或者对管理层在这些方面的承诺或贯彻执行存在疑虑，注册会计师应当确定这些疑虑对书面或口头声明和审计证据总体的可靠性可能产生的影响。注册会计师可能认为，管理层在财务报表中作出不实陈述的风险很大，以至于审计工作无法进行。在这种情况下，除非治理层采取适当的纠正措施，否则，注册会计师可能需要考虑解除业务约定（如果法律法规允许）。很多时候，治理层采取的纠正措施可能并不足以使注册会计师发表无保留意见。

2. 书面声明与其他审计证据不一致

如果书面声明与其他审计证据不一致，注册会计师应当实施审计程序以设法解决这些问题。注册会计师可能需要考虑风险评估结果是否仍然适当。如果认为不适当，注册会计师需要修正风险评估结果，并确定进一步审计程序的性质、时间安排和范围，以应对评估的风险。如果问题仍未解决，注册会计师应当重新考虑对管理层的胜任能力、诚信、道德价值观或勤勉尽责的评估，或者重新考虑对管理层在这些方面的承诺或贯彻执行的评估，并确定书面声明与其他审计证据的不一致对书面或口头声明和审计证据总体的可靠性可能产生的影响。

如果认为书面声明不可靠，注册会计师应当采取适当措施，包括确定其对审计意见可能产生的影响。

（二）管理层不提供要求的书面声明

如果管理层不提供要求的一项或多项书面声明，注册会计师应当采取以下措施：

（1）与管理层讨论该事项；

（2）重新评价管理层的诚信，并评价该事项对书面或口头声明和审计证据总体的可靠性可能产生的影响；

（3）采取适当措施，包括确定该事项对审计意见可能产生的影响。

第十九章

审 计 报 告

第一节 审计报告概述

一、审计报告的含义

（一）审计报告的定义

审计报告，是指注册会计师根据审计准则的规定，在执行审计工作的基础上，对财务报表发表审计意见的书面文件。审计报告是注册会计师在完成审计工作后向委托人提交的最终产品。

（二）审计报告的特征

(1) 注册会计师应当按照审计准则的规定执行审计工作。
(2) 注册会计师在实施审计工作的基础上才能出具审计报告。
(3) 注册会计师通过对财务报表发表意见，履行业务约定书约定的责任。
(4) 注册会计师应当以书面形式出具审计报告。

注册会计师应当根据由审计证据得出的结论，清楚表达对财务报表的意见。无论是出具标准审计报告，还是非标准审计报告，注册会计师一旦在审计报告上签名并盖章，就表明对其出具的审计报告负责。

审计报告是注册会计师对财务报表是否在所有重大方面按照财务报告编制基础编制并实现公允反映发表审计意见的书面文件，因此，注册会计师应当将已审计的财务报表附于审计报告之后，以便于财务报表使用者正确理解和使用审计报告，并防止被审计单位替换、更改已审计的财务报表。

二、审计报告的作用

注册会计师签发的审计报告，主要具有鉴证、保护和证明三方面的作用。

（一）鉴证作用

注册会计师签发的审计报告，不同于政府审计和内部审计的审计报告，是以超然独立的第三者身份，对被审计单位财务报表合法性、公允性发表意见。这种意见，具有鉴证作用，得到了政府及其各部门和社会各界的普遍认可。政府有关部门，如财政部门、税务部门等了解、掌握企业的财务状况和经营成果的主要依据是企业提供的财务报表。财务报表是否合法、公允，主要依据注册会计师的审计报告作出判断。股份制企业的股东，主要依据注册会计师的审计报告来判断被投资企业的财务报表是否公允地反映了财务状况和经营成果，以进行投资决策等。

（二）保护作用

注册会计师通过审计，可以对被审计单位财务报表出具不同类型审计意见的审计报告，以提高或降低财务报表使用者对财务报表的信赖程度，能够在一定程度上对被审计单位的财产、债权人和股东的权益及企业利害关系人的利益起到保护作用。如投资者为了减少投资风险，在进行投资之前，需要查阅被投资企业的财务报表和注册会计师的审计报告，了解被投资企业的经营情况和财务状况。投资者根据注册会计师的审计报告作出投资决策，可以降低其投资风险。

（三）证明作用

审计报告是对注册会计师审计任务完成情况及其结果所作的总结，它可以表明审计工作的质量并明确注册会计师的审计责任。因此，审计报告可以对审计工作质量和注册会计师的审计责任起证明作用。通过审计报告，可以证明注册会计师在审计过程中是否实施了必要的审计程序，是否以审计工作底稿为依据发表审计意见，发表的审计意见是否与被审计单位的实际情况相一致，审计工作的质量是否符合要求。通过审计报告，可以证明注册会计师对审计责任的履行情况。

第二节　审计意见的形成和审计报告的类型

一、审计意见的形成

（一）形成审计意见的前提

注册会计师应当针对财务报表是否在所有重大方面按照适用的财务报告编制基础编制并实现公允反映形成审计意见。为了形成审计意见，针对财务报表整体是否不存在由于舞弊或错误导致的重大错报，注册会计师应当得出结论，确定是否已针对此获取合理保证。

（二）在得出结论时，注册会计师应当考虑问题

1. 按照《中国注册会计师审计准则第 1231 号——针对评估的重大错报风险采取的应对措施》的规定，是否已获取充分、适当的审计证据

在得出总体结论之前，注册会计师应当根据实施的审计程序和获取的审计证据，评价对

认定层次重大错报风险的评估是否仍然适当。在形成审计意见时，注册会计师应当考虑所有相关的审计证据，无论该证据与财务报表认定相互印证还是相互矛盾。

如果对重大的财务报表认定没有获取充分、适当的审计证据，注册会计师应当尽可能获取进一步的审计证据。

2. 按照《中国注册会计师审计准则第1251号——评价审计过程中识别出的错报》的规定，未更正错报单独或汇总起来是否构成重大错报

在确定时，注册会计师应当考虑以下两点：

（1）相对特定类别的交易、账户余额或披露以及财务报表整体而言，错报的金额和性质以及错报发生的特定环境；

（2）与以前期间相关的未更正错报对相关类别的交易、账户余额或披露以及财务报表整体的影响。

3. 评价财务报表是否在所有重大方面按照适用的财务报告编制基础编制

注册会计师应当依据适用的财务报告编制基础特别评价下列内容：

（1）财务报表是否充分披露了选择和运用的重要会计政策。

（2）选择和运用的会计政策是否符合适用的财务报告编制基础，并适合被审计单位的具体情况。会计政策是被审计单位在会计确认、计量和报告中采用的原则、基础和会计处理方法。被审计单位选择和运用的会计政策既应符合适用的财务报告编制基础，也应适合被审计单位的具体情况。在考虑被审计单位选用的会计政策是否适当时，注册会计师还应当关注重要的事项。

重要事项包括重要项目的会计政策和行业惯例、重大和异常交易的会计处理方法、在新领域和缺乏权威性标准或共识的领域采用重要会计政策产生的影响、会计政策的变更等。

（3）管理层作出的会计估计是否合理。会计估计通常是指，被审计单位以最近可利用的信息为基础对结果不确定的交易或事项所作的判断。由于会计估计的主观性、复杂性和不确定性，管理层作出的会计估计发生重大错报的可能性较大。因此，注册会计师应当判断管理层作出的会计估计是否合理，确定会计估计的重大错报风险是否是特别风险，是否采取了有效的措施予以应对。

（4）财务报表列报的信息是否具有相关性、可靠性、可比性和可理解性。财务报表反映的信息应当符合信息质量特征，具有相关性、可靠性、可比性和可理解性。注册会计师应当根据适用的财务报告编制基础的规定，考虑财务报表反映的信息是否符合信息质量特征。

（5）财务报表是否作出充分披露，使财务报表预期使用者能够理解重大交易和事项对财务报表所传递的信息的影响。按照通用目的编制基础编制的财务报表通常反映被审计单位的财务状况、经营成果和现金流量。对于通用目的财务报表，注册会计师需要评价财务报表是否作出充分披露，以使财务报表预期使用者能够理解重大交易和事项对被审计单位财务状况、经营成果和现金流量的影响。

（6）财务报表使用的术语（包括每一财务报表的标题）是否适当。

在评价财务报表是否在所有重大方面按照适用的财务报告编制基础编制时，注册会计师还应当考虑被审计单位会计实务的质量，包括表明管理层的判断可能出现偏向的迹象。

管理层需要对财务报表中的金额和披露作出大量判断。在考虑被审计单位会计实务的质量时，注册会计师可能注意到管理层判断中可能存在的偏向。注册会计师可能认为，缺乏中立性产生的累积影响，连同未更正错报的影响，导致财务报表整体存在重大错报。管理层缺乏中立性，可能影响注册会计师对财务报表整体是否存在重大错报的评价。缺乏中立性的迹象包括下列情形：

① 管理层对注册会计师在审计期间提请其注意的错报进行选择性更正。例如，如果更正某一错报将增加盈利，则对该错报予以更正，反之，如果更正某一错报将减少盈利，则对该错报不予更正。

② 管理层在作出会计估计时可能存在偏向。

《中国注册会计师审计准则第 1321 号——审计会计估计（包括公允价值会计估计）和相关披露》涉及管理层在作出会计估计时可能存在的偏向。在得出某项会计估计是否合理的结论时，可能存在管理层偏向的迹象本身并不构成错报。然而，这些迹象可能影响注册会计师对财务报表整体是否不存在重大错报的评价。

4. 评价财务报表是否实现公允反映

在评价财务报表是否实现公允反映时，注册会计师应当考虑下列内容：

（1）财务报表的整体列报、结构和内容是否合理；

（2）财务报表（包括相关附注）是否公允地反映了相关交易和事项。

5. 评价财务报表是否恰当提及或说明适用的财务报告编制基础

管理层和治理层（如适用）编制的财务报表需要恰当说明适用的财务报告编制基础。由于这种说明向财务报表使用者告知编制财务报表所依据的编制基础，因此非常重要。但只有财务报表符合适用的财务报告编制基础（在财务报表所涵盖的期间内有效）的所有要求，声明财务报表按照该编制基础编制才是恰当的。在对适用的财务报告编制基础的说明中使用不严密的修饰语或限定性的语言（如"财务报表实质上符合国际财务报告准则的要求"）是不恰当的，因为这可能误导财务报表使用者。

二、审计报告的类型

审计报告分为标准审计报告和非标准审计报告。

（一）标准审计报告

这是指不含有说明段、强调事项段、其他事项段或其他任何修饰性用语的无保留意见的审计报告。其中，无保留意见，是指当注册会计师认为财务报表在所有重大方面按照适用的财务报告编制基础编制并实现公允反映时发表的审计意见。包含其他报告责任段，但不含有强调事项段或其他事项段的无保留意见的审计报告也被视为标准审计报告。

（二）非标准审计报告

这是指带强调事项段或其他事项段的无保留意见的审计报告和非无保留意见的审计报告。非无保留意见的审计报告包括保留意见的审计报告、否定意见的审计报告和无法表示意见的审计报告。

第三节　审计报告的基本内容

一、审计报告的要素

审计报告应当包括下列要素：
(1) 标题。
(2) 收件人。
(3) 引言段。
(4) 管理层对财务报表的责任段。
(5) 注册会计师的责任段。
(6) 审计意见段。
(7) 注册会计师的签名和盖章。
(8) 会计师事务所的名称、地址和盖章。
(9) 报告日期。

二、审计报告各要素概述

(一) 标题

审计报告应当具有标题，统一规范为"审计报告"。

(二) 收件人

审计报告的收件人，是指注册会计师按照业务约定书的要求致送审计报告的对象，一般是指审计业务的委托人。审计报告应当按照审计业务的约定载明收件人的全称。

注册会计师应当与委托人在业务约定书中约定致送审计报告的对象，以防止在此问题上发生分歧或审计报告被委托人滥用。针对整套通用目的财务报表出具的审计报告，审计报告的致送对象通常为被审计单位的股东或治理层。

(三) 引言段

审计报告的引言段应当包括下列几个方面：
(1) 指出被审计单位的名称；
(2) 说明财务报表已经审计；
(3) 指出构成整套财务报表的每一财务报表的名称；
(4) 提及财务报表附注（包括重要会计政策概要和其他解释性信息）；
(5) 指明构成整套财务报表的每一财务报表的日期或涵盖的期间。

将上述方面加以概括，引言段应当说明：注册会计师审计了后附的被审计单位的财务报表，包括指明适用的财务报告编制基础规定的构成整套财务报表的每一财务报表的名称、日期或涵盖的期间以及重要会计政策概要和其他解释性信息。

如果知悉已审计财务报表将包括在含有其他信息的文件（如年度报告）中，在列报格式允许的情况下，注册会计师可以考虑指出已审计财务报表在该文件中的页码。这有助于财务报表使用者识别与审计报告相关的财务报表。

此外，审计意见应当涵盖由适用的财务报告编制基础所确定的整套财务报表。在许多通用目的的编制基础中，财务报表包括资产负债表、利润表、现金流量表、所有者权益变动表，以及重要会计政策概要和其他解释性信息。补充信息也可能被认为是财务报表的必要组成部分。

（四）管理层对财务报表的责任段

审计报告应当包含标题为"管理层对财务报表的责任"的段落，用以描述被审计单位中负责编制财务报表的人员的责任。管理层对财务报表的责任段应当说明，编制财务报表是管理层的责任，这种责任包括以下两项：

（1）按照适用的财务报告编制基础编制财务报表，并使其实现公允反映；

（2）设计、执行和维护必要的内部控制，以使财务报表不存在由于舞弊或错误导致的重大错报。

注册会计师按照审计准则的规定执行审计工作的前提是，管理层和治理层（如适用）认可其按照适用的财务报告编制基础编制财务报表，并使其实现公允反映（如适用）的责任；管理层也认可其设计、执行和维护内部控制，以使编制的财务报表不存在由于舞弊或错误导致的重大错报的责任。审计报告中对管理层责任的说明包括提及这两种责任，这有助于向财务报表使用者解释执行审计工作的前提。

（五）注册会计师的责任段

审计报告应当包含标题为"注册会计师的责任"的段落。

1. 注册会计师的责任段应当说明的内容

（1）注册会计师的责任是在执行审计工作的基础上对财务报表发表审计意见。

（2）注册会计师按照中国注册会计师审计准则的规定执行了审计工作。中国注册会计师审计准则要求注册会计师遵守中国注册会计师职业道德守则，计划和执行审计工作，对财务报表是否存在重大错报获取合理保证。

（3）审计工作涉及实施审计程序，以获取有关财务报表金额和披露的审计证据。选择的审计程序取决于注册会计师的判断，包括对由于舞弊或错误导致的财务报表重大错报风险的评估。在进行风险评估时，注册会计师考虑与财务报表编制和公允列报相关的内部控制，以设计恰当的审计程序，但目的并非对内部控制的有效性发表意见。审计工作还包括评价管理层选用会计政策的恰当性和作出会计估计的合理性，以及评价财务报表的总体列报。

（4）注册会计师相信获取的审计证据是充分、适当的，为其发表审计意见提供了基础。

如果结合财务报表审计对内部控制的有效性发表意见，注册会计师应当删除上述第3项中"但目的并非对内部控制的有效性发表意见"的措辞。

2. 理解注册会计师的责任段时应当注意的问题

（1）审计报告需要指明注册会计师的责任是在执行审计工作的基础上对财务报表发表审计意见，以与管理层编制财务报表的责任相区分。

（2）提及使用的审计准则是为了向审计报告使用者说明，注册会计师按照审计准则的规定执行了审计工作。

（3）按照《中国注册会计师审计准则第1101号——注册会计师的总体目标和审计工作的基本要求》的规定，除非注册会计师已经遵守该准则以及与审计工作相关的其他所有审计准则，否则，不得在审计报告中声称遵守了审计准则。

（六）审计意见段

1. 总体要求

审计报告应当包含标题为"审计意见"的段落。如果对财务报表发表无保留意见，除非法律法规另有规定外，审计意见应当使用"财务报表在所有重大方面按照适用的财务报告编制基础（如企业会计准则等）编制，公允反映了……"的措辞。

2. 适用的财务报告编制基础

如果在审计意见中提及的适用的财务报告编制基础不是企业会计准则，而是国际财务报告准则、国际公共部门会计准则或者其他国家或地区的财务报告准则，注册会计师应当在审计意见段中指明国际财务报告准则或国际公共部门会计准则，或者财务报告准则所属的国家或地区。

在审计意见段中指出适用的财务报告编制基础，旨在告知审计报告使用者注册会计师发表审计意见的背景。注册会计师可以使用诸如"按照国际财务报告准则的规定"或者"按照企业会计准则的规定"等措辞指明适用的财务报告编制基础。

如果适用的财务报告编制基础包括财务报告准则和法律法规的规定，可以使用诸如"按照国际财务报告准则和×国家公司法的要求"这种措辞指明适用的财务报告编制基础。

财务报表可能按照两个财务报告编制基础编制，在这种情况下，这两个编制基础都是适用的财务报告编制基础。在对财务报表形成审计意见时，需要分别考虑每个编制基础，并在审计意见中提及这两个编制基础。

（1）如果财务报表分别符合每个编制基础，注册会计师需要发表两个意见：即一个意见是，财务报表按照其中一个适用的财务报告编制基础（如×国财务报告编制基础）编制；另一个意见是，财务报表按照另一个适用的财务报告编制基础（如国际财务报告准则）编制。这两个意见可以分别表述，也可以在一个句子中表述，例如，财务报表在所有重大方面按照×国财务报告编制基础和国际财务报告准则的规定编制，公允反映了……

（2）如果财务报表符合其中一个编制基础（如×国财务报告编制基础），而没有符合另一个编制基础（如国际财务报告准则），注册会计师需要对财务报表按照其中一个编制基础（如×国财务报告编制基础）编制发表无保留意见，而对财务报表按照另一个编制基础（如国际财务报告准则）编制发表非无保留意见。

财务报表可能声称符合某一财务报告编制基础的所有要求，并补充披露财务报表符合另一财务报告编制基础的程度。由于这种补充信息不能同财务报表清楚地分开，因此涵盖在审计意见中，如果有关财务报表符合另一财务报告编制基础的披露具有误导性，注册会计师应当发表非无保留意见；如果不具有误导性，但是注册会计师认为该披露对财务报表使用者理解财务报表至关重要，注册会计师应当在审计报告中增加强调事项段，以提醒财务报表使用者关注。

3. 其他报告责任

除审计准则规定的注册会计师对财务报表出具审计报告的责任外，相关法律法规可能对注册会计师设定了其他报告责任。这些责任是注册会计师按照审计准则对财务报表出具审计报告的责任的补充。例如，如果注册会计师在财务报表审计中注意到某些事项，可能被要求对这些事项予以报告。此外，注册会计师可能被要求实施额外规定的程序并予以报告，或对特定事项（如会计账簿和记录的适当性）发表意见。

如果注册会计师在对财务报表出具的审计报告中履行其他报告责任，应当在审计报告中将其单独作为一部分，并以"按照相关法律法规的要求报告的事项"为标题。此时，审计报告应当区分为"对财务报表出具的审计报告"和"按照相关法律法规的要求报告的事项"两部分，以便将其同注册会计师的财务报表报告责任明确区分。在另外一些情况下，相关法律法规可能要求或允许注册会计师在单独出具的报告中进行报告。

（七）注册会计师的签名和盖章

审计报告应当由注册会计师签名和盖章。注册会计师在审计报告上签名和盖章，有利于明确法律责任。《财政部关于注册会计师在审计报告上签名盖章有关问题的通知》（财会〔2001〕1035号）明确规定：

（1）会计师事务所应当建立健全全面质量控制政策与程序以及各审计项目的质量控制程序，严格按照有关规定和本通知的要求在审计报告上签名盖章。

（2）审计报告应当由两名具备相关业务资格的注册会计师签名盖章并经会计师事务所盖章方为有效。

合伙会计师事务所出具的审计报告，应当由一名对审计项目负最终复核责任的合伙人和一名负责该项目的注册会计师签盖章。

有限责任会计师事务所出具的审计报告，应当由会计师事务所主任会计师或其授权的副主任会计师和一名负责该项目的注册会计师签名盖章。

（八）会计师事务所的名称、地址和盖章

审计报告应当载明会计师事务所的名称和地址，并加盖会计师事务所公章。

根据《中华人民共和国注册会计师法》的规定，注册会计师承办业务，由其所在的会计师事务所统一受理并与委托人签订委托合同。因此，审计报告除了应由注册会计师签名和盖章外，还应载明会计师事务所的名称和地址，并加盖会计师事务所公章。

注册会计师在审计报告中载明会计师事务所地址时，标明会计师事务所所在的城市即可。在实务中，审计报告通常载于会计师事务所统一印刷的、标有该所详细通信地址的信笺上，因此，无须在审计报告中注明详细地址。

（九）报告日期

审计报告应当注明报告日期。审计报告日不应早于注册会计师获取充分、适当的审计证据（包括管理层认可对财务报表的责任且已批准财务报表的证据），并在此基础上对财务报表形成审计意见的日期。在确定审计报告日时，注册会计师应当确信已获取下列两方面的审计证据：

（1）构成整套财务报表的所有报表（包括相关附注）已编制完成；

（2）被审计单位的董事会、管理层或类似机构已经认可其对财务报表负责。

审计报告的日期向审计报告使用者表明,注册会计师已考虑其知悉的、截至审计报告日发生的事项和交易的影响。注册会计师对审计报告日后发生的事项和交易的责任,在《中国注册会计师审计准则第1332号——期后事项》中作出了规定。

审计报告的日期非常重要。注册会计师对不同时段的财务报表日后事项有着不同的责任,而审计报告的日期是划分时段的关键时点。由于审计意见是针对财务报表发表的,并且编制财务报表是管理层的责任,所以,只有在注册会计师获取证据证明构成整套财务报表的所有报表(包括相关附注)已经编制完成,并且管理层已认可其对财务报表的责任的情况下,注册会计师才能得出已经获取充分、适当的审计证据的结论。在实务中,注册会计师在正式签署审计报告前,通常把审计报告草稿和已审计财务报表草稿一同提交给管理层。如果管理层批准并签署已审计财务报表,注册会计师即可签署审计报告。注册会计师签署审计报告的日期通常与管理层签署已审计财务报表的日期为同一天,或晚于管理层签署已审计财务报表的日期。

在审计实务中,可能发现被审计单位根据法律法规的要求或出于自愿选择,将适用的财务报告编制基础没有要求的补充信息与已审计财务报表一同列报。例如,被审计单位列报补充信息以增强财务报表使用者对适用的财务报告编制基础的理解,或者对财务报表的特定项目提供进一步解释。这种补充信息通常在补充报表中或作为额外的附注进行列示。注册会计师应当评价被审计单位是否清楚地将这些补充信息与已审计财务报表予以区分。如果被审计单位未能予以清楚区分,注册会计师应当要求管理层改变未审计补充信息的列报方式。如果管理层拒绝改变,注册会计师应当在审计报告中说明补充信息未审计。

对于适用的财务报告编制基础没有要求的补充信息,如果由于其性质和列报方式导致不能使其清楚地与已审计财务报表予以区分,从而构成财务报表必要的组成部分,这些补充信息应当涵盖在审计意见中。例如,财务报表附注中关于该财务报表符合另一财务报告编制基础的程度的解释,属于这种补充信息,审计意见也涵盖与财务报表进行交叉索引的附注或补充报表。

第四节 非标准审计报告

一、非无保留意见的审计报告

(一)非无保留意见的含义

非无保留意见,是指保留意见、否定意见或无法表示意见。

当存在下列情形之一时,注册会计师应当在审计报告中发表非无保留意见:

1. 根据获取的审计证据,得出财务报表整体存在重大错报的结论

为了形成审计意见,针对财务报表整体是否不存在由于舞弊或错误导致的重大错报,注册会计师应当得出结论,确定是否已就此获取合理保证。在得出结论时,注册会计师应评价未更正错报对结论的影响。

错报,是指某一财务报表项目的金额、分类、列报或披露,与按照适用的财务报告编制基础应当列示的金额、分类、列报或披露之间存在的差异。财务报表的重大错报可能源于以下几种情况：

1）选择的会计政策的恰当性

在选择的会计政策的恰当性方面，当出现下列情形时，财务报表可能存在重大错报：

（1）选择的会计政策与适用的财务报告编制基础不一致；

（2）财务报表（包括相关附注）没有按照公允列报的方式反映交易和事项。

财务报告编制基础通常包括对会计处理、披露和会计政策变更的要求。如果被审计单位变更了重大会计政策，且没有遵守这些要求，财务报表可能存在重大错报。

2）对所选择的会计政策的运用

在对所选择的会计政策的运用方面，当出现下列情形时，财务报表可能存在重大错报：

（1）管理层没有按照适用的财务报告编制基础的要求一贯运用所选择的会计政策，包括管理层未在不同会计期间或对相似的交易和事项一贯运用所选择的会计政策（运用的一致性）；

（2）不当运用所选择的会计政策（如运用中的无意错误）。

3）财务报表披露的恰当性或充分性

在财务报表披露的恰当性或充分性方面，当出现下列情形时，财务报表可能存在重大错报：

（1）财务报表没有包括适用的财务报告编制基础要求的所有披露；

（2）财务报表的披露没有按照适用的财务报告编制基础列报；

（3）财务报表没有作出必要的披露以实现公允反映。

2. 无法获取充分、适当的审计证据，不能得出财务报表整体不存在重大错报的结论

如果注册会计师能够通过实施替代程序获取充分、适当的审计证据，则无法实施特定的程序并不构成对审计范围的限制。

下列情形可能导致注册会计师无法获取充分、适当的审计证据（也称为审计范围受到限制）：

1）超出被审计单位控制的情形

（1）被审计单位的会计记录已被毁坏；

（2）重要组成部分的会计记录已被政府有关机构无限期地查封。

2）与注册会计师工作的性质或时间安排相关的情形

（1）被审计单位需要使用权益法对联营企业进行核算，注册会计师无法获取有关联营企业财务信息的充分、适当的审计证据，以评价是否恰当运用了权益法；

（2）注册会计师接受审计委托的时间安排，使注册会计师无法实施存货监盘；

（3）注册会计师确定仅实施实质性程序是不充分的，但被审计单位的控制是无效的。

3）管理层施加限制的情形

管理层对审计范围施加的限制致使注册会计师无法获取充分、适当的审计证据的情形。

（1）管理层阻止注册会计师实施存货监盘；

（2）管理层阻止注册会计师对特定账户余额实施函证。

管理层施加的限制可能对审计产生其他影响，如注册会计师对舞弊风险的评估和对业务保持的考虑。

（二）确定非无保留意见的类型

1. 取决的事项

注册会计师确定恰当的非无保留意见类型，取决于下列事项：

（1）导致非无保留意见的事项的性质，是存在重大错报，还是在无法获取充分、适当的审计证据的情况下，财务报表可能存在重大错报；

（2）注册会计师针对导致非无保留意见的事项对财务报表产生或可能产生影响的广泛性作出的判断。

广泛性是描述错报影响的术语，用以说明错报对财务报表的影响，或者由于无法获取充分、适当的审计证据而未发现的错报（如存在）对财务报表可能产生的影响。根据注册会计师的判断，对财务报表的影响具有广泛性的情形包括：

（1）不限于对财务报表的特定要素、账户或项目产生影响；

（2）虽然仅对财务报表的特定要素、账户或项目产生影响，但这些要素、账户或项目是或可能是财务报表的主要组成部分；

（3）当与披露相关时，产生的影响对财务报表使用者理解财务报表至关重要。

2. 非无保留意见的类型

1）发表保留意见

当存在下列情形之一时，注册会计师应当发表保留意见。

（1）在获取充分、适当的审计证据后，注册会计师认为错报单独或汇总起来对财务报表影响重大，但不具有广泛性。

注册会计师在获取充分、适当的审计证据后，只有当认为财务报表针对整体而言是公允的，但还存在对财务报表产生重大影响的错报时，才能发表保留意见。如果注册会计师认为错报对财务报表产生的影响极为严重且具有广泛性，则应发表否定意见。因此，保留意见被视为注册会计师在不能发表无保留意见情况下最不严厉的审计意见。

（2）注册会计师无法获取充分、适当的审计证据以作为形成审计意见的基础，但认为未发现的错报（如存在）对财务报表可能产生的影响重大，但不具有广泛性。

注册会计师因审计范围受到限制而发表保留意见还是无法表示意见，取决于无法获取的审计证据对形成审计意见的重要性。注册会计师在判断重要性时，应当考虑有关事项潜在影响的性质和范围以及在财务报表中的重要程度。只有当未发现的错报（如存在）对财务报表可能产生的影响重大但不具有广泛性时，才能发表保留意见。

2）发表否定意见

在获取充分、适当的审计证据后，如果认为错报单独或汇总起来对财务报表的影响重大且具有广泛性，注册会计师应当发表否定意见。

3）发表无法表示意见

如果无法获取充分、适当的审计证据以作为形成审计意见的基础，但认为未发现的错报（如存在）对财务报表可能产生的影响重大且具有广泛性，注册会计师应当发表无法表示意见。在极其特殊的情况下，可能存在多个不确定事项。即使注册会计师对每个单独的不确定事项获取了充分、适当的审计证据，但由于不确定事项之间可能存在相互影响，以及可能对财务报表产生累积影响，注册会计师不可能对财务报表形成审计意见。在这种情况下，注册会计师应当发表无法表示意见。

（三）非无保留意见的审计报告的格式和内容

1. 导致非无保留意见的事项段

1）审计报告格式和内容的一致性

（1）如果对财务报表发表非无保留意见，除在审计报告中包含《中国注册会计师审计准则第 1501 号——对财务报表形成审计意见和出具审计报告》规定的审计报告要素外，注册会计师还应当直接在审计意见段之前增加一个段落，并使用恰当的标题，如"导致保留意见的事项""导致否定意见的事项"或"导致无法表示意见的事项"，说明导致发表非无保留意见的事项。

（2）审计报告格式和内容的一致性，有助于提高使用者的理解和识别存在的异常情况。因此，尽管不可能统一非无保留意见的措辞并对导致非无保留意见的事项做该说明，但仍有必要保持审计报告格式和内容的一致性。

2）量化财务影响

如果财务报表中存在与具体金额（包括定量披露）相关的重大错报，注册会计师应当在导致非无保留意见的事项段中说明并量化该错报的财务影响。举例来说，如果存货被高估，注册会计师就可以在审计报告的导致非无保留意见的事项段中说明该重大错报的财务影响，即量化其对所得税、税前利润、净利润和所有者权益的影响。如果无法量化财务影响，注册会计师应当在导致非无保留意见的事项段中说明这一情况。

3）存在与叙述性披露相关的重大错报

如果财务报表中存在与叙述性披露相关的重大错报，注册会计师应当在导致非无保留意见的事项段中解释该错报错在何处。

4）存在与应披露而未披露信息相关的重大错报

如果财务报表中存在与应披露而未披露信息相关的重大错报，注册会计师应当与治理层讨论未披露信息的情况；在导致非无保留意见的事项段中描述未披露信息的性质；. 如果可行并且已针对未披露信息获取了充分、适当的审计证据，在导致非无保留意见的事项段中包含对未披露信息的披露，除非法律法规禁止。

如果存在下列情形之一，则在导致非无保留意见的事项段中披露遗漏的信息是不可行的。

（1）管理层还没有作出这些披露，或管理层已作出但注册会计师不易获取这些披露；

（2）根据注册会计师的判断，在审计报告中披露该事项过于庞杂。

5）无法获取充分、适当的审计证据

如果因无法获取充分、适当的审计证据而导致发表非无保留意见，注册会计师应当在导致非无保留意见的事项段中说明无法获取审计证据的原因。

6）披露其他事项

即使发表了否定意见或无法表示意见，注册会计师也应当在导致非无保留意见的事项段中说明注意到的、将导致发表非无保留意见的所有其他事项及其影响。这是因为，对注册会计师注意到的其他事项的披露，可能与财务报表使用者的信息需求相关。

2. 审计意见段

1）标题

在发表非无保留意见时，注册会计师应当对审计意见段使用恰当的标题，如"保留意见""否定意见"或"无法表示意见"。审计意见段的标题能够使财务报表使用者清楚注册会计师发表了非无保留意见，并能够表明非无保留意见的类型。

2）发表保留意见

当由于财务报表存在重大错报而发表保留意见时，注册会计师应当根据适用的财务报告编制基础在审计意见段中说明：注册会计师认为，除了导致保留意见的事项段所述事项产生的影响外，财务报表在所有重大方面按照适用的财务报告编制基础编制，并实现公允反映。

当无法获取充分、适当的审计证据而导致发表保留意见时，注册会计师应当在审计意见段中使用"除……可能产生的影响外"等措辞。

当注册会计师发表保留意见时，在审计意见段中使用"由于上述解释"或"受……影响"等措辞是不恰当的，因为这些措辞不够清晰或没有足够的说服力。

3）发表否定意见

当发表否定意见时，注册会计师应当根据适用的财务报告编制基础在审计意见段中说明：注册会计师认为，由于导致否定意见的事项段所述事项的重要性，财务报表没有在所有重大方面按照适用的财务报告编制基础编制，未能实现公允反映。

4）发表无法表示意见

当由于无法获取充分、适当的审计证据而发表无法表示意见时，注册会计师应当在审计意见段中说明：由于导致无法表示意见的事项段所述事项的重要性，注册会计师无法获取充分、适当的审计证据，从而为发表审计意见提供基础，因此，注册会计师不对这些财务报表发表审计意见。

3. 非无保留意见对审计报告要素内容的修改

当发表保留意见或否定意见时，注册会计师应当修改对注册会计师责任的描述，以说明注册会计师相信，注册会计师已获取的审计证据是充分、适当的，为发表非无保留意见提供了基础。

当由于无法获取充分、适当的审计证据而发表无法表示意见时，注册会计师应当修改审计报告的引言段，说明注册会计师接受委托审计财务报表。注册会计师还应当修改对注册会计师责任和审计范围的描述，并仅能作出如下说明："我们的责任是在按照中国注册会计师审计准则的规定执行审计工作的基础上对财务报表发表审计意见。但由于导致无法表示意见的事项段中所述的事项，我们无法获取充分、适当的审计证据，从而为发表审计意见提供基础。"

第五节 比较信息

审计准则规定，财务报表中列报的比较信息的性质取决于适用的财务报告编制基础的要求。比较信息包括对应数据和比较财务报表，相应地，注册会计师履行比较信息的报告责任有两种不同的方法。采用的方法通常由法律法规规定，但也可能在业务约定条款中作出约定。两种方法导致审计报告存在的主要差异表现在：对于对应数据，审计意见仅提及本期；对于比较财务报表，审计意见提及列报的财务报表所属的各期。

一、比较信息概述

（一）比较信息的含义

比较信息，是指包含于财务报表中的、符合适用的财务报告编制基础的、与一个或多个以前期间相关的金额和披露。

对应数据，属于比较信息，是指作为本期财务报表组成部分的上期金额和相关披露，这些金额和披露只能和与本期相关的金额和披露（称为"本期数据"）联系起来阅读。对应数据列报的详细程度主要取决于其与本期数据的相关程度。

比较财务报表，属于比较信息，是指为了与本期财务报表相比较而包含的上期金额和相关披露。比较财务报表包含信息的详细程度与本期财务报表包含信息的详细程度相似。如果上期金额和相关披露已经审计，则将在审计意见中提及。

不同的财务报告编制基础对比较信息的列报要求不同，有的要求列报对应数据，而有的则要求列报比较财务报表。《企业会计准则第 30 号——财务报表列报》第 8 条规定，当期财务报表的列报，至少应当提供所有列报项目上一可比会计期间的比较数据。因此，对于法定年报审计而言，按照企业会计准则编制的财务报表属于对应数据。

（二）注册会计师对比较信息的审计目标

（1）获取充分、适当的审计证据，确定在财务报表中包含的比较信息是否在所有重大方面按照适用的财务报告编制基础有关比较信息的要求进行列报；

（2）按照注册会计师的报告责任出具审计报告。

二、审计程序

（一）一般审计程序

注册会计师应当确定财务报表中是否包括适用的财务报告编制基础要求的比较信息，以及比较信息是否得到恰当分类。基于上述目的，注册会计师应当评价以下内容：

1. 比较信息是否与上期财务报表列报的金额和相关披露一致，如果必要，比较信息是否已经重述

（1）本期财务报表中的比较信息来源于上期财务报表中的本期数据，因此，有必要将比较信息与上期财务报表列报的金额和相关披露进行核对，以确定两者之间是否一致。

（2）金额是否作出适当调整，包括财务报表项目的重新分类和归集，以及附注中前期对应数的调整等。

（3）是否已在附注中充分披露对比较信息作出调整的原因和性质，以及比较信息中受影响的项目名称和更正金额。

(4) 如果发现对比较信息的调整缺乏合理依据，应当提请管理层对比较信息作出更正，并视更正情况出具意见恰当的审计报告。

2. 在比较信息中反映的会计政策是否与本期采用的会计政策一致，如果会计政策已发生变更，这些变更是否得到恰当处理并得到充分列报与披露

根据企业会计准则的规定，企业采用的会计政策，在每一会计期间和前后各期应当保持一致，不得随意变更。因此，注册会计师需要检查比较信息采用的会计政策与本期数据采用的会计政策是否一致。

但企业会计准则并不是绝对不允许企业变更会计政策。当法律、行政法规或者国家统一的会计制度等要求变更会计政策，或者会计政策变更能够提供更可靠、更相关的会计信息时，企业可以变更会计政策。如果可以计算累积影响数的，还应当采用追溯调整法进行处理，对本期财务报表中列报的比较信息进行调整。

当被审计单位变更会计政策时，注册会计师检查的内容通常包括以下几项：

(1) 会计政策变更是否符合会计准则和会计制度的规定。
(2) 会计政策变更是否经过被审计单位有权限机构的批准。
(3) 会计政策变更的会计处理是否恰当，如是否对比较信息进行了适当的调整。
(4) 会计政策变更，包括会计政策变更的性质、内容和原因，比较信息中受影响的项目名称和调整金额，无法进行追溯调整的事实和原因，是否已充分披露。

(二) 注意到比较信息可能存在重大错报时的审计要求

(1) 在实施本期审计时，如果注意到比较信息可能存在重大错报，注册会计师应当根据实际情况追加必要的审计程序，获取充分、适当的审计证据，以确定是否存在重大错报。

实施本期审计，是指对本期财务报表实施审计，既包括对本期财务报表中所含的本期数据的审计，也包括对本期财务报表中所含的比较信息的审计。

本期财务报表中的比较信息出现重大错报的情形通常包括以下几种：

① 上期财务报表存在重大错报，该财务报表虽经审计，但注册会计师因未发现而未在针对上期财务报表出具的审计报告中对该事项发表非无保留意见，本期财务报表中的比较信息未作更正。

② 上期财务报表存在重大错报，该财务报表未经注册会计师审计，比较信息未作更正。

③ 上期财务报表不存在重大错报，但比较信息与上期财务报表存在重大不一致，由此导致重大错报。

④ 上期财务报表不存在重大错报，但在某些特殊情形下，比较信息未按照会计准则和相关会计制度的要求恰当重述。

当注册会计师注意到比较信息可能存在重大错报时，应当根据重大错报的性质、影响程度和范围等实际情况，有针对性地实施追加的审计程序，以确定是否确实存在重大错报。

(2) 如果上期财务报表已经审计，注册会计师还应当遵守《中国注册会计师审计准则第1332号——期后事项》的相关规定。如果上期财务报表已经得到更正，注册会计师应当确定比较信息与更正后的财务报表是否一致。

(三) 获取书面声明

注册会计师应当按照《中国注册会计师审计准则第1341号——书面声明》的规定，获取与审计意见中提及的所有期间相关的书面声明。对于管理层作出的、更正上期财务报表中影响比较信息的重大错报的任何重述，注册会计师还应当获取特定书面声明。

《中国注册会计师审计准则第 1341 号——书面声明》规定：针对财务报表的编制基础，注册会计师应当要求管理层提供书面声明，确认其根据审计业务约定条款，履行了按照适用的财务报告编制基础编制财务报表并使其实现公允反映（如适用）的责任；书面声明应当涵盖审计报告针对的所有财务报表和期间。在比较财务报表的情形下，由于管理层需要再次确认其以前作出的与上期相关的书面声明仍然适当，注册会计师需要要求管理层提供与审计意见所提及的所有期间相关的书面声明。在对应数据的情形下，由于审计意见针对包括对应数据的本期财务报表，注册会计师需要要求管理层仅就本期财务报表提供书面声明。然而，对上期财务报表中影响比较信息的重大错报进行更正而作出的任何重述，注册会计师需要要求管理层提供特别书面声明。

三、审计报告：对应数据

（一）总体要求

当财务报表中列报对应数据时，由于审计意见是针对包括对应数据的本期财务报表整体的，审计意见通常不提及对应数据。只有在特定情形下，注册会计师才应当在审计报告中提及对应数据。对这些特定情形，随后将分项予以阐述，这里先按其对审计报告的影响简单加以归纳。

（1）导致对上期财务报表发表非无保留意见的事项在本期尚未解决。

（2）上期财务报表存在重大错报，而以前对该财务报表发表了无保留意见，且对应数据未经适当重述或恰当披露；该财务报表未经更正，也未重新出具审计报告，并且本期财务报表中的对应数据未经恰当重述和恰当披露。

（3）上期财务报表未经审计。

（二）上期导致非无保留意见的事项仍未解决的处理

如果以前针对上期财务报表发表了保留意见、无法表示意见或否定意见，且导致非无保留意见的事项仍未解决，注册会计师应当对本期财务报表发表非无保留意见。

在审计报告的导致非无保留意见的事项段中，注册会计师应当分下列两种情况予以处理：

（1）如果未解决事项对本期数据的影响或可能的影响是重大的，注册会计师应当在导致非无保留意见事项段中同时提及本期数据和对应数据；

（2）如果未解决事项对本期数据的影响或可能的影响不重大，注册会计师应当说明，由于未解决事项对本期数据和对应数据之间可比性的影响或可能的影响，因此发表了非无保留意见。

如果以前针对上期财务报表发表了非无保留意见，且导致非无保留意见的事项已经解决，并已按照适用的财务报告编制基础进行恰当的会计处理，或在财务报表中作出适当的披露，则针对本期财务报表发表的审计意见无须提及之前发表的非无保留意见。

如果以前针对上期财务报表发表了非无保留意见，且导致非无保留意见的事项尚未解决，该尚未解决的事项可能与本期数据无关。尽管如此，由于尚未解决的事项对本期数据和对应数据的可比性存在影响或可能存在影响，需要对本期财务报表发表保留意见、无法表示意见或否定意见（如适用）。

第六节 含有已审计财务报表的文件中的其他信息

含有已审计财务报表的文件是被审计单位向股东（或类似的利益相关方）公布的含有已审计财务报表和审计报告的年度报告或类似文件。财务报表审计的目标是注册会计师通过对财务报表进行审计，获取充分、适当的审计证据，对被审计单位的财务报表发表审计意见。在审计业务没有提出专门要求的情况下，审计意见不涵盖其他信息，注册会计师没有专门责任确定其他信息是否得到适当陈述。但被审计单位根据有关法规或惯例在年度报告、招股说明书等含有已审计财务报表的文件中披露的信息，除经注册会计师审计的财务报表以外，可能还包括其他财务信息或非财务信息。如果其他信息与已审计财务报表存在重大不一致，或者其他信息存在对事实的重大错报，将会影响财务报表使用者对已审计财务报表的信赖程度。所以，注册会计师对其他信息应予以必要的关注。

无论是在出具审计报告前，还是在出具审计报告后，注册会计师都应当关注含有已审计财务报表的文件中的其他信息，以识别其他信息与已审计财务报表之间存在的重大不一致或其他信息的重大错报，提请被审计单位修改已审计财务报表或所披露的其他信息，甚至修改审计意见，以保证审计意见的合理性，保证所披露信息的真实、完整，最终达到降低审计风险、保证执业质量的目的。

一、其他信息概述

（一）其他信息的含义

其他信息，是指根据法律法规的规定或惯例，在含有已审计财务报表的文件中包含的除已审计财务报表和审计报告以外的财务信息和非财务信息。

1. 其他信息可能包括的内容

（1）管理层或治理层的经营报告；

（2）财务数据摘要；

（3）员工情况数据；

（4）计划的资本性支出；

（5）财务比率；

（6）董事和高级管理人员的姓名；

（7）择要列示的季度数据。

2. 就审计准则而言，其他信息不包括的内容

（1）新闻稿或发送备忘页（如发送含有已审计财务报表和审计报告文件的附函）；

（2）分析师报告中包含的信息；

（3）被审计单位网站含有的信息。

（二）理解其他信息的含义需要注意的问题

1. 其他信息是根据法律法规的规定或惯例而披露的

在含有已审计财务报表的文件中包含其他信息，是法律法规的规定或惯例所要求的。例如，招股说明书中必须含有已审计的财务报表，因此，属于一种含有已审计财务报表的文件。

按照上述要求，这份文件中还必须包括其他许多财务或非财务信息，这些信息就属于"含有已审计财务报表的文件中包含的其他信息"。显然，对其他信息的披露，是按照法律法规的要求进行的。

2. 其他信息是相对于已审计财务报表而言的

已审计财务报表和审计报告本身就是信息，而且是极为重要的信息。如果说审计报告是注册会计师提供的信息，那么其他信息则是被审计单位提供的除已审计财务报表以外的信息，是相对于已审计财务报表而言的一个概念。

其他信息有的直接取自已审计财务报表的相关数据或文字；有的是在已审计财务报表相关数据的基础上的再加工，是已审计财务报表相关数据的延伸；有的则与已审计财务报表的相关内容互为补充、相互印证。

3. 其他信息包括财务信息和非财务信息

上述其他信息含义中所列举的几项主要内容，就既有财务信息也有非财务信息。其中，财务数据摘要、计划的资本性支出、财务比率和择要列示的季度数据等通常属于财务信息；管理层或治理层的经营报告中的部分内容属于财务信息，部分内容则属于非财务信息；而员工情况数据以及董事和高级管理人员的姓名则基本上属于非财务信息。

二、注册会计师对于其他信息的责任

（一）注册会计师没有专门责任确定其他信息是否得到适当陈述

审计的目标决定了注册会计师实施审计的责任在于对其发表的审计意见负责。因此，注册会计师审计工作的重心应当紧紧围绕被审计单位的财务报表。对含有已审计财务报表的文件中的其他信息予以关注，其根本的目的也是降低审计风险，不损害已审计财务报表的可信赖程度。所以说，注册会计师并没有专门责任确定其他信息是否得到适当陈述。

（二）对财务报表出具审计报告时对其他信息的考虑

尽管注册会计师没有专门责任对其他信息披露的适当性发表意见，但由于识别其他信息与财务报表的不一致可能为财务报表审计提供新的线索，便于注册会计师实施追加审计程序；或由于其他信息与财务报表的不一致可能导致财务报表使用者对财务报表产生怀疑，进而影响已审计财务报表的可信赖程度，因此，无论是否有法定或约定的义务对其他信息出具鉴证报告，注册会计师在对财务报表出具审计报告时都应当考虑其他信息。

（三）有法定或约定的义务对某些其他信息实施特别程序的情形

如果有法定或约定的义务对某些其他信息实施特别的程序，当这些其他信息存在遗漏或缺陷时，注册会计师应当考虑是否在审计报告中提及该事项。

（四）有法定或约定的义务对其他信息出具专项鉴证报告的情形

如果有法定或约定的义务对其他信息出具专项鉴证报告，注册会计师的责任取决于业务的性质、法律法规和相关执业准则的规定。

虽然财务报表审计的目标在于，注册会计师按照审计准则的规定对财务报表发表审计意见，但是可能存在法律法规要求注册会计师对其他信息出具专项鉴证报告的情形。此外，委托人也可能委托注册会计师对其他信息出具专项鉴证报告。在这些情况下，注册会计师可以将其作为财务报表审计以外的专项鉴证业务，在考虑自身能力和风险的前提下，与委托人另行签订业务约定书，严格按照相关鉴证业务准则的要求执行业务，并按规定承担相应的法律。

（五）获取其他信息的时间

注册会计师应当提请被审计单位作出适当安排，以便在审计报告日前获取其他信息。如果在审计报告日前无法获取所有其他信息，注册会计师应当在审计报告日后尽早阅读其他信息，以识别重大不一致。

1. 从被审计单位的角度来说

其他信息是被审计单位披露的，信息的披露责任在被审计单位，信息披露的主动权也掌握在被审计单位手中。假如被审计单位不主动、不及时地把相关其他信息传递给注册会计师，很可能使后者掌握的信息滞后，甚至无法获取相关其他信息。因此，被审计单位有责任将其他信息及早提供给注册会计师。

2. 从注册会计师的角度来说

审计报告是注册会计师根据审计准则的规定，在实施审计工作的基础上对被审计单位财务报表发表审计意见的书面文件。审计报告的出具，意味着注册会计师对该审计报告所承担责任的开始。因此，尽管被审计单位应及时提供其他信息，但这并不意味着注册会计师对其他信息的获取和阅读是被动等待的；相反，注册会计师负有提请义务。也正因为如此，要求注册会计师应当就此事提前与被审计单位沟通，提请被审计单位作出适当安排，在尽可能早的时间内把与已审计财务报表一同披露的其他信息提供给注册会计师，以便注册会计师能够在审计报告日之前获取并阅读其他信息。只有尽早获取其他信息，并保证及时、全面地阅读，才能争取审计工作的主动，做到未雨绸缪。

三、重大不一致

（一）重大不一致的含义

不一致，是指其他信息与已审计财务报表中的信息相矛盾。重大不一致可能导致注册会计师对依据以前获取的审计证据得出的审计结论产生怀疑，甚至对形成审计意见的基础产生怀疑。

（二）识别重大不一致时的措施

1. 确定已审计财务报表或其他信息是否需要修改

如果在阅读其他信息时发现重大不一致，注册会计师应当确定已审计财务报表或其他信息是否需要修改。

作为进行比较的两个方面，如果其他信息与已审计财务报表之间确实存在重大不一致，则通常而言不是已审计财务报表需要修改，就是其他信息需要修改，或者两者都需要修改。由于已审计财务报表和其他信息均是被审计单位的信息，并由被审计单位负责对外披露，因此，注册会计师应当提请被审计单位管理层修改财务报表或其他信息。

2. 在审计报告日前识别重大不一致时的措施

1）需要修改已审计财务报表而管理层拒绝修改时的措施

如果在审计报告日前获取的其他信息中识别出重大不一致，并且需要对已审计财务报表作出修改，但管理层拒绝作出修改，注册会计师应当按照《中国注册会计师审计准则第1502号——在审计报告中发表非无保留意见》的规定，在审计报告中发表非无保留意见。

这一点是对上述"确定已审计财务报表或其他信息是否需要修改"要求的延续。财务报表审计的目标是对财务报表发表意见，如果需要修改已审计财务报表而管理层拒绝修改，并且该事项的存在使注册会计师发表无保留意见的条件不再具备，那么根据《中国注册会计师审计准则第1502号——在审计报告中发表非无保留意见》的规定，如果该事项对财务报表虽影响重大，但不至于出具否定意见的审计报告，注册会计师应当出具保留意见的审计报告，将这些对审计意见有较大影响的事项在审计报告中明确提出，并说明其理由，指出该事项对被审计单位财务报表可能产生的影响；如果需要修改已审计财务报表而管理层拒绝修改，并且该事项对财务报表影响程度超出一定范围，以致财务报表不符合会计准则和相关会计制度的规定，不能在所有重大方面公允地反映被审计单位的财务状况、经营成果和现金流量，注册会计师就不能发表保留意见，而只能发表否定意见。

2）需要修改其他信息而管理层拒绝修改时的措施

如果在审计报告日前获取的其他信息中识别出重大不一致，并且需要对其他信息作出修改，但管理层拒绝作出修改，除非治理层的所有成员参与管理被审计单位，注册会计师应当就该事项与治理层进行沟通。

此外，注册会计师还应当采取下列措施之一：（1）按照《中国注册会计师审计准则第1503号——在审计报告中增加强调事项段和其他事项段》的规定，在审计报告中增加其他事项段，说明重大不一致；

（2）拒绝提交审计报告；

（3）解除业务约定。

当对其他信息与已审计财务报表之间确实存在重大不一致的原因进行分析，确定需要修改的是其他信息而非已审计财务报表时，如果管理层予以拒绝，注册会计师当然不能因此而对已审计财务报表发表保留意见或否定意见。但由于这种重大不一致可能使财务报表使用者对已审计财务报表的可信赖程度产生怀疑，注册会计师可以考虑发表带其他事项段的无保留意见，即在审计报告意见段之后增加其他事项段，对其他信息与已审计财务报表存在重大不一致的事项作出说明。

当然，除了在审计报告中增加其他事项段外，注册会计师也可以采取拒绝提交审计报告或解除业务约定等其他适当措施。这类措施一般适用于其他信息中存在的未修改的不一致事项十分重大，注册会计师出具审计报告或继续执行业务可能会面临巨大风险的情形。

3. 在审计报告日后识别重大不一致时的措施

当在审计报告日前无法获取所有其他信息时，注册会计师应当在审计报告日后尽早阅读其他信息以识别重大不一致。这是对注册会计师在执行财务报表审计业务时应于何时获取和关注其他信息提出的及时性要求。在审计报告日前获取所有其他信息，对注册会计师而言固然最为理想和主动，有利于保证审计工作的质量、维护专业信誉。但由于其他信息的准备未必与财务报表审计工作同步进行、同时完成，加之受其他主客观因素的影响，注册会计师有时未必能在审计报告日获取全部其他信息。因此，如果在审计报告日前无法获取全部其他信息，注册会计师应当在审计报告日后尽早阅读其他信息，以识别重大不一致，并进而确定是否需要修改已审计财务报表或其他信息。

1）需要修改已审计财务报表时的措施

如果在审计报告日后获取的其他信息中识别出重大不一致，并且需要对已审计财务报表作出修改，注册会计师应当遵守《中国注册会计师审计准则第1332号——期后事项》的相关规定，区分在不同的时间段识别的事实，即审计报告日后至财务报表报出日前识别的事实和财务报表报出日后识别的事实，采取相应的措施。

2）需要修改其他信息且管理层同意修改时的措施

如果在审计报告日后获取的其他信息中识别出重大不一致，并且需要对其他信息作出修改，同时管理层同意修改，注册会计师应当根据具体情况实施必要的程序。注册会计师实施的程序可能包括评价管理层采取的措施，以确保收到之前公布的财务报表、审计报告和其他信息的人员均被告知作出的修改。

3）需要修改其他信息而管理层拒绝修改时的措施

如果在审计报告日后获取的其他信息中识别出重大不一致，并且需要对其他信息作出修改，但管理层拒绝作出修改，除非治理层的所有成员参与管理被审计单位，注册会计师应当将对其他信息的疑虑告知治理层，并采取适当的进一步措施，包括征询法律意见。

四、对事实的重大错报

（一）对事实的重大错报的含义

在阅读其他信息以识别重大不一致时，注册会计师可能会注意到明显的对事实的重大错报。对事实的错报，是指在其他信息中，对与已审计财务报表所反映事项不相关的信息作出的不正确陈述或列报。对事实的重大错报，可能损害含有已审计财务报表的文件的可信性。

准确理解对事实的重大错报的含义，需要注意以下两点：

1. 可能会注意到明显的对事实的重大错报的情形

注册会计师对重大不一致是通过阅读其他信息去寻找、发现的，而对于对事实的重大错报，则只不过是在为发现重大不一致而阅读其他信息的过程中可能注意到的。因此，就注册会计师对重大不一致和对事实的重大错报的关注责任而言，要求程度有明显区别。对于后者，只要求注册会计师注意明显的对事实的重大错报。

2. 对事实的重大错报的含义

关于对事实的重大错报的含义，应注意把握两个基本特征

（1）其他信息所反映的事项与财务报表所反映的事项不相关；

（2）被审计单位对其他信息作出了不正确的陈述或列报。

其他信息所反映的事项与财务报表所反映的事项可能相关，也可能不相关。如果相关，

注册会计师应当关注两者是否相互矛盾，即不一致；如果不相关，注册会计师则应当注意其他信息所反映的事项是否存在对事实的重大错报。

（二）注意到其他信息存在明显的对事实的重大错报时的措施

1. 与管理层讨论

在阅读其他信息以识别重大不一致时，如果注意到明显的对事实的重大错报，注册会计师应当与管理层讨论该事项。之所以首先要与管理层讨论，是因为其他信息是由管理层负责披露的，管理层对其他信息内容的了解与认识通常应当比较全面、深入。就此事与管理层进行讨论，有助于注册会计师分析、判断其他信息是否确实存在着对事实的重大错报。归根结底，讨论的目的在于解除注册会计师对其他信息中可能存在着对事实的重大错报的疑虑。

2. 仍然认为存在明显的对事实的重大错报时的措施

如果在讨论后仍然认为存在明显的对事实的重大错报，注册会计师应当提请管理层咨询被审计单位的法律顾问等有资格的第三方的意见。注册会计师应当考虑管理层收到的咨询意见。

在与管理层讨论后，如果仍然未能消除注册会计师对其他信息中存在明显的对事实的重大错报这一事项的疑虑，注册会计师应当提请管理层向法律顾问等有能力和资格的专业人士进行咨询，以确定其他信息中是否确实存在着对事实的重大错报及其影响程度。

当然，在利用法律顾问等专业人士提供的咨询意见时，注册会计师应当对其意见的依据以及所采用方法的适当性和合理性进行必要的研究和评价，因为这将直接影响到咨询结果的适当性和合理性，进而影响注册会计师的相关判断。

3. 确定其他信息存在对事实的重大错报时的措施

如果认为在其他信息中存在对事实的重大错报，但管理层拒绝作出修改，除非治理层的所有成员参与管理被审计单位，注册会计师应当将对其他信息的疑虑告知治理层，并采取适当的进一步措施。

如果认定对事实的重大错报确实存在，由于该错报与已审计财务报表无关，注册会计师不能因此对并未发现有重大错报的已审计财务报表发表保留意见或否定意见，并且，由于管理层已拒绝修改，因此，注册会计师只能将对其他信息的疑虑告知治理层。这既是注册会计师为提请管理层修改含有对事实的重大错报的其他信息所作的再次努力，也是注册会计师恪尽职守的体现。

当然，基于谨慎考虑，注册会计师通常应当同时征询法律意见，了解该项对事实的重大错报的存在是否会使注册会计师陷入法律诉讼事件，是否需要采取不出具审计报告或解除业务约定等措施。

参 考 文 献

[1] 中国注册会计师协会.审计［M］.北京：经济科学出版社，2016.
[2] 刘明辉.审计［M］.大连：东北财经大学出版社，2015.
[3] 秦荣生，卢春泉.审计学［M］.北京：中国人民大学出版社，2014.
[4] 傅胜.审计习题与案例［M］.大连：东北财经大学出版社，2015.
[5] 法律出版社法律中心.中国注册会计师职业准则［M］.北京：法律出版社，2007.